Aktuelle Führungspsychologie

Horst-Joachim Rahn

Aktuelle Führungspsychologie

Engelsdorfer Verlag
Leipzig
2018

Prof. Werner Bienert †
gewidmet

Bibliografische Information durch die Deutsche Nationalbibliothek:

Die Deutsche Nationalbibliothek verzeichnet diese Publikation in der Deutschen Nationalbibliografie; detaillierte bibliografische Daten sind im Internet über http://dnb.dnb.de abrufbar.

ISBN 978-3-96145-374-0

Hergestellt in Leipzig, Germany (EU)
www.engelsdorfer-verlag.de

15,00 Euro (D)

Vorwort

Die aktuelle Führungspsychologie ist die Wissenschaft vom Erleben und Verhalten der Menschen im Rahmen der Beeinflussung durch Führungskräfte. Sie ist heute ein eigenständiges und traditionsreiches Teilgebiet der Wirtschaftspsychologie und steht in enger Wechselbeziehung zur betriebswirtschaftlichen Führungslehre. Das vorliegende Werk zur Führungspsychologie fasst die wesentlichen, bisher zu diesem Thema veröffentlichten Inhalte kompakt zusammen. Um den Text möglichst verständlich zu gestalten, erfolgte die Aufbereitung der Inhalte unter lernpsychologischen Gesichtspunkten mit dem Ziel, den Lesern eine schnelle und leichte Aufnahme des Stoffes zu ermöglichen. Das Buch besteht aus folgenden Kapiteln:

Im ersten Kapitel werden die Grundlagen der Führungspsychologie erklärt. Dabei wird vor allem auf die Geschichte der Führungspsychologie, psychologische Führungsgrundlagen, die Führungsaufgaben, den Führungsprozess, die Führungsstile, die Führungstheorien, die Führungsorganisation sowie auf verschiedene Führungsgrundsätze und auf das Management eingegangen. Das zweite Kapitel stellt verschiedene Teilgebiete der Persönlichkeitspsychologie vor. Es werden z.B. die Persönlichkeitsbildung, die Führungspersönlichkeit, die soziale Kompetenz und die Transaktionsanalyse erklärt. Im dritten Kapitel geht es um die Gruppenpsychologie. Hier werden z.B. Details zur kooperativen Führung, zur innovativen Gruppen- bzw. Teamarbeit, Maßnahmen der Teamentwicklung und zur erfolgreichen Teamführung erörtert. Das vierte Kapitel enthält Erläuterungen zur Motivationspsychologie, z.B. zu den Grundlagen der Motivation, zum Mitarbeiter-Coaching, zur Motivation durch Intervision, zur Motivation durch Zielvereinbarungen und zur Selbstmotivation.
Das fünfte Kapitel beschäftigt sich intensiv mit der Kommunikationspsychologie, z.B. mit den Grundlagen der Kommunikation, mit Erläuterungen zur Gesprächsführung und zu Besprechungen, zum effizienten Verhandeln, zum Konflikttraining, mit Vorschlägen zur Konfliktlösung, und zum Eingliederungsmanagement. Das sechste Kapitel zeigt im Rahmen der Lernpsychologie auf, welche verschiedenen Lerntheorien es gibt, wie das Lernen erfolgreich gelernt werden kann, wie wir in einer Organisation kreativ denken und effektives Arbeiten lernen. Das siebte Kapitel informiert über die Personalpsychologie, z.B. über moderne Personalführung, Personalorganisation, Personalkommunikation, Personalauswahl, Personalmarketing, Personalbeurteilung und Personalentwicklung. Das letzte Kapitel stellt die Elemente der Organisationspsychologie dar, z.B. die Arbeit, das Individuum, die Gruppe, das Personal und die gesamte Organisation bzw. deren Entwicklung.
Als Hauptzielgruppen für dieses Buch kommen sowohl interessierte Leser an Fachhochschulen, Universitäten, Akademien als auch Praktiker (z.B. Selbstständige, Führungs- und Fachkräfte, Personalmanager, Trainer und Ausbilder), Lernende an Kammern, Volkshochschulen und Interessierte der den Gewerkschaften nahe stehenden Bildungsinstituten in Frage.

Ich widme dieses Buch meinem pädagogischen Vorbild und Förderer, Herrn *Prof. Werner Bienert* (1929-2016), dem ich damit danken möchte. Er hat als Inhaber der für die aktuelle Führungspsychologie und seiner Wertarbeit für die Gliederung dieser Wertarbeit geweckt. Seine Hilfsbereitschaft meiner Würdigung zur Führung meiner Verdienstmedaille 2005 zur Förderung der Fachhochschule Ludwigshafen , innerer Aufgeschlossenheit, seiner großes Engagement und seiner hohe Qualifikation bleiben uns für immer unvergessen.

Grünstadt, im Juli 2018
Horst-Joachim Rahn

INHALTSVERZEICHNIS

1. Grundlagen der Führungspsychologie

Die heutige Psychologie versteht sich als empirische Wissenschaft vom Erleben und Verhalten des Menschen.[1] Sie besteht aus vielen Teilgebieten und lässt sich in Anlehnung an eine Einteilung der American Psychological Association (APA) und an Psychological Abstracts Search and Retrieval (PASAR) einteilen in[2]:

- Theoretische Propädeutik (u.a. Wissenschaftstheorie, Methodik und Statistik)
- Allgemeine Psychologie (u.a. Neuro-, Wahrnehmungs- und Lernpsychologie)
- Differentielle Psychologie (u.a. Persönlichkeits- Entwicklungs-, Sozial- und Motivationspsychologie)
- Angewandte Psychologie (u.a. Wirtschafts-, Pädagogische Psychologie und Sportpsychologie).

Dabei stellt die Führung als interdisziplinärer Forschungsgegenstand[3] ein komplexes Phänomen dar[4], dessen Facetten nach differenzierter Betrachtung und Analyse verlangen.[5] Sie enthält als solches einen tätigkeitsbezogenen Aspekt im Sinne des Einwirkens auf andere Personen und einen ergebnisbezogenen Aspekt, bei dem Führungssysteme geschaffen werden. Die Führung wird wissenschaftlich aus verschiedener Sicht gesehen:

In der Organisationspsychologie ist Führung ein Phänomen, das die Beeinflussung von Menschen in Unternehmen, in Kirchen, Behörden, Krankenhäusern, Arztpraxen, Hochschulen bzw. in Schulen umfasst. Sie ist die intentionale soziale Einflussnahme, die durch Prozesse der Kommunikation auf Zielerreichung ausgerichtet ist.

In der Betriebswirtschaftslehre wird die Führung als Einwirkung in Personalführung (Leadership) und in Unternehmensführung[6] (Management) unterteilt. Einerseits werden in die Unternehmensführung Themen der Personalführung aufgenommen und andererseits vollzieht sich die Personalführung immer in einem von Entscheidungen der Unternehmensleitung zu verantworteten Rahmen.

In der Soziologie ist Führung die leitende, planende, koordinierende und kontrollierende Tätigkeit von übergeordneten Mitgliedern einer Gruppe, Organisation oder einem größeren Kollektiv gegenüber untergeordneten Mitgliedern.

---

1 Vgl. Zimbardo, P.G., Gerrig, R.J.: Psychologie, 18. Aufl., München u.a. 2008, S. 2 f.; vgl. Rosenstiel, L.v., Nerdinger, F.W.: Grundlagen der Organisationspsychologie, 7. Aufl., Stuttgart 2011, S. 2

2 Vgl. Krech, D., Crutchfield, R.S. u.a.: Grundlagen der Psychologie, Weinheim 1992, S. 15

3 Vgl. Rosenstiel, L.v.: Führung, in: Lehrbuch der Personalpsychologie, Hrsg. H. Schuler, 2. Aufl., Göttingen, Bern, Toronto, Seattle 2006, S. 354

4 Vgl. Steinle, C.: Führungsdefinitionen, in: Handwörterbuch der Führung, Hrsg. A. Kieser, G. Reber, R. Wunderer, 2. Aufl., Stuttgart 1995, Sp. 523-533

5 Vgl. Bleicher, K.: Führung, in: Handwörterbuch der Betriebswirtschaft, Bd. 1, Hrsg. W. Wittmann, W. Kern, R. Köhler, H.U. Küpper, K.v. Wysocki, 5. Aufl., Stuttgart 1993, Sp. 1270-1284; vgl. Liebel, H.: Führungspsychologie. Theoretische und empirische Befunde, Göttingen u.a. 1978, S. 13

6 Vgl. Hungenberg, H., Wulf, T.: Grundlagen der Unternehmensführung, 4. Aufl., Berlin 2011; vgl. Dillerup, R., Stoi, R.: Unternehmensführung, 3. Aufl., München 2011; vgl. Rahn, H.J.: Unternehmensführung, 9. Aufl., Herne 2015

Die Führung lässt sich also zunächst in die Dimensionen der personenbezogen Führung[7] (z.B. Leadership als Mitarbeiterführung) und der sachbezogenen Führung (z.B. Management als Gestaltung, Steuerung und Entwicklung) unterteilen. Aus dieser Sicht sind zu unterscheiden (Abb. 1):

	Arten der Führung	Beeinflussung von
Personen-bezug	Menschenführung Individualführung Teamführung	Individuen und Teams Einzelnen Menschen Gruppen
Sach-bezug	Unternehmensführung Organisationsführung[8]	Betriebswirtschaften Behörden, Krankenhäusern, Schulen

Abb. 1: Personen- und sachbezogene Arten der Führung

Dabei ist die sachbezogene Führung in die aufgaben-, struktur- bzw. prozessorientierte Führung unterteilbar[9] und grenzt sich von der Personenorientierung ab. In anderer Sicht werden ökonomische, ökologische und soziale Dimensionen der Führung unterschieden.[10]

Außer den oben dargestellten und in diesem Buch zu analysierenden Führungsarten gibt es die Lebens-, Selbst-, Partei-, Militär-, Tier-, Haushaltsführung und mechanische Führung, die hier nicht zu untersuchen sind.

1.1 Begriff und Abgrenzung der Führungspsychologie

Die Führungspsychologie ist die Wissenschaft vom Erleben und Verhalten der Menschen im Rahmen der Beeinflussung durch Führungskräfte. Sie ist ein eigenständiges und traditionsreiches Teilgebiet der Wirtschaftspsychologie[11] (z.B. Berufs-, Arbeits-, Betriebs-, Markt-, Finanz- bzw. Organisations- und Personalpsychologie).

7 Vgl. Neuberger, O.: Führen und führen lassen, 6. Aufl., Stuttgart 2002, S. 2-47

8 Vgl. Hüther, O.: Organisationskultur und Organisationsführung – Grenzen und Möglichkeiten der Wertevermittlung, Stuttgart 2003; vgl. dazu auch Kapitel 8.3

9 Vgl. Rahn, H.J.: Unternehmensführung…a.a.O., S. 36, S. 89 ff., S.

10 Vgl. Creusen, U.. Bock, R., Thiele, C.: Führung ist dreidimensional, Hamburg 2013, S. 21-26

11 Vgl. Wiswede, G.: Einführung in die Wirtschaftspsychologie, 4. Aufl., Stuttgart 2007, S. 267; vgl. Frey, D., Rosenstiel, L.v.: Wirtschaftspsychologie, Göttingen, Bern u.a. 2007; vgl. Frey, D., Rosenstiel, L.v., Hoyos, C.G.: Wirtschaftspsychologie, Weinheim 2005; vgl. Felser, G.: Werbe- und Konsumentenpsychologie, Heidelberg 2001; vgl. Kirchler, E.M.: Wirtschaftspsychologie, 4. Aufl., Göttingen, Bern u.a. 2011; vgl. Moser, K.: Wirtschaftspsychologie, Berlin 2007; vgl. Pelzmann, L.: Wirtschaftspsychologie, 4. Aufl., Wien u.a. 2006

Die Wirtschaftspsychologie[12] grenzt sich als angewandte Psychologie von der Sport-, Verkehrs-, Umwelt- und Militärpsychologie und auch von der Soziologie und Ökonomie ab. Zum Thema Führung wird interdisziplinär geforscht. Mit der Führung beschäftigt sich auch die betriebswirtschaftliche Führungslehre.[13]
Die Führungspsychologie ist von obigen Teilgebieten der Psychologie dadurch abgrenzbar, dass sie sich ausschließlich mit menschen-[14] und sachbezogenen Fragen der Führung beschäftigt. Dabei treten insbesondere die Verhaltensweisen von Führungskräften und Mitarbeitern bzw. ihre Beweggründe und deren Beeinflussungsmöglichkeiten hervor.[15] Ein Ziel der Führungspsychologie besteht in der Gewinnung aussagefähiger Thesen bzw. Theorien zur Führung von Menschen, Organisationen bzw. Unternehmen.[16]
Die Führungspsychologie erforscht also das Führungsverhalten von Menschen, das Verhalten von Individuen Gruppen und Personal sowie die dem Verhalten zugrunde liegenden Anlage- und Umweltfaktoren. Sie leistet ihren Beitrag durch die Beschäftigung mit den Teilaspekten der Menschenführung auf den verschiedenen Gebieten des menschlichen Zusammenlebens und beschäftigt sich darüber hinaus auch mit anderen Fragen zum Management, z.B. mit der Organisations- bzw. Unternehmensführung. Die Inhalte der Führungspsychologie als Teil der angewandten Psychologie werden vor allem von Beiträgen folgender Wissenschaftsdisziplinen tangiert:
• Der Organisationspsychologie[17] als Wissenschaft vom Erleben, Verhalten und Handeln des Menschen in Organisationen, z.B. Unternehmen, Behörden, Krankenhäuser. Die Organisationspsychologie ist letztlich eine Ausweitung der Betriebspsychologie.[18] Ihre Teilgebiete sind z.B. die Aufgabe, Individuum, Gruppe, Personal und die gesamte Organisation.[19] Die Inhalte der Organisationspsychologie sind

---

12 Vgl. Wiswede, G.: Einführung in die Wirtschaftspsychologie…a.a.O., S. 17-21; vgl. Rahn, H.J.: Personalführung kompakt, München 2008, S. 47

13 Vgl. Wunderer, R.: Führungsforschung und Betriebswirtschaftslehre, in: Handwörterbuch der Führung, Hrsg. A. Kieser, G. Reber, R. Wunderer, 2. Aufl., Stuttgart 1995, Sp. 666-679; vgl. Gutenberg, E.: Unternehmensführung, Organisation und Entscheidung, Wiesbaden 1962; vgl. Mellerowicz, K.: Sozialorientierte Unternehmensführung, 2. Aufl. Freiburg 1976; vgl. Gaugler, E.: Zur Weiterentwicklung der BWL als Management- und Führungslehre, Hrsg. R. Wunderer, 2. Aufl., Stuttgart 1988, S. 231-242; vgl. Heinen, E.: Betriebswirtschaftliche Führungslehre, 2. Aufl., Wiesbaden 1992; vgl. Ulrich, H.: Systemorientiertes Management, Bern/Stuttgart 2001; vgl. Bleicher, K.: Das Konzept Integriertes Management, 8. Aufl., Frankfurt/New York 2011

14 Vgl. Ackermann, A.: Praktische Führungspsychologie, 2. Aufl., München 1973, S. 31-54

15 Vgl. Eichholz, R.E.: Unternehmens- und Mitarbeiterführung, 2. Aufl., München 2000, S. 41

16 Vgl. dazu ausführlich die Kapital 1.7 und 8.3 dieser Arbeit

17 Vgl. Rosenstiel, L.v., Nerdinger, F.W.: Grundlagen der Organisationspsychologie…a.a.O., S. 6 ff.; vgl. Gebert, D., Rosenstiel, L.v.: Organisationspsychologie, 5. Aufl., Stuttgart 2002; vgl. Kanning, U.P., Staufenbiel, T.: Organisationspsychologie, Göttingen, Bern u.a. 2012

18 Vgl. Mayer, A.: Die Betriebspsychologie in einer technisierten Welt, in: Handbuch der Psychologie, Bd. 9, Hrsg. A. Mayer, B. Herwig, 2. Aufl., Göttingen 1970, S. 3-55; vgl. Eunson, B.: Betriebspsychologie, Maidenhead 1990

19 Vgl. Rosenstiel, L.v., Nerdinger, F.W.: Grundagen der Organisationspsychologie…a.a.O., S. Gliederung

erheblich weiter gefasst als die der Führungspsychologie, denn diese beschäftigt sich z.B. weniger mit der Organisationswahl durch Individuen, interkulturellen Managementphilosophien, Organisationsklima, Organisationskultur, und nur mit einem Teil der Organisationsdiagnostik.

• Der Personalpsychologie[20] als Wissenschaft vom Erleben und Verhalten des Personals in Arbeit, Beruf und Organisation. Sie tangiert vor allem die Arbeits- und Organisationspsychologie bzw. das betriebliche Personalwesen.[21] Die Personalpsychologie konzentriert sich auf die Betrachtung des Individuums als Mitarbeiter bzw. auf die Gruppen und auf das Personal einer Organisation. Die Gebiete der Organisations- und Personalpsychologie werden auch zusammenfassend dargestellt.[22] Sowohl die Personalpsychologie als auch die Führungspsychologie beschäftigen sich intensiv mit der Personalführung.

Das Personalwesen bzw. das Personalmanagement[23] ist als betriebswirtschaftliche Funktion von der Personalpsychologie abzugrenzen, die sich z.B. weniger[24] mit der Personalplanung, Personalcontrolling, Personalentlohnung, Personalpolitik, Personalwirtschaftskontrolle, und Personalverwaltung beschäftigt. Dieses sind eher Themen der Personalwirtschaftslehre.[25]

• Der Sozialpsychologie[26] als Wissenschaft vom Erleben und Verhalten zwischen Menschen. Sie untersucht den Ausschnitt von Verhalten und Erleben, der sich auf zwischenmenschliche Interaktionen bezieht. Die Inhalte der Sozialpsychologie weisen ebenfalls Schnittmengen mit Themen der Führungspsychologie auf, z.B. bei der Untersuchung von sozialen Gruppen bzw. der Persönlichkeitsstruktur von Menschen. Sie setzt sich aber mit folgenden Themen intensiver auseinander als die Führungspsychologie, z.B. mit sozialen Kognitionen, soziometrischer Wahrnehmung und mit speziellen Interaktionsphänomenen.

---

20 Vgl. Schuler, H. (Hrsg.): Lehrbuch der Personalpsychologie, 2. Aufl., Göttingen/Bern /Wien u.a. 2006, S. 4 ff.

21 Vgl. Gaugler, E., Oechsler, W.A., Weber, W.: Personalwesen, in: HWP, Hrsg. Gaugler, E., Oechsler, W.A, Weber, W., 3. Aufl., Stuttgart 2004, Sp. 1653-1663

22 Vgl. Weinert, A.B.: Organisations- und Personalpsychologie, 5. Aufl., Weinheim 2004

23 Vgl. Berthel, J., Becker, F.G.: Personalmanagement, 8. Aufl., Stuttgart 2007; vgl. Bühner, R., Personalmanagement, 3. Aufl., Landsberg/Lech 2005

24 Vgl. Schuler, H.: Gegenstandsbereich und Aufgaben der Personalpsychologie, in: Lehrbuch der Personalpsychologie. Hrsg. H. Schuler, 2. Aufl., Göttingen, Bern 2006, S. 5

25 Vgl. Drumm, H.J.: Personalwirtschaftslehre, 6. Aufl.,. Berlin/Heidelberg 2008; vgl. Hentze, J., Kammel, A.: Personalwirtschaftslehre, Bd. 1, 7. Aufl., Bern/Stuttgart/Wien 2001; vgl. Jung, H.: Personalwirtschaft, 9. Aufl., München 2010; vgl. Olfert, K., Personalwirtschaft, 15. Aufl. Herne 2012; vgl. Schanz, G., Personalwirtschaftslehre, 3. Aufl., München 2000

26 Vgl. Herkner, W.: Lehrbuch Sozialpsychologie, 2. Aufl., Göttingen, Bern u.a. 2008 (3. Nachdruck); Bierhoff, W.H.: Sozialpsychologie, Stuttgart 2000; vgl. Bierbrauer, G.: Sozialpsychologie, Stuttgart u.a. 2005; Stroebe, W., Jonas, K., Hewstone, M.: Sozialpsychologie, Heidelberg 2003

1.2 Geschichte der Führungspsychologie

Die Geschichte der Führungspsychologie wird ausführlich von *Herman Liebel*[27] vorgestellt, der als Begründer der wissenschaftlichen Führungspsychologie in Deutschland gilt. Impulse zur Führungspsychologie gingen u.a. von *Taylor* aus, der mit dem Rationalisierungssystem des scientific management die Produktivität menschlicher Arbeit durch die Teilung in kleine Arbeitsschritte zu steigern versuchte. Demgegenüber verfolgte die Richtung der Psychotechnik von *Stern* bzw. *Münsterberg* vor allem das Ziel, psychologische und ergonomische Faktoren in die Betrachtungen einzubeziehen.

Im Laufe der Geschichte hat es sich gezeigt, dass das rein produktivitätsorientierte Management einer Ergänzung durch die soziale Einstellung der Unternehmensleitung bedarf. So bestand das Ziel der Human-Relations-Bewegung vor allem darin, die Führung sozialer Gruppen in die Betrachtung zu integrieren. Die Forschungsarbeiten von *Mayo*, *Roethlisberger*, *Dickson*, *Whitehead* und vor allem von *Homans*[28] zeigen, dass die menschlichen Beziehungen für das Arbeitsverhalten von erheblicher Bedeutung sind.

Während die Norton-Street-Gang Untersuchung von *White* Einblicke in die soziale Organisation von Gruppen bzw. in das Verhalten des informellen Führers bzw. von Außenseitern eröffnete, zeigten die Konformitätsstudien von *Ash* dass es in der Gruppe ernstzunehmende Einflüsse der Gruppenmehrheit gibt. Mitglieder einer Gruppe passen sich häufig gegen ihre eigene Überzeugung der vermeintlichen Mehrheitsmeinung an. Über die vielfältigen Aufgaben, Ziele und wissenschaftliche Ergebnisse der Führungspsychologie[29] informieren vor allem interessante Arbeiten aus den siebziger Jahren von *Bastine*[30], *Neuberger*[31], *Leavitt*[32] und *Liebel*.[33]

Weitere Untersuchungen zur Psychologie der Gruppe wurden von *Sader*[34] vorgelegt, der sich vor allem mit Themen der Gruppenstruktur, Attraktion und Kohärenz, Gruppen und Gruppenprozess, Informations- und Entscheidungsprozessen, Konformität und Autonomie bzw. mit dem Führungsverhalten auseinandergesetzt hat. Neuere Veröffentlichungen zur Gruppen- bzw. Teamführung stammen von *Schettgen*[35], *Pietruschka*[36] und *Wegge*.[37]

---

27 Vgl. Liebel, H.: Führungspsychologie …1978…a.a.O., S. 13-25

28 Vgl. Homans, G.C.: Theorie der sozialen Gruppe, 6. Aufl., Opladen 1972

29 Vgl. Rahn, H.J.: Erfolgreiche Teamführung, 6. Aufl., Hamburg 2010, S. 31-47

30 Vgl. Bastine, R.: Gruppenführung, in: Handbuch der Psychologie, Band 7, 2. Halbband, Hrsg. C.F. Graumann, Göttingen, Bern u.a. 1972, S. 1654-1709

31 Vgl. Neuberger, O.: Führungsverhalten und Führungserfolg, Berlin 1976; vgl. ders.: Führen und führen lassen, 6. Aufl., Stuttgart 2002

32 Vgl. Leavitt, H.: Grundlagen der Führungspsychologie, Individuum, Gruppe, Organisation, Zürich 1974

33 Vgl. Liebel, H.: Führungspsychologie, Göttingen u.a. 1978

34 Vgl. Sader, M.: Psychologie der Gruppe, 9. Aufl., Weinheim/München 2008

35 Vgl. Schettgen, P.: Führungspsychologie im Wandel, Wiesbaden 1991

36 Vgl. Pietruschka, S.: Führung selbstregulierter Arbeitsgruppen, München/Mering 2003

Die Intentionen der heutigen Führungspsychologie konzentrieren sich auf jene psychologischen Aspekte, die mit der Beeinflussung von Menschen durch Führungskräfte z.B. in Schulen, Hochschulen, Krankenhäusern und Unternehmen als Organisationen verbunden sind. Dabei sind die Geführten unter Einsatz von Führungsinstrumenten auf einen gemeinsam zu erzielenden Erfolg hinzuführen.[38]

1.3 Psychologische Führungsgrundlagen

Die Menschenführung[39] enthält als vieldefiniertes und komplexes Phänomen einen tätigkeitsbezogenen Aspekt im Sinne des Einwirkens auf Menschen und einen ergebnisbezogenen Aspekt, bei dem Führungssysteme bzw. Führungsmodelle geschaffen werden.[40] Der psychologisch fundierten Führung von Menschen kommt gerade in der heutigen Zeit besondere Bedeutung zu. Außer ungelösten Sachproblemen können nicht gelöste Führungsprobleme das Überleben von Unternehmen als einem offenen, realen und dynamischen System[41] ernsthaft gefährden.[42] Um Führungsprobleme zu entschärfen, sind daher die Ziele der Menschen und diejenigen einer Organisation durch zeitgemäßes Führen zu integrieren. Hierzu sind gegebene Führungsfehler festzustellen, um sie jeweils beseitigen zu können.

(a) Einflussfaktoren der Menschenführung

Der erste Einflussfaktor auf die Führung ist die Führungskraft selbst, welche die Mitarbeiter bzw. Gruppe auf das gemeinsame Werte bzw. Ziele hinsteuert. Gemeinsam ist das Ziel dann, wenn alle, die es anstreben sich nicht nur damit identifizieren sondern sich auch für es einsetzen. Als fünfter Einflussfaktor der Menschenführung kommt die Situation hinzu (Abb. 2). Alle diese Einflussfaktoren wirken wechselseitig aufeinander und bilden einen personalen Führungsprozess.[43] Im Rahmen der Menschenführung ist auch immer zu berücksichtigen, dass die Mitarbeiter geführt werden wollen.[44]

---

37 Vgl. Wegge, J.: Führung von Arbeitsgruppen, Göttingen/Bern u.a. 2004

38 Vgl. Rahn, H.J.: Zur Bedeutung der Führungspsychologie, in: Erziehungswissenschaft und Beruf, 55. Jg., H 4 (2007), S. 515-520

39 Vgl. Marschner, G.: Menschenführung, in: Lexikon der Psychologie, Band 2, Hrsg. W. Arnold, J. Eysenck, R. Meili, 3. Aufl., Freiburg i.Br. 1987, Sp. 1359 f.

40 Vgl. Wild, J.: Betriebswirtschaftliche Führungslehre und Führungsmodelle, in: Unternehmensführung, Hrsg. J. Wild, Festschrift für Erich Kosiol, Berlin 1974, S. 158; vgl. Rahn, H.J.: Personalführung kompakt, München 2008, S. 1 ff.

41 Vgl. Ulrich, H.: Die Unternehmung als produktives soziales System, 2. Aufl., Bern/Stuttgart 1970, S. 153 ff.

42 Vgl. Stroebe, R.W.: Grundlagen der Führung, mit Führungsmodellen, 13. Aufl., Hamburg 2010, S. 7

43 Vgl. dazu Punkt 1.5 und 3.1 dieser Arbeit

44 Vgl. Neuberger, O.: Führen und führen lassen, 6. Aufl., Stuttgart 2002, Vorwort

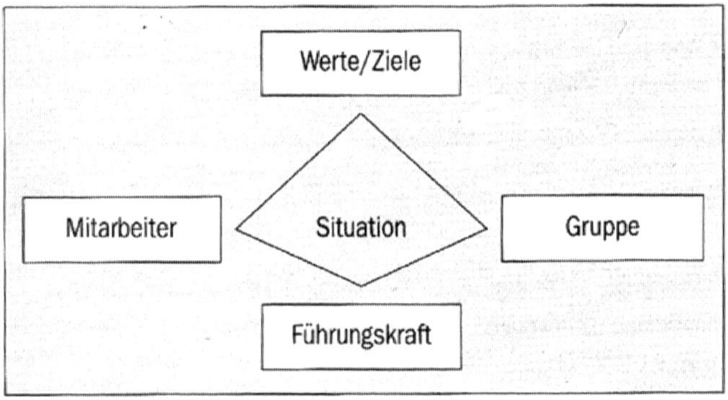

Abb. 2: Einflüsse auf die Führung

(b) Führungskräfte in Organisationen

Eine Führungskraft ist ein Vorgesetzter[45], der die Aufgabe hat, die ihm unterstellten Menschen so zu beeinflussen, dass sie erfolgreich arbeiten. Sie werden auch Manager genannt. Führungskräfte unterscheiden sich von den Geführten hinsichtlich ihrer hierarchischen Position, aber auch hinsichtlich ihrer Weisungs- und Entscheidungsbefugnis und der Personal- und Sachverantwortung.[46] Sie sind Universalisten, die umfangreiche Führungsaufgaben wahrnehmen. Dazu benötigen Sie vorrangig Führungswissen, das nicht wie bei einem Spezialisten in die Tiefe geht. Grundsätzlich sind bei Menschen nach der Theorie von *McGregor* zwei Einstellungen zu beobachten:[47]

• Die X-Theorie geht davon aus, dass der Mensch von Grund auf faul, ohne Initiative und ohne Ehrgeiz ist. Deshalb drückt sich der Mensch um Arbeit und Verantwortung, wo immer er kann. Um zu Ergebnissen zu kommen, müssen Menschen nach dieser Theorie angewiesen und kontrolliert werden. Erst durch Androhung von Strafe bringen sie ausreichende Leistungen.

• Nach der Y-Theorie ist der Mensch erfinderisch und phantasievoll, wenn er es nur sein darf. Körperlicher und geistiger Einsatz sind für ihn ganz normal. Solche Menschen spornen sich selbst an, um sich zu entwickeln. Diese Menschen sind bei entsprechender Anleitung[48] nicht nur bereit Verantwortung zu tragen, sie suchen sie sogar. Diese Menschen können und wollen sich selbst kontrollieren.

Die Wissenschaftler bestätigen heute die Y-Theorie und das damit verbundene Menschenbild als die wirkungsvollere.[49] *Mc Gregor* empfiehlt den Führungskräften,

---

45 Vgl. Olfert, K.: Personalwirtschaft, 16. Aufl., Herne 2015, S. 251 ff.; vgl. ders.: Kompakt-Training Personalwirtschaft, 9. Aufl., Herne 2014, S. 52; vgl. ders.: Lexikon Personalwirtschaft, 4. Aufl., Herne 2012. Nr. 79

46 Vgl. Oechsler, W.A.: Personal und Arbeit, 9. Aufl., München 2011, S. 347

47 Vgl. Stroebe, R.W.: Grundlagen der Führung…a.a.O., S. 26-34

48 Vgl. Staehle, W.H.: Management, 8. Aufl., München 1999, S. 192

49 Vgl. Stroebe, R.W.: Grundlagen der Führung…a.a.O., S. 30

dass sie die X-Theorie durch die Y-Theorie ersetzen.[50] Um eine Einstellung von der X-Theorie zur Y-Theorie zu ändern, ist entweder die Einstellung unmittelbar zu ändern oder die Einstellung ändert sich über eine Änderung des Verhaltens bzw. das positive Registrieren der Auswirkungen. Oder es sind organisatorische Rahmenbedingungen zu schaffen, die eine Y-theoretische Einstellung fördern.[51] Jede erfolgreiche Führungskraft benötigt zur Bewältigung ihrer Führungsaufgaben social sensibility (d.h. emotionale Intelligenz als Gespür für das Verhalten von Individuen und Gruppen) bzw. action flexibility, d.h. sie braucht außer der sozialen Kompetenz[52] auch methodische und organisatorische Kompetenz. Dabei zählen zu den bedeutendsten Führungsaufgaben:[53]

- Mitarbeiter erfolgreich auswählen, beurteilen und fördern (lassen)
- Anstöße zur aktuellen, potenziellen und innovativen Problemfindung geben
- Mit Mitarbeitern Ziele vereinbaren und zielbezogen planen
- Entscheiden (lassen), delegieren, koordinieren und organisieren
- Mit Mitarbeitern kommunizieren und Motivation initiieren
- Mitarbeiter reifegradspezifisch kontrollieren

Dabei bildet die Kohäsion als Herbeiführen und Aufrechterhalten des Gruppenzusammenhalts die entscheidende Voraussetzung für die Lokomotion, d.h. für die Beeinflussung der Gruppe zum Erreichen der Gruppenziele.[54]

(c) Mitarbeiter in Organisationen

Mitarbeiter ist jeder Arbeitnehmer einer Organisation, z.B. eines Unternehmens. Da jeder Mitarbeiter Kosten verursacht und die Personalkosten weiter steigen, bemühen sich die Unternehmen intensiv darum, die richtigen Mitarbeiter an den richtigen Arbeitsplatz zu bekommen, sie zu integrieren und dem Unternehmen zu erhalten. Der Erfolg dieser Maßnahmen hängt stark davon ab, wie die Unternehmen ihre Mitarbeiter zu Mit-Denkern und Mit-Unternehmern entwickeln. Wenn das Mitarbeiterverhalten nicht den Vorstellungen der Führungskräfte des Unternehmens entspricht, dann kann eine Ursachenanalyse hilfreich sein:

- Liegt ein Weiß-nicht-Problem vor, dann ist das Fachwissen durch Training zu erweitern
- Ist ein Kann-nicht-Problem gegeben, dann sind die Fertigkeiten durch Training zu verbessern
- Liegt ein Will-nicht-Problem vor, dann ist die Eigenmotivation voranzubringen
- Ist ein Darf-nicht-Problem gegeben, dann sind die Kompetenzen zu verbessern
- Liegt ein kombiniertes Problem vor, dann ist beim Ergreifen von Maßnahmen partiell vorzugehen.

---

50 Vgl. Weibler, J.: Personalführung, 2. Aufl., München 2012, S. 33

51 Vgl. Stroebe, R.W.: Grundlagen der Führung…a.a.O., S. 31-39

52 Vgl. Crisand, E.: Soziale Kompetenz als persönlicher Erfolgsfaktor, Heidelberg 2002

53 Vgl. Stroebe, R.W.: Grundlagen der Führung…a.a.O., S. 40-70

54 Vgl. Lukaszyk, K.: Zur Theorie der Führerrolle, in: Psychologische Rundschau, Bd. 11 (1960), S. 179-188

Dabei bestehen die wichtigsten Mitarbeiteraufgaben darin, dass sie sich mit Problemen auseinander setzen, Ziele vereinbaren, Pläne schmieden und entscheiden, die Entscheidungen realisieren, beurteilen, sich weiterbilden, informieren/kommunizieren und sich selbst kontrollieren.

(d) Gruppen im Unternehmen

Eine Gruppe ist eine Mehrzahl von Personen, die in einer bestimmten Zeitspanne häufig miteinander Umgang haben.[55] Dabei ist die Anzahl der Gruppenmitglieder so gering, dass jede Person mit allen anderen Personen in Verbindung treten kann. In einer Gruppe bilden sich Gruppennormen heraus, die ein Team zusammenhalten und die Ausdruck der von den Teilnehmern geteilten Erwartungen sind, wie in bestimmten Situationen zu handeln ist.[56] Die Erwartung erzeugt Gruppendruck, der z.B. mit folgenden Symptomen verbunden sein kann:[57]

- Die Gruppe fühlt sich unverwundbar und ist deshalb überoptimistisch
- Er herrscht in der Gruppe die Illusion der Einmütigkeit
- Eine Ansicht wird in der Gruppe überbetont
- Es existieren in der Gruppe unterschwellige Konflikt
- Die andere Seite (z.B. Warnungen) wird von der Gruppe unterbewertet
- Bestimmte „Meinungswächter" haben einen starken Einfluss
- Auf Andersdenkende wird von der Gruppe intern Druck ausgeübt
- Minoritäten zensieren sich selbst.

Eine leistungsstarke Gruppe zeichnet sich hinsichtlich der Forderung nach Lokomotion dadurch aus, dass sich ihre Mitglieder jeweils bei zielgerichteter Verteilung der Funktionen auf das anstehende Thema vorbereiten und miteinander kommunizieren. Ein Gruppenmitglied spielt die Rolle des unbequemen Kritikers und in der Gruppe herrscht keine Bürokratie, sondern es wird rasch entschieden. Vor endgültigen Entschlüssen werden die bisherigen Ergebnisse systematisch überprüft. Am Ende wird die Entscheidung klar und verständlich formuliert.

Hinsicht der Kohäsion wird eine leistungsfähige Gruppe dadurch geprägt, dass niemand zur Mitarbeit gezwungen wird und es ist niemand aus persönlichen Interessen oder aus Ressortegoismus auf Einzelleistung fixiert. Vielmehr versteht sich die Gruppe als Einheit und erkennt ihre Mitglieder als gleichberechtigt an, die sich alle an den Leistungen beteiligen. Diese Gruppen halten engen Kontakt zu anderen Organisationseinheiten des Unternehmens.

Sowohl der Forderung nach Lokomotion als auch nach Kohäsion entsprechen folgende Maßstäbe an leistungsstarke Gruppen: Sie haben eine optimale Gruppengröße, haben genügend Entscheidungszeit und alle Gruppenmitglieder sind in

---

55 Vgl. Homans, G.C.: Theorie der sozialen Gruppe…a.aO., S. 29; vgl. Rosenstiel, L.v.: Grundlagen der Organisationspsychologie…a.a.O., S. 288 ff.; vgl. Weinert, A.B.: Organisations- und Personalpsychologie…a.a.O., S. 393; vgl. Rahn, H.J.: Führung von Gruppen, 5. Aufl., Frankfurt/Main 2006, S. 13

56 Vgl. Rahn, H.J. Erfolgreiche Teamführung…a.a.O., S. 12

57 Vgl. Stroebe, R.W.: Grundlagen der Führung…a.a.O., S. 92

Gruppenarbeit geübt. Als Moderator der Gruppe wirkt der informelle Gruppenführer. Die Gruppenentscheidungen werden in gemeinsamer Verantwortung gefällt und umgesetzt. Die Gruppenmitglieder tragen gemeinsam mehr zur Zielerreichung bei als ein einzelner Mitarbeiter. Der vertrauensvolle, offene und freie Informationsaustausch dominiert. Es drückt sich niemand um die Verantwortung für die gemeinsame Entscheidung.

(e) Personalführungsmodelle

Modelle zur Personalführung sind beschreibende, erklärende und gestaltungsorientierte Abbildungen des Führungsgeschehen bzw. des Führungshandelns.[58] Sie haben idealtypischen Charakter und sind Abstraktionen der Wirklichkeit.[59] Die Zuordnung der Personalführungsmodelle ist in der Literatur nicht einheitlich. Es wird auch von Führungskonzepten gesprochen. Es können folgende Führungsmodelle unterschieden werden:[60]

- Verhaltensgitter (Managerial Grid) von *Blake/Mouton*[61]
- Das 3-D-Führungsmodell von *Reddin*[62]
- Kontingenzmodell von *Fiedler*[63]
- Reifegradmodell von *Hersey/Blanchard*[64]
- Erfolgsmodell von *Berth*[65]

In dem Erfolgsmodell unterscheidet *Berth* folgende Erfolgstypen von Menschen: der systematische Entdecker (Transformator), der vernünftige Analysierer, der konservative Bewahrer, der reformerische Visionär, der geschickte Macher und der zuverlässige Organisierer. Es ist in einer Organisation notwendig, unterschiedliche Persönlichkeiten auszuwählen, zu integrieren und zu fördern.[66]

---

58 Vgl. Weibler, J.: Führungsmodelle, in: Handwörterbuch des Personalwesens, Hrsg. E. Gaugler, W.A. Oechsler, W. Weber, 3. Aufl., Stuttgart 2004, Sp. 801 f.

59 Vgl. Rühli, E.: Führungsmodelle, in: Handwörterbuch der Führung, Hrsg. A. Kieser, G. Reber, R. Wunderer, 2. Aufl., Stuttgart 1995, Sp. 760

60 Vgl. Weinert, A.B.: Organisations- und Personalpsychologie….a.a.O., S. 466-508; vgl. Stroebe, R.W.: Grundlagen der Führung…a.a.O., S. 107-138; vgl. Rahn, H.J.: Unternehmensführung…a.a.O., S. 62 ff.

61 Vgl. Blake, R.R., Mouton, J.S.: Verhaltenspsychologie im Betrieb, 2. Aufl., Düsseldorf/Wien 1980; vgl. Staehle, W.H.: Management…a.a.O., S. 839 f.; vgl. Creusen, U., Bock, R., Thiele, Ch.: Führung ist dreidimensional…a.a.O., S. 55 ff.

62 Vgl. Reddin, W.J.: Das 3-D-Modell zur Leistungssteigerung des Managements, München 1977

63 Vgl. Fiedler, F.E., Chemers, M.M., Mahar, L.: Der Weg zum Führungserfolg, Stuttgart 1979; vgl. Rahn, H.J.: Unternehmensführung…a.a.O., S. 64-67

64 Vgl. Hersey, P., Blanchard, K.H.: Management of organizational behavior, 4. Aufl., Englewood Cliffs, N.J. 1982; Vgl. Staehle, W.H.: Management…a.a.O., S. 844-849

65 Vgl. Berth, R.: Erfolg, München 1995

66 Vgl. Stroebe, R.W.: Grundlagen der Führung…a.a.O., S. 135-138

(f) Bezug zur Erziehungswissenschaft

Mit der Erziehung beschäftigt sich die Erziehungspsychologie.[67] Erziehung bedeutet dabei ein gegenseitig befriedigendes, das bedeutsame Lernen und die Entwicklung der Persönlichkeit förderndes Zusammenleben von Erziehern und zu Erziehenden (Educanden). Die Erziehung wird dabei insbesondere von Eltern, Erziehern und Lehrern bewirkt. Sie ist der Beeinflussungsversuch zur Verbesserung, Vervollkommnung oder Wertsteigerung der Persönlichkeit eines jungen Menschen, einschließlich seiner Charakterbildung und der Förderung seiner Kenntnisse und Fertigkeiten.[68]

Auch der psychologisch richtige Umgang mit Aggressionen und Gewalt bei Kindern und Jugendlichen[69] ist heute ein Thema. Wie in der Natur die Äste eines Apfelbaumes bearbeitet werden müssen, damit der Baum Früchte tragen kann, benötigt auch der Mensch die Erziehung, um im praktischen Leben später erfolgreich sein zu können.

Die Erziehung soll den jungen Menschen dazu befähigen, im Leben eigenständig, eigenverantwortlich und mündig zu handeln. Sie ist Ausdruck sozialen Handelns, das bestimmte Lernprozesse bewusst herbeiführen und unterstützen möchte. Wie der Unterricht und die Bildung zählt die Erziehung zu den bedeutenden Grundbegriffen der Pädagogik. Die Erziehung ist Untersuchungsgegenstand der Erziehungspsychologie bzw. der pädagogischen Psychologie. In der Erziehungswissenschaft werden unterschieden:

- Die intentionale Erziehung als das absichtsvolle, bewusste, methodisch und didaktisch planvolle und zielgerichtete Vorgehen der erziehenden Erziehungspersonen. Dabei entsteht soziale Interaktion.
- Die funktionale Erziehung als unbeabsichtigte Prägevorgänge, z.B. wenn Kinder zu lange Zeit vor dem Fernsehgerät zubringen und sich von diesen Eindrücken stark beeinflussen lassen.

In der Erziehungswissenschaft wird bis zum Erwachsenwerden eines Menschen von Erziehung gesprochen.[70] Ab der Phase der Adoleszenz erscheint die Verwendung des Erziehungsbegriffs nicht mehr angebracht, sodass bei Erwachsenen der Begriff der Führung angemessen ist, z.B. in der Weiterbildung bzw. Erwachsenenbildung.

Vom Erwachsenen wird einerseits gesprochen, wenn er voll geschäftsfähig, d.h. volljährig ist (18 Jahre) bzw. wenn die Phase der Adoleszenz abgeschlossen ist (etwa 21 Jahre). In juristischer Sicht wird bis zur Vollendung des 21. Lebensjahres geprüft,

---

67 Vgl. Fuhrer, U.: Erziehungspsychologie, 2. Aufl., Göttingen, Bern u.a. 2009; vgl. Tausch, R., Tausch, A.M.: Erziehungspsychologie, 11. Aufl., Göttingen, Bern u.a. 1998; vgl. Rossmann, P.: Einführung in die Entwicklungspsychologie des Kindes- und Jugendalters, 2. Aufl., Göttingen, Bern u.a. 2012

68 Hier gewinnt das Erziehungskonzept „Freiheit in Grenzen" Bedeutung: vgl. Schneewind, K.A., Böhmert, B.: Jugendliche kompetent erziehen, Göttingen, Bern u.a. 2011 (1. Nachdruck)

69 Vgl. Deegener, G.: Aggressionen und Gewalt bei Kindern und Jugendlichern, Göttingen, Bern u.a. 2002

70 Vgl. Rahn, H.J.: Kleines Wörterbuch zur Erziehung, Norderstedt 2014, S. 28 f.

ob der Betroffene einem Jugendlichen gleichzusetzen ist, also noch Jugendstrafrecht zur Anwendung kommt. Als Heranwachsender wird bezeichnet, wer zwar das 18. Lebensjahr, aber noch nicht das 21. Lebensjahr vollendet hat. Diese Zeitspanne kann als Grenze für die Verwendung der Begriffe Erziehung (Kinder und Jugendliche) und Führung (Erwachsene) gesehen werden.

1.4 Führungsaufgaben des Managers

Offensichtlich wird die Wirkung von Führung deutlich unterschätzt, obgleich die Führungsarbeit in den Organisationen eine Multiplikatorfunktion hat.[71] Für die richtige Führung gibt es aber keine Patentrezepte. Die Psychologie versucht, die Manager für sich selbst und andere Menschen zu sensibilisieren. Damit der Transfer leichter gelingt, werden die Erkenntnisse der Führungspsychologie mit folgenden typischen Führungsaufgaben von Managern gekoppelt:[72]

(a) Informationsübermittlung und Überzeugung

Gefühle und Emotionen beeinflussen unser Handeln viel stärker als wir uns dessen bewusst sind. Im Rahmen der Informationsübermittlung als einer ersten wichtigen Führungsaufgaben von Managern ist diese Feststellung der Psychologie von besonderer Bedeutung, denn Gefühle der Mitarbeiter sind dabei mehr einzubeziehen. Wer Erfolg haben möchte, muss mit Gefühlen klug umgehen können.[73] Im Geschäftsleben ist aber für Gefühle kaum Platz. Wenn Gefühle aber die Wahrnehmungen stark bestimmten, macht es Sinn, Stimmungen aufzugreifen und positiv zu verändern.

Unzureichende Informationsweitergabe kann schnell zu einem Demotivationsfaktor werden. Wer als Vorgesetzter auf negative Gefühle mit Druck reagiert, erntet Gegendruck. Wer mit Drohungen agiert oder an Existenzängste appelliert, sorgt dafür, dass alle späteren Wahrnehmungen und Informationsverarbeitungen dementsprechend gefärbt sind. Vielmehr sind bei Managern Überzeugung, Offenheit, Wertschätzung der Mitarbeiter und eine positive Einstellung gefragt. Auf negative Befindlichkeiten ist vom Vorgesetzten mit Verständnis zu reagieren. Er sollte für eine passende Stimmung bei den Mitarbeitern sorgen.

Im Rahmen der Führung spielt auch die Möglichkeit der Manipulation eine große Rolle. Es spricht einiges gegen, aber auch manches für die gezielte und verdeckte Einflussnahme auf Mitarbeiter. Vor allem die dunkle Seite der Beeinflussung von Menschen ist nicht zu unterschätzen.[74] Manipulation wird immer dann verwerflich, wenn sie eingesetzt wird, um jemanden dazu zu bringen, etwas zu tun, was eigentlich für ihn schädlich ist.

---

71 Vgl. Revers, A.: Wie Menschen ticken: Psychologie für Manager, Hamburg 2012, S. 7

72 Vgl. ebenda, S. 9 ff.

73 Vgl. Goleman, D.: Emotionale Intelligenz, München 2011

74 Vgl. Levine, R.: Die große Verführung: Psychologie der Manipulation, 5. Aufl., München 2005, S. 297 ff.

(b) Entscheidungen treffen

Eine der schwierigsten Führungsaufgaben von Managern ist das Treffen der richtigen Entscheidungen. Hier sind vielfältige Informationen abzuwägen, aber nicht immer sind alle Informationen vorhanden. Dabei ist der Umgang mit Unsicherheit für viele Manager belastend. Der Mensch ist nämlich kein rationales Wesen, sondern die Menschen entscheiden häufig aus einem Bauchgefühl[75] heraus. Menschliches Entscheiden ist nicht immer logisch. Der Versuch, alle Daten zu sammeln und aus der Fülle von Entscheidungsmöglichkeiten die objektiv richtige Entscheidung zu treffen nutzt nicht das Potenzial unserer Intuition.
Die Entscheidungsfindung lässt sich verbessern, indem anstehende Entscheidungsprozesse mit kompetenten und zuverlässigen Außenstehenden (z.B. auch mit dem privaten Partner) diskutiert werden. Dies hilft einerseits häufig bei der Artikulation dieser Prozesse und andererseits können Nachfragen und kritisches Hinterfragen dazu führen, persönliche Denkfahler zu entdecken und neue Lösungen zu entwickeln. Auch sollten wichtige Entscheidungen nicht vorschnell getroffen werden, sondern es empfiehlt sich, noch einmal darüber zu schlafen, um der Intuition eine Chance zu geben. Vor einer besonderen Entscheidung kann es dabei auch sinnvoll sein, mit einer Entscheidungsmatrix zu arbeiten.[76]

(c) Veränderungen managen

Eine weitere bedeutende Führungsaufgabe ist das Veränderungsmanagement, denn unsere Welt ist anspruchsvoller und schneller geworden, z.B. durch die Globalisierung der Märkte und durch die Nutzung moderner Medien. Die Menschen sind zwar extrem anpassungsfähig, aber nicht, wenn sie in Not geraten sind. Warum tun wir uns mit Veränderungen so schwer? Hat sich unser Gehirn für eine Variante entschieden, versucht es, diesen Eindruck möglichst lange zu bestätigen. Diese Hysterese in der Wahrnehmung zeigt sich auch in der folgenden Abbildung 3.:[77] Wie lange ist der Männerkopf für Sie noch erkennbar? [78]

Abb. 3: Hysterese in der Wahrnehmung

Grundsätzlich ist unser Gehirn auf Stabilität ausgerichtet. Die Instabilität wird als belastend bzw. irritierend empfunden und der Mensch reagiert darauf mit Widerstand. Dabei führen unbefriedigte Motive zu Frustration, zur Bedrohung des

[75] Vgl. Storch, M.: Das Geheimnis kluger Entscheidungen, München 2011, S. 12, S. 130 und S. 136

[76] Vgl. Revers, A.: Wie Menschen ticken…a.a.O. S. 139 f.

[77] Vgl. Kriz, J.: Systemtheorie für Psychotherapeuten, Psychologen und Mediziner, Stuttgart 1999, S. 76

[78] Vgl. zur weiteren Interpretation: Revers, A.: Wie Menschen ticken…a.a.O., S. 44

Selbstwertgefühls und zu Abwehrmechanismen[79], z.B. zu Kompensation, Flucht in die Krankheit bzw. zu Aggressivität. Damit werden wieder unbefriedigte Motive ausgelöst, welche den Vorgang erneut auslösen und beschleunigen. Was sollten Führungskräfte hier beachten?[80]

• Zuerst muss das Bewusstsein für die Krise bei den Mitarbeitern geweckt werden. Es fällt Mitarbeitern schwer, Personalabbau zu akzeptieren, wenn die Gewinne im letzten Jahr noch gut waren. Die Interessen der Anteilseigner sollten nicht von den Belegschaftsinteressen abgekoppelt werden: Geht es dem Unternehmen gut, dann wirkt sich das auch auf die Mitarbeiter positiv aus. Klare Informationen an die Belegschaft sind nötig!

• Es ist bei den Mitarbeitern zunächst mit emotionalem Widerstand zu rechnen, denn die Mitarbeiter befinden sich in einem Schockzustand. Schlagen die Emotionen hoch, dann ist von den Managern Verständnis zu zeigen. Es ist dafür Sorge zu tragen, dass die Türen offen bleiben und dass ein Dialog stattfinden kann. Wenn die Belegschaft den Eindruck hat, ernst genommen zu werden und mitgestalten zu können, dann wird der betriebliche Prozess konstruktiver gestaltet.

(d) Autorität zeigen

Für eine vertrauensvolle Zusammenarbeit bzw. für das Erreichen des betrieblichen Ziels und zum Entstehen eines guten Betriebsklimas ist die von ihren Mitarbeitern anerkannte Autorität des Vorgesetzten notwendig. Wenn Vorgesetzte versagen, dann ist häufig ein Mangel an Autorität eine häufige Ursache.[81] Als Autorität kann das durch Macht[82] oder Können erworbene Ansehen einer Führungskraft bezeichnet werden. Als Formen der Autorität gelten:[83]

• Die formale Autorität, die vorwiegend aus der Unternehmensverfassung und der betrieblichen Formalstruktur abgeleitet wird. Sie erwächst kraft Amtes aus der Tätigkeit selbst heraus und wird aufgrund von Entscheidungs- und Weisungsbefugnissen ausgeübt. Sie wird auch als positionale Autorität bezeichnet.

• Die persönliche oder personale Autorität, welche von den ethischen und persönlichen Einstellungen, von den Wertorientierungen und Werthaltungen der Persönlichkeit des Vorgesetzten abhängig ist.[84] Sie zeigt sich in persönlichen Eigenschaften, wie z.B. Ausdrucksfähigkeit, Ausstrahlungskraft, Intelligenz, Reife, Selbstständigkeit, Überzeugungskraft, Verantwortungsbereitschaft, Belastbarkeit und Vitalität.

• Die fachliche Autorität, welche direkt aus der fachlichen Qualifikation resultiert, d.h. sie betrifft das Wissen und Können eines Vorgesetzten auf einem bestimmten Gebiet. Sie wird auch als Fachautorität, Expertenautorität oder Sachautorität genannt.

---

79 Vgl. Crisand, E., Rahn, H.J.: Psychologie der Persönlichkeit, 9. Aufl., Hamburg 2010, S. 29

80 Vgl. Revers, A.: Wie Menschen ticken…a.a.O., S. 46 f.

81 Vgl. Schmidt, W.: Führen mit Autorität – aber nicht autoritär, 2. Aufl., Hamburg 2011, S. 10 ff.

82 Vgl. Staehle, W.H.: Management…a.a.O., S. 398 ff.

83 Vgl. Rahn, H.J.: Unternehmensführung…a.a.O., S. 156

84 Vgl. Schmidt, W. Führen mit Autorität…a.a.O., S. 14-32

Autorität haben heißt, von den Mitarbeitern anerkennt zu sein. Dabei sind Achtung und Anerkennung vom Vertrauen abhängig, das die Mitarbeiter zu ihrem Vorgesetzten haben. Auch daraus ist erkennbar, dass Autorität nichts mit dem autoritären Führungsstil zu tun hat.[85]

Walter Schmidt bringt die Thesen zur Führung mit Autorität in Verbindung zur zeitgemäßen Anwendung des „Benediktinischen Führungsmodells".[86] Dieses zeigt tiefes Verständnis für die menschliche Natur. Der Chef ist Coach und muss seine Mitarbeiter mögen. Beispielhafte Grundsätze für dieses Modell sind: Halte Ordnung – und die Ordnung wird dich halten, Zielvereinbarung und Zielvorgabe, Hinhören lernen, Anerkennen, Kritisieren und Motivieren, Verantwortungsbewusstsein bzw. Sensitivität zeigen und gegebene Konflikte lösen.

(e) Weitere Führungsaufgaben

Die praktische Umsetzung der Menschenführung in Organisationen erfolgt durch die Wahrnehmung der Führungsaufgaben durch Vorgesetzte. Damit die Mitarbeiter zum Erfolg kommen, sind weitere Führungsaufgaben von hervortretender Bedeutung:[87]

• Lernprozesse sind zu initiieren, d.h. Mitarbeiter sind zum lebenslangen Lernen anzuregen, denn langfristig gesehen lohnt sich das Engagement in eine lernende Organisation für alle Beteiligten, denn das Kompetenzniveau steigt, die Zusammenarbeit verbessert sich und die intrinsische Motivation nimmt zu.

• Personalauswahl und Leistungsbeurteilung sind ebenfalls hervortretende Aufgaben von Managern. Die Leistungsbeurteilung ist von großer Bedeutung für das Personalmanagement.[88] Bei der Leistungsbeurteilung ist die Sache von der Person zu trennen. Mitarbeiter dürfen nicht in „Schubladen" gepackt werden. Es sind verschiedene Beurteilungssysteme zu unterscheiden.[89]

• Die Motivation von Mitarbeitern ist in der Literatur ein breites Betätigungsfeld. Die Menschen möchten Spass an ihrer Arbeit, erstrebenswerte Ziele und ein positives Arbeitsklima haben. Doch die Arbeitszufriedenheit sinkt seit 25 Jahren kontinuierlich, wie eine Studie[90] zeigt. Viele Autoren[91] setzen sich mit der Thema Motivation intensiv auseinander.

• Eine vorrangige Führungsaufgabe ist das Selbstmanagement.[92] Jeder Vorgesetzte kann dem Stress der Führungsrolle mit entsprechenden Selbststeuerungskompeten-

---

85 Vgl. ebenda, S. 17 ff. und S. 61 ff.

86 Vgl. ebenda, S. 32-142

87 Vgl. Revers, A.: Wie Menschen ticken…a.a.O., S. 54-90

88 Vgl. Lohaus, D.: Leistungsbeurteilung: Praxis der Personalpsychologie, Göttingen, Bern 2008, S. 15 f.

89 Vgl. Crisand, E., Rahn, H.J.: Personalbeurteilungssysteme, 4. Aufl., Hamburg 2011, S. 32-74

90 Vgl. Revers, A.: Wie Menschen ticken…a.a.O., S. 70 f.

91 Vgl. Kapitel 4 über die Motivationspsychologie

92 Vgl. Rahn, H.J.: Techniken geistiger Arbeit, Hamburg 2011, S. 102 und die dort angegebene Literatur

zen begegnen.[93] Diese helfen, mit den verschiedenen Zugkräften fertig zu werden, ohne sich selbst dabei zu verlieren. Dabei spielen Selbstführung[94], Selbstbeobachtung, Selbstverstärkung, Selbstbestrafung, Selbstmotivation[95] und die Anwendung von Transfertechniken[96] eine Rolle.
Die erfolgreiche Teamführung[97] unterscheidet sich deutlich von der Führung von Einzelpersonen. Während bei der Individualführung der einzelne Mitarbeiter und dessen Stärken und Schwächen im Vordergrund stehen, geht es bei der Teamführung um gruppendynamische Prozesse.[98]

1.5 Psychologische Grundlagen im Führungsprozess

Grundsätzlich sind das personenorientierte und das sachorientierte Theoriemodell der Führung zu unterscheiden.[99] Ein Führungsprozess zeigt damit den Ablauf der zielgerichteten Beeinflussung von Menschen (Leadership-Prozess) oder von Geschäften (Managementprozess[100]). Der hier zu betrachtende personorientierte Führungsprozess hat folgende Struktur (Abb. 4):[101]

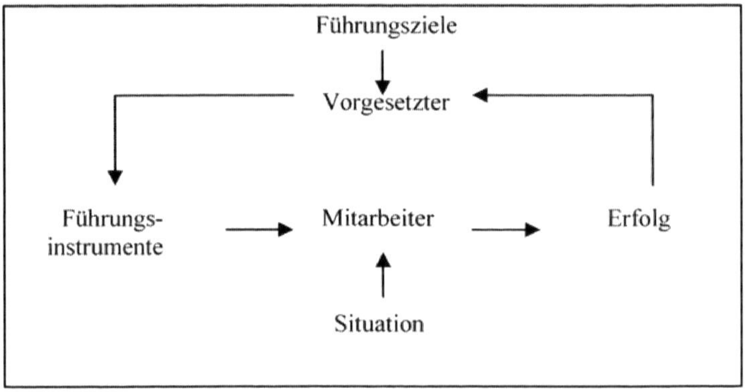

Abb. 4: Personenbezogener Führungsprozess

---

[93] Vgl. Revers, A.: Wie Menschen ticken…a.a.O., S. 107

[94] Vgl. Müller, G.F., Braun, W.: Selbstführung, Göttingen, Bern u.a. 2009

[95] Vgl. ausführlich Kapitel 4.5 dieser Arbeit

[96] Vgl. König, C.J., Kleinmann, M.: Selbstmagagement, in: Lehrbuch der Personalpsychologie, Hrsg. H. Schuler, 2. Aufl., Göttingen u.a. 2006, S. 332-351

[97] Vgl. Rahn, H.J.: Erfolgreiche Teamführung…a.a.O.

[98] Vgl. Revers, A.: Wie Menschen tick en…a.a.O., S. 128

[99] Vgl. Drumm, H.J.: Personalwirtschaft, 6. Aufl., Berlin/Heidelberg 2008, S. 429-434

[100] Vgl. Olfert, K., Rahn, H.J.: Einführung in die Betriebswirtschaftslehre, 11. Aufl., Herne 2013, S. 36 u. S. 222 ff.

[101] Vgl. Rahn, H.J.: Unternehmensführung…a.a.O., S. 152 ff.; vgl. ders.: Personalführung kompakt…a.a.O., S. 128, vgl.: Erfolgreiche Teamführung…a.a.O., S. 49

Dieser Führungsprozess besteht aus den zusammenhängenden Elementen Führungsziele des Vorgesetzten, dessen Führungsinstrumente, Mitarbeiter, Situation und Erfolg, die nun untersucht werden.

(a) Führungsziele

Ein Führungsziel ist eine Soll-Größe mit Vorgabecharakter für den Vorgesetzten, nachdem die Ziele (Führungsgröße) mit dem Mitarbeiter vereinbart wurden.[102] Jeder Mensch hat auch persönliche Ziele[103], die nicht mit denen der Organisation übereinstimmen müssen. Die vereinbarten Ziele[104] müssen zu Führungszielen werden, denn sonst gelten sie nur für den Mitarbeiter und nicht für den Vorgesetzten. Die Führungskraft geht bei der Mitarbeiterführung z.B. von folgenden drei Führungszielen[105] aus:

• Die Leistungsziele als zu erfüllende Leistungsnormen des Mitarbeiters, z.B. ein bestimmter Umsatz, eine bestimmte Höhe der Kosteneinsparung oder eine bestimmte Stückzahl.

• Die Verhaltensziele als erwartete Verhaltensweisen des Mitarbeiters (z.B. Zusammenhalten) bzw. Verhalten der Geführten gegenüber Chef und Kollegen, z.B. wenig Fehlzeiten, Hilfsbereitschaft und Loyalität.

• Die Zufriedenheitsziele als Grad an Arbeitszufriedenheit der Geführten, z.B. positive Einstellung, Akzeptanz der Bedingungen bzw. Zufriedenheit mit der Führung.

Diese Führungsgrößen werden später mit den Ist-Größen verglichen, auf die solange hinzusteuern ist, bis der Soll-Zustand eintritt.

(b) Vorgesetzter

Ein Vorgesetzter hat die Aufgabe, die individuellen Fähigkeiten seiner Mitarbeiter so zu nutzen, dass sie ihrer Aufgabenstellung gerecht werden.[106] An die Qualifikation bzw. die Fähigkeiten von Führungskräften werden heute besonders hohe Anforderungen gestellt.[107] Als Vorgesetzte sind in der betrieblichen Praxis ganz unterschiedliche Führungskräftetypen[108] denkbar. Jeder Vorgesetzten hat seine Eigenheiten, unterschiedliche Einstellungen, Erfahrungen, Motive und Verhaltensweisen. Ein

---

102 Vgl. Stroebe, A.I./Stroebe G.H.: Motivation durch Zielvereinbarungen, 3. Aufl., Hamburg 2010

103 Einen guten Überblick über Anliegen, Bestrebungen und Vorhaben junger Erwachsener bietet das Konzept von Lüdtke: vgl. Lüdtke, O.: Persönliche Ziele junger Erwachsener, Münster 2006, insbes. S. 93 ff.

104 Vgl. Rosenstiel, L.v., Nerdinger, F.W.: Grundlagen der Organisationspsychologie…a.a.O., S.95 f.; vgl. Staehle, W.H.: Management…a.a.O., S. 852; vgl. Weibler, J.: Personalführung…a.a.O., S. 428 ff.

105 Vgl. Rahn, H.J.: Unternehmensführung…a.a.O., S. 153 ff.; vgl. ders.: Personalführung kompakt…a.a.O., S. 130 f.

106 Vgl. Lumma, K.: Die Teamfibel, Hamburg 2006, S. 17

107 Vgl. Weinert, A.B.: Organisations- und Personalpsychologie…a.a.O., S. 537; vgl. Becker, M.: Personalentwicklung, 5. Aufl., Stuttgart 2009, S. 4 ff.

108 Vgl. Rahn, H.J.: Unternehmensführung…a.a.O., S. 157 f.

strenger Vorgesetzter verhält sich anders als ein humaner Typ. Muntere Vorgesetzte pflegen andere Verhaltensweisen als sachliche Führungskräfte. Diese Führungskräfte setzen im Rahmen der Steuerung auf die Führungsziele verschiedene Führungsinstrumente ein.

(c) Führungsinstrumente

Ein Führungsinstrument ist Ausdruck des Führungsverhaltens bzw. des Führungs-Mix[109], das auf die Erfüllung der Führungsziele ausgerichtet ist, um den gewünschten Führungserfolg zu bewirken. Es sind Führungsstile, Führungsmittel und Führungstechniken zu unterscheiden, die im nächsten Kapitel (1.6) zu untersuchen sind. Welche Führungsinstrumente jeweils vom Vorgesetzten genutzt werden, hängt von den Zielen bzw. der Persönlichkeit der Führungskraft bzw. den Zielen, der Persönlichkeit und dem Verhalten der Mitarbeiter, der Situation bzw. vom bisher erzielten Erfolg ab.

(d) Mitarbeiter

Als Mitarbeiter gelten die Teilnehmer einer Gruppe, die vom Vorgesetzten zu führen sind. Die Mitarbeiter unterscheiden sich durch ihre Motive, ihr Verhalten, ihre Leistungsfähigkeit (Qualifikation) bzw. ihre Leistungsbereitschaft (Engagement) und ihr Leistungsvermögen (z.B. Gesundheit). Es gibt z.B. Leistungsstarke und leistungsschwache Mitarbeiter, z.B. der „Will-nicht-Typ“ (ihm fehlt der Antrieb), der „Kann-nicht-Typ“ (ihm fehlen die Fertigkeiten), der „Weiß-nicht-Typ“ (ihm fehlen die Kenntnisse“ und der „Darf-nicht-Typ“, dem die Kompetenzen fehlen.
Eine besondere Rolle spielt bei der Führung von Mitarbeitern das Engagement der Mitarbeiter. Dieses ist ein motivationaler Zustand, der insbesondere bei intrinsisch motivierten Mitarbeitern auftritt. Da zwischen dem in einem Unternehmen ausgeprägten Engagement[110] der Mitarbeiter und seinem Erfolg ein starker Zusammenhang besteht, widmen die Betriebe diesem Phänomen große Aufmerksamkeit. Als besondere Determinanten des Engagements können die Führung[111], die Unternehmenskultur[112], die persönlichen Ressourcen[113] und die Arbeitsressourcen[114] gesehen werden.[115]
Leistungsstarke Mitarbeiter verhalten sich in Organisationen anders als Leistungsschwache Typen, Ehrgeizlinge zeigen ein anderes Verhalten als problembeladene, freche oder schüchterne Menschen. Außenseiter erleben andere Situationen als

---

109 Vgl. Olfert, K., Rahn, H.J., Zschenderlein, O.: Lexikon der Betriebswirtschaftslehre…a.a.O., Nr. 337

110 Vgl. Vollmer, G.R.: Mit Leib und Seele bei der Arbeit, Hamburg 2015, S. 7-17

111 Vgl. ebenda, S. 78-86

112 Vgl. ebenda, S. 29-45

113 Vgl. ebenda, S. 87-95

114 Vgl. ebenda, S. 46-77

115 Vgl. ebenda, S. 21-28

Neulinge.[116] Diese Gegebenheiten sind von der Führungskraft beim Einsatz der Führungsinstrumente zu beachten.

(e) Situation

Die Situation ist die jeweilige Lage, in der sich die Mitarbeiter befinden. Jeder Vorgesetzte hat beim Einsatz der Führungsinstrumente die jeweiligen Gegebenheiten der Situation zu berücksichtigen. Es gibt:

• Die Arbeitssituation als Ausgestaltung der Arbeitsmittel, Arbeitsmaterialien und Arbeitsplätze.

• Die Privatsituation als Gegenpol zur Berufssphäre, z.B. Familie, Freunde und Bekannte.

• Die soziale Situation als Zustand des gegenseitigen Verständnisses in der Gruppe.

• Die Unternehmenssituation als Gesamtzustand der Organisation, z.B. Betriebsklima, Unternehmenstradition.

• Die Umfeldsituation als natürliche, sachliche und geistige Situation der betrieblichen Umwelt.

In modellhafter Sicht sind bei der Führung zwei Situationsarten von Bedeutung: Die für die Beteiligten günstige Situation, d.h. gute Arbeitsbedingungen (wenig Lärm, angemessene Bedingungen, genügend Zeit zur Arbeit), strukturierte Tätigkeitsfelder, angenehmes Gruppenklima, gute Führer-Geführtenbeziehung, starke Positionsmacht des Führenden, keine Unternehmenskrise. In einem solchen Umfeldbereich gibt es – in modellhafter Sicht – keine extremen Privatprobleme (z.B. Familie, Freunde, Bekannte) und positive Einflüsse z.B. durch gute Konjunkturlage, politische Konstanz bzw. angenehme Arbeitstemperaturen.

Eine für die Beteiligten ungünstige Situation wird durch schlechte Arbeitsbedingungen, unstrukturierte Aufgaben, wenig Zeit zur Aufgabenerfüllung, unangenehme Gruppenatmosphäre, schlechte Führer-Geführten-Beziehung, schwache Positionsmacht der Führungskraft, unbefriedigende Unternehmens- bzw. Bereichssituation, extreme Probleme in Familie und/oder bei Freunden usw. geprägt.

Außerdem können schlechte Konjunkturlage, negative Einflüsse der Politik und unangenehme Arbeitstemperaturen hinzukommen. Die Struktur der situativen Bedingungen ist für den Einsatz der situationsbedingten Führungsinstrumente durch die Führungskraft von hoher Bedeutung.

(f) Erfolg

Der Erfolg zeigt sich in den Resultaten, die von dem Mitarbeiter zusammen mit dem Vorgesetzten erreicht werden. Er besteht aus folgenden Elementen[117]:

• Dem Leistungserfolg als das sachliche Ergebnis, das durch die Aktivitäten der Beteiligten erreicht wird, z.B. Erfüllung der gesetzten Leistungsziele[118]. Nach Erfas-

---

116 Vgl. dazu ausführlich Kapitel 3.1

117 Vgl. Rahn, H.J.: Personalführung kompakt…a.a.O., S. 142 ff.

118 Vgl. Neuberger, O.: Führen und führen lassen…a.a.O., S. 435 f.

sung der Ist-Leistungen werden die Ergebnisse mit den zu erreichenden Soll-Größen verglichen.
• Dem Verhaltenserfolg als Ergebnis der Bemühens um Erfüllung der Verhaltensziele, z.B. ein Teammitglied hilft dem anderen und verteidigt es nach außen. Dieses Individualverhalten dient der Teamerhaltung. Durch die Erfüllung der Verhaltensziele kann das Fortbestehen der Gruppe gesichert werden.
• Dem Zufriedenheitserfolg als erreichtes Ergebnis der Arbeitszufriedenheit des einzelnen Teammitglieds. Die individuelle Zufriedenheit zeigt sich beispielsweise am Erfüllungsgrad der Zufriedenheitsziele. Die Zufriedenheit ist nicht selten ein vernachlässigter Beeinflussungsfaktor des Erfolgs.
Der Führungserfolg[119] ist das Ergebnis, das der Vorgesetzte in Erfüllung seiner Führungsaufgaben erzielt, z.B. der Leistungs-, Erhaltungs- und Zufriedenheitserfolg. Er ist für die Führungskraft ein eigenständiger Motivationsfaktor mit direkter Inputwirkung: Denn wer als Vorgesetzter Mitarbeiter erfolgreich führt, wird dadurch zu neuen Taten angespornt. Vom Führungserfolg ist der gemeinsam zwischen Vorgesetztem und Mitarbeiter zu erzielende Erfolg zu unterscheiden.[120]

(g) Führungspsychologische Aspekte

Um personenbezogene Führungsprozesse erfolgreich abwickeln zu können sollte eine Führungskraft im Unternehmen folgende psychologische Grundlagen beachten:[121]
• Menschen haben persönliche Ziele, die nicht immer mit den betrieblichen Zielen harmonieren müssen.[122] Eine Unternehmensleitung kann Leistungsbereitschaft, Teamgeist und Identifikation mit den betrieblichen Gegebenheiten ihren Mitarbeitern nicht einfach verordnen. Um zu klaren Verhältnissen zu kommen, sind zwischen dem Vorgesetzten und den Mitarbeitern Zielvereinbarungen[123] zu treffen über das, was es gemeinsam zu erreichen gilt. Die Führungsphilosophie von heute geht davon aus, dass das Mitarbeiterengagement nicht zu reglementieren ist, sondern dass es ein kooperatives Verhalten zwischen den Partnern anzustreben gilt. Dazu haben viele Unternehmen die Zielvereinbarung in ihre offiziellen Führungsgrundsätze aufgenommen.
• Für die erfolgreiche Abwicklung von Führungsprozessen ist die Persönlichkeit der Führungskraft bzw. des Mitarbeiters von besonderer Bedeutung.[124] Im Hinblick auf die Struktur der Persönlichkeit sind zu nennen:

---

119 Vgl. Rosenstiel, L.v., Nerdinger F.W.: Grundlagen der Organisationspsychologie…a.a.O., S. 182 bzw. S. 253

120 Vgl. Rahn, H.J.: Unternehmensführung…a.a.O., S. 167 ff.

121 Vgl. Crisand, E., Rahn, H.J.: Psychologische Grundlagen im Führungsprozess, 3. Aufl., Hamburg 2010, S. 29-137

122 Vgl. Neuberger, O.: Mikropolitik, Stuttgart 1995; vgl. ders.: Führen und führen lassen…a.a.O., S. 680-729

123 Vgl. dazu ausführlich Stroebe, A.I., Stroebe, R.W.: Motivation durch Zielvereinbarungen…a.a.O., und Kap. 4.5

124 Vgl. dazu das nächste Kapitel 2

- das Selbst als Wissen um die eigene Existenz, um personelle Identität und um die Kontinuität des Menschen.
- das Selbstkonzept als Theorie über die eigene Person mit der Antwort auf die Frage „Wie bin ich?“
- das Selbstwertgefühl als Erkenntnis auf dem Selbstkonzept: es zeigt, „wie ich mich selbst bewerte“.
- die Informationsquellen über das eigene Ich, z.B. Selbstbeobachtung bzw. sozialer Vergleich.
- der Einbezug unterstützender Theorien, z.B. die Attribuierung, d.h. die Ursachenzuschreibung.

Offensichtlich wird der selbstwertschwache Mensch im Führungsprozess immer schwächer und der selbstwertstarke wird immer stärker. Diese Aussage gilt nicht nur für Unternehmen, sondern auch im Sport.

• Nach der Schichtentheorie[125] entstehen menschliches Erleben und Verhalten aus den Funktionsebenen Antrieb (Motivation), Gefühl (Selbstwertgefühl) und Geist (Selbstkonzept). Selbstwertgefühl und Selbstkonzept werden über Abwehrmechanismen[126] geschützt. Um Mitarbeiter im Führungsprozess zu motivieren, stellt die Führungskraft dem Geführten Aufgaben, die ihn herausfordern und für die er selbst die Verantwortung tragen kann. Im Berufsleben bilden dabei die Stabilisatoren (z.B. Sicherheit des Arbeitsplatzes, gute zwischenmenschliche Beziehungen, Betriebsklima) und die Motivatoren (z.B. Anerkennung, interessante Aufgaben, Entfaltungsmöglichkeiten) besondere Anreize, die personenextern zu sehen sind (vgl. nächstes Kapitel der Führungsinstrumente). Dabei bilden die intern entstehenden Bedürfnisse als Beweggründe die Auslöser für das menschliche Verhalten, z.B. für die Arbeitsleistungen. Die Leistung eines Menschen entsteht aus situativen Faktoren und menschlichen Voraussetzungen, z.B. der Leistungsfähigkeit und der Leistungsbereitschaft.

• Das menschliche Verhalten ist von vielen externen und internen Einflussfaktoren abhängig, denen unterschiedliche Bedeutung zukommt:

- Die externen Einflussfaktoren umfassen die Arbeits- und Privatsituation, die soziale Situation, die Unternehmens- und Umfeldsituation. Dabei spielt die Privatsituation[127] eine viel größere Rolle, als gemeinhin angenommen wird. Auch die Führungsinstrumente des Vorgesetzten wirken von außen auf den Geführten ein.
- Die internen Faktoren beziehen sich auf den Menschen selbst, z.B. die Leistungsbereitschaft und die Leistungsfähigkeit. Aber auch Normvorstellungen (Über-Ich, Gewissen), Gewohnheiten (z.B. Formen der Kontaktaufnahme bzw.

125 Vgl. Rothacker, E.: Die Schichten der Persönlichkeit, 4. Aufl., Bern 1948; vgl. Lersch, P.: Aufbau der Person, 11. Aufl., München 1970; vgl. Fisseni, H.J.: Persönlichkeitspsychologie, 5. Aufl., Göttingen u.a. 2003

126 Vgl. Crisand, E., Rahn, H.J.: Psychologische Grundlagen im Führungsprozess…a.a.O., S. 57

127 Vgl. Seifert, K.H.: Der Einfluss der Privatsphäre auf das Arbeitsverhalten und die Arbeitsproduktivität im Betrieb, in: Personalführung, Bd. III, Hrsg. A. Marx, Wiesbaden 1971, S. 35-51

der Höflichkeit), Verstärkererwartungen (Erwartungshaltungen) und Einstellungen, z.B. das Wissen um Personen, Emotionen, Zuneigung und Abneigung.

Im Führungsprozess wirken interne und externe Einflussgrößen zusammen und sind auf den zwischen Führungskraft und Mitarbeiter gemeinsam zu erzielenden Erfolg ausgerichtet.

• Der Erfolg eines Menschen ist auch von Attraktivität und Sympathie abhängig. Findet der Mensch einen anderen Menschen von vornherein als unsympathisch, so vermeidet er näheren Kontakt mit ihm.[128] Die Bewertung anderer Menschen und der eigenen Person im Hinblick auf das Kriterium Attraktivität ist das Ergebnis von Vergleichsprozessen. Jene Mitarbeiter, die sich selbst für attraktiv halten, werden im Führungsprozess ihren Erfolg sich selbst und Misserfolge der Umwelt zuschreiben.[129]

• Menschen benötigen eine soziale Orientierung, weshalb sie sich stets ein Bild vom anderen machen.[130] Die sprachlichen Äußerungen werden vor dem Hintergrund dieses Bildes verstanden. Dabei setzt eine störungsfreie Verständigung voraus, dass sich die Gesprächspartner richtig einschätzen. Diese gegenseitige Einschätzung wird durch unnatürliches Auftreten erschwert. Die soziale Orientierung fällt um so leichter, je natürlicher sich die Menschen verhalten. Missverständnisse sind um so seltener, je besser sich Vorgesetzte und Mitarbeiter kennen und sie sich in ihren Intentionen richtig einschätzen.

• Ein besonderes Problem bildet im Führungsprozess das Konfliktmanagement.[131] Um im Führungsprozess mit Konflikten richtig umzugehen ist zunächst der Abbau von Konfliktmöglichkeiten zu prüfen, indem die Ursachen der Konflikte erkannt werden. Die Konfliktbewältigung der Konfliktparteien selbst ist in folgenden Schritten möglich: Erregung kontrollieren, Vertrauen herstellen, Konflikte analysieren, Den Konflikt innerlich verarbeiten oder ihn offen austragen, z.B. Stellungnahme einholen bzw. das Problem gemeinsam lösen.[132] Bei der Konfliktbewältigung durch eine dritte Partei ist zunächst die Situation durch Einzelgespräche zu diagnostizieren, dann ist eine Aussprache unter Leitung der dritten Person nötig und es ist eine Lösung verbindlich zu vereinbaren und die Einhaltung später zu überprüfen.

• Ein Misserfolg ist das negative Ergebnis der gemeinsamen Bemühungen des Vorgesetzten und des Mitarbeiters im Führungsprozess. Demgegenüber bezeichnen wir das positive Ergebnis des Bemühens der Partner im Führungsprozess als gemeinsamen Erfolg. Mit *Neuberger* ist dazu festzustellen, dass es überraschend ist, dass

---

128 Vgl. Crisand, E., Rahn, H.J.: Psychologische Grundlagen im Führungsprozess…a.a.O., S. 82

129 Vgl. Bergler, R.: Psychologie in Wirtschaft und Gesellschaft, 2. Aufl., Köln 1987

130 Vgl. Crisand, E., Crisand, M.: Psychologie der Gesprächsführung…a.a.O., S. 57

131 Vgl. Becker, H., Becker, A.: Psychologisches Konfliktmanagement, 4. Aufl., München 1992; vgl. Berkel, K.: Konflikttraining, 10. Aufl., Hamburg 2010; vgl. Erdmüller, A., Jiranek, H.: Konfliktmanagement, 3. Aufl., Freiburg 2010; vgl. Oechsler, W.A.: Konfliktmanagement, Wiesbaden 1995

132 Vgl. Crisand, E., Rahn, H.J.: Psychologische Grundlagen im Führungsprozess…a.a.O., S. 108 ff.; vgl. Berkel, K.: Konflikttraining…a.a.O., S. 102 ff.

das „Endprodukt der Führung“ – nämlich der Erfolg – leider vergleichsweise wenig theoretische und empirische Beachtung gefunden hat.[133]
Der geführte Mitarbeiter strebt mehr oder weniger nach einem persönlichen Erfolg. Dieser ist das Resultat der Aktivitäten des Mitarbeiters hinsichtlich der Erfüllung seiner Mitarbeiterziele, z.B. Leistungen zu erbringen, mehr Geld verdienen bzw. Zufriedenheit zu erreichen. Die Aktivitäten der Führungskraft und auch diejenigen des Mitarbeiters sind aber auf den gemeinsamen Erfolg gerichtet, der allerdings nicht eintreten muss:[134]

- Der Vorgesetzte kann hervorragend führen, aber der Mitarbeiter verfolgt persönliche Ziele, die dem gemeinsamen Erfolg nicht dienlich sind, z.B. wenn er sich längere Pausen nimmt und auch sonst kein angemessenes Leistungsstreben zeigt.
- Der leistungsfähige Mitarbeiter verfolgt seine Ziele im Sinne des Unternehmens beharrlich und erfolgreich, aber ein unfähiger Vorgesetzter führt ihn nicht entsprechend, sodass ein gemeinsamer Erfolg nicht eintreten kann.

Der Erfolg kann also durch hervorragende Mitarbeiteraktivitäten ausgelöst werden, die zur einseitigen Zielerreichung durch den Unterstellten führen, wenn der Vorgesetzte über längere Zeit wegen Krankheit ausfällt. Diese Gegebenheit zeigt, dass nicht nur der Führungserfolg, sondern auch der Mitarbeitererfolg in die Betrachtungen einzubeziehen ist. Der zwischen Führungskraft und Mitarbeiter im Führungsprozess gemeinsam zu erzielende Erfolg wird von der Persönlichkeit der Führungskraft, den Führungszielen, der Mitarbeiterpersönlichkeit, der gegebenen Situation, vom vorausgehenden Erfolg und vor allem vom Einsatz der richtigen Führungsinstrumente durch den Vorgesetzten bestimmt.

(h) Psychologisches Kapital

Das Konzept des „psychologischen Kapitals“ wurde von *Fred Luthans* in der Mitte der 1990er Jahre entwickelt.[135] In der Betriebswirtschaftslehre wird der Begriff des Kapitals u.a. als abstrakte Wertsumme in der Bilanz interpretiert.[136] Das Eigenkapital und das Fremdkapital zeigen dabei die Mittelherkunft des Vermögens. In analoger Anwendung ging es *Luthans* darum, die „Herkunft“ von Motivation, Engagement, Leistung und Gesundheit – also deren Ursprünge – aus psychologischer Sicht besser verständlich zu machen. Es geht hier also einerseits um die individuellen Voraussetzungen der Führungskräfte/Mitarbeiter und andererseits um deren Veränderbarkeit/Förderbarkeit bzw. um die Schaffung der hierfür günstigsten organisatorischen Rahmenbedingungen. Dabei spielen insbesondere folgende Faktoren eine besondere Rolle:[137]

---

[133] Vgl. Neuberger, O.: Führen und führen lassen…a.a.O., S. 434

[134] Vgl. Rahn, H.J.: Personalführung kompakt…a.a.O., S. 141

[135] Vgl. Reinhardt, R.: Psychologisches Kapital, Hamburg 2013, S. 17

[136] Vgl. Olfert, K., Rahn, H.J., Zschenderlein, O.: Lexikon der Betriebswirtschaftslehre… a.a.O., Nr. 462

[137] Vgl. Reinhardt, R.: Psychologisches Kapital…a.a.O., S. 32-117

• Die Entwicklung von Selbstwirksamkeit als der Fähigkeit, eine Aufgabe meistern zu können. Dabei sind eigene Stärken und Fähigkeiten zweckentsprechend einzusetzen. Es geht darum, hart zu arbeiten, bis die Ziele erreicht sind. Vorzeitiges Aufgeben kommt nicht in Frage. Eine entsprechende Selbstmotivation ist deshalb nötig, um engagierter und produktiver zu werden.
• Die Entwicklung von Hoffnung nicht im Sinne eines Wunschdenkens, sondern dass man an seinen gesteckten Zielen festhält – auch wenn Widerstände auftreten. Diese Hoffnung basiert auf der inneren Motivation, die Ziele erreichen zu wollen. Dazu sind Selbstvertrauen und Selbstwertgefühl notwendig. Bei der Bewältigung von Krisen hilft insbesondere die Hoffnung auf Erfolg.
• Die Entwicklung von Optimismus als der Erwartung, dass eine bestimmte Handlung oder Situation einen guten Ausgang haben wird, d.h. das man mit einer positiven Grundeinstellung solange hart arbeitet, bis die Ziele erreicht sind. Optimismus ist die Grundlage für das Durchhaltevermögen, das benötigt wird, um mit Hindernissen fertig zu werden.
• Die Entwicklung von Resilienz als der Fähigkeit, Widrigkeiten zu überstehen und gestärkt aus belastenden Situationen hervorzugehen. Man muss auch bei Not und Elend tapfer standhalten und sich nach einschneidenden Erlebnissen schnell wieder erholen. Hierzu sind Widerstandskraft, Gelassenheit und Disziplin notwendig. Resiliente Menschen verhalten sich verantwortungsvoll und leistungsorientiert.
Das psychologische Kapital ist damit ein wichtiger Schlüssel für das Leistungsverhalten und für den Erfolg des Menschen. Dieses Potential ist von Führungskräften und Mitarbeitern zu nutzen und zu gestalten. Dabei sind insbesondere die intrinsische Motivation, positive Gefühle und Belohnungssysteme zu aktivieren.[138] Die Berücksichtigung des psychologischen Kapitals spielt vor allem beim Einsatz der Führungsinstrumente durch Führungskräfte eine große Rolle.

1.6 Führungsinstrumente und Erfolg

Ein Führungsinstrument ist Ausdruck des Führungsverhaltens eines Vorgesetzten und umfasst ein Führungs-Mix[139], das auf die Erfüllung der Führungsziele ausgerichtet ist, um den gewünschten Erfolg zu bewirken. Es sind folgende Führungsinstrumente zu unterscheiden:

(a) Führungsinstrumente
Welche Führungsinstrumente[140] jeweils von der Führungskraft eingesetzt werden, um zum Erfolg zu kommen, hängt von den Zielen bzw. der Persönlichkeit der

138 Vgl. ebenda, S. 118 ff.

139 Vgl. Crisand, E., Rahn, H.J.: Psychologische Grundlagen im Führungsprozess…a.a.O., S. 14 ff. Vgl. Olfert, K., Rahn, H.J., Zschenderlein, O. : Lexikon der Betriebswirtschaftslehre…a.a.O., Nr. 337

140 Vgl. die verschiedenen Artikel über Führungsinstrumente, im Handwörterbuch der Führung, Hrsg. A. Kieser, G. Reber, R. Wunderer, R., 2. Aufl., Stuttgart 1995; vgl. Drumm, H.J.: Personalwirtschaft…a.a.O., S. 452 ff.

Führungskraft bzw. den Zielen, der Persönlichkeit und dem Verhalten der Mitarbeiter, der Situation bzw. vom bisher erzielten Erfolg ab. Die Führungspsychologie unterscheidet als Führungsinstrumente folgende Führungsstile, Führungsmittel und Führungstechniken:

• Die Führungsstile[141] sind grundlegende Verhaltensmuster von Vorgesetzten. Nach *Wunderer* bezeichnet der Führungsstil ein konsistentes, typisiertes und wiederkehrendes Führungsverhalten.[142] Es können folgende Formen unterschieden werden:

- Autoritärer Führungsstil, bei dem der Vorgesetzte seine Entscheidungen allein trifft, häufig Befehle gibt bzw. laut wird und von den Mitarbeitern totalen Gehorsam erwartet. Die Untergebenen werden am Führungsprozess nicht beteiligt und nicht richtig informiert. Bei Fehlern wird hart bestraft statt zu helfen. Mitarbeiter werden auch in Gegenwart anderer kritisiert. [143]
- Laissez-faire-Führungsstil, bei dem versucht wird, die Motivation der Mitarbeiter durch hohe Freiheitsgrade zu bewirken. Die Informationen fließen hier mehr oder weniger zufällig. Der Vorgesetzte zeigt direktionsarmes Verhalten.[144] Bei Fehlern wird weder bestraft noch geholfen. Vor allem bei leistungsschwachen Mitarbeitern versagt dieser Führungsstil.
- Kooperativer Führungsstil[145], bei dem die betrieblichen Aktivitäten im Zusammenwirken des Vorgesetzten und der Mitarbeiter abgestimmt werden. Der Chef bezieht die Mitarbeiter in den Entscheidungsprozess ein. Bei Fehlern wird nicht bestraft, sondern geholfen.
- Situativer Führungsstil, bei dem sich die Aktivitäten der Führungskraft an der jeweils gegebenen Situation orientieren.[146] Es wird hier versucht, den jeweiligen Gegebenheiten gerecht zu werden, die mehr einen partnerschaftlichen oder eher strengeren Stil verlangen.
- Richtungsorientierter Führungsstil, bei dem personenorientierter (Vertrauen geben, motivieren, zugänglich sein) bzw. sachorientierter Führungsstil (Aufgabenbezug betonen, Druck machen, steuern und kontrollieren) zu unterscheiden sind.[147]

---

141 Vgl. Fischer, L., Wiswede, G.: Grundlagen der Sozialpsychologie, 3. Aufl., München 2009, S. 512; vgl. Staehle, W.H.: Management ...a.a.O., S. 334 ff.; vgl. Schanz, G.: Personalwirtschaftslehre...a.a.O., S. 678 ff.

142 Vgl. Wunderer, R.: Führung und Zusammenarbeit, 9. Aufl., Stuttgart 2011, Kap. 1.7

143 Vgl. Schmidt, W.: Akzeptiertes Führungsverhalten, Heidelberg 1996, S. 37-50

144 Vgl. ebenda, S. 69-72

145 Lewin, Lippitt und White sprechen vom demokratischen Führungsstil

146 Vgl. Staehle, W.H.: Management...a.a.O., S. 348 f. u. S. 341; Wunderer, R.: Führung und Zusammenarbeit...a.a.O., S. 211ff.; vgl. Laufer, H.: Grundlagen erfolgreicher Mitarbeiterführung, Offenbach 2010, S. 97

147 Vgl. Rahn, H.J.: Personalführung kompakt...a.a.O., S. 135; diese Führungsstile beziehen sich auf die Führungsmodelle von Blake/Moton, Reddin und Hersey/Blanchard (vgl. Kap. 1.3 e)

- Gruppenorientierter Führungsstil, bei dem die Mitarbeiter von ihrem Vorgesetzten mit dem fördernden, ermutigenden, anspornenden, bremsenden, integrierenden oder dem wertschätzenden Führungsstil geführt werden.[148]

Um den jeweiligen Führungsstil in die Praxis umzusetzen, bedient sich der Vorgesetzte verschiedener weiterer Instrumente der Führung, die als Führungsmittel bezeichnet werden:

• Die Führungsmittel [149] als unmittelbare Bestandteile des Einsatzes der Führungsstile mit dem Ziel, Gruppen zum Erfolg zu führen, beispielsweise Weisungsmittel, Anreizmittel (z.B. Verwirklichungs- und Entgeltanreize, Motivation), Informationsmittel (z.B. Rundschreiben, Schulung), Kommunikationsmittel (z.B. Gespräch, Besprechung), Kooperationsmittel (z.B. Zusammenarbeit), Delegationsmittel (z.B. Aufgaben, Kompetenz, Verantwortung übertragen). Partizipationsmittel (z.B. Teilhaben an Entscheidungen), Kritikmittel (z.B. Lob, Anerkennung, Tadel, Sanktionen, Strafen), Beurteilungsmittel und Steuerungsmittel (z.B. Planung, Kontrolle).

Von diesen Führungsmitteln sind insbesondere die Kritikmittel hervorzuheben, denn im Umgang mit Anerkennung und Tadel werden besonders viele Fehler gemacht. Die Anerkennung ist ein besonderes Mittel zur Motivation.[150] Die Strafe ist der Gegenpol zur Verstärkung und kann bei falscher Anwendung zu Abwehrreaktionen des Mitarbeiters führen.[151] Beim Einsatz von negativer Kritik ist besondere Vorsicht angebracht.[152]

• Die Führungstechniken[153], die eine Konkretisierung der Führungsmittel darstellen, indem sie aufzeigen, wie der Mitteleinsatz erfolgt. Beispielsweise Weisungstechnik, Anreiztechnik, Informationstechnik, Kommunikationstechnik (z.B. Gesprächstechnik, Konferenztechnik), Delegationstechnik, Partizipationstechnik, Kritiktechnik, Beurteilungstechnik bzw. Steuerungstechniken.

Zu den Führungstechniken können auch die Managementtechniken[154] gezählt werden, die grundsätzliche Verfahrens- und Verhaltensweisen für das Personal aufzeigen, wie z.B:[155]

- Management by Exception, d.h. Führung im Ausnahmefall
- Mangement by Delegation, d.h. Kompetenzen übertragen
- Management by Objectives, d.h. Führung durch Zielvereinbarung
- Management by Systems, d.h. Führung durch PC-Systemsteuerung

---

148 Vgl. Rahn, H.J.: Erfolgreiche Teamführung…a.a.O., S. 61-86

149 Vgl. Olfert, K.: Personalwirtschaft, 15. Aufl., Herne 2012, S. 265 ff.; Olfert, K./Rahn,H.J.: Einführung in die Betriebswirtschaftslehre…a.a.O., S. 180 f.; Rahn, H.J.: Erfolgreiche Teamführung…a.a.O., S. 53

150 Vgl. Stroebe, R.W.: Gezielte Verhaltensänderung, 4. Aufl., Heidelberg 2000, S. 53-64 u. S. 67-73

151 Vgl. ebenda, S. 64 ff.

152 Vgl. ebenda, S. 74-83

153 Vgl. Rahn, H.J.: Personalführung kompakt…a.a.O., S. 154; vgl. ders.: Unternehmensführung…a.a.O, S. 162 ff.; vgl. Bröckermann, R.: Personalwirtschaft, 5. Aufl., Stuttgart 2009, S. 247 f.

154 Vgl. Staehle, W.H.: Management…a.a.O., S. 78

155 Vgl. Stroebe, R.W.: Führungsstile – Management by Objektives, 8. Aufl., Frankfurt/Main 2007, S. 10-26

Alle diese Führungsinstrumente sind unterschiedliche Inputfaktoren, die bei Mitarbeitern auf einen bestimmten Output abzielen, um die gesetzten Ziele zu erfüllen. Eine der obigen Führungstechniken soll nun genauer untersucht werden, weil sie von besonderer Bedeutung ist.

(b) Management by objectives

Die Führungstechnik[156] Management by Objectives umfasst das Führungskonzept der Führung durch Zielvereinbarung und wurde erstmals von *Peter Drucker* vorgestellt.[157] Sie hat also ihren Ursprung in den USA.[158] Vorgesetzte und Mitarbeiter legen gemeinsam Ziele fest und stecken ihren jeweiligen Verantwortungsbereich für bestimmte Ergebnisse ab. Der Prozess der Zielvereinbarung erfolgt in Phasen, in denen Oberziele bis hin zu operationalen Abteilungszielen konkrestiisert und akzeptiert werden. Beim Mitarbeiter ist ein hohes motivationales Potential dann aktivierbar, wenn die Aufgabenziele von den Vorgesetzten an die individuellen Fähigkeiten und Anspruchsniveaus der Mitarbeiter angepasst werden.[159]

Die erste Voraussetzung für die Leistung des Mitarbeiters bilden klare Zielsetzungen: „*Wer nicht weiß, wohin er will, darf sich nicht wundern, wenn er ganz woanders ankommt.*"[160] Weitere bedeutende Leistungsvoraussetzungen bilden die Leistungsbereitschaft und die Leistungsfähigkeit. Für das Zustandekommen der zwischen Vorgesetztem und Mitarbeiter gemeinsam vereinbarten Ziele sind bedeutsam:[161]

• Die Unternehmensphilosophie als Führungsrahmen[162], welche die Einstellung des Unternehmens zu seiner Rolle und seinem Verhalten in der Gesellschaft ausdrückt.[163] Sie beantwortet die Fragen nach den verschiedenen Interessen, die ein Unternehmen hat und die von außen an es herangetragen werden. Die Unternehmensphilosophie und die Unternehmenspolitik legen die Grenzen fest, innerhalb derer die Mitarbeiter ihre Ziele vorschlagen und vereinbaren können. Die Einzelziele werden aus den Unternehmenszielen abgeleitet und auf der taktischen bzw. operativen Ebene weiter aufgeschlüsselt.[164]

• Die Zielvereinbarung selbst erfolgt auf der Basis wertfreier Informationen in wechselseitiger Abstimmung zwischen Vorgesetztem und Mitarbeiter der jeweiligen Ebene des Unternehmens. Zunächst wird ein Termin für das Gespräch vereinbart. Dann erarbeiten die Partner unabhängig voneinander Zielvorstellungen. Im Zielver-

---

156 Vgl. Jeuschede, G.: Führungstechniken, Wiesbaden 1989, S. 10-64

157 Vgl. Staehle, W.H.: Management...a.a.O., S. 852 f.

158 Vgl. Jeuschede, J.: Führungstechniken...a.a.O., S. 10

159 Vgl. Stroebe, A.I., Stroebe, R.W.: Motivation durch Zielvereinbarungen, 3. Aufl., Hamburg 2010, S. 8

160 Stroebe, R.W.: Führungsstile – Management by Objectives...a.a.O., S. 29

161 Vgl. ebenda, S. 33-55

162 Vgl. Rahn, H.J.: Unternehmensführung...a.a.O., S. 172-175

163 Vgl. Bleicher, K.: Das Konzept Integriertes Management, 8. Aufl., Frankfurt/New York 2011, S. 79

164 Vgl. Stroebe, R.W.: Führungsstile – Management by Objektves...a.a.O., S. 36

einbarungsgespräch werden Gemeinsamkeiten festgestellt, Abweichungen diskutiert und die endgültig vereinbarten Ziele schriftlich festgehalten.

• Aus den Vereinbarungen entstehen quantitative und qualitative Leistungsstandards[165], die soweit möglich, messbar, terminbezogen und quantifizierbar zu formulieren sind.[166] Diese können auch zu Bestandteilen des zur Beurteilung der Mitarbeiter auszufüllenden Personalbogens werden.[167] Beispiel: „Der Verkäufer löst seine Aufgabe gut, wenn er im kommenden Jahr 20XX seinen Umsatz für das Produkt S um 3 % steigert." Es können aber auch Toleranzgrenzen (z.B. 2-4 %) als Ober- und Untergrenzen definiert werden. Dabei sind die Ziele horizontal und vertikal abzustimmen. Sie sollten realistisch, in sich widerspruchsfrei und ohne Zielkonflikt formuliert sein. Die Ziele sind so zu formulieren, dass der Mitarbeiter selbst beurteilen kann, ob er sich dem Ziel nähert oder nicht.[168]

• Abschließend sind Kontrollverfahren zu vereinbaren, die feststellen inwieweit die Ziele erreicht worden sind. Dabei sollten folgende Fragen beantwortet werden:

- Erreichen die Mitarbeiter die vereinbarten Ziele?
- Sind die Ziele noch angemessen oder sind Änderungen notwendig?
- Benötigt der Mitarbeiter Beratung?
- Kann die Selbstkontrolle des Mitarbeiters verstärkt werden?

Der Vorgesetzte sollte am Ende eine Einschätzung zum Grad der Zielerreichung, zu möglichen Ursachen für Abweichungen und zu Verbesserungsmöglichkeiten einfordern.

Für die Einführung der Führungstechnik Management by Objectives empfiehlt es sich, dass sich die Führungskräfte und die Mitarbeiter mit dem Konzept identifizieren. Die Unternehmensleitung unterstützt MbO und ein Projektteam plant und informiert im Unternehmen über dieses Führungskonzept. Darüber hinaus sind Führungskräfte und Mitarbeiter entsprechend zu schulen. MbO kann nicht von heute auf morgen eingeführt werden. Es ist vielmehr ein Zeitraum von eineinhalb bis drei Jahren für das gesamte Unternehmen anzusetzen. Für das erstmalige Vereinbaren messbarer Ziele für jeden einzelnen Mitarbeiter werden etwa 2 bis 6 Stunden benötigt. Dieses System hilft nicht nur die Unternehmensziele besser zu verwirklichen, sondern dient auch der Verwirklichung von persönlichen Zielen bzw. der Motivation des Mitarbeiters.[169]

(c) Ursachen von Erfolg und Misserfolg

Die zentrale Fragestellung der psychologischen Attributionstheorie[170] ist die Untersuchung der Prozesse sozialer Wahrnehmung unter dem Gesichtspunkt der Ursa-

---

165 Vgl. Rahn, H.J.: Unternehmensführung…a.a.O., S. 154

166 Vgl. Stroebe, R.W.: Führungsstile – Management by Objectives…a.a.O., S. 45

167 Vgl. Crisand, E., Rahn, H.J.: Personalbeurteilungssysteme…a.a.O., S. 62-76

168 Vgl. Stroebe, R.W.: Führungsstile – Management by Objectives…a.a.O., S. 45-55

169 Vgl. ebenda, S. 56 ff.

170 Vgl. Zimbardo, P.G., Gerrig, R.J.: Psychologie…a.a.O., S. 637 ff.

chenzuschreibung.[171] Ihr Kernstück ist die Zuschreibung von Ursachen für den eigenen Erfolg bzw. Misserfolg. Ihr Ursprung liegt sowohl in der Sozialpsychologie als auch in der Leistungsmotivationsforschung.[172] Die Ursachen für den Erfolg oder Misserfolg zu kennen ist nicht nur eine Voraussetzung für die wirkungsvolle Unternehmensführung im allgemeinen, sondern auch für die Personalführung im besonderen.[173] Um ihre Mitarbeiter angemessen zu führen, müssen Vorgesetzte die Ursachen des Verhaltens der Geführten kennen. Ohne Kenntnis der Verhaltensursachen beruhen die Führungsbemühungen eher auf Versuch uns Irrtum und weniger auf professionellem Können. Der Verzicht auf Ursachenanalysen oder fehlerhafte Untersuchungen kostet die Unternehmen nicht nur finanzielle Mittel, sondern belastet auch das Betriebsklima.

Die Attributionspsychologie gibt Antworten darauf, wie Vorgesetzte gute und schlechte Leistungen ihrer Mitarbeiter erklären, welche Fehler sie dabei machen und welche Schlussfolgerungen sie daraus ziehen. Dabei ist die Ursachenanalyse der Ausgangspunkt für praktisches Handeln des Vorgesetzten, für seine Entscheidungen und für seine Führungsmaßnahmen.[174] Dabei erleichtern treffende Ursachenzuschreibungen den Vorgesetzten ihre Führungsarbeit, wenn sie z.B. leistungsstarke Mitarbeiter fördern oder bei unwilligen Kräften disziplinarische Maßnehmen ergreifen. Wenn ein Vorgesetzter seinem Mitarbeiter gute Fähigkeiten zur Bewältigung einer Aufgabe attestiert, wird sein Führungsverhalten anders ausfallen, als wenn er die Fähigkeiten gering einschätzt. Eine fehlerhafte Einschätzung der Mitarbeiterfähigkeiten hat Fehler in der Menschenführung zur Folge. So wird der Mitarbeiter wenig Erfolg haben.

Es sind hier drei Ursachen zu unterscheiden: Einerseits Ursachen, die in der Person des Handelnden liegen (z.B. seine Fähigkeiten) und andererseits Ursachen, die aus einem Sachverhalt hervorgehen bzw. die in zeitlichen Umständen zu sehen sind. Wenn wir das Verhalten der Geführten in bestimmten Situationen nach bestimmten Ursachen erforschen wollen, benötigen wir Informationen darüber, wie sich diese Personen in dieser Situation verhalten (Konsensinformationen), wie sie sich in einem anderen Kontext verhalten (Distinktheitsinformationen). Außerdem müssen wir wissen, wie häufig der Geführte dieses spezifische Verhalten schon in dieser Situation gezeigt hat (Konsistenzinformationen). Daraus ergeben sich folgende Erkenntnisse:[175]

• Ein hoher Konsens liegt vor, wenn viele Geführte ein bestimmtes Verhalten in einer Situation zeigen. Ein geringer Konsens ist gegeben, wenn sie dieses Verhalten nicht zeigen.

---

171 Vgl. Neuberger, O.: Führen und führen lassen…a.a.O., S. 545 ff.

172 Vgl. Crisand, E., Rahn, H.J.: Psychologische Grundlagen im Führungsprozess…a.a.O., S. 118

173 Vgl. Vollmer, G.R.: Ursachen von Erfolg und Misserfolg im Betrieb, Heidelberg 1991, S. 9

174 Vgl. Vollmer, G.R.: Ursachen von Erfolg und Misserfolg…a.a.O., S. 11

175 Vgl. ebenda, S. 9-39 und die dort gegebenen Beispiele

• Hohe Distinktheit (= Besonderheit) besteht, wenn jemand ein bestimmtes Verhalten nur in der betreffenden Situation zeigt; geringe Distinktheit ist gegeben, wenn sich jemand in allen Situationen so verhält.
• Hohe Konsistenz (= Beständigkeit) liegt vor, wenn der Geführte mehrfach das spezifische Verhalten in der betreffenden Situation zeigt. Demgegenüber besteht geringe Konsistenz wenn jemand das spezifische Verhalten selten in der betreffenden Situation hat.

Ursprünglich nahm man an, dass sich Menschen im Alltag rational verhalten, stellte aber bald fest, dass sie auch Fehler machen. Typische Fehler bei der Ursachenzuschreibung sind: Einerseits besteht der fundamentale Irrtum, hinter einer Verhaltensweise vornehmlich einen Charakterzug oder eine Disposition zu sehen und andererseits die Tendenz, sich selbst den Erfolg der Arbeit und anderen Menschen den Misserfolg zuzuschreiben. Auch die eigenen Interessen unsere Zuschreibungen und verzerren dabei unser Urteilsvermögen.

Die Attributionsstile sind Ausdruck der Art der Zuschreibung: Während beim internalen Stil die Zuschreibungen auf eine Person überwiegen, dominieren beim externalen Stil Zuschreibungen wie Macht oder Schicksal. Internale Faktoren sind z.B. persönliche Eigenschaften wie Initiative oder Kontaktvermögen. Demgegenüber sind typische externale Faktoren die Aufgabenstellung bzw. die Kollegen. Vorgesetzte bewerten das Arbeitsverhalten und die Leistungen der Geführten mit internalen und/oder externalen Faktoren. Hinzu kommen zeitkostante (z.B. überdauernde Eigenschaften) und zeitvariable Faktoren, z.B. Zufall, Glück und Pech.

Die Psychologie hat festgestellt, dass die Art der Zuschreibung Auswirkungen auf die Motivation der Mitarbeiter hat. Wenn z.B. die Bewältigung einer Aufgabe internale Zuschreibungen verspricht, d.h. der Erfolg wird weitgehend auf die eigene Person bezogen, so geht davon für den Mitarbeiter ein höherer Anreiz aus als bei externalen Zuschreibungen. Mitarbeiter mit einer hohen Leistungsmotivation (d.h. leistungsstarke Kräfte) schreiben Erfolge vor allem sich selbst zu. Ihre Misserfolge führen sie auf die mangelnden Anstrengungen zurück.

Die Mitarbeiter unterliegen auch Irrtümern der Zuschreibung: Beispielsweise wird die eigene Person ganz ausgeklammert und die situativen Einflüsse werden zu sehr gewichtet. Misserfolge werden auf andere Personen und auf die Situation abgewälzt und Erfolge werden zu sehr bei sich selbst lokalisiert.[176] Die Vorgesetzten im Unternehmen können ihre eigenen Attributionen und die ihrer Mitarbeiter verbessern und damit zielgerichtet handeln. Ausgangspunkt dafür sind die kritischen Verhaltensweisen der Mitarbeiter.[177]

(d) Thesen zur erfolgreichen Führung

Wird die Führung im Systemzusammenhang[178] betrachtet, dann zeigt es sich, dass zwischen den oben dargestellten Einzelelementen der Führung vielfältige Zusam-

---

176 Vgl. Vollmer, G.R.: Ursachen von Erfolg und Misserfolg im Betrieb…a.a.O., S. 40-64

177 Vgl. ebenda, S. 75 f.

178 Vgl. dazu Kapitel 1.5 dieser Arbeit

menhänge bestehen. Eine Auswahl von möglichen Thesen wird im folgenden Teil vorgestellt:[179]

(1) Werden die Führungsziele durch einen fähigen Vorgesetzten im Führungsprozess klar bestimmt und leistungsstarke Mitarbeiter werden von einer Führungskraft mit fördernden Führungsmitteln (z.B. Anreize, Lob) geführt, die Aufgabensituation ist gut strukturiert und die gesamte Führungssituation ist günstig, dann werden diese Mitarbeiter zu einem überdurchschnittlichen Leistungserfolg kommen. Diese Bedingungen sind aber in der Führungspraxis nicht die Regel.

(2) Führt ein weniger fähiger Vorgesetzter unter obigen Bedingungen leistungsstarke Gruppenmitglieder bei ungünstigen Führungsbedingungen und sind z.B. mangelhafte Arbeitsdingungen, unstrukturierte Tätigkeiten und schlechtes Gruppenklima gegeben, dann wird diese Konstellation zu Minderleistungen dieser Mitarbeiter führen, da sie als engagierte rund qualifizierte Typen mit den Bedingungen unzufrieden sind.

(3) Unter der Voraussetzung klar formulierter Führungsziele hat ein fähiger Vorgesetzter problembeladene Mitarbeiter zu führen, die sich in ungünstiger Privatsituation befinden. Wenn sie der Vorgesetzte mit ermutigendem Führungsstil führt, dann ist die Wahrscheinlichkeit groß, dass der Verhaltenserfolg eintritt, die Problembeladenheit bewältigt wird und damit positive Einflüsse auf den Leistungserfolg ermöglicht werden.

(4) Werden vom fähigen Vorgesetzten klare Führungsziele hinsichtlich eines von der Gruppe (noch) nicht angenommenen, neuen Mitarbeiters formuliert und wird dieser Mitarbeiter in einer für ihn relativ ungünstigen Situation mit integrierenden Führungsinstrumenten geführt, dann ist zu erwarten, dass dieser Mitarbeiter über Verhaltensänderungen bessere Leistungen erzielt, wenn die Integration in die Gruppe erfolgreich verläuft.

(5) Wenn ein leistungsstarker Vorgesetzter mit klaren Zielvorstellungen einen leistungsschwachen Mitarbeiter als „Will-nicht-Typ" mit anspornenden Führungsinstrumenten, in einer für den Mitarbeiter günstigen Situation führt, dann ist es wahrscheinlich, dass dieser Mitarbeiter zumindest eine Normalleistung erreichen kann. In einer für die Mitarbeiter ungünstigen Situation (z.B. leistungsschwache Kollegen, unstrukturierte Tätigkeitsfelder) wird bei weniger fähigen Vorgesetzten der Leistungserfolg des Geführten nur unterdurchschnittlich sein. Während bei „Weiß-nicht-Typen" das Fachwissen durch Führungstraining zu erweitern ist, wird bei leistungsstarken „Darf-nicht-Typen" die Führungstechnik des Management by Delegation Erfolg bringen, wenn die Kompetenzen entsprechend erweitert werden.[180]

(6) Führt allerdings ein unfähiger Vorgesetzter mit unklaren Führungszielen leistungsunfähige Mitarbeiter in ungünstigen Situationen mit nachlässigem Führungsstil, dann ist das Leistungschaos vorprogrammiert. Auch ist die Wahrscheinlichkeit des

---

179 Vgl. Rahn, H.J.: Personalführung kompakt…a.a.O., S. 149 ff.

180 In diesem Zusammenhang ist die gründliche Analyse des jeweiligen Problems notwendig (vgl. dazu Stroebe, R.W.: Gezielte Verhaltensänderung, 4. Aufl., Heidelberg 2000, S. 19-48)

Leistungserfolges gering, wenn ein unfähiger Vorgesetzter einen leistungsschwachen Mitarbeiter führt, dessen Situation relativ günstig ist, z.B. bei verständnisvollen Kollegen und guten Arbeitsbedingungen.

(7) Sind die Führungsziele eines unfähigen Vorgesetzten unklar bestimmt und führt er mit nachlässigen Führungsinstrumenten, aber der Mitarbeiter verhält sich in einer ungünstigen Situation (unklare Aufgaben, Probleme mit Kollegen) leistungsfähig bzw. leistungsbereit, dann wird zwar ein hoher Leistungserfolg nicht eintreten, aber es ist durch das Mitarbeiterengagement bzw. dessen Fähigkeiten trotzdem eine Normalleistung möglich.

(8) Fähige Führungskräfte mit klaren Zielvorstellungen führen freche Personen, die sich z.B. in der Pubertät befinden, mit klaren Weisungen und bremsenden Führungsinstrumenten, die diesen Frechheiten entgegenwirken. In einer für den Geführten ungünstigen Situation können bei diesen jungen Menschen trotz der widrigen Bedingungen Verhaltensänderungen eintreten, die dem Leistungspotenzial dienlich sind. Haben allerdings Vorgesetzte bei sehr extravertierten, frechen Personen keine klaren Zielvorstellungen und wird zu nachlässig geführt, dann wird sich der Erfolg auch in für diese Mitarbeiter günstigen Situationen der Führungserfolg nicht einstellen.

(9) Bei unreifen Mitarbeitern sind mangelhafte Leistungsfähigkeit und wenig Leistungsmotivation gegeben. Hier dominiert der sachorientierte Führungsstil, d.h. der Vorgesetzte wird durch klare Anweisungen den Aufgabenbezug betonen, Druck machen und verstärkt kontrollieren. Bei hoher Reife des Mitarbeiters sind Engagement und Fähigkeiten in hohem Maße gegeben. Hier wird der Vorgesetzte kooperativ führen und die Führungstechnik des Management by Delegation einsetzen (Kompetenzen und Verantwortung geben, Delegationstechnik) und diese leistungsstarken Kräfte entsprechend fördern. Als Führungsmittel sind dann weniger Weisungen nötig, aber es sind verstärkt Anreize zu geben (Lob, Entgelt, Beförderung in Aussicht stellen) und der Mitarbeiter sollte an den Entscheidungen seines Vorgesetzten partizipieren.

(10) Für alle Mitarbeiter gilt die Führungstechnik des Management by Objectives, nämlich das Konzept der Zielvereinbarung. Der Zufriedenheitserfolg tritt bei diesen Mitarbeitern genau dann ein, wenn die Mitarbeiter in das Geschehen eingebunden und ihre Erwartungen durch motiviertes Handeln erreicht oder übertroffen werden. Zufriedenheit wird derjenige Mensch eher erreichen, welcher in der Lage ist, negative Erlebnisse positiv zu verarbeiten. Die Zufriedenheit des Mitarbeiters kann das Erreichen seiner Leistungsziele bzw. sein Verhalten positiv beeinflussen und umgekehrt. Außerdem bestehen positive Einflüsse der Arbeitszufriedenheit auf das jeweilige Verhalten des Mitarbeiters hinsichtlich seiner Fehlzeiten, der Fluktuation und verursachter Unfälle.

(11) Im Rahmen der situationsbezogenen Führung durch den erfolgsorientierten Vorgesetzten wird dieser hinsichtlich der Arbeitssituation sachbezogen und im Hinblick auf die Privatsituation personenorientiert führen, während bezüglich der Gruppensituation die gruppenorientierte Führung hervortretend ist.

Mit der Darstellung dieser modellhaften Gegebenheiten können nicht alle möglichen Konstellationen der Personalführung abgedeckt werden. Bei der Komplexität der Personalführung in der Realität ist das wohl auch nicht möglich.

(e) Führungspsychologische Anmerkungen

Bei der Beurteilung obiger Führungsprozesse sind Grenzen zu beachten. Aus führungspsychologischer Sicht ist grundsätzlich darauf hinzuweisen, dass obige Prozesse nicht schematisch ablaufen und automatisch zum Erfolg führen, sondern dass Führung ein sehr komplizierter Prozess ist. Das Führungsgeschehen ist in der Praxis keineswegs einfach durchschaubar und nicht leicht zu beherrschen.[181] Für den Geführten gibt es beispielsweise nicht nur betriebliche Führungsziele, sondern ein Mitarbeiter verfolgt eigene Zielsetzungen, die sich nicht mit denen der Führungsperson decken und zu Problemen bei der Erreichung eines gemeinsam zu erzielendes Erfolgs führen können.[182]

Die Teilnehmer einer Organisation, die als Personal im Spannungsfeld zwischen Ordnung und Freiheit, Gehorsam und Widerstand bzw. dem Einhalten und Übertreten von Vorschriften stehen, verhalten sich nicht immer so, wie es das Management erwartet. So eröffnet sich ein mikropolitisches Spielfeld, das als solches vom Management nicht gewollt ist. In vielen Fällen besteht eine Kluft zwischen dem, was entwickelt und eingerichtet wurde und jenen, die damit arbeiten oder davon betroffen sind. Was in systemtheoretischer Sicht zuweilen als glatt und systematisch erscheint, erweist sich im praktischen Vollzug nicht selten als unvollständig, lücken- bzw. fehlerhaft.

Ein wesentliches Definitionsmerkmal von Mikropolitik ist, dass sie eigensinniges, eigeninteressiertes, eigenmächtiges Handeln propagiert und sich damit sowohl gegen das Ideal kollektiver Harmonie wie alternativenloser Sachgesetzlichkeit wendet.[183] Mikropolitische Akteure legen in einer Organisation ihre persönlichen Ziele und Methoden nicht offen, sondern verschweigen sie oder lenken sie mitunter auf falsche Fährten und gefährden somit den Erfolg der Organisation. Damit verletzen sie Ideale der Offenheit und Redlichkeit, ohne die eine Institution in Schwierigkeiten geraten kann. Die Auseinandersetzung mit diesen Gegebenheiten macht die Führung in der Praxis vor allem heute zu einer sehr anspruchsvollen Aufgabe.

---

181 Vgl. Neuberger, O.: Führen und führen lassen…a.a.O., S. 670

182 Vgl. ebenda, insbesondere S. 699-729

183 Vgl. Neuberger, O.: Mikropolitische Ansätze des Personalmanagements, in: Handwörterbuch des Personalwesens, Hrsg. E. Gaugler, W.A. Oechsler, W. Weber, 3. Aufl., Stuttgart 2004, Sp. 1194-1203, insbesondere Sp. 1197; vgl. ders.: Neuberger, O.: Mikropolitik, Stuttgart 1995

1.7 Führungstheorien

Die Tätigkeit eines Forschers besteht darin, Sätze oder Systeme von Sätzen aufzustellen und systematisch zu überprüfen.[184] So entstehen in den empirischen Wissenschaften Theorien. Eine Theorie ist eine geordnete Menge von Begriffen und Aussagen, die ein Phänomen oder eine Gruppe von Phänomenen erklärt.[185] Zur Menschenführung gibt es mittlerweile eine Anzahl von Theorien.

Unter Menschenführung werden in der Psychologie[186] alle Maßnahmen von Vorgesetzten verstanden, welche auf die Kooperation, Koordination und Kommunikation aller Angehörigen einer Organisation[187] einwirken. Menschenführung wird außer in Unternehmen beispielsweise auch in Hochschulen, Schulen, Behörden, Haushalten, beim Militär und im Sport betrieben. Die Menschenführung ist in der humanen Ethik der begründete Versuch, durch eine Führungskraft steuernd und richtungsweisend auf eigenes und fremdes Handeln einzuwirken, um eine Zielvorstellung zu verwirklichen. In der verhaltensorientierten Betriebswirtschaftslehre wird von Personalführung[188] bzw. Mitarbeiterführung[189] gesprochen, auch werden Begriffe wie Individualführung[190] und Gruppenführung[191] verwendet. Im englischen Sprachraum werden diese Führungsformen als leadership bezeichnet.

Eine Führungstheorie ist ein Gerüst, das vor allem dazu dient, Beziehungen zwischen Variablen zu erfassen und damit die Forschung in Richtung auf ein besseres Verstehen des Führungsphänomens zu lenken.[192] Damit erstellt ein Forscher Vorhersagen darüber, wie bestimmte Merkmale oder Verhaltensmuster der Führung in systematischer Weise Messungen der Führungseffizienz beeinflussen. Vor allem am Beispiel der Führungstheorien wird deutlich, dass hier interdisziplinäre Führungsforschung unverzichtbar geworden ist.

---

184 Vgl. Popper, K.: Logik der Forschung, 10. Aufl., Tübingen 1994, S. 3 ff.

185 Vgl. Zimbardo, P.G., Gerrig, R.J.: Psychologie…a.a.O., S. 26

186 Vgl. Marschner, G.: Menschenführung, in: Lexikon der Psychologie, Bd. 2, Hrsg. W. Arnold, H.J. Eysenck, R. Meili, 3. Aufl., Freiburg i. Br. 1987, Sp. 1359 f.; vgl. Weizsächer, V.v.: Menschenführung, 7. Aufl., Göttingen 1955

187 Vgl. Rosenstiel, L.v.: Grundlagen…a.a.O., S. 6 f.; vgl. Weinert, A.B.: Organisations- und Personalpsychologie…a.a.O., S. 553 ff.

188 Vgl. Weibler, J.: Personalführung…a.a.O.

189 Vgl. Laufer, H.: Grundlagen erfolgreicher Mitarbeiterführung…a.a.O.; vgl. Wiedemann, H.: Mitarbeiter richtig führen, Ludwigshafen 1996; vgl. Haberkorn, K.: Praxis der Mitarbeiterführung, 10. Aufl., Renningen 2002

190 Vgl. Scholz, Ch.: Personalmanagement, 2. Aufl., München 2000, S. 322 ff.

191 Vgl. Bastine, R.: Gruppenführung, in: Handbuch der Psychologie, Bd. VII, Hrsg. C.F. Graumann, 2. Halbband, Göttingen 1972, S. 1654-1709; vgl. Rahn, H.J.: Führung von Gruppen, Gruppenführung mit System, 5. Aufl., Frankfurt am Main 2006

192 Vgl. Weinert, A.B.: Organisations- und Personalpsychologie…a.a.O., S. 461 ff.

(a) Abgrenzung der Menschenführung

Der Terminus Menschenführung repräsentiert einen sehr umfassenden Führungsbegriff, denn als Geführte[193] können im Rahmen der Individualführung einzelne Personen und im Rahmen der Teamführung[194] z.B. Hochschul-, Schüler-, Betriebs-, Behörden-, Militär-, Sport-, Arbeitsgruppen[195] und Familiengruppen unterschieden werden. Die Menschenführung stellt dabei ein eigenständiges Forschungsgebiet dar, das viele interessante Ergebnisse erbracht hat. Außer der Menschenführung sind folgende Arten der Führung zu unterscheiden, denen aber andere Inhalte zuzuordnen sind:

• Das Management als zielorientierte Gestaltung, Lenkung und Entwicklung sozialer Systeme[196], d.h. die Aufrechterhaltung handlungsfähiger Ganzheiten, das Erwirken zielgerichteter Aktivitäten des Systems bzw. seiner Elemente und das Voranbringen des ganzen Systems im Zeitablauf. Bezieht sich die Führungsbetrachtung auf das System Unternehmen dann wird von Unternehmensführung[197] gesprochen, die von einem Unternehmensleiterausgeübt wird, der als Unternehmer oder Top-Manager agiert. Erfolgt die Führung von einem Abteilungsleiter, kann der Begriff Bereichsführung[198] oder auch Middle Management verwendet werden.

• Die Lebensführung [199] eines Menschen als die Art und Weise seiner persönlichen Lebensbewältigung, welche sich als Prozess darstellen lässt und sich darin zeigt, wie er sein eigenes Dasein meistert.

• Die Führung von Tieren durch Menschen als gezielte Beeinflussung, Gestaltung und Entwicklung von Lebewesen, z.B. die Führung von Pferden bzw. Hunden.

• Die Führung in der Mechanik als Summe bestimmter Kräfte und in der Technik als Teil einer Maschine, der ein Bauteil oder Werkstück auf einer geradlinigen Bewegung hält, nämlich die Linearführung.

Die Menschenführung wird nicht nur durch die sachbezogene Leitung, sondern auch durch eine vorbildliche Menschenführung der Leitungsperson selbst und die Führung der von ihr geleiteten Menschen begründet. Weil die Aufgabe der Menschenführung ein besonderes Gewicht hat, wurden dazu im Laufe der Zeit ver-

---

193 Vgl. zum Begriff des Geführten: Neuberger, O.: Führen und führen lassen…a.a.O., Vorwort

194 Vgl. zur Teamführung: Belbin, R.M.: Management Teams, 2nd ed., Oxford 2003; vgl. Gemünden, H.G., Högl, M. (Hrsg.): Management von Teams, Wiesbaden 2000

195 Vgl. Wegge, J.: Führung von Arbeitsgruppen, Göttingen/Bern u.a. 2004

196 Vgl. Ulrich, H.: Management, Bern u.a. 1984, S. 114 ff.; vgl. Bleicher, K.: Führung, in: Handwörterbuch der Betriebswirtschaft, Bd. 1, Hrsg. W. Wittmann, W. Kern, R. Köhler, H.U. Küpper, K. v.Wysocki, 5. Aufl., Stuttgart 1993, Sp. 1272 f.; vgl. Steinmann, H., Schreyögg, G.: Management, 6. Aufl., Wiesbaden 2005

197 Vgl. Macharzina, K., Wolf, J.: Unternehmensführung, 7. Aufl., Wiesbaden 2010; vgl. Hungenberg, H., Wulf, T.: Grundlagen der Unternehmensführung, 4. Aufl., Berlin 2011; vgl. Dillerup, R., Stoi, R.: Unternehmensführung, 3. Aufl., München 2011; vgl. Olfert, K., Pischulti, H.: Kompakt-Training Unternehmensführung, 5. Aufl., Herne 2010

198 Vgl. Rahn, H.J.: Betriebliche Führung, 3. Aufl., Ludwigshafen/Rhein 1996, S. 295-373

199 Vgl. Wikipedia Enzyklopädie: Lebensführung, in: http://de.wikipedia.org/wiki/Lebensführung v. 20.04.2009

schiedene Theorien entwickelt. Unter Vernachlässigung der strengen Anforderungen, welche die Wissenschaftstheorie[200] an die Inhalte von Theorien stellt, soll zunächst eine kurze Übersicht über wesentliche Theorien zur Menschenführung gegeben werden.

(b) Eigenschaftstheorie der Menschenführung

Der Eigenschaftsansatz ist wohl die älteste und in der Praxis noch heute dominierende Alltagstheorie.[201] Diese Theorie zur Menschenführung stellt die Persönlichkeit des Führenden und seine Eigenschaften in den Vordergrund und geht davon aus, dass die Eigenschaften der Führungskraft für den Führungserfolg entscheidend sind. Erfolgreiche Führungspersonen unterschieden sich erheblich von erfolglosen Kräften.[202]

Stogdill hat 1948 über einhundert Studien zur Identifizierung von Führereigenschaften ausgewertet und kommt zu dem Ergebnis, dass gewisse Fähigkeiten (z.B. Intelligenz, Ausdrucksfähigkeit, Urteilskraft), Leistungen (z.B. Wissen, Erfolge), Verantwortung (z.B. Zuverlässigkeit, Selbstsicherheit), Partizipation (z.B. soziale Aktivität, Kooperation, Anpassungsfähigkeit, Humor) und Status (z.B. Position, Popularität) für den Erfolg der Menschenführung bedeutsam sind. In der Führungspraxis werden die Aussagen der Eigenschaftsansatzes auch heute geschätzt, vor allem von denjenigen, die selbst Führungspositionen innehaben.[203]

Nach dem heutigen Kenntnisstand der Führungsforschung ist davon auszugehen, dass gewisse Zusammenhänge zwischen Führungseigenschaften und Führungserfolg bestehen, dass dieser aber auch von den Merkmalen der Geführten, der gegebenen Situation, dem Verhalten der Führenden und von allen damit implizierten Interaktionen verbunden ist.[204] Es wäre aber ein Trugschluss anzunehmen, dass Persönlichkeitsfaktoren[205] der Führungskraft keinen Einfluss auf den Führungsprozess hätten.[206]

---

200 Vgl. Albert, H.: Theorien in den Sozialwissenschaften, in: Theorie und Realität, 2. Aufl., Hrsg. H. Albert, Tübingen 1992, S. 3-25; vgl. Opp, K.D.: Methodologie der Sozialwissenschaften, 5. Aufl., Wiesbaden 2002; vgl. Popper, K.: Logik der Forschung…a.a.O.; vgl. Schanz, G.: Wissenschaftsprogramme in der Betriebswirtschaftslehre, in: Allgemeine Betriebswirtschaftslehre, Hrsg. F.X.Bea, E. Dichtl, M. Schweitzer, Bd. 1, 6. Aufl., Stuttgart/Jena 1992, S. 57-139

201 Vgl. Wunderer, R.: Führungstheorien, in: Handwörterbuch der Betriebswirtschaft, Bd. 1, Hrsg. W. Wittmann, W. Kern, R. Köhler, H.U. Küpper, K.v.Wysocki, 5. Aufl., Stuttgart 1993, Sp. 1325; vgl. Schanz, G., Personalwirtschaftslehre, 3. Aufl., München 2000, S. 661

202 Vgl. Weinert, A.B.: Organisations- und Personalpsychologie…a.a.O., S. 467 ff.

203 Vgl. Staehle, W.H.: Management…a.a.O., S. 334; vgl. Weibler, J.: Personalführung…a.a.O., S. 141

204 Vgl. Weinert, A.B.: Organisations- und Personalpsychologie…a.a.O., S. 469

205 Vgl. Crisand, E., Rahn, H.J.: Psychologie der Persönlichkeit…a.a.O., insbesondere Kapitel 3

206 Vgl. Tisdale, T.: Führungstheorien, in: Handwörterbuch des Personalwesens, Hrsg. E. Gaugler, W.A.Oechsler, W. Weber, 3. Aufl., Stuttgart 2004, Sp. 828

(c) Verhaltenstheorie der Menschenführung

Zu Beginn der 50iger Jahre richteten sich die Aktivitäten der Führungsforschung auf den Führungsstil und das Führungsverhalten von Führungskräften. Die Basis der Führungsdiskussion bildete die Klassifizierung der Führungsstile in den autoritären, kooperativen und Laissez-faire-Stil, die von *Lewin* und Mitarbeitern vorgenommen wurde.[207]

Während *Tannenbaum/-Schmidt* 1958 in einem eindimensionalen Führungsmodell den autoritären und den kooperativen Stil gegenüberstellten[208], haben *Fleishman* (1953) bzw. *Likert* (1961) viel beachtete zweidimensionale Führungsmodelle vorgestellt. Der zweidimensionale Ansatz wurde von *Blake* und *Mouton* im Führungsverhaltensgitter weiterentwickelt und verfeinert. Weitere dreidimensionale Modelle (*Reddin, Hersey/ Blanchard*) und vierdimensionale Modelle *(Bowers/Seashore)* schlossen sich an.[209]

Allen bisher erwähnten Verhaltensansätzen ist gemeinsam, dass sie die Vielfalt von Situationsvariablen außer Acht lassen. Diese Tatsache erschwert einen überzeugenden Nachweis, einer Ursache-Wirkungs-Beziehung zwischen Führungsstil und Führungserfolg. Trotzdem hat dieser Führungsansatz die Führungsforschung befruchtet. Vor allem die Einteilung in Aufgabenorientierung (z.B. Leistungsdruck ausüben) und Personorientierung des Führungsverhaltens[210] (z.B. Motivieren) gewinnt für die Betrachtung der Führungsprozesse hohe Bedeutung.

(d) Situationstheorie der Menschenführung

Bei den situativen Führungsansätzen richtet sich die Art des Führens nach der jeweiligen Situation. Das Kontingenzmodell von *Fiedler* (1967)[211] als hervorzuhebendes situatives Modell bringt z.B. die Positionsmacht der Führungskraft als legale Macht, Gruppenmitglieder belohnen oder bestrafen zu können mit der guten oder schlechten Beziehung zwischen Führungsperson und Mitarbeiter in Verbindung. Als dritte Situationskomponente weist er auf die Aufgabenstruktur hin als dem Ausmaß, ob die Aufgabe gut oder schlecht strukturiert ist.[212]

Je nach günstiger oder ungünstiger Situation ergibt sich dann der jeweilige Führungsstil, der entweder aufgabenorientiert oder personenorientiert ist. Nach *Fiedlers* Ergebnissen sind in extrem günstigen und in extrem ungünstigen Situationen aufgabenorientierte Führungspersonen erfolgreicher, in Situationen mittlerer Günstigkeit aber eher personenorientierte Führer.

Das Fazit des Modells besteht darin, dass hinsichtlich des Führungsprozesses nicht ein bestimmter Führungsstil zu favorisieren ist, sondern dass die Effektivität der

---

207 Vgl. Staehle, W.H.: a.a.O…., S. 339

208 Vgl. Hentze, J., Kammel, A., Lindert, K.: Personalführungslehre…a.a.O., S. 251

209 Vgl. Weinert, A.B.: a.a.O., S. 470-478; vgl. Tisdale, T.: …a.a.O., Sp. 828; vgl. Staehle, W.H.: … a.a.O., S. 334-347

210 Vgl. Bleicher, K.: Führung, in: Handwörterbuch der Betriebswirtschaft…a.a.O., Sp. 1277 f.

211 Vgl. Weinert, A.B.: Organisations- und Personalpsychologie…a.a.0., S. 71 ff.

212 Vgl. Staehle, W.H., a.a.O., S. 348; vgl. Tisdale, T.: a.a.O., Sp. 829 f.; vgl. Schanz, G., a.a.O., S. 664 ff.

Führung gleichermaßen durch den Führungsstil und durch die Situation bestimmt wird.[213]

(e) Interaktionstheorie der Menschenführung

Die Interaktionstheorie der Menschenführung zielt auf die wechselseitigen Beziehungen aller am Führungsprozess Beteiligten ab.[214] Dieser Ansatz wird dem Postulat gerecht, dass Führung nicht isoliert aus der Person des Führenden, der Gruppe der Geführten oder der gegebenen Situation, sondern nur aus dem komplexen Zusammenspiel dieser Faktoren unter Berücksichtigung des Wandels erklärbar ist.

Der Führungsprozess selbst stellt sich als eine Aufeinanderfolge von Beeinflussungsaktionen einer Person dar, die auf andere Personen gerichtete sind und zu Reaktionen bei diesen führen. Das Führungssystem kann somit als mehrseitiges pluralistisches Einflusssystem angesehen werden, in dem vielfältige und vielschichtige Beeinflussungsprozesse zwischen den beteiligten Personen stattfinden. Erst der erfolgreiche Beeinflussungsversuch führt zu der Unterscheidung von Führer- und Geführtenrollen. Aus dieser Sichtweise heraus wird auch angedeutet, dass diese Rollen in unterschiedlicher Stärke und Ausprägung erfüllt werden und zu gleicher Zeit mehrere Führer in der Gruppe bestehen können.

Die Führungsforschung hat eine Fülle von Thesen zur Menschenführung hervorgebracht, von denen hier einige Modelle hervorgehoben werden, die das Systemdenken im Hinblick auf die Führung beeinflusst haben. Dazu sind folgende ausgewählte Ansätze zu zählen

- Das Variablenmodell von *Krech/Crutchfield/Ballachey* (1962).[215]
- Das Weg-Ziel-Modell von *Evans/House*[216] (1970).[217]
- Das Effizienzmodell der Führung von *Wild* (1974).[218]
- Das Motivationsmodell von *Neuberger* (1976).[219]
- Das Entscheidungsmodell von *Heinen* bzw. *Schindel* und *Wenger* (1978).[220]
- Das Ordnungsmodell von *Reber* (1995) [221] mit Ordnungsprinzipien von *Gutenberg*[222]

---

213 Vgl. Weinert, A.B.: Organisations- und Personalpsychologie…a.a.O., S. 483-508; Weibler, J.: a.a.O., S. 332

214 Vgl. Staehle, W.H.: a.a.O., S. 355; vgl. Macharzina, K.: Neuere Entwicklungen in der Führungsforschung, in: Zeitschrift für Organisation, 46. Jg. (1977), S. 13 ff.; vgl. Wiswede, G.: Einführung in die Wirtschaftspsychologie…a.a.O., S. 272

215 Vgl. Krech, D., Crutchfield, R.S., Ballachey, E.L.: Individual in society, Tokyo u.a. 1962, S. 457

216 Vgl. Evans, M.G.: Führungstheorien – Weg-Ziel-Theorie, in: Handwörterbuch der Führung, Hrsg. A. Kieser, G. Reber, R. Wunderer, 2. Aufl. Stuttgart 1995, Sp. 1075-1092; vgl. Hentze, J. Kammel, A., Lindert, K.: …a.a.O., S. 331 f.

217 Vgl. Staehle, W.H.: a.a.O., S. 358-362; vgl. Weinert, A.B., a.a.O., S. 496 ff.

218 Vgl. Witte, E.: Effizienz der Führung, in: Handwörterbuch der Führung, Hrsg. A. Kieser, G. Reber, R. Wunderer, 2. Aufl., Stuttgart 1995, Sp. 263-276

219 Vgl. Neuberger, O.: Führungsverhalten und Führungserfolg, Berlin 1976, insbesondere S. 221.

220 Vgl. Schindel, V., Wenger, E.: Führungsmodelle, in: Betriebswirtschaftliche Führungslehre, Hrsg. E. Heinen, Wiesbaden 1978, S. 93-187

221 Vgl. Reber, G.: Führungsforschung, Inhalte und Methoden, in: Handwörterbuch der Führung, Hrsg. A.Kieser, G. Reber, R. Wunderer, 2. Aufl., Stuttgart 1995, Sp. 652-666

• Das Prozessmodell wird von *Töpfer* (2005) erläutert[223].
Während vor allem der Interaktionsansatz die Vielfältigkeit gegenseitiger Abhängigkeiten von Führungskraft, Geführten, der Gruppe und der Situation betont, stellt der systemorientierten Prozessansatz der Führung die Ursachen-Wirkungszusammenhänge bzw. den Kreislauf der Führung in den Vordergrund, nämlich den ablauforientierten Beziehungszusammenhang von Einzelfaktoren, die den Erfolg der Führung ausmachen.

(f) Systemtheorie der Menschenführung
Heute sind Bestreben zu beobachten, in die Diskussion um Führungstheorien außer kognitiven Aspekten auch Modelle der Systemtheorie einzubeziehen. Insbesondere der systemtheoretisch-kybernetische Ansatz von *Hans Ulrich*[224] betont die Bedeutung von Steuerung und Regelung im Unternehmen. Dieser Unternehmensführungsansatz unterscheidet als Elemente eines Regelkreises die Führungsgröße, den Regler, die Stellgröße, die Regelstrecke mit Störgrößen und die Regelgröße. Wenn diese Elemente mit ausgewählten Aussagen der obigen Führungsansätze verbunden werden, dann ergeben sich aussagefähige Thesen zur Menschenführung.
Dieses Anliegen wird auf dem Hintergrund der Tatsache bestärkt, dass beispielsweise *Tisdale* die Entwicklung der Führungstheorien an einem kritischen Punkt sieht. Nicht wenige Forschungsansätze haben sich scheinbar „totgelaufen". Eine „kognitive Wende" in der Diskussion von Führungstheorien wurde oft gefordert und ist lange überfällig.[225] In der kybernetisch[226] orientierten und der betriebswirtschaftlich[227] ausgerichteten Literatur gibt es unterschiedlich strukturierte Regelkreis-Darstellungen. Zur Entwicklung eines system-theoretisch bedingten Menschenführungsansatzes soll als Grundlage die Struktur des Regelkreises von *Georg Klaus* dienen.[228]

---

222 Vgl. Gutenberg, E.: Grundlagen der Betriebswirtschaftslehre, 3 Bände, Berlin/Heidelberg/New York 1984, 1983 und 1980

223 Vgl. Töpfer, A.: Betriebswirtschaftslehre. Anwendungs - und prozessorientierte Grundlagen, Berlin/Heidelberg 2005, S. 485 ff.

224 Vgl. Ulrich, H.: Die Unternehmung als produktives soziales System, 2. Aufl., Bern und Stuttgart 1970

225 Vgl. Tisdale, T.: Führungstheorien, in: Handwörterbuch des Personalwesens…a.a.O., Sp. 835; vgl. Rahn, H.J.: Führung – wohin führt sie?, in: Der Betriebswirt, 48. Jg. H 3 (2007), S. 14-21

226 Vgl. Wiener, N., Kybernetik, 2. Aufl., Düsseldorf /Wien 1968, S. 143 ff (Übersetzung aus dem Amerikanischen von E.H. Serr: Cybernetics or Control and Communication in the Animal and the Machine/1948); vgl. Dillerup, Stoi, R.: Unternehmensführung…a.a.O., S. 24; vgl. Haidekker, A.: Kybernetik-Fibel für Manager, München 1971, S. 34; Lerner, A.: Kybernetik, 2. Aufl., Berlin 1971, S. 107; vgl. auch Schiemenz, B.: Systemtheorie, betriebswirtschaftliche, in: Handwörterbuch der Betriebswirtschaft, Hrsg. W. Wittmann, W. Kern, R. Köhler, H-U. Küpper, Kv. Wysocki, Bd. 3, 5. Aufl., Stuttgart 1993, Sp. 4133; vgl. Ulrich, H.: Die Unternehmung…a.a.O., S. 123

227 Es ist insbesondere auf zwei Darstellungen hinzuweisen: vgl. Drumm, H.J.: Personalwirtschaft…a.a.O., S. 529; vgl. Neuberger, O.: Führen und führen lassen…a.a.O., S. 56

228 Vgl. Klaus, G.: Wörterbuch der Kybernetik, Berlin 1967, S. 521 ff.; vgl. auf dieser Basis: Rahn, H.J.: Personalführung kompakt…a.a.O., S. 126

Dieser Regelkreis stellt ein in sich geschlossenes Rückkopplungssystem dar, das gegenüber äußeren und inneren Einwirkungen relativ stabil bleibt. Es besteht vor allem aus den zwei Hauptelementen des Reglers und der Regelstrecke. Der Regler hat hier die Aufgabe, eine bestimmte veränderliche Größe – nämlich die Regelgröße – entgegen störender Einwirkungen (Störgrößen) gemäß der vorgegebenen Führungsgröße zu variieren.
Dieses Anliegen wird dadurch erreicht, dass der Regler die Ergebnisse seiner regulierenden Maßnahmen, die über die Stellgröße erfolgen, ständig kontrolliert und dementsprechend seine weiteren Maßnahmen gestaltet. Liegt eine Festwertregelung vor, so stellt der Regler immer wieder fest, ob die Regelgröße dieser Konstanten (Ist-Wert) dem sogenannten Soll-Wert entspricht oder nicht. Wenn dies nicht der Fall ist, wird über die Stellgröße eine entsprechende Maßnahme eingeleitet, welche die Regelgröße so lange beeinflusst, bis sie den Soll-Wert erreicht.
Im Allgemeinen besteht ein Regelsystem nicht nur aus einem einzigen Regelkreis, sondern aus mehreren mannigfach miteinander verbundenen, nämlich vermaschten Regelkreisen. Die Gesetzmäßigkeiten der in Regelkreisen auftretenden Vorgänge den Vertretern der werden von der Regelungstheorie untersucht. Das Prinzip des Regelkreises findet nicht nur in der Naturwissenschaft vielfältige Anwendung, sondern es lässt sich als Modell auch auf die Elemente der Menschenführung anwenden.
Bei einem individuell ausgerichteten Menschenführungsprozess orientiert sich eine Führungskraft an Führungszielen (Führungsgrößen) und setzt Führungsinstrumente als Stellgrößen ein, um den jeweiligen Menschen unter Beachtung der gegebenen Situation erfolgreich zu beeinflussen.
Dabei wirken die Führungskraft als Regler und der Geführte als Mitarbeiter (Regelstrecke) zusammen, um Störungen aus der gegebenen Führungssituation entgegenzuwirken. Die Regelgrößen zeigen sich dann im jeweiligen Individualerfolg des Menschen bzw. im Führungserfolg des Führenden. Daraus ergibt sich die Regelkreisdarstellung zum systemorientierten Menschenführungsansatz[229], der in 2000 zum ersten Male vorgestellt[230] und dann kontinuierlich weiterentwickelt wurde.[231]

---

229 Vgl. auch Kapitel 1.5 dieser Arbeit zum personenorientierter Führungsprozess

230 Vgl. Rahn, H.J.: Unternehmensführung, 4. Aufl., Ludwigshafen/Rhein 2000, S. 175 ff, S. 203, S. 229; vgl. ders.: Führung von Gruppen, in: Personal, 52, Jg. (2000), S. 332. Erste Ansätze dazu gab es bereits 1985 und später (vgl. ders.: Zur Führung mit Mitgliedern einer Gruppe, in: Briefe zur Führungspsychologie, Weinheim 1985, S. 1-4; vgl. ders.: Zur Führung von Schülern einer Klasse, in: Erziehungswissenschaft und Beruf, 35. Jg. (1987), S. 235-241; ders.: Führung von Gruppen im Betrieb, in: Das Personalbüro in Recht und Praxis, H 9, 19. Jg. (1987), S. 107-118; ders: Gruppenführung entscheidet über den Erfolg, in: Personalwirtschaft, 19. Jg., H 7 (1992), S. 17-20

231 Vgl. Rahn, H.J.: Personalführung kompakt. Ein systemorientierter Ansatz, München 2008; vgl. ders.: Führung von Gruppen…a.a.O., S. 7; vgl. ders.: Gestaltung personalwirtschaftlicher Prozesse, Frankfurt/Main 2005, S. 74 ff.; ders.: Zur personalen Führung von Projektgruppen im Unternehmen, in: Der Betriebswirt, 47. Jg., H 1 (2006), S. 29-32; ders.: Prozessorientiertes Personalwesen, Hamburg 2012, S. 92 f.

Der systemorientierte Führungsansatz[232] präsentiert ein System der Ein-, Vor- und Rückkopplung, das von einer Führungskraft gesteuert wird, die unter Einbezug von Führungszielen bzw. situativen Einflussgrößen die Führungsinstrumente hinsichtlich des Mitarbeiters so einsetzt, dass der gemeinsam zu erzielende Erfolg eintreten kann. Der Mensch erbringt aufgrund der gegebenen Anreize seine Beiträge zur Erreichung des Individualerfolgs

Das gemeinsame Bestreben ist in der Praxis aber nicht immer erfolgreich, weil sich störende Einflussgrößen aus der Führungssituation negativ bemerkbar machen, z.B. Störungen aus dem Unternehmensbereich (Aufgabe, Gruppe) bzw. aus dem Umfeldbereich. Um negative Ist-Ergebnisse zu vermeiden, hat die Führungskraft je nach Anlass leistungs-, verhaltens- und situationsorientiert zu führen.

Die Führungsziele (Soll) können vom Vorgesetzten dadurch erreicht werden, dass er die erzielten Leistungs-/Verhaltensergebnisse des Mitarbeiters (Ist) überwacht bzw. auf Abweichungen untersucht und in diesem Falle entsprechend geeignete Führungsmaßnahmen ergreift, um den Sollzustand herbeizuführen. Daraus ergibt sich, dass es in vielen Fällen mehrerer Führungsprozesse bedarf, bis der gemeinsam zu erzielende Erfolg eintritt.

Ein solches soziales System hat aber nicht den Vorteil, dass – wie bei technischen Systemen – der Regelkreis Automatismen unterliegt, sondern soziale Systeme unterliegen vielen Eigenheiten, nicht zuletzt auf Grund der situativen Bedingungen bzw. der am Prozess beteiligten Menschen, welche die erfolgreiche Umsetzung der Führung nicht selten erheblich erschweren.

Diese obige modellhafte Darstellung verkennt also nicht, dass in der Realität der Menschenführung nicht so „glatt" verläuft, denn die Führungspraxis ist im Detail sehr komplex, oft wenig durchsichtig und manchmal eigenartig: so manipulieren z.B. manche Vorgesetzte ihre Mitarbeiter, die ihrerseits Führungskräfte hintergehen, sich verstellen und sogar versuchen, „von unten" zu führen.[233]

Viele Manager[234] stehen ständig unter dem Druck Aktionsfelder wirtschaftlichen Handelns innovativ festzulegen, schnell und richtig zu entscheiden, Ressourcen zu verteilen, Pläne in Handlungen umzusetzen und unter Konkurrenzdruck die Umsätze zu steigern und die Kosten zu senken. Wenn der Vorgesetzte dauerhaft falsch führt oder der Mitarbeiter zu häufig Fehler macht, riskieren beide den Verlust ihres Arbeitsplatzes.

---

232 Dieses Modell gilt nicht nur für Unternehmen, sondern ist ohne weiteres auch auf den Schulbereich und andere Organisationen übertragbar: vgl. Rahn, H.J.: Ein Plädoyer für mehr effiziente Führung in unseren Schulen, in: Erziehungswissenschaft und Beruf, 54. Jg., H 4 (2006), S. 495 ff.; ders.: Zur erfolgreichen Führung von Schulklassen durch den Lehrer, in: Erziehungswissenschaft und Beruf, 54. Jg. H 2 (2006); S. 2 f.

233 Vgl. Wunderer, R.: Führung und Zusammenarbeit…a.a.O., S. 254-268; vgl. Weibler, J.: Personalführung…a.a.O., S. 70

234 Vgl. Reuter, E.: Manager, in: Handwörterbuch der Betriebswirtschaft, Hrsg. W. Wittmann, W. Kern, R. Köhler, H.U. Küpper, Kv. Wysocki, 5. Aufl., Stuttgart 1993, Sp. 2674

1.8 Führungsorganisation

Die strukturbezogenen Unternehmensführung[235] ist die Steuerung, Gestaltung und Entwicklung der gesamten Organisation[236] eines Unternehmens.[237] Dabei hat die Unternehmensleitung zu entscheiden und durchzusetzen, welche Organisationsstruktur das System Unternehmen haben soll und wie dieses zu gestalten ist. Ohne effiziente Organisationsstruktur funktioniert kein Unternehmen. Die organisatorische Führungsstruktur zeigt sich in den Ebenen des Managements, beispielsweise im Top Management (Unternehmensleitung), Middle Management (Bereichsleitung) und im Lower Management (Gruppenleitung).

Die betriebliche Führungsorganisation ist einerseits als System und andererseits als Tätigkeit zu interpretieren. Sie ist ein wesentlicher Bestandteil der Unternehmensverfassung (Corporate Governance)[238] und bezieht sich hinsichtlich der Systeminterpretation im weiteren Sinne auf die Einordnung und Gestaltung aller Instanzen[239] eines Unternehmens und wird dabei aus institutionaler Perspektive bzw. aus funktionaler Sicht gesehen.[240]

Im engeren Sinne umfasst die Führungsorganisation ausschließlich die Spitzenorganisation (Bei der Aktiengesellschaft: Vorstand, Aufsichtsrat, Hauptversammlung) bzw. die sonstige Leitungsorganisation eines Unternehmens. Der Unterschied ergibt sich aus folgender Darstellung (Abb. 5):[241]

235 Vgl. Bleicher, K.: Das Konzept integriertes Management, 8. Aufl., Frankfurt/New York 2011; vgl. Dillerup, R., Stoi, R..: Unternehmensführung, 3. Aufl., München 2011; vgl. Hungenberg, H., Wulf, T.. Grundlagen der Unternehmensführung, 4. Aufl., Berlin 2011

236 Vgl. Frese, E.: Grundlagen der Organisation, 9. Aufl., Wiesbaden 2005; vgl. Krüger, W.: Organisation der Unternehmung, 4. Aufl., Stuttgart 2004; vgl. Olfert, K.: Organisation, 16. Aufl., Herne 2012; vgl. Schulte-Zurhausen, M.: Organisation, 5. Aufl., München 2010

237 Vgl. Rahn, H.J.: Unternehmensführung, 9. Aufl., Herne 2015, S. 237 ff.; vgl. Rahn, H.J.: Die betriebliche Führungsorganisation, Leipzig 2017; vgl. Rahn, H.J.: Betriebliche Personalorganisation, Leipzig 2018

238 Vgl. Werder, A.v.: Führungsorganisation, 2. Aufl., Wiesbaden 2008, S. 1-16

239 Eine Instanz ist im Unternehmen eine Stelle mit Leitungsbefugnis (vgl. Gaugler, E.: Instanzenbildung als Problem der betrieblichen Führungsorganisation, Berlin 1966, S. 15-47)

240 Vgl. Werder, A.v.: Führungsorganisation…a.a.O., S. 17 ff.; vgl. Seidel, E., Redel, W.: Führungsorganisation, 2. Aufl., München/Wien 1997

241 In Anlehnung an: Werder, A.v.: Führungsorganisation…a.a.O., S. 43

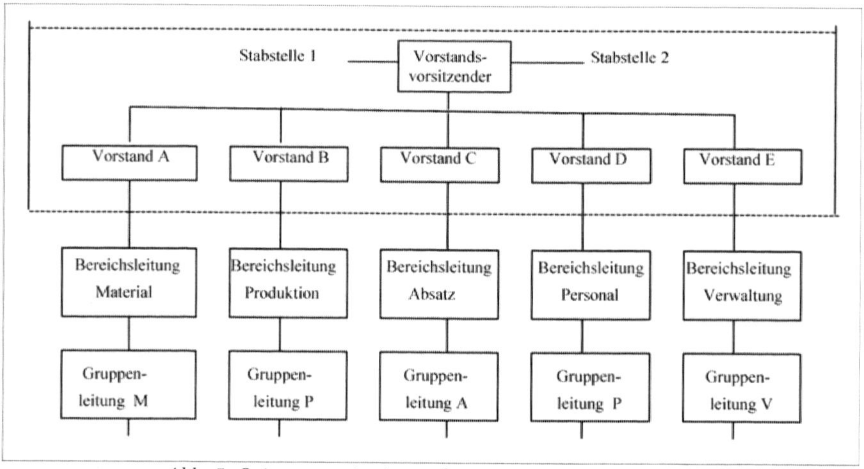

Abb. 5: Spitzenorganisation und sonstige Leitungsorganisation

Wenn alle Instanzen eines Unternehmens in strukturierter Form vorliegen, dann lässt sich die Führungsorganisation nach Ebenen gliedern in: [242]

- Die Gesamtorganisation mit allen Stellen einschließlich der Organisation der Unternehmensleitung. Hier sind Unternehmer oder Top Manager aktiv, z.B. Vorstandsmitglieder oder Geschäftsführer.
- Die Bereichsorganisation als Aufbau- und Prozessorganisation. Auf dieser Ebene wirken Middle Manager, z.B. Materialbereichs-, Produktions- und Marketingleiter als Bereichsleiter.
- Die Gruppenorganisation als Aufbau- und Prozessorganisation. Hier agieren Lower Manager, z.B. Meister, Büroleiter und andere Gruppenleiter.

Dieser ebenenorientierte Ansatz der Unternehmensführung[243] ist Ausdruck der strukturbezogenen Dimensionen des Managements (strategische, taktische und operative Führung) eines Unternehmens. Führungskräfte erledigen auf der jeweiligen Unternehmensebene ihre Führungsaufgaben. Wie grenzt sich die Führungsorganisation von anderen Organisationsbegriffen ab?

- Die gesamte Organisation eines Unternehmens besteht als System aus der Führungsorganisation und der Ausführungsorganisation. Die Führungsorganisation grenzt sich damit von der Ausführungsebene[244] ab, welche die Entscheidungen der Führungskräfte umzusetzen hat. Hier erledigen Arbeiter und Angestellte ihre Ausführungsaufgaben.

---

242 Vgl. Rahn, H.J.: Unternehmensführung…a.a.O., S. 238 ff.

243 Vgl. Bamberger, I, Wrona, Th.: Strategische Unternehmensführung, 2. Aufl., München 2012, S. 9; vgl. Olfert, K., Pischulti, H.: Unternehmensführung, 6. Aufl., Herne 2013, S. 26 ff.

244 Vgl. Rahn, H.J.: Unternehmensführung…a.a.O., S. 238

• Die Führungsorganisation unterscheidet sich von der Personalorganisation.[245] Sie lässt sich ebenfalls unter System- und unter Tätigkeitsaspekten diskutieren. Sie ist zunächst eine strukturbezogene Funktion des Personalwesens, die im weiteren Sinne ein dauerhaftes arbeitsteiliges System von allen betrieblichen Stellen bzw. deren Stelleninhabern (Personal mit Namen pro Stelle) und deren Verbindungen zueinander umfasst. Im engeren Sinne ist es ein System, welche insbesondere die Personalabteilung betrifft. [246]

Die Führungspsychologie analysiert die Führungsorganisation vorrangig unter psychologischen Aspekten. Das gilt sowohl für die Führungsorganisation als System als auch für die Tätigkeit des Organisierens der Instanzen des Unternehmens.

(a) Arten der Führungsorganisation

Die formelle Führungsorganisation ist als Aufbausystem die bewusst geschaffene und rational gestaltete Struktur zur Erfüllung unternehmerischer Zielsetzungen.[247] Bei ihr steht die geplante Aufgabenstellung im Vordergrund, und die Rangordnung der Instanzen wird von außen vorgegeben. In Unternehmen kann es folgende Teilnehmer der formellen Führungsorganisation geben:

• Unternehmensleiter, z.B. Unternehmer oder Vorstand in einer Aktiengesellschaft (Top Management)

• Hauptabteilungsleiter, z.B. Marketingdirektor in einem Großunternehmen (Middle Management)

• Abteilungsleiter, z.B. Verkaufsleiter in einem Industrieunternehmen (Middle Managemnt)

• Gruppenleiter, z.B. Meister in einem Fertigungsunternehmen (Lower Management)

Aus der formellen Organisation ergeben sich die betrieblichen Unter- und Überordnungsverhältnisse[248] bzw. die Befugnisse und Verantwortungsbereiche. Sie schlagen sich im Organigramm des Unternehmens nieder. Die Gestaltung der formellen Organisation ist ein Problem der Aufbau- bzw. Projektorganisation.

Die informelle Führungsorganisation gilt als ein soziales System, das durch persönliche Wünsche, Ziele, Sympathien und Verhaltensweisen der Mitarbeiter geprägt ist. Sie bildet sich nach menschlichen Gesichtspunkten spontan bzw. ungeplant heraus und haben positive und negative Auswirkungen.[249] Die Rangordnung kommt aus den Sympathiebeziehungen zu Stande. Als Teilnehmer der informellen Organisation gelten:

• Informelle Führer, z.B. eine beliebte Führungskraft in einer Führungsgruppe des Unternehmens.

---

245 Vgl. Olfert, K.: Personalwirtschaft, 16. Aufl., Herne 2015, S. 30; vgl. Rahn, H.J.: Unternehmensführung…a.a.O., S. 118

246 Vgl. ausführlich Kapitel 7.2 dieser Arbeit

247 Vgl. Olfert, K., Rahn, H.J.: Organisation, 7. Aufl., Herne 2015, S. 36 f.

248 Vgl. Crisand, E.: Prinzipien der Führungsorganisation, Heidelberg 1998, Vorwort u. S. 16-24

249 Vgl. ebenda, S. 25

• Teilnehmer, die beliebt sind, z.B. Führungskräfte als Frohnaturen und ausgleichende Menschen
• Außenseiter, z.B. schwarze Schafe, die als Führungskräfte im Unternehmen unbeliebt sind.
Die informelle Führungsorganisation hat ihre Ursache in der Bildung informeller Gruppen[250], die durch gleiche Interessen, räumliche Gemeinsamkeiten bzw. gemeinsame soziale Merkmale entstehen, z.B. Alter, Beruf, Geschlecht. Das Phänomen der informellen Beziehungen und die Existenz informeller Gruppen wurde erstmals im Rahmen der Hawthorne-Studien nachgewiesen.[251]

(b) Psychologische Probleme der Führungsorganisation

Die Instanzen eines Unternehmens sind für alle Führungsebenen zweckmäßig zu organisieren. [252] Diese Tätigkeit der Führungsorganisation besteht im Analysieren und Gestalten von Instanzen, die von entsprechenden Organisationsexperten zu realisieren ist. Der Experte erhält dazu von der Unternehmensleitung einen Organisationsauftrag. Im Rahmen ihrer Tätigkeit bedienen sich die Experten vielfältiger Organisationsinstrumente[253], wie beispielsweise Organisationsmittel, Organisationstechniken und Organisationsmethoden. Die Gestaltung der Führungsorganisation und ihre Umsetzung in die Realität vollzieht sich in der betrieblichen Praxis aber nicht so glatt und problemlos, wie es die Verantwortlichen gerne hätten, weil das Erleben und Verhalten des von der Neuorganisation betroffenen Personals nicht immer so ist, wie sich das die Organisatoren vorstellen.
Für die Einführung einer Führungsorganisation sollte ein geeigneter Zeitraum ausgewählt werden, denn neue Aufbausysteme bringen sowohl für die betroffenen Führungskräfte als auch für das Unternehmen vielfältige Umstellungsprobleme mit sich. Die Probleme mit der Umstellung bei den Führungskräften können sich in Widerständen der Betroffenen gegen die neue Führungsorganisation zeigen.[254] Psychologisch interessante Begründungen dafür können z.B. sein:
• Die Furcht vor Neuerungen, z.B. negative Reaktionen von Führungskräften
• Beträchtliche persönliche Probleme, z.B. fehlende Akzeptanz des neuen Systems
• Gegebene persönliche Nachteile, z.B. durch Umzug in eine andere Region
• Dem Sperren gegen Neuerungen, z.B. aus Zeitdruck oder wegen der Mehraufgaben
• Die Angst vor dem Versagen, z.B. Probleme mit der Umstellung auf das neue System
• Die Bequemlichkeit, z.B. Scheu vor dem Erwerb neuer Qualifikationen
• Informellen Einflüsse, z.B. Voreingenommenheit gegenüber dem Organisator

---

250 Vgl. Rahn, H.J.: Erfolgreiche Teamführung…a.a.O., S. 10 und 17 f.

251 Vgl. Staehle, W.A.: Management…a.a.O., S. 269; vgl. Homans, G.C.: Theorie der sozialen Gruppe, 6. Aufl., Opladen 1972; vgl. Rahn, H.J.: Erfolgreiche Teamführung…a.a.O., S. 31 ff.

252 Vgl. Gaugler, E.: Instanzenbildung als Problem der betrieblichen Führungsorganisation, Berlin 1966

253 Vgl. Olfert, K., Rahn, H.J.: Organisation…a.a.O., S. 51-67

254 Vgl. ebenda, S. 131

• Eine innere Kündigung, z.B. fehlende Arbeitsfreude, gestörtes Betriebsklima.
Auf dieser Basis befürchtet mancher Manager persönliche Nachteile für sich selbst. Er verzeichnet deshalb unbefriedigende Motive, sieht sein Selbstwertgefühl bedroht und ist deshalb frustriert[255]. Dann baut er Abwehrmechanismen[256] auf. Das neu organisierte Führungssystem findet nicht die Akzeptanz aller Führungskräfte. Die Betroffenen sperren sich dann gegen die Neuerungen. Der gegebene Zeitdruck führt u.U. zu Ängsten vor dem Versagen und zu Arbeitsunlust. Fehlende Arbeitsfreude kann sich sehr negativ auf die Arbeitsergebnisse wirken. Die Verantwortlichen sollten also Sorge dafür tragen, dass die nötigen Organisationsänderungen sich so auswirken, dass die Arbeitsergebnisse besser werden.
Die Führungskräfte eines Unternehmens haben heute durch den vermehrten Stress an ihrem Arbeitsplatz viel mehr psychische Belastungen zu verkraften als früher. [257] Die im Führungssystem nicht selten gegebene Überforderung von Führungskräften kann z.B. durch Stresssymptome, aber auch durch hohe Temperaturen, Lärm, hohe Luftfeuchtigkeit am Arbeitsplatz ausgelöst werden.
Wenn im Unternehmen eine neue Führungsorganisation eingeführt wird, dann sollten die betroffenen Führungskräfte gewissenhaft darauf vorbereitet werden. Neue Systeme sind den Managern nicht aufzuzwingen, sondern es ist für die neue Konzeption psychologisch geschickt zu werben. Dabei sind diejenigen Aufgabenträger vorrangig zu informieren, die direkt von den Veränderungen betroffen sind. Beispielsweise über persönliche Kontakte, persönliche Briefe, Anschläge am Schwarzen Brett, Versenden von Rundschreiben und Informationen in der Werkszeitschrift. Persönliche Kontakte sind insbesondere dort zu pflegen, wo die Widerstände gegen das neue Führungssystem am größten sind. Auch psychologisch wirksame Schulungsmaßnahmen haben sich hier als sinnvoll erwiesen.

(c) Mobbing und Führungsorganisation

Durch gegebene Schwierigkeiten am Arbeitsplatz kann es zu Mobbing kommen (engl. to mob = bedrängen, anpöbeln). Dieser Begriff wurde von dem Verhaltensforscher *Konrad Lorenz* geprägt. Mobbing beschreibt negative kommunikative Handlungen, die gegen eine Person gerichtet sind und sehr oft bzw. über einen längeren Zeitraum hinweg vorkommen.[258] Mittlerweile sind viele Begriffe und Ursachen für das Phänomen des Psychoterrors im Unternehmen bekannt, z.B. Bullying (engl. to bully = schikanieren, einschüchtern) und Bossing (engl. to boss = kommandieren durch den Chef).[259] Das bloße Erkennen von Ursachen des Mob-

---

255 Vgl. Crisand, E., Rahn, H.J.: Psychologie der Persönlichkeit, 9. Aufl., Hamburg 2010, S.29

256 Vgl. Zimbardo, P.G., Gerrig, R.J.: Psychologie…a.a.O., S. 518 ff.

257 Vgl. Poppelreuter, S., Mierke, K.: Psychische Belastungen am Arbeitsplatz, Berlin 2008; vgl. Rohde, S.: Psychische Belastungen am Arbeitsplatz, Kissing 2009

258 Vgl. Leymann, H.: Mobbing, Hamburg 1993, S. 21; vgl. Kolodej, C.: Mobbing, 2. Aufl., Wien 2005; vgl. Teuschel, P.: Mobbing, Stuttgart 2010; vgl. Neuberger, O.: Mobbing, München 1994; vgl. Niedl., K.: Mobbing/Bullying am Arbeitsplatz, München 1995

259 Vgl. Brinkmann, R.D.: Mobbing, Bullying, Bossing, 3. Aufl., Hamburg 2011

bing reicht aber nicht aus. Für das Individuum stellt sich vielmehr die Frage, was es selbst tun kann.[260]
Mobbing bezieht sich auf ein Verhaltensmuster, d.h. die Handlungen wiederholen sich beständiger Form. Das Verhalten kann verbaler (z.B. durch beschimpfen) oder nonverbaler (z.B. Vorenthalten von Informationen) bzw. physischer Art sein, z.B. durch körperliche Gewalt. Oft sind ungleiche Machtverhältnisse der Auslöser von Mobbing, allerdings ist dazu kein Rangunterschied nötig, sondern es reicht aus, wenn viele Personen gegen einen Menschen sind. Auf Grund der ungleichen Machtverhältnisse hat das Opfer Probleme, sich zu verteidigen.[261] Somit hat Mobbing für den Betroffenen sehr weitreichende Folgen für seine Gesundheit und seine Berufs- und Privatsituation.
Gegen Mobbing gibt es kein Allheilmittel. Nicht wenige Mobbingopfer sehen dabei als Ausweg die eigene Kündigung. Das Opfer sollte dem Täter frühzeitig deutlich machen, dass es so nicht weitergehen kann. Unterstützung kann sich der Betroffene auch beim Betriebsrat des Unternehmens holen. Im Falle einer Gerichtsverhandlung kann ein genau geführtes Tagebuch (Situation, Tag und Uhrzeit, Arztbesuche) des Betroffenen zur Beweissicherung dienen.
Als zentrale Maßnahme der im Unternehmen für das Betriebsklima Verantwortlichen ist eine Führungsorganisation notwendig, die eine vertrauensvolle Zusammenarbeit anstrebt. Dazu sind auch Maßnahmen der Aufklärung über Mobbing nötig, z.B. in einer Betriebsvereinbarung. Auch Selbsthilfegruppen und medizinische Maßnahmen sind zur Unterstützung der Betroffenen geeignet.

1.9 Führungsgrundsätze

Die Führungsgrundsätze sind schriftlich formulierte Richtlinien, die Führungskräfte bei ihrer Führungstätigkeit zugrunde legen sollen.[262] Sie sollen die Basis für eine effiziente Führung bieten.[263] Sie werden auch als Führungsprinzipien bezeichnet, welche die einheitliche Handhabung der Führungsinstrumente im Unternehmen sichern sollen. Bei den meisten Führungsgrundsätzen wird eine Form des kooperativen Führungsverhaltens proklamiert.

(a) Arten der Führungsgrundsätze

Als der Hauptzweck der Führungsgrundsätze ist die Effizienzsteigerung der Organisation anzusehen, indem günstige Voraussetzungen für das Zusammenwirken zwischen Führungskräften und Mitarbeitern durch Vereinheitlichung des Führungs-

---

260 Vgl. Zuschlag, B.: Mobbing – Schikane am Arbeitsplatz, 3. Aufl., Göttingen, Bern u.a. 2001

261 Vgl. Seyd, C.: Mobbing im Spannungsverhältnis sozialer Normen, Linz 2007

262 Vgl. Wunderer, R.: Führung und Zusammenarbeit…a.a.O., Kap. XII; vgl. Staehle, W.H.: Management…a.a.O., S. 864;

263 Vgl. Berthel, J., Becker, F.G.: Personal-Management…a.a.O., S. 159

stils geschaffen werden.[264] Grundsätzlich sind folgende Führungsgrundsätze zu unterscheiden:

• Die Grundsätze zur kooperativen Unternehmensführung wurden von *Peters* und *Waterman* für erfolgreiche amerikanische Unternehmen ermittelt. Insgesamt führen sie acht Grundtugenden an:[265]

- Das Primat des Handelns pflegen, d.h. dass die Unternehmer aktiv sein sollen
- Die Nähe zum Kunden suchen, d.h. der Kunde ist König
- Den Freiraum für das Unternehmertum schaffen, d.h. im Handeln unternehmerische Autonomie zeigen
- Die Produktivität durch Mitarbeiter zu erwirken ist bedeutender als alle Finanzmittel zusammen
- Das sichtbar gelebte Wertsystem, d.h. die Leitung meint, was sie sagt und sie tut es auch
- Die Bindung an das angestammte Geschäft, d.h. übertrieben risikoreiche Experimente vermeiden
- Der einfache und flexible Aufbau des Unternehmens, d.h. keine übertriebene Bürokratie
- Die straff-lockere Führung, d.h. so viel Führung wie nötig, aber so wenig Kontrolle wie möglich.

Die beiden Autoren geben außerdem den Rat, einfach zu sein, das Verhalten positiv zu verstärken und Sinn durch Unternehmenskultur zu schaffen.

• Als Prinzipien kooperativer Personalführung, welche die Werte der Unternehmensphilosophie und die relevanten Ziele der Unternehmens- und Personalpolitik konkretisieren, können unterschieden werden: [266]

- Das Prinzip der Zielvereinbarung[267], d.h. die Ziele werden zwischen Vorgesetzten und Mitarbeiter vereinbart
- Das Prinzip der Delegation[268], bei dem die Mitarbeiter Aufgaben, Befugnisse und Verantwortung erhalten
- Das Prinzip der gegenseitigen Information, bei dem die Partner nach gemeinsamen Lösungen suchen
- Das Prinzip der Eigenkontrolle, bei der sich die Mitarbeiter selbst kontrollieren
- Das Prinzip der Konfliktlösung, wonach Konflikte zunächst von den Beteiligten selbst zu lösen sind.

---

264 Vgl. Hentze, J., Graf, A., Kammel, A., Lindert, K.: Personalführungslehre, 4. Aufl., Bern/Stuttgart/Wien 2005

265 Vgl. Peters, T.J., Waterman, R.H.: Auf der Suche nach Spitzenleistungen, 9. Aufl., München 2003; vgl. Rahn, H.J.: Unternehmensführung…a.a.O., S. 175

266 Vgl. Olfert, K., Rahn, H.J., Zschenderlein, O.: Lexikon der Betriebswirtschaftslehre…a.a.O., Nr. 341

267 Vgl. dazu ausführlich Kap. 1.5 b und Kap. 4.5 dieser Arbeit

268 Vgl. zum Management by Delegation: Stroebe, R.W.: Führungsstile – Management by Objectives…a.a.O., S. 17 ff.

- Das Prinzip der angemessenen Mitarbeiterförderung, nach dem z.B. Mitarbeiterentwicklung betrieben wird - Das Prinzip der Entscheidung, wo der Vorgesetzte erst entscheidet, wenn sich keine Übereinstimmung ergibt.

Diese Führungsgrundsätze haben einen dauerhaften Charakter und gelten generell für das gesamte Unternehmen. Damit werden sie zu einem Bestandteil der Unternehmensverfassung (Corporate Gevernance).[269]

(b) Führungsprinzip Achtsamkeit

Führung heißt für die Führungskraft, zielstrebig einen Weg zu beschreiten, auch wenn Führung anstrengend und manchmal schwierig ist. Dabei ist der bewusste Weg zur Erfüllung der Führungsziele der Weg der Achtsamkeit. Sie drückt das Bemühen aus, sich dem, was sich Hier und Jetzt entfaltet, mit großer Aufmerksamkeit und Offenheit zuzuwenden.[270]

Als Führungsprinzip richtet sich die Achtsamkeit primär auf die Selbstführung[271] des Menschen als einer anspruchsvollen Lebensaufgabe. Die Führung der eigenen Person ist Ausgangspunkt und Grundlage jeglichen Führens. Als Handlungsmaxime dient die Achtsamkeit dem Erwerb von Grundhaltungen, die es ermöglichen, Lebens- und Führungsaufgaben begründeter, einfühlsamer, sorgfältiger und verantwortungsvoller zu erfüllen. Das Alltagsleben kennt verschiedene Bedeutungen von Achtsamkeit: [272]

• Das Beachten im Sinne von besonderer Aufmerksamkeit.
• In Hab-Acht-Stellung gehen, d.h. auf alles gefasst sein.
• Das Acht geben, d.h. aufpassen, Sorgfalt üben und Rücksicht nehmen.
• Jemanden Beachtung schenken, d.h. ihn ernst nehmen, sich ihm zuwenden.
• Eine Person achten, d.h. sie respektieren oder bewundern.

Die achtsame Führungskraft misst der Beziehung zu den Mitarbeitern und deren Beziehungen untereinander große Bedeutung zu. Sie ist an Mitbeteiligung und Mitverantwortung der Beteiligten interessiert, widmet sich den Mitarbeitern und unterstützt ihr Wohlergehen. Sie nimmt deren Einstellungen, Meinungen und Überzeugungen aufmerksam zur Kenntnis und respektiert sie. Das alles setzt die Bereitschaft und Fähigkeit voraus, von sich selbst abzusehen und alles loszulassen, was den Kontakt behindern oder beeinträchtigen könnte. Sie hört gut zu, überlegt sich ihre Fragen und Antworten genau, wählt ihre Worte sorgfältig aus und tut gut daran, dabei immer wieder auch innezuhalten. Sehr wohl wissend, dass immer nur einige Worte und Sätze wichtig sind, redet sie eher weniger als zu viel. *„Tratschen wird sie ebenso zu vermeiden suchen wie zielloses plappern.“*[273] Die Führungskraft ist sehr bestrebt, sich beim Reden nicht von Emotionen leiten zu lassen.

---

[269] Vgl. Werder, A.v.: Führungsorganisation…a.a.O., S. 12; vgl. Bleicher, K.; Das Konzept integriertes Management…a.a.O., Kap. 4.2

[270] Vgl. Michalak, J., Heidenreich, T., Mark, J., Williams, G.: Achtsamkeit, Göttingen, Bern u.a. 2012

[271] Vgl. Müller, G.F., Braun, W.: Selbstführung, Göttingen, Bern u.a. 2009

[272] Vgl. Hinze, D.F.: Führungsprinzip Achtsamkeit, Heidelberg 2001, S. 84 ff.

[273] Vgl. ebenda, S. 121

Kraft ihrer Gelassenheit wird sich die Führungskraft nicht von persönlichen Emotionen vereinnahmen lassen. Vielmehr wird sie unbedingt darauf bedacht sein, sich vor Verstrickungen zu hüten und in kein er Weise außer sich zu geraten. Sollte ein Manager einen Mitarbeiter herabgewürdigt, gekränkt oder verletzt haben, wird er sich bei dem Betroffenen entschuldigen. Die Achtsamkeit verlangt von der Führungskraft Selbstdisziplin.[274]

Das Prinzip Achtsamkeit fordert Führungskräfte dazu auf, das Bewusstsein zu intensivieren, zu schärfen und zu beschleunigen, damit es umfassender, genauer und gründlicher und zuverlässiger beobachten und erkennen kann. Es regt dazu an, alte Wahrnehmungsgewohnheiten loszulassen, neue Bewusstseinsräume zu erschließen und dabei den Weg der Selbstvervollkommnung zu beschreiten.[275] Dabei wird der buddhistischen Sicht von Bewusstsein eine besondere Bedeutung beigemessen, zumal das Prinzip der Achtsamkeit ein zentrales Element der buddhistischen Lehre darstellt.[276]

(c) Produktive Geisteshaltung

Eine produktive Geisteshaltung bildet eine wesentliche Grundlage effektiver Führung. Wer mehr in seinem Leben erreichen will, für den ist das Leben ein kontinuierlicher Verbesserungsprozess. Das erfolgreiche Arbeiten im Beruf trägt zur Freude am Leben bei und die Freude am Leben lässt vieles im Beruf besser gelingen. Wir müssen an unserem Tun Freude haben, auch bei der Arbeit.[277] Wenn wir unsere Chancen nutzen wollen, dann muss unser Geist offen, kritisch und kreativ sein bzw. unseren Blick für die Welt weiten. Zur produktiven Geisteshaltung gehören drei Bausteine:[278]

- Der offene Geist ist auf der ständigen Suche nach neuen Informationen. Er vermeidet jegliche Bewertung und lernt wahrzunehmen, ohne sofort zu beurteilen.[279]
- Der kritische Geist ist um kühle Sachlichkeit bemüht und ist von einem scharfen Verstand beherrscht. Er ist nicht leichtgläubig und eher schwer zu überzeugen. Er urteilt nicht, bevor er genügend nachgedacht hat.[280]
- Der kreative Geist gibt sich mit dem Vorhandenen und Gewohnten nicht zufrieden. Er sucht nach permanenten Verbesserungen durch Veränderung.[281]

Diese drei Bausteine führen erst in ihrem Zusammenwirken zu einem produktiven Ergebnis. Dabei hat das Prinzip der Offenheit[282] eine Schlüsselfunktion. Auch die

---

274 Vgl. Witt, J.: Chancenorientiertes Management mit System, 2. Aufl., Hamburg 2011, S. 189

275 Vgl. ebenda, S. 11-15

276 Vgl. ebenda, S. 16 und S. 68 bis S. 82

277 Vgl. Witt, J.: Führen im Dialog: offen, kritisch, kreativ, Hamburg 2015, S. 4

278 Vgl. ebenda, S. 28 ff.

279 Vgl. ebenda, S. 41-98

280 Vgl. ebenda, S. 99-140

281 Vgl. ebenda, S. 152-169

282 Vgl. ebenda, S. 44 f. u. S. 68 f.

Selbsterkenntnis[283] , das Selbstbild, das achtsame Wahrnehmen[284] und Ruhe, Geduld und Gelassenheit[285] haben hier hohen Stellenwert.

1.10 Management

Die Begriffe Führung und Management werden in der Literatur nicht immer gleich definiert. Zu Beginn des ersten Kapitels haben wir Führung als die Beeinflussung von Personen bzw. Unternehmen interpretiert. Dann lässt sich dieses Phänomen in die Gebiete der Personalführung (mit einer stärkeren sozialen Akzentuierung) und der Unternehmensführung (mit eher sachlichen Akzenten) unterteilen. In der systemorientierten Managementlehre werden soziale und sachliche Aspekte der Führung integriert.[286]

(a) Dimensionen des Managements
Dabei umfasst die funktionale Dimension des Managements die soziale Gestaltung, Lenkung und Entwicklung sozialer Systeme[287] und die institutionale Dimension des Managements umfasst die Träger der Führungstätigkeiten. Als Träger der Führungstätigkeiten können im Management unterschieden werden:[288]

• Die Top Manager, die auf der obersten Managementebene agieren (z.B. Vorstand, Geschäftsführer). Als Unternehmensleiter entwickeln sie im Rahmen des strategischen Managements von der Vision ausgehend Strategien und Ziele. Dabei sind sie für die Gesamtführung, Gesamtorganisation und für die erfolgreiche Abwicklung der Gesamtführungsprozesse verantwortlich.
• Die Middle Manager, die auf der mittleren Führungsebene wirken (z.B. Bereichsleiter, Abteilungsleiter), auf der die Entscheidungen der Unternehmensleiter im Rahmen der taktischen Managements umgesetzt werden. Diese Manager haben die Aufgabe, zwischen den Interessen der Unternehmensleitung und der Basis zu vermitteln. Die Bereichsleiter sind für die Bereichsführung, Bereichsorganisation und für die effektive Abwicklung der Bereichsführungsprozesse zuständig.
• Die Lower Manager, die auf der unteren Führungsebene tätig sind (z.B. als Gruppenleiter). Sie haben als Fachkaufleute, Meister, Werkstattleiter und Büroleiter die Aufgabe, zwischen den ihnen übergelagerten Ebenen und der Ausführungsebene eine Mittlerrolle zu spielen. Sie sind für die Gruppenführung, Gruppenorganisation und für die Abwicklung der Gruppenprozesse zuständig.

---

283 Vgl. ebenda, S. 141-151

284 Vgl. ebenda, S. 170-200

285 Vgl. ebenda, S. 203 ff.

286 Vgl. Bleicher, K.: Führung…a.a.O., Sp.1272

287 Vgl. Ulrich, H.: Management, Bern u.a. 1984, S. 114 ff.

288 Vgl. Rahn, H.J.: Unternehmensführung…a.a.O., S. 34

• Die Mitarbeiter der Ausführungsebene, welche die Entscheidungen der Manager an der Basis als Arbeiter und Angestellter umzusetzen haben. Manager und Ausführungspersonal haben für das Unternehmen vertrauensvoll zusammenzuarbeiten.

(b) Chancenmanagement

Das Chancenmanagement ist jene Führungstätigkeit, die darin besteht, Marktchancen und Leistungspotenziale bestmöglich zu nutzen. Die Manager sollen solche Chancen zunächst umfassend aufspüren, sie objektiv bewerten, die Chancen planvoll nutzen, sie ausbauen und Leistungspotenziale weiterentwickeln und Kompetenzen systematisch verwerten.[289]

Die Bewertung der Chancen und die Einschätzung von Risiken beruht in der Praxis nicht nur auf der nüchternen Analyse von Fakten, sondern sie ist auch eine Frage der persönlichen Mentalität. Während der Optimist zu der Auffassung neigt, es werde schon gut gehen, zweifelt der Pessimist ständig am Gelingen des Vorhabens. Deshalb ist es vorteilhaft, wenn im Top Management sowohl ein „Treiber" als auch ein „Bremser" sitzen, die sich hinsichtlich ihres Chancen- und Risikobewusstseins ergänzen.[290] Während das Treiben als Antrieb zur Vorwärtsbewegung aus dem Erfolgsstreben resultiert, entsteht das Bremsen aus dem Streben nach Sicherheit.[291]

Das aktuelle Umfeld einer Organisation ist für Manager nicht einfach einzuschätzen, denn es besteht aus der Wettbewerbsgesellschaft, der Wohlstandsgesellschaft, der Globalisierung, dem demographischen Wandel, den wachsenden Organisationsgrößen, der Informationsgesellschaft, dem Einfluss der Massenmedien und dem Wandel der Wertsysteme.[292] Da sich das Rad in der globalisierten Welt schneller dreht, ist es künftig nötig:

• Gestalten, statt zu verwalten, d.h. das Handeln immer wieder auf neue Chancen und Anforderungen auszurichten. Mit Blick auf die Zukunft ist das für jedes Management eine große Herausforderung.

• Agieren, statt zu reagieren, d.h. für Manager mehr Eigeninitiative zu entwickeln und nicht erst zu handeln, wen es notwendig ist, denn dann ist es oft schon zu spät.[293] Fundiertes Handeln verlangt allerdings Wissen.

In der betrieblichen Praxis wird häufig gegen Grundforderungen wirtschaftlichen Handelns verstoßen, z.B. wird die Kalkulation der Preise vernachlässigt und die Kosten von Projekten werden oft nicht sorgfältig analysiert. Man wendet sich bevorzugt Aufgaben zu, die relativ leicht zu erledigen sind. Bei gewinnstarken Geschäften wird von Managern zu wenig auf die Kosten geachtet. In Zeiten wirtschaftlichen Rückgangs werden oft voreilig Rationalisierungsmaßnahmen zur Kostensenkung durchgeführt. Die Sparsamkeit wird nicht selten übertrieben.

---

289 Vgl. Witt, J.: Chancenorientiertes Management…a.a.O., S. 23

290 Vgl. ebenda, S. 25

291 Vgl. Sandig, K.: Betriebswirtschaftspolitik, 2. Aufl., Stuttgart 1966, S. 84 f.; vgl. ders.: Die Führung des Betriebes, Stuttgart 1953

292 Vgl. Witt, J.: Chancenorientiertes Management…a.a.O., S. 29-35

293 Vgl. ebenda, S. 15 u. S. 37

Als besondere Aufgaben des Managements sind zunächst die Entwicklung des Organisationskonzepts (Geschäftsplan) und der Aufbau einer funktionsfähigen Organisation zu nennen. Der Einsatz der Organisation hat gezielt, wirkungsvoll und wirtschaftlich zu erfolgen. Dabei ist die Organisation immer weiter zu entwickeln.
Als hervorzuhebende Instrumente des chancenorientierten Managements sind das Informations-, das Planungs-, das Vollzugssystem und das Kommunikationssystem zu nennen.[294] Auch die innovative Organisationskultur, der kontinuierliche Verbesserungsprozess[295], die Förderung von Talenten[296] durch das Talentmanagement[297] in der Praxis[298] und das Selbstmanagement sind zu beachten. Außerdem ist die chancenorientierte Mitarbeiterführung zu betreiben und die Entscheidungsprozesse bzw. die Projektorganisation sind zu optimieren.[299]

(c) Managementprozess

Ein Managementprozess ist eine Kette von Vorgängen, bei denen Manager Geschäftsprozesse als Kernprozesse (z.B. Material-, Produktions-, Marketingprozess) oder als unterstützende Prozesse (z.B. Personalprozesse, Finanz- und Informationsprozesse) steuern.[300]
Dabei sind Geschäftsprozesse zielgerichtete, arbeitsteilige Abläufe, die eine Folge von Einzelschritten bilden, welche dazu dienen, bestimmte Resultate zu erzielen. Sie haben einen definierten Beginn, definierte Elemente und ein definiertes Ende. Managementprozesse werden auch als sachlich bezogene Führungsprozesse bezeichnet und können folgende Struktur haben (Abb. 6):[301]

294 Vgl. ebenda, S. 55

295 Vgl. Witt, J, Witt, T.: Der Kontinuierliche Verbesserungsprozess, 4. Aufl., Hamburg 2010

296 Vgl. Rahn, H.: Talente finden – Talente fördern, Göttingen 1983; ders.: Jugend forscht, Göttingen 1986

297 Vgl. Rüttinger, R.: Talent Management, 2. Aufl., Hamburg 2010

298 Vgl. Heyse, V., Ortmann, S.: Talentmanagement in der Praxis, Münster 2008

299 Vgl. Witt, J.: Chancenorientiertes Management…a.a.O., S. 141-191

300 Vgl. Rahn, H.J.: Unternehmensführung…a.a.O., S. 267

301 Vgl. ebenda, S. 32, S. 275 u. S. 330 f.

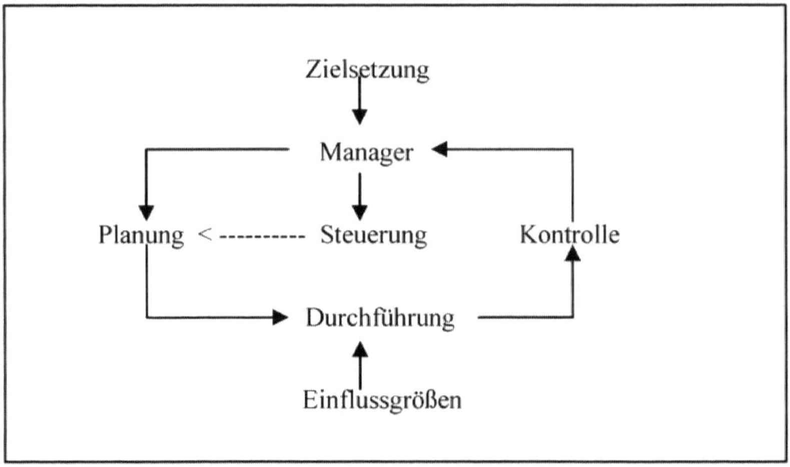

Abb. 6: Managementprozess

Bei diesem Kreislaufsystem sind die Zielsetzung und die Planung der Realisierung vorgelagert, der sich die Kontrolle anschließt. Dabei sind folgende Elemente des Managementprozesses zu unterscheiden:[302]

• Die Zielsetzung ist eine Aussage mit normativem Charakter, die einen gewünschten Zustand der Realität beschreibt, z.B. zu erreichender Umsatz, Kostenhöhe. Die Ziele sind zwischen den Beteiligten abzustimmen, zu formulieren und verbindlich festzulegen. Als messbare Zielsetzung gibt sie die Orientierung zur erfolgreichen Beeinflussung der Geschäftsprozesse durch Manager.

• Die Planung als systematische gedankliche Vorwegnahme des zukünftigen wirtschaftlichen Handelns. Die Manager überlegen anhand von Plänen, auf welchen Wegen die Zielsetzungen (Soll-Werte) zu erreichen sind. Das grundlegende Problem der Planung besteht in der mangelnden Vorausbestimmbarkeit und Vorhersehbarkeit künftiger Ereignisse.

• Die Durchführung als Umsetzung der Pläne in die betriebliche Wirklichkeit. Hier sind von den Managern Entscheidungen und Maßnahmen hinsichtlich der Realisierung des Gewollten zu treffen, z.B. Arbeiten und Organisieren, Informationsgestaltung bzw. Personaleinsatz. Bei der Umsetzung der Pläne sind negative Einflussgrößen (vgl. Regelkreis aus Abb. 6) möglichst frühzeitig zu erkennen und Chancen zeitnah zu nutzen.

• Die Kontrolle als Vorgang der Gewinnung von Informationen durch Überwachung und Untersuchung von Geschäftsprozessen. Sie ist nicht nur eine Endkontrolle, sondern wird auch begleitend zum Managementprozess vorgenommen. Mit

302 Vgl. Olfert, K., Rahn, H.J.: Einführung in die Betriebswirtschaftslehre, 12. Aufl., Herne 2017, S. 42 f., S. 223 ff.

Hilfe der Kontrolle werden die Ist-Werte erfasst und die Differenzen zu den Soll-Werten ermittelt. Dann sind die Gründe für die Abweichungen zu analysieren
Aus den Ergebnissen der Kontrolle ergeben sich Maßnahmen der Steuerung, die der Erreichung vorgegebener Ziele dienen. Sie bezieht sich vorrangig auf die Durchführung des betrieblichen Geschehens, kann aber auch zur Veränderung von Ziel- bzw. Planwerten führen, wenn diese unrealistisch gesetzt wurden. Dabei hat die Steuerung grundsätzlich die Aufgabe, den gegebenen Störgrößen entgegenzuwirken und positive Einflussgrößen (z.B. Chancen) zu nutzen.

1.11 Projektmanagement

Auf Grund des Technologiewandels[303], der zunehmenden Wirtschaftskomplexität, der Internationalisierung und Globalisierung, des immer schneller voranschreitenden Wandels in der Wirtschaft sind in den Unternehmen Umfang und Zahl der Projekte enorm angestiegen.[304]
Dabei bildet die Grundlage für die Arbeit mit Projekten die Norm DIN 69901, nach der ein Projekt im Wesentlichen durch Einmaligkeit der Bedingungen in ihrer Gesamtheit gekennzeichnet ist, z.B. durch Zielvorgabe, Abgrenzung gegenüber anderen Vorhaben, durch gegebene Bedingungen und durch projektspezifische Organisation.[305]
Mit der Planung, Gestaltung und Kontrolle von Projekten beschäftigt sich das Projektmanagement, das vom Projektleiter und von Projektgruppen vorgenommen wird. Die Projektorganisation besteht dabei aus dem Projektaufbau und den Projektprozessen:

(a) Projektaufbau

Der Projektaufbau zeigt sich in der Gebildestruktur von Projekten. Sie kann in unterschiedlicher Weise in die gesamte Aufbauorganisation[306] des Unternehmens eingegliedert sein. Es sind im Wesentlichen vier Formen zu unterscheiden:
• Die reine Projektorganisation, bei der die Projektgruppe für die gesamte Projektdauer vollständig aus den Fachabteilungen herausgelöst wird und mit zeitlicher Befristung in die Aufbauorganisation integriert wird. Sie wird auch Task-Force genannt. Diese Form wird vor allem bei Großprojekten eingesetzt. Der Projektleiter untersteht direkt der Unternehmensleitung und hat die volle Kompetenz. Die Projektmitarbeiter sind ihm disziplinarisch und fachlich unterstellt.
• Die Stabs-Projektorganisation, bei der der Einfluss des Projektleiters vergleichsweise gering ist, denn die Projektgruppe untersteht weiterhin der Fachabteilung. Es wird auch als Koordinations-Projektmanagement bezeichnet. Der Projektleiter hat

---

303 Vgl. Burghardt, M.: Projektmanagement, 8. Aufl., München 2008, S. 11 ff.

304 Vgl. Olfert, K.: Kompakt-Training Projektmanagement, 7. Aufl., Herne 2010, S. 13

305 Vgl. Koreimann, D.S.: Projektmanagement, Heidelberg 2002, S. 11

306 Vgl. Rahn, H.J.: Unternehmensführung…a.a.O., S. 280-284

als Koordinator gegenüber den Fachabteilungen informations- und Beratungsbefugnisse.
• Die Matrix-Projektorganisation, bei der die Projektmitarbeiter ein Doppelunterstellungsverhältnis[307] haben: Disziplinär sind sie dem Linienvorgesetzten der Fachabteilung unterstellt, aber in abgrenzenden Projektfragen dem Projektleiter zugeordnet. Die Fachabteilungsleitung und die Projektleitung arbeiten gleichberechtigt zusammen.
• Die Linien-Projektorganisation, bei welcher der Projektleiter als Gruppenleiter dem Leiter einer Fachabteilung direkt unterstellt wird. Die Lösung von Projektaufgaben erfordert hier nicht grundsätzlich die Einrichtung einer eigenständigen Projektorganisation, sondern kann in Form von Einzelprojekten in die gegebene Aufbauorganisation integriert werden.

(b) Projektprozess

Den Ausgangspunkt der Gestaltung von Projektprozessen bildet i.d.R. ein schriftlicher Projektauftrag durch die Unternehmensleitung oder durch eine entsprechend autorisierte Führungsebene zu einem dazu berufenen Projektleiter[308] bzw. einer zu bildenden Projektgruppe. Ein Projektprozess kann in folgenden Stufen ablaufen:[309]
• Die Projektvorbereitung ist der Beginn des Projektprozesses. Sie sollte nicht zufällig erfolgen, sondern sorgfältig geplant werden, um die Projektkosten auf ein Minimum zu begrenzen. Sie umfasst die Problemermittlung (z.B. Projektziele), die Problemanalyse (z.B. Definition, Abgrenzung und Darlegung des Problems) und die Projektanalyse, z.B. Aufnahme und Kritik des Ist-Zustandes. Die Projektplanung[310] umfasst die gründliche Planung der Projektaufgaben, des Projektpersonals, der Projekttermine, der Sachmittel, der Projektkosten und Projektfinanzen.
• Die Projektgestaltung, die von der Projektauslösung ausgeht, z.B. die Projektentscheidung, die Begründung und der Start des Projekts. Daraufhin werden verschiedene Projektarbeiten durchgeführt, z.B. Recherchieren, Kommunizieren, Verhandeln, Präsentieren, Berichten und Dokumentieren. Dabei sind Innovation und Kreativität nötig.[311] Außerdem spielt das Konfliktmanagement[312] eine große Rolle. Die Projektsteuerung hat durch den Projektleiter so zu erfolgen, dass die Projektziele erfüllt werden. Um diese zu realisieren, hat im Rahmen der Kontrolle nicht nur eine Endkontrolle zu erfolgen, sondern die Projektkontrolle ist bereits nach einzelnen Projektschritten nötig.
• Die Projekteinführung als Bewährungsprobe für das ganze Projekt. Die Lösungseinführung umfasst Entscheidungen, Steuerungsmaßnahmen, Startvorbereitungen, Schulung und Einführungskontrolle. Als Abschlussarbeiten des Projektes sind

---

307 Vgl. Koreimann, D.S.: Projektmanagement…a.a.O., S. 65 f.

308 Vgl. ebenda, S. 109 ff.

309 Vgl. Olfert, K., Rahn, H.J.: Organisation, 7. Aufl., Herne 2015, S. 198-218

310 Vgl. Koreimann, D.S.: Projektmanagement…a.a.O., S. 76-82

311 Vgl. ebenda, S. 13 f.

312 Vgl. ebenda, S. 117 ff.

Projektnachweise (z.B. Projektdokumentation) und die Projektauflösung zu nennen, z.B. Anerkennung der Mitarbeiterleistungen, Rückgabe der Sachmittel, Auflösung der Projektgruppe und Durchführung einer Abschlussveranstaltung.
In den einzelnen Phasen der Projektarbeit haben sich der Einsatz von Checklisten und von praktischen Methoden und Verfahren bewährt.[313]
Das Projektcontrolling ist den Projektaktivitäten parallel- bzw. übergelagert und zielt auf die Projekteffizienz ab. Es verbindet den Koordinationsprozess der Planung, Steuerung und Kontrolle mit der Informationsversorgung.

(c) Führung in Projekten

Die wachsende Wettbewerbssituation in den meisten Branchen verstärkt den Zwang zur effektiven und wirtschaftlichen Projektarbeit.[314] Immer mehr Unternehmen wickeln hervortretende Aufgaben in Projektarbeit ab, die von Projektgruppen zu verrichten ist. Hier sind folgende Formen der Führung zu unterscheiden:

- Die sachlich bezogene Führung von Projektgruppen durch den Projektleiter ist vorrangig mit Planungs-, Durchführungs- und Kontrollaufgaben verbunden ist. Hier zählen zu den grundlegenden Arbeitsverfahren[315] die Auftragsklärung, die Planung (mit Projektstrukturplan, Risikoanalyse und Vorgehensplan), die Projektdurchführung und der Projektabschluss mit Kontrolle. Dabei haben die Projektverantwortlichen verschiedene Spannungsfelder zu beachten.[316] Für den Projekterfolg sind Auftraggeber, Projektleiter, Linienvorgesetzte, Mitarbeiter und Kunden-/Nutzenvertreter gemeinsam verantwortlich.[317]
- Die personenbezogene Führung[318] von Projektgruppen[319] erfolgt im Rahmen des Projektmanagements[320] durch einen Projektleiter[321], welcher die Verantwortung dafür trägt, dass die Mitglieder der Projektgruppe die vereinbarten bzw. gesetzten Projektziele[322] erfüllen[323]. Im Rahmen der personalen Führung müssen Projektleiter häufig unter hohem Zeitzwang entscheiden und haben bei der Erfüllung ihrer Führungsziele[324] vor allem intelligent und psychologisch geschickt zu handeln, wenn z.B. leistungsstarke Projektgruppen plötzlich nachlassen, Leistungsschwache Grup-

---

313 Vgl. Koreimann, D.S.: Projektmanagement…a.a.O., S. 38-62

314 Vgl. Hausmann, Th., Schafir, Sch., Ginevicius, R.: Projektmanagement, Gernsbach 2004, Einführung

315 Vgl. Stroebe, A.: Führen in Projekten, Frankfurt am Main 2007, S. 12-24

316 Vgl. ebenda, S. 25-65

317 Vgl. ebenda, S. 26

318 Vgl. Olfert, K.: Kompakt-Training Projektmanagement…, S. 157 ff.

319 Vgl. Rahn, H.J.: Zur personalen Führung von Projektgruppen im Unternehmen, in: Der Betriebswirt, 47. Jg. (2006), S. 29

320 Vgl. Burghardt, M.: Projektmanagement…a.a.O., , S. 9 ff.

321 Vgl. Olfert, K., Rahn: H.J., Kompakt-Training Organisation…, S. 189 ff.

322 Vgl. Birker, K.: Projektmanagement, 2. Aufl., Berlin 1999, S. 22

323 Vgl. Haberfellner, R., Projektmanagement, in: Handwörterbuch der Organisation, Hrsg. E. Frese, 3. Aufl., Stuttgart 1992, Sp. 2099 ff.

324 Vgl. Rahn, H.J.: Erfolgreiche Teamführung…a.a.O., S. 50 f.

pen das Projektziel nicht erreichen, zu lebhafte Projektgruppen für Durcheinander sorgen oder sich zu stille Projektgruppen nicht genügend aktivieren.
Eine wesentliche Erkenntnis der neueren Gruppenforschung besteht darin, dass bei der Auseinandersetzung mit dem Phänomen Führung grundsätzlich die Führung einzelner Gruppenmitglieder von der Führung einer ganzen Gruppe zu unterscheiden ist.[325] Bei der nun folgenden Betrachtung der personalen Führung wird die Führung ganzer Projektgruppen in den Vordergrund gestellt.[326]

---

325 Vgl. Wegge, J.: Führung von Arbeitsgruppen, Göttingen, Bern u.a. 2004, S. 111 ff. und S. 345

326 Vgl. Rahn, H.J.: Erfolgreiche Teamführung…a.a.O., S. 89-110

2. Persönlichkeitspsychologie

Die Persönlichkeitspsychologie[327] ist jener Teilbereich der Differentiellen Psychologie[328], der sich wissenschaftlich mit der Persönlichkeit des Menschen auseinandersetzt. Die Persönlichkeit ist das, was einen Menschen charakterisiert.[329] Sie umfasst die einzigartigen psychischen Eigenschaften eines Menschen, welche die für ein Individuum charakteristischen Verhaltensmuster in vielen Situationen und über einen längeren Zeitraum hinweg beeinflussen.[330] Dazu gibt es eine Fülle von interessanten Persönlichkeitstheorien.[331]

In der wissenschaftlichen Psychologie wird der Begriff Persönlichkeit neutral beschreibend verwendet, d.h. Gegenstand der praktischen Persönlichkeitspsychologie sind alle Menschen.[332] Zu ihren Aufgaben zählen die Beschreibung, Erklärung, Vorhersage und Veränderung der Persönlichkeit.[333]

Die Führungspsychologie beschäftigt sich mit dem Erleben und Verhalten von Menschen im Rahmen der Beeinflussung durch Führungskräfte. Im Hinblick auf die erfolgreiche Führung spielen die Persönlichkeit der Führungskraft und diejenige der Mitarbeiter eine hervortretende Rolle. Deshalb gibt es eine bedeutende thematische Schnittmenge der Führungspsychologie zur Persönlichkeitspsychologie.

2.1 Psychologie der Persönlichkeit

Der Begriff Person bildet einen Ausgangspunkt der Ausführungen im Rahmen der Humanpsychologie.[334] Eine Person ist das Ewige am Menschen, nämlich das Bleibende an ihm. Nicht jede Person ist aber eine Persönlichkeit. Personen mit viel Persönlichkeit hinterlassen einen starken Eindruck und imponieren durch soziale Kompetenz, Durchsetzungsfähigkeit, Charisma oder auch Glaubwürdigkeit.[335]

---

[327] Vgl. Kuhl, J.: Lehrbuch der Persönlichkeitspsychologie, Göttingen, Bern u.a. 2010; vgl. Asendorpf, J.B., Psychologie der Persönlichkeit,4. Aufl., Berlin 2007; vgl. ders.: Persönlichkeitspsychologie, Heidelberg 2009; vgl. Crisand, E., Rahn, H.J.: Psychologie der Persönlichkeit, 9. Aufl., Hamburg 2010

[328] Vgl. Rammsayer, T., Weber, H.: Differentielle Psychologie – Persönlichkeitstheorien, Göttingen, Bern u.a. 2010

[329] Vgl. Zimbardo, P.G., Gerrik, R.J.: Psychologie…a.a.O., S. 504

[330] Vgl. Crisand, E., Rahn, H.J.: Psychologie der Persönlichkeit…a.a.O., S. 15

[331] Vgl. Fisseni, H.J.: Persönlichkeitspsychologie. Ein Theorienüberblick, 5. Aufl., Göttingen, Bern u.a. 2003, S. 25-476

[332] Vgl. Laux, L.: Persönlichkeitspsychologie, 2. Aufl., Stuttgart 2008, S. 15 ff. u. S. 22

[333] Vgl. ebenda, S. 69-72

[334] Vgl. Arnold, W.: in: Lexikon der Psychologie, Bd. 2, Hrsg. W. Arnold, H.J. Eysenck, R. Meili, Freiburg i.Br. 1987, Sp. 1571 f.; vgl. Rahn, H.J.: Personalführung…a.a.O., S. 37

[335] Vgl. ebenda, S. 22

Außerdem können für die Persönlichkeit eines Menschen beispielsweise folgende Eigenschaften von Bedeutung sein:[336]

- Ausdrucksfähigkeit, z.B. verbale Fähigkeiten, Redegewandtheit
- Ausstrahlungskraft, z.B. Charisma, Frohsinn, Heiterkeit
- Begabung, z.B. hervortretende geistige Anlagen
- Belastbarkeit, z.B. geistige und körperliche Beanspruchung
- Intelligenz, d.h. Begabung des Menschen zum Denken
- Niveau, d.h. Charakterstabilität, Anstand, Ehrlichkeit, Takt
- Reife, d.h. hohe Leistungsbereitschaft und ausgeprägte Fähigkeiten
- Selbstwertgefühl, d.h. Selbstsicherheit, Selbstbewusstsein
- Überzeugungskraft, d.h. Einsicht erwirkend, Sachlichkeit
- Verantwortungsbereitschaft, z.B. Verantwortungsbewusstsein
- Vitalität, d.h. Antriebsstärke, Intensität des Wollens
- Temperament, d.h. Impulsivität, Lebensgrundstimmung
- Triebfedern, d.h. Antriebe und Strebungen

Ein Mensch ist keine Persönlichkeit ohne den Mitmenschen. Wer sich von seiner Umwelt abschließt oder von seinen Mitmenschen fernhält, ist keine Persönlichkeit. Für den Psychologen sind unterschiedliche Persönlichkeitsstörungen [337] Gegenstand vieler Untersuchungen.

(a) Typen und Modelle der Persönlichkeit

Schon frühzeitig haben Psychologen versucht, Menschen in eine begrenzte Anzahl von Persönlichkeitstypen als voneinander abgegrenzte Muster von Persönlichkeitsmerkmalen einzuordnen oder ihnen bestimmte Eigenschaften zuzuschreiben.[338]
Ohne Anspruch auf Vollzähligkeit lassen sich als Arten der Persönlichkeit[339] auch Lehrertypen[340] und verschiedene allgemeine Menschentypen unterscheiden.[341]

- Die Temperamentstypen,[342] z.B. Sanguiniker, Choleriker, Phlegmatiker und Melancholiker.
- Konstitutionstypen,[343] z.B. leptosomer, pyknischer und athletischer Typ.

---

336 Vgl. Rahn, H.J.: Unternehmensführung, 9. Aufl., Herne 2015, S. 223 f.; vgl. ders.: Personalführung kompakt. Ein systemorientierter Ansatz, München 2008, S. 37 f.

337 Vgl. Fiedler, P.: Persönlichkeitsstörungen, 6. Aufl., Weinheim 2007

338 Vgl. Jung, H.: Persönlichkeitstypologie, 3. Aufl., München 2009, S. 5 ff.; vgl. Fisseni, H.J.: Persönlichkeitspsychologie, 5. Aufl., Göttingen u.a. 2003, S. 111 ff.; vgl. Guilford, J.: Persönlichkeitstypologie, 4. Aufl., Weinheim 1974

339 Vgl. die übersichtliche Darstellung bei: Crisand, E., Rahn, H.J.: Psychologie der Persönlichkeit…a.a.O., S. 71-97

340 Vgl. Rahn, H.J.: Zur Typologie von Lehrerinnen und Lehrern an Bildungsinstitutionen, in: Erziehungswissenschaft und Beruf, 56. Jg., H 2, (2008), S. 205-208

341 Vgl. ders.: Personalführung kompakt. Ein systemorientierter Ansatz, München 2008, S. 18-37

342 Vgl. ebenda, S. 72 ff.

343 Vgl. Kretschmer, E.: Körperbau und Charakter, 26. Aufl., Berlin 1977; vgl. Fisseni, H.J.: Persönlichkeitspsychologie, 5. Aufl., Göttingen u.a. 2003, S. 115 ff.

• Funktionstypen,[344] z.B. Anschauungs-, Vorstellungs-, Verstandes-, Gefühls-, Trieb- und Willensmensch.
• Lebensformen,[345] z.B. theoretischer, ästhetischer, religiöser, politischer, sozialer und ökonomischer Typ.
• Einstellungstypen.[346] z.B. extravertierter und introvertierter Typ.

Als Mitarbeitertypen[347] gibt es in der Praxis:
• Leistungsorientierte Mitarbeiter, z.B. Gruppenstar, Leistungsstarke und Ehrgeizlinge.
• Leistungsschwache Mitarbeiter, z.B. Drückeberger, Minderqualifizierte und Leistungsgeminderte.
• Zurückhaltende Mitarbeiter, z.B. Schüchterne und Ausgleichende.
• Lebhafte Mitarbeiter, z.B. Frohnaturen bzw. Gruppenclown.
• Problematische Mitarbeiter, z.B. Intrigante und Problembeladene.
• Nicht integrierte Mitarbeiter, z.B. Neulinge und Außenseiter.

Als Führungskräftetypen[348] sind zu unterscheiden:
• Klassische Führungskräfte, z.B. autoritärer Typ, Laissez-faire-Typ und demokratischer Typ.
• Führungsstiltypen, z.B. Verfahrensstil-, Beziehungsstil-, Aufgabenstil- und Integrationsstil-Manager.
• Verhaltenstypen, z.B. souveräne, strenge, sachliche, muntere, kritische, ehrgeizige, humane, hektische und nachlässige Manager.
• Grundtypen, z.B. dominante („Alphatiere“)[349], initiative, gewissenhafte und stetige Typen.
Die sog. Alphatiere sind als Einzelkämpfer kaum teamorientiert und treten als Psychopathen, Sadisten und Bosstypen auf, vor denen mancher Mitarbeiter Angst hat. Führungskräfte müssen lernfähig sein. Erfolgreiche Führungskräfte benötigen die Fähigkeit der Empathie, d.h. die Fähigkeit, Emotionen bzw. Persönlichkeitsmerkmale anderer Personen zu erkennen.[350]

Auch wurden verschiedene Modelle zur Persönlichkeit des Menschen vorgestellt, wie sie aus Abb. 7 ersichtlich sind.[351] Hinzu kommen das Modell des Selbstwertge-

---

344 Vgl. Huth, A.: Diagnose der Person, 2. Aufl., Bern/München 1963, S. 45 ff.; vgl. ders.: Exakte Persönlichkeitsforschung, Leipzig 1930

345 Vgl. Spranger, E.: Lebensformen, 9. Aufl., Tübingen 1966

346 Vgl. Jung, C.G.: Psychologische Typen, Gesammelte Werke, Band 6, 10. Aufl., Zürich/Stuttgart 1960, S. 357 ff.

347 Vgl. Crisand, E., Rahn, H.J.: Psychologie der Persönlichkeit…a.a.O., S. 83 ff.

348 Vgl. Crisand, E., Rahn, H,J.: Psychologie der Persönlichkeit...a.a.O., S. 90 ff.

349 Vgl. Bitzer, D.: Alphatiere können nicht führen, Hamburg 2016, S. 29-45

350 Vgl. ebenda, S. 71-87

351 Vgl. Crisand, E., Rahn, H.J.: Psychologie der Persönlichkeit…a.a.O., S. 27-69

fühls,[352] dessen besondere Einflussfaktoren sind: Übereinstimmung von Ich/Ideal-Ich, Übereinstimmung mit dem Gewissen, erotisch-sexuelle Befriedigung, angepasste Aggressivität, Wertschätzung. Erfolg, Gesundheit sind, und die Transaktionsanalyse.[353]

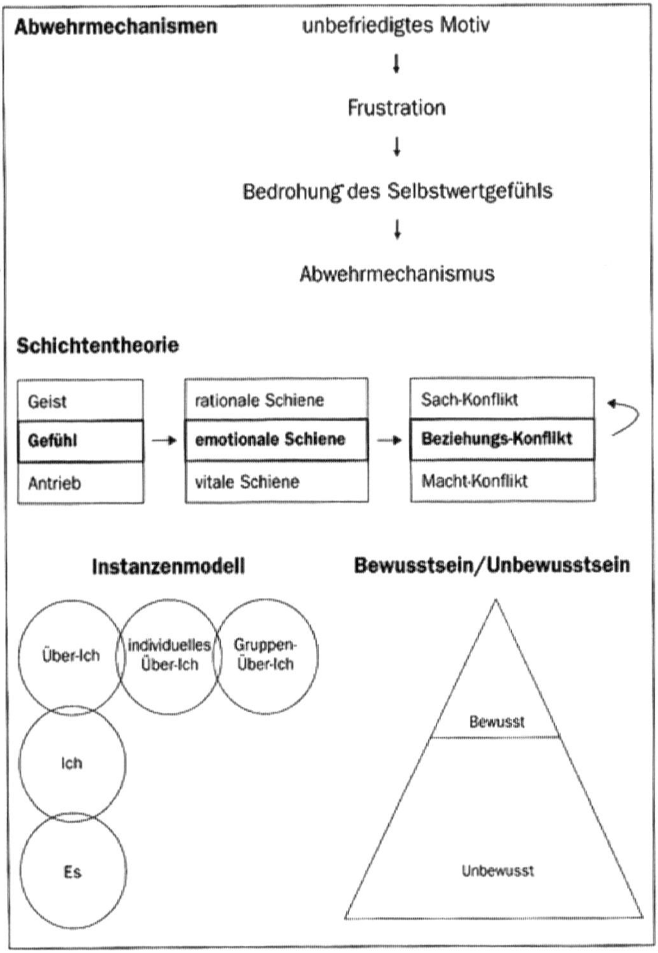

Abb. 7: Modelle der Persönlichkeit

Die Aufgaben der Persönlichkeitspsychologie liegen in der Beschreibung, Erklärung, Vorhersage und in der Veränderung der Persönlichkeit. Letztere Aufgabe zielt auf die Modifikation individuellen Erlebens und Verhaltens ab, z.B. in Form von

352 Vgl. ebenda, S. 53 ff.

353 Vgl. dazu Punkt 2.5 dieser Arbeit

Beratung, Training oder Therapie.[354] Wenn wir uns persönlich weiterentwickeln wollen, dann müssen wir uns mit unserer Persönlichkeit auseinandersetzen.[355] Unsere eigenen Probleme können wir nur erkennen, wenn wir uns mit ihnen intensiv beschäftigen.

Das kann entweder im Selbstmanagement und/oder in von Psychologen gehaltenen Seminaren erfolgen. Nach erfolgreichem Abschluss eines solchen Seminars fällt den Betroffenen leichter, Verständnis aufzubringen und seine eigenen Verhaltensweisen nicht als „merkwürdig" bzw. als „unverständlich" abzutun, sondern diese als „Symptome" für tiefer liegende Gründe zu deuten. Wie lässt sich die eigene Persönlichkeit also weiterentwickeln?

Das Verhalten des Menschen steht nicht im „luftleeren Raum", sein Verhalten ist vielmehr eine Antwort auf meine eigene Verhaltensweise. Also sollte sich jeder Mensch über seine eigene Persönlichkeitsstruktur Gedanken machen.

Hier ist die Persönlichkeitsdiagnostik[356] hilfreich, die anhand von Persönlichkeitstests und anhand vieler Klassifikationen dazu beiträgt, die Merkmale einer Persönlichkeit zu bestimmen und zu erkennen. Jeder Mensch, der sich weiterentwickeln möchte, sollte sich im Rahmen der Führungsanalyse also folgende Fragen stellen:[357]

(b) Was bin ich für ein Mensch?

Wenn jemand wissen möchte, wie seine eigene Persönlichkeit ausgeprägt ist, dann stellt er sich zunächst die Frage: „Wie bin ich?". Eine Antwort auf diese Frage gibt uns die testpsychologische Untersuchung.

Es psychologischer Test ist ein Verfahren[358], das Eigenschaften bzw. Merkmale von Personen erfassen kann. Mit bewährten psychologischen Tests waren in der Praxis nicht wenige Psychologen erfolgreich, aber solche Tests stoßen schon seit Jahren in der Öffentlichkeit auf Kritik.[359] Andererseits sind psychologische Testverfahren geeignet, Hinweise über die Leistungsfähigkeit, über die Leistungsbereitschaft bzw. über die Persönlichkeit eines Menschen zu geben. Qualifizierte Tests müssen verschiedenen Testgütekriterien entsprechen.[360]

In den folgenden Ausführungen wird ein für testpsychologische Untersuchungen möglicher Weg aufgezeigt, wie er sich auch bei Führungsseminaren bewährt hat. Es sind zu unterscheiden:

---

354 Vgl. Laux, L.: Persönlichkeitspsychologie…a.a.O., S. 69 ff.

355 Vgl. Rahn, H.J.: Zur Psychologie der Persönlichkeit, in: Erziehungswissenschaft und Beruf, 58. Jg., H 2 (2010), S. 178

356 Vgl. Zimbardo, P.G., Gerrig, R.J.: Psychologie…a.a.o., S. 538

357 Vgl. Crisand, E., Rahn, H.J.: Psychologie der Persönlichkeit…a.a.O., S. 99-124

358 Vgl. Lienert, G.A., Raatz, U.: Testaufbau und Testanalyse, 6. Aufl., Weinheim 1998; vgl. Kranz, H.: Einführung in die klassische Testtheorie, 5. Aufl., Eschborn 2001

359 Vgl. Weinert, A.B.: Organisations- und Personalpsychologie, 5. Aufl., Weinheim/Basel 2004, S. 356

360 Vgl. Asendorpf, J.B.: Psychologie der Persönlichkeit…a.a.O., S. 131 ff.; vgl. Zimbardo, P.G., Gerrig, R.J.: Psychologie…a.a.O., S. 329 ff.

- Das Freiburger Persönlichkeitsinventar (FPI) besteht wie alle Persönlichkeitsinventare[361] aus mehreren Persönlichkeitsskalen. Sie sollen die Persönlichkeit möglichst breit erfassen oder viele unterschiedliche Eigenschaften eines engeren Persönlichkeitsbereichs messen. Hinzu kommen auch berufsbezogene Erkenntnisse, die aus vielen Seminaren gesammelt wurden.[362] Es handelt sich hier um einen tiefenpsychologischen Persönlichkeitstest, bei dem anhand von 12 Persönlichkeitsmerkmalen (z.B. Lebenszufriedenheit, Erregbarkeit, Aggressivität) eine Persönlichkeitsstruktur erstellt wird.
- Der Fragebogen zur direktiven Einstellung (FDE) bildet eine weitere Möglichkeit der Findung von Aussagen zur Persönlichkeit. Der Test beinhaltet zwei voneinander unabhängige Skalen, die graduell von der Testperson zu bestimmen sind nämlich:
- Der Werteinstellungsfragebogen erfasst zentrale Wertvorstellungen, nach denen eine Person ihr Verhalten ausrichtet. Im Führungsseminar besteht das Ziel, jedem Teilnehmer die für ihn zentralen Wertvorstellungen bewusst zu machen.

Die Seminarteilnehmer nehmen anhand der obigen Testunterlagen zunächst eine Selbstanalyse vor. Dann erfolgen Fremdbeurteilung und Testanalyse. Die Ergebnisse werden entsprechend aufbereitet und geben den Teilnehmern erste Aufschlüsse über ihre Persönlichkeit.

(c) Wie verhalte ich mich?

Außerdem ist es für uns bedeutsam, aus einer Selbstbeurteilung bzw. aus der Fremdbeurteilung zu erkennen, wie wir uns verhalten. Dabei geben uns Videoaufzeichnungen eine Antwort auf die Frage „Wie verhalte ich mich?". Videoaufzeichnungen sind bewegte Bilder mit Begleitton, die mit einem Camcorder (Videokamera mit eingebautem Videorecorder) oder mit einer Videokamera (einschließlich Videorecorder und Bildschirm) in einem Seminar aufgenommen werden[363], um das Verhalten eines Menschen zu zeigen.

Die Anlässe für Videoaufzeichnungen können beispielsweise in der Aufnahme eines vom Seminarteilnehmer gehaltenen Kurz-Referats, eines Rollenspiels oder einer Diskussion bestehen. Durch das Aufzeichnen und das spätere Abspielen der Inhalte sind wir in der Lage, bestimmte Verhaltensweisen zu analysieren und dadurch uns behindernde Verhaltensweisen abzubauen, z.B. monotone Sprechweise, übertrieben stolze Haltung oder auffällige Mimik. Durch die Verhaltensanalyse kann die Sicherheit des Auftretens – beispielsweise bei einer Rede – erheblich gestärkt werden. Wenn sich ein Seminarteilnehmer selbst in Aktion sieht und dabei vom Experten

---

[361] Vgl. Asendorpf, J.B.: Psychologie der Persönlichkeit…a.a.O., S. 46; vgl. ders.: Persönlichkeitspsychologie…a.a.O., S. 50. Es gibt weitere Verfahren, wie z.B. das NEO-Fünf-Fakoren-Inventar (vgl. Zimbardo, P.G-, Gerrig, R.J.: Psychologie…a.a.O., S. 541)

[362] Vgl. Crisand, E., Rahn, H.J.: Psychologie der Persönlichkeit…a.a.O., S. 124 ff.

[363] Vgl. Schmidt, U.: Digitale Film- und Videotechnik, 2. Aufl., München 2008; vgl. ders.: Professionelle Videotechnik, Berlin 2009

beraten wird, dann leuchtet ihm die Notwendigkeit der Verhaltensänderung eher ein.

In verhaltensorientierten Seminaren sind Videoaufzeichnungen unverzichtbar. Beim Aufnehmen der Gegebenheiten mit der Kamera ist darauf zu achten, dass die Kamera so postiert ist, dass die beteiligten Seminarteilnehmer nicht unnötig abgelenkt werden. Die Aufnahmen werden in der Regel später mit einem Beamer projiziert.

(d) Wie wirke ich?
Jedes Verhalten eines Menschen ist mit Wirkungen verbunden und wird von anderen Personen unterschiedlich erlebt und beurteilt. Die Wirkungen unseres eigenen Verhaltens auf andere Menschen sind für die Ausprägung unserer Persönlichkeit von großer Bedeutung. Die Beantwortung der Frage: „Wie wirke ich?“ spielt dabei für jeden interessierten Menschen eine große Rolle. Diese Frage stellen wir uns sehr oft, sei es, dass wir uns fragen:

- welchen Eindruck macht mein Verhalten auf meinen Partner?
- Was hält mein Vorgesetzter eigentlich von mir?
- Wie wirke ich als Vorgesetzter auf meine Mitarbeiter? Oder auch:
- Habe ich durch mein Verhalten meinen Vorgesetzten verärgert?

Alle diese Fragen beschäftigen uns: sie können uns verunsichern und bedrücken, weil wir auf diese Fragen in der Regel keine klaren Antworten bekommen. Wir sind in der Beantwortung dieser Fragen stark auf Vermutungen und Annahmen angewiesen. Es ist sehr selten, dass mir mein Gegenüber die Wahrheit in Bezug auf mein Verhalten sagt. Und dies, obwohl es sehr bedeutsam für uns ist, hierauf Antworten zu bekommen. Auch hier gibt uns die Psychologie Hilfestellung in Form gruppendynamischer Übungen. Durch offene Gespräche kann ein Mensch erfahren, wie er auf andere wirkt. Dann kann er selbst entscheiden, ob er das so beibehalten möchte oder ggf. sein Verhalten ändert.
Der Besuch eines gruppendynamischen Seminars bietet den Teilnehmern die Möglichkeit, mehr über sich selbst und über die eigene Persönlichkeit zu erfahren. Grundsätzlich sollte im Laufe der Übung jeder Teilnehmer erkennen, was ihm persönlich weiterhilft. Wichtig dabei ist, dass sich der jeweils Betroffene durch Kritik nicht verletzt fühlt, sich nicht sofort verteidigt, sondern zunächst nur zuhört und eine abwartende Lernhaltung zeigt. In dieser Weise wird auf jede Persönlichkeit der anwesenden Teilnehmer eingegangen. In einem abschließenden Beratungsgespräch werden mit jedem Teilnehmer persönlich die gegebenen Stärken und Schwächen intensiv und mit Einfühlsamkeit durchgesprochen, um Verhaltensänderungen zu erwirken.

2.2 Know-how der Persönlichkeitsbildung

Im Gegensatz zum Tier ist jeder Mensch Person. Eine Person ist das Ewige am Menschen, das Bleibende an ihm.[364] Nicht jede Person ist aber eine Persönlichkeit, denn nur eine Persönlichkeit verfügt beispielsweise über Charakter und darüber hinaus besitzt sie Geist. Geistlose Menschen können keine Persönlichkeit sein. Eine Person mit viel Persönlichkeit ist ein produktiver Wertträger[365], der sich durch ausgeprägte Wesenszüge auszeichnet, z.B. durch Selbstständiges Denken und Handeln, Verantwortungsbewusstsein, Teamfähigkeit, Fairness im Umgang mit anderen Personen und Anteilnahme an den Problemen anderer Menschen.[366]

Leider erschöpfte sich die Diskussion in Unternehmen viele Jahre lang in der Untersuchung betriebswirtschaftlicher Probleme, wie z.B. hinsichtlich der Themen Sharholder Value und Lean Management, anstatt zu erkennen, dass nicht nur Fachleute, sondern auch Persönlichkeiten an leitender Stelle gefordert sind, die ihre Mitarbeiter zu optimaler Leistung führen.

Wer die Erziehungssituation in deutschen Familien beobachtet, kann feststellen, dass immer wieder die hohen Leistungsanforderungen bis zum Abitur (bzw. der Numerus Clausus) diskutiert werden. Bei der vorrangigen Konzentration auf die Leistungsfähigkeit der Jugendlichen wird häufig übersehen, dass die Persönlichkeit nicht vom Alter abhängt, sondern bereits in der frühen Kindheit und Jugend gebildet wird. [367]

An dieser Stelle erscheint es sinnvoll, die Altersstufen des Menschen vorzustellen. Sie sind die Entwicklungsstufen eines Menschen von seiner Geburt bis zu Lebensende. Mit dieser Thematik beschäftigt sich insbesondere die Entwicklungspsychologie, welche die Altersstufen unterschiedlich einteilt. Es sind modellhaft zu unterscheiden:

- Das Säuglingsalter (Geburt bis etwa 2 Lebensjahre) mit einem gewissen Urvertrauen
- Das Kleinkindalter (2 bis 3 Lebensjahr) mit Schamgefühlen und ersten Zweifeln
- Das Kindergartenalter (3 bis 6 Jahre) mit spielerischem Verhalten und Selbstständigkeit
- Das Schulkindalter (6 bis 11 Lebensjahre) mit Initiative und ersten Schuldgefühlen
- Das Vorpubertätsalter (11 bis 12 Lebensjahre) mit den typischen Problemen der Pubertät
- Das Nachpubertätsalter (12 bis 14 Lebensjahre) ist noch mit Leistungsdefiziten verbunden
- Die Adoleszenz (14 bis 21 Lebensjahre) als Zeit des Erwachsenwerdens

---

364 Vgl. Arnold, W.: Person, in: Lexikon der Psychologie, Bd. 2, Hrsg. W. Arnold, H.J., Eysenck, R. Meili, Freiburg i.Br. 1987, Sp. 1571 f.; vgl. Huth, A.: Diagnose der Person, 2. Aufl., Bern/München 1963, S. 119 f.

365 Vgl. Rahn, H.J.: Erfolgreiche Teamführung…a.a.O., S. 124

366 Vgl. Crisand, E., Crisand, M.: Know-how der Persönlichkeitsbildung, Heidelberg 1996, S. 18

367 Vgl. ebenda, Vorwort

• Das frühe Erwachsenenalter (21 bis 40 Jahre) mit Berufsleben, Solidarität und Vertrauensbildung
• Das mittlere Erwachsenenalter (40 bis 65 Jahre) mit Berufserfahrungen und familiären Sorgen
• Das späte Erwachsenenalter (65 Lebensjahre bis Lebensende) mit Erfahrung, aber auch Krankheiten.
Die Persönlichkeiten, die wir heute durch eine entsprechende Erziehung heranreifen lassen, werden sie Führungskräfte von morgen sein. Daraus ist abzuleiten, dass der Erziehung von Kindern und Jugendlichen durch Lehrer und Ausbilder eine sehr große Bedeutung zukommt. Dabei umfasst aus psychologischer Sicht die persönliche Entwicklung des jungen Menschen weit mehr als nur die geistige Weiterbildung und das Aneignen von immer neuem Wissen. Vielmehr sollen sich Kinder und Jugendliche im seelischen und im gefühlsmäßigen Bereich zu einer ausgeglichenen Persönlichkeit entwickeln.[368] Ohne Frage liegt es in der Erziehung durch die Erwachsenen, ob sich bei den Jugendlichen eine positive Persönlichkeitsentwicklung vollzieht – oder nicht.

(a) Wertesystem des Jugendlichen

Für die Persönlichkeitsentwicklung des Jugendlichen ist sein Wertesystem von hervortretender Bedeutung, den sein Denken und Handeln wird sehr von den Werten beeinflusst, die er von früher Kindheit an – zunächst von den Eltern – übernommen hat. Diese Werte, Ideale oder Normen sind von der jeweiligen Kultur und dem sozialen Umfeld des Jugendlichen geprägt.[369] Jeder Mensch besitzt ein Wertesystem, das aus folgenden Elementen besteht:[370]
• Die Grundwerte menschlichen Zusammenlebens bestehen in der Selbstbestimmung, Achtung der Person, Förderung der Leistungsfähigkeit und Beachtung der sozialen Ordnung. Zunächst muss der junge Mensch lernen, mit seiner persönlichen Freiheit verantwortungsbewusst und sinnvoll umzugehen, ohne dabei die Rechte anderer Menschen zu verletzen. In der Gemeinschaft sollen die Mitmenschen stets geachtet werden. Dabei sind Rücksichtnahme und Akzeptanz zu zeigen.
• Die folgenden Persönlichkeitsmerkmale sind von Erziehern besonders zu fördern: selbstständiges Denken und Handeln, Verantwortungsbewusstsein, Teamfähigkeit, Fairness und Anteilnahme an den Problemen anderer Menschen. Man sollte möglichst früh lernen, andere so zu behandeln, wie man selbst behandelt werden möchte (reversibles, d.h. umkehrbares Handeln). Hinzu kommen soziales Handeln (z.B. Hilfsbereitschaft, Toleranz), aber auch Pünktlichkeit, Ordnung und Pflichtbewusstsein.
• Die Beachtung seelischer Grundvorgänge durch die Erzieher, z.B. Achtung, Wärme, Rücksichtnahme, Offenheit, Echtheit, Fassadenfreiheit, Tätigkeiten nicht dirigieren und einfühlendes Verstehen. Wenn der Jugendliche das Gelernte in sein

---

368 Vgl. Crisand, E., Crisand, M.: Know-how der Persönlichkeitsbildung…a.a.O., S. 11

369 Vgl. Tausch, A.M., Tausch, R.: Erziehungspsychologie, 11. Aufl., Göttingen 1998

370 Vgl. Crisand, E., Crisand, M.: Know-how der Persönlichkeitsbildung…a.a.O., S. 14-21

eigenes Verhaltensrepertoire übernimmt, dann ist die Wahrscheinlichkeit groß, dass er eine gute Basis für das Zusammenleben mit seinen Mitmenschen gewinnt.
Alle Erzieher sollen beim Jugendlichen Selbstachtung, Offenheit für das eigene Erleben, Beziehungsfähigkeit und soziale bzw. fachliche Kompetenz fördern. Hinsichtlich der Beachtung der sozialen Ordnung ist der Missbrauch von Gewalt zu verhindern, zugunsten der Wahrnehmung von sozialen Aufgaben.

(b) Wahrnehmungslernen

Die Wahrnehmung beinhaltet Prozesse, die uns Informationen über die Außenwelt vermitteln[371] und unser Erleben und Verhalten beeinflussen. Dieses wird schon in jungen Jahren durch Gegebenheiten beeinflusst und verändert, die wir bei anderen Menschen beobachten. So übernehmen Jugendliche frühzeitig ganz oder teilweise das Verhalten ihrer Erzieher, d.h. sie lernen durch ihre Wahrnehmungen „am Modell". Dieses Lernen erfolgt reletiv schnell und findet ohne direkte Anweisung oder Unterricht statt. Vor allem ist es kein bewusstes Nachahmen eines Vorbildes. Daraus ist ableitbar, dass den Verhaltensweisen des Erziehers enorme Bedeutung zukommt und dass deren Vorbildfunktion für die Entwicklung der Persönlichkeit des Jugendlichen entscheidend ist.[372]

(c) Selbstkonzept und Selbstwertgefühl

Das Verhalten eines Jugendlichen wird sehr stark durch das Selbstkonzept und durch das Selbstwertgefühl bestimmt.[373] Jeder Mensch macht bereits in jungen Jahren persönliche Erfahrungen, aus denen sich ein Selbstkonzept bildet, d.h. er formt sich ein Konzept von seiner eigenen Person, nämlich seines Ichs.[374] Es gibt uns Antwort auf die Frage: „Wie bin ich?" Alle wesentlichen Merkmale des eigenen Charakters und die Art, wie er sich selbst sieht bzw. wie er handelt, sind in seinem Selbstkonzept enthalten.
Darüber hinaus ist das Selbstwertgefühl das wichtigste Verhaltensregulativ des Menschen. Es bildet sich im Laufe der Entwicklung, z.B. beginnt sich ab der Geburt der Selbstwertblock zu bilden, der durch die persönliche Entwicklung entscheidend geprägt wird.[375] Die Summe aller Erfahrungen in der Kindheit ergeben einen positiv oder negativ ausgerichteten Selbstwertblock. Es ist ein zentrales Anliegen des Menschen, sein Selbstwertgefühl zu stärken. Deshalb sollen Erwachsene herablassende und grobe Äußerungen gegenüber Jugendlichen vermeiden und diese nicht bloßstellen. Für den Jugendlichen ist wichtig, dass er dem Erzieher nicht gleichgültig ist und dass dieser ihn als Person schätzt. Vor allem Erfolge tragen zur Verbesserung des Selbstwertgefühls bei.

---

371 Vgl. zum Phänomen Wahrnehmung: Wendt, M.: Allgemeine Psychologie – Wahrnehmung, Göttingen/Bern u.a. 2013

372 Vgl. Crisand, E., Crisand, M.: Know-how der Persönlichkeitsbildung…a.a.O., S. 22-34

373 Vgl. ebenda, S. 35-47

374 Vgl. Crisand, E., Rahn, H.J.: Psychologie der Persönlichkeit…a.a.O., S. 48

375 Vgl. ebenda, S. 50 f.

(d) Offenheit und Auseinandersetzen mit dem Erleben

Eine wichtige Voraussetzung für das Wohlbefinden des Menschen ist die Offenheit uns selbst und anderen Menschen gegenüber. Sie ist ein wesentlicher Schritt zur Entwicklung der Persönlichkeit. Verhält sich ein Erzieher gegenüber einem Jugendlichen offen, dann fördert er auch die Offenheit bei dem Jugendlichen und damit dessen positive Persönlichkeitsentwicklung. Hinsichtlich des Auseinandersetzens mit dem Erleben sind zu unterscheiden:[376]

• Die Abwehrmechanismen, welche wir benötigen, um bei Frustration unser Selbstwertgefühl zu schützen. Ausgangspunkt ist oft ein unbefriedigtes Motiv, das die Frustration auslöst und unser Selbstwertgefühl bedroht. Als Abwehrmechanismen gelten beispielsweise die Kompensation (hoher persönlicher Einsatz, um persönliche Niederlagen auszugleichen), die Verschiebung (den Frust an anderen Personen abreagieren), der passive Widerstand (Trotz bzw. Ablehnung) bzw. die Resignation, z.B. den Kontakt bewusst abbrechen.

• Nach der Schichtentheorie verhalten sich Geist, Gefühl und Trieb unterschiedlich: Wir Menschen sind gefühlsbetonte Wesen, die ihre Probleme häufig nicht auf der Geistesebene (Sachkonflikte), sondern auf der Gefühlsebene lösen. Ist die emotionale Schiene aber blockiert, dann können wir auf der rationalen Schiene nur unter Schwierigkeiten kommunizieren und es entsteht ein Beziehungskonflikt. Bewegt sich die Problematik auf der vitalen Schiene (Trieb), kommt es zu einem Machtkonflikt (Abb. 8).

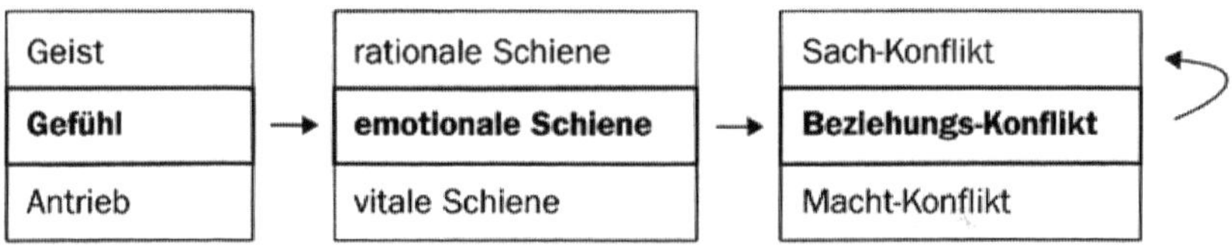

Abb. 8: Schichtentheorie

Es hängt im Regelfall von der Erziehung ab, ob ein junger Mensch offen für seine Gefühle ist oder ob er häufig mit Abwehrmechanismen reagiert.

Wer als Erzieher die Persönlichkeit eines jungen Menschen fördern möchte, sollte diesen achten (durch Zeigen von Zuneigung, Wärme, Anerkennung, Rücksicht), verstehen (durch gutes Zuhören, Verständnis), ihm echte Gefühle entgegenbringen (durch Aufrichtigkeit, Natürlichkeit) und ihn in seinen Anlagen fördern, ohne ihn in eine bestimmte Richtung zu drängen, z.B. Lob aussprechen und Hilfsbereitschaft zeigen.[377]

---

[376] Vgl. ebenda, S. 48-54

[377] Vgl. ebenda, S. 55-80

(e) Psychologie der Auszubildenden

Die Auszubildenden sind Personen, die im Unternehmen Fertigkeiten und Kenntnisse erwerben, welche zur Erreichung des Ausbildungsziels erforderlich sind.[378] Diese Fähigkeiten müssen in einer Abschlussprüfung nachgewiesen werden. Vor allem wird vom Auszubildenden Leistungsbereitschaft erwartet. Die Pflichten des Auszubildenden sind in § 13 BBiG geregelt.

Die Psychologie der Jugendzeit[379] bzw. des Auszubildenen[380] ist ein Forschungsgebiet der Entwicklungspsychologie.[381] Die Jugendzeit[382] ist dabei eine Übergangsetappe zwischen der Kindheit und dem Erwachsenen-Lebensabschnitt.[383] Sie bildet eine bedeutende Phase in der menschlichen Entwicklung. In dieser Zeit reift das Kind psychisch und körperlich zum Erwachsenen heran.

Was kennzeichnet einen Menschen, der sich gerade im Jugendalter befindet? Zunächst wird der Jugendliche durch sein Verhalten, sein Auftreten und sein äußeres Erscheinungsbild charakterisiert. Grundsätzlich beginnt das Jugendalter mit dem Einsetzen der geschlechtlichen Reifung. Die verläuft bei Mädchen und Jungen unterschiedlich, d.h. bei Mädchen mit ca. 9-11 Jahren und bei Jungen mit ca. 11-13 Jahren. Das Ende der Reifung (Adoleszenz) geht meist mit der Übernahme der Erwachsenenrolle einher. Jeder Ausbilder sollte das Wertesystem[384] der Auszubildenden kennen, um die in der Ausbildung anfallenden Probleme besser bewältigen zu können.

Während der Reifezeit lässt sich häufig ein Rückgang der Leistungsbereitschaft[385] erkennen (Abb. 9). Dies zeigt sich sowohl im beruflichen als auch im schulischen Bereich. Unklar ist, ob es sich hierbei um eine generelle, bei allen Jugendlichen anzutreffende Erscheinung handelt oder ob derartige Probleme nur verallgemeinert werden.

---

[378] Vgl. Hurlebaus, H.D.: Rechtsratgeber Berufsbildung. Handbuch für die Praxis, Hrsg. DIHT Berlin, 16. Aufl., Bonn 2001, S. 39

[379] Vgl. Crisand, E., Kiepe, K.: Psychologie der Jugendzeit, 2. Aufl., Heidelberg 1996

[380] Vgl. Schirmer, A.: Psychologie des Auszubildenden, Heidelberg 1984; vgl. Crisand, E., Rahn, H.J.: Psychologie der Auszubildenden, 3. Aufl., Hamburg 2012, S. 9-34

[381] Vgl. Pinquart, M., Schwarzer, G., Zimmermann, P.: Entwicklungspsychologie – Kindes- und Jugendalter, Göttingen/Bern

u.a. 2011; vgl. Silbereisen, R.K., Hasselhorn, M. (Hrsg.): Entwicklungspsychologie des Jugendalters, Göttingen/Bern u.a. 2008; vgl. Flammer, A., Alsaker, F.: Entwicklungspsychologie der Adoleszenz, Göttingen/Bern u.a. 2002; Mietzel, G.: Wege in die Entwicklungspsychologie. Kindheit und Jugend, Weinheim 2002; vgl. Oerter, R., Montada, L. (Hrsg.): Entwicklungspsychologie, 6. Aufl., Weinheim 2008; Vgl. Fend, H.: Entwicklungspsychologie des Jugendalters, 3. Aufl., Wiesbaden 2003; vgl. Lohaus, A., Vierhaus, M., Maass, A.: Entwicklungspsychologie des Kindes- und Jugendalters, Heidelberg 2010

[382] Vgl. Crisand, E., Rahn, H.J.: Psychologie der Auszubildenden…a.a.O., S. 35-67

[383] Vgl. Stiksrud, A.: Jugendpsychologie, in: Lexikon der Psychologie, Band 2, Red. G. Wenninger, Heidelberg 2001, S. 311

[384] Vgl. Crisand, E., Rahn, H.J.: Psychologie der Auszubildenden…a.a.O., S. 68-82

[385] Vgl. ebenda, S. 83 ff.

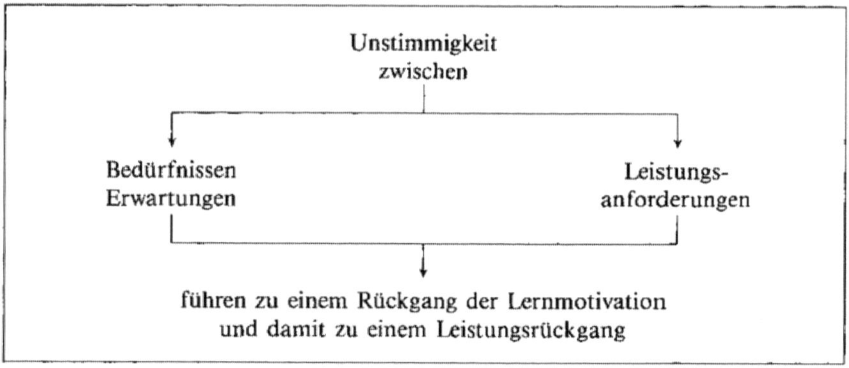

Abb. 9: Leistungsprobleme während der Reifezeit

Hinzu kommt, dass Ungeschicklichkeiten des Auszubildenden bzw. das schnelle Wachstum von Muskulatur und Skelett das Erlernen manueller Fähigkeiten behindern. Eine mögliche Erklärung für dieses Phänomen wäre die Nichtanpassung des Betriebes oder der Schule an die veränderte Situation des Auszubildenden. Meist werden Situationen, in denen Leistungen vom Jugendlichen verlangt werden, von ihm nicht als eine Vorbereitung auf das Betriebsleben gesehen, sondern nur als lästige Pflicht. Er möchte sich mit diesen Dingen auch nicht auseinandersetzen, da er mit seiner inneren Gefühlswelt stark belastet ist. Auch die körperliche Leistungsfähigkeit ist beeinträchtigt. Sowohl die die Einstellung des Auszubildenden als auch seine Fähigkeit zur Leistung werden durch die unausgewogene seelische Situation negativ beeinflusst. Darüber hinaus gibt es für den Jugendlichen interessantere Beschäftigungen und Gedanken als das, was in der Schule und im Betrieb von ihm verlangt wird. Oft ist der Jugendliche aufgrund anderer Interessen und fehlender Zielvorstellungen nicht genügend motiviert, sich mit schulischem und beruflichem Lernstoff auseinanderzusetzen. Die Ursachen für den Leistungsrückgang liegen oft in einer emotionalen Distanzierung von der Schule und vom Beruf.
Ein Generationenkonflikt ist beispielsweise ein familiärer Konflikt in der Zeit der Ablösung vom Elternhaus.[386] Der Auszubildende löst sich in der Phase der Adoleszenz zunehmend vom Elternhaus und muss seinen eigenen Platz im Berufs- und Gesellschaftsleben finden. Dies geschieht nicht ohne Schwierigkeiten und Belastungen für die am Ausbildungsprozess Beteiligten.
Am stärksten mit Schwierigkeiten ist der Auszubildende belastet, von dem die Umwelt annimmt, dass es ihm überhaupt nichts ausmache. Er lebt in permanenter Spannung zwischen den Normen der Eltern und denen seiner Gruppe. In aller Regel ist er den Eltern und ihrer Meinung mehr verbunden, als dies sein Verhalten zeigt. Er sehnt sich im Grunde danach, in Harmonie mit ihnen zu leben und braucht

[386] Vgl. Stiksrut, A.: Generationenkonflikte, in: Lexikon der Psychologie, Band 2, Red. G. Wenninger, Heidelberg/Berlin 2001, S. 115 f.; vgl. dies.: Jugend im Generationen-Kontext, Opladen 1994

ihre Liebe und Zuneigung. Da die Eltern diese aber vom Wohlverhalten ihres Kindes abhängig machen, gibt es für den Jugendlichen nur ein Entweder/Oder. Meist entscheidet er sich für seine Gruppe (der sog. peer group) und flieht damit „aus dem Nest."
Wie sollen sich Eltern gegenüber Jugendlichen verhalten? Sie sollten verständnisvolle Gesprächspartner sein, die zuhören können. Sie sollten andere Ansichten abwägend vorbringen und eigene Meinungen darlegen, ohne sie aufzuzwingen. Durch dieses Verhalten würden Eltern den Jugendlichen Sicherheit geben und damit auch das so wichtige Selbstwertgefühl stärken.
Die Eltern begegnen diesem neuen Streben ihrer Tochter oder ihres Sohnes meist mit wenig Verständnis und unter Umständen mit massivem Druck. Die Erwachsenen empfinden vor allem den starken Widerspruchsgeist des Jugendlichen als unbequem. Es wäre aber falsch, das Gespräch mit dem Jugendlichen abzubrechen und die Kritik einfach zu unterdrücken. Sonst besteht die Gefahr, dass der Jugendliche das gesamte Gedankengut der Erwachsenen ablehnt. Der Jugendliche hat es ohnehin schwer, mit den Anforderungen der Erwachsenen zurecht zu kommen: Er erkennt, dass die von den Erwachsenen für sich in Anspruch genommenen moralischen Grundsätze von diesen nicht oder nur teilweise eingehalten werden.
Oft entzünden sich Streitgespräche zwischen Erwachsenen und Jugendlichen auch an zweitrangigen Problemen, beispielsweise in Kleidungsfragen. Dies ist besonders deshalb schade, weil es doch wirklich wichtigere Dinge gibt, als die Frage, ob der Jugendliche sich grün oder schwarz kleidet, kurze oder lange Haare trägt etc. Das Gefährliche dabei ist, dass sich solch unwichtige Differenzen häufen und das gesamte Klima vergiften, so dass, wenn einmal ernsthafte Probleme auftreten, das Vertrauensverhältnis stark gestört ist.
Auf diesem Hintergrund beginnen die Jugendlichen, ihre Beziehungen zu den Eltern und anderen Erwachsenen neu zu regeln. Dabei lehnen sie sich mit ihrer Oppositionslust zunächst gegen die Eltern auf und versuchen, sich aus der Abhängigkeit von ihnen zu befreien. Die Schwierigkeiten mit den Eltern können auf die Ausbildungssituation übertragen werden. Den Einstellungen der Erwachsenen, die oft durch zurückliegende Ereignisse bedingt werden, stehen diejenigen der heranwachsenden Generation gegenüber, die ihre eigenen Erfahrungen sammeln und nicht ohne weiteres die der Erwachsenen übernehmen will.
Ob es dabei zu Konflikten kommt oder ob sich die Entwicklung in vergleichsweise unproblematischer Weise vollzieht, hängt von der erzieherischen Grundhaltung der Eltern/Ausbilder ab: Je größer das Ausmaß an Verständnis für die Situation des Auszubildenden ist, um so eher wird es den Eltern möglich sein, bisherige Bindungen in entsprechend gewandelter Form aufrechtzuerhalten.
Weitere Probleme ergeben sich aus den Beziehungen zum anderen Geschlecht und aus der für Jugendliche zunehmenden Bedeutung der Gruppe. [387]

[387] Vgl. Crisand, E., Rahn, H.J.: Psychologie der Auszubildenden…a.a.O., S. 90-96

2.3 Entwicklung zur Führungspersönlichkeit

Unter der Entwicklung[388] des Individuums ist die geordnete, gerichtete und längerfristige Veränderung des menschlichen Erlebens und Verhaltens zu verstehen, die über die gesamte Lebensspanne hinweg[389] zu verzeichnen ist.[390] Im Rahmen der Führungspsychologie sind insbesondere jene Fragen von Bedeutung, die sich auf die Individualentwicklung als Führungspersönlichkeit beziehen. Gerade in unserer Zeit ist diese Entwicklung nicht einfach, denn wer heute im Beruf als Führungskraft überleben will, muss immer schneller lernen, sich verändern und sich permanent weiterentwickeln.
Dieser Aufgabe nimmt sich in der Organisation auch die betriebliche Personalentwicklung an[391]. Gegenüber der grundlegenden, personalpsychologischen Aufgabe gibt es eine Persönlichkeitsentwicklung, die mehr auf die Eigeninitiative und Eigenverantwortung des Menschen zielt. Weil sie eine Art von Selbstentwicklung bzw. Selbstmanagement darstellt, kann hier von individueller Personalentwicklung gesprochen werden.[392]

(a) Einstellungen und individuelle Entwicklungsgebiete

Persönliche Einstellungen sind komplexe Einheiten, die in enger Beziehung zur Persönlichkeit des Menschen stehen. Sie sind durch Lernprozesse, durch das persönliche Engagement und durch Anregungen zur Persönlichkeitsentwicklung individuell veränderbar. Diese sollte von der betroffenen Führungskraft zielorientiert erfolgen. Zur Erarbeitung individueller Entwicklungsziele können Checklisten[393] hilfreich sein, denn sie helfen den persönlichen Entwicklungsbedarf besser zu erkennen. Dabei können individuelle Entwicklungsgebiete[394] die soziale Akzeptanz (bzw. soziale Kompetenz[395]), planvolle Zielstrebigkeit, Stärkung des Selbstvertrauens, Stärkung des Durchsetzungswillens, Selbstbeherrschung, effiziente Selbstpräsentation, Überwindung von Entscheidungsschwäche und Bequemlichkeit bzw. eine verbesserte ethische Grundhaltung sein.

(b) Führungs-Persönlichkeits-Test (FPT)

Aus einer Untersuchung von Informationen von 100 betrieblichen Vorgesetzten und 479 ihrer Mitarbeiter entstand ein „Führungs-Persönlichkeits-Test (FPT)“, der

---

388 Vgl. Lang, F.R., Martin, M., Pinquart, M.: Entwicklungspsychologie - Erwachsenenalter, Göttingen/Bern 2012, S. 17

389 Vgl. Filipp, S.H., Staudinger, U.M.: Entwicklungspsychologie des mittleren und höheren Erwachsenenalters, Göttingen/Bern u.a. 2005

390 Vgl. Mietzel, G.: Entwicklung im Erwachsenenalter, Göttingen/Bern 2012

391 Vgl. Kapitel 7.7 dieses Werkes

392 Vgl. Schmidt, W.: Entwicklung zur Führungspersönlichkeit, 2. Aufl., Heidelberg 2002, Vorwort

393 Vgl. ebenda, S. 14-20 (Beispiele) und S. 26-32 (Auswertung)

394 Vgl. S. 20-26

395 Vgl. Kapitel 2.5

eine quantitative Beschreibung der Persönlichkeitsmerkmale von Führungskräften liefert.[396] Dabei werden folgende Kriterien hervorgehoben: Durchsetzungswille (Ziele durchsetzen), Aggressivität (Widerstände als Auslöser aggressiven Verhaltens), Selbstvertrauen (Ich-Stärke), Selbstbehauptungswille (Stehvermögen), optimistische Lebensgrundstimmung (Hoffnung und Zuversicht), pessimistisch-unsichere Stimmung, Anpassungsbemühtheit (z.B. Nachgiebigkeit), Kontaktoffenheit (Andere akzeptieren), Konfliktbereitschaft, rigide Einstellung (z.B. starr, steif, unflexibel) und Gelassenheit als ausgeglichene Lebensgrundstimmung.
Nach diesen Studien weisen Vorgesetzte, denen ihre Mitarbeiter ein freundliches, sie respektierendes Führungsverhalten attestieren, eine andere Persönlichkeitsstruktur auf als jene Vorgesetzte, die nur auf den eigenen Karriereerfolg abzielen. Aus den Test-Ergebnissen erkennt jede Führungskraft, wo sie Ansatzpunkte zur Verbesserung der eigenen Persönlichkeit finden kann.[397]

(c) Personal-Entwicklungs-Test (PET)

In einer weiteren Studie wurden persönliche Einstellungen (Persönlichkeit) von 95 Studierenden an Fachhochschulen mit dem „Personal-Entwicklungs-Test (PET)“ erfasst. Zur Beschreibung der Einstellungen dienten dabei die Kriterien Selbstvertrauen (Ich-Stärke), optimistische Lebensgrundstimmung, Konfliktbereitschaft, Irritierbarkeit (misstrauisch-aggressiv), Rigidität (herabgesetzte Kontaktfähigkeit), normative Tendenz (Aufgaben- und Verbindlichkeitsbewusstsein), Selbstunsicherheit (z.B. zaghaft, unentschlossen, gehemmt), skrupulöse Tendenz (z.B. starke Zweifel, Bedenken), psychasthenische Tendenz (z.B. schwache Vitalität, Neigung zu Depressionen), sensibel-empfindliche Tendenz (z.B. seelische Empfindsamkeit), Tendenz zu Stimmungsschwankungen, interessierte Aufgeschlossenheit. Diese persönlichen Einstellungen wurden mit dem persönlichen Entwicklungsbedarf in Verbindung gebracht – vgl. dazu Punkt (a).[398]

(d) Individuelle Persönlichkeitsentwicklung

Der zielbewussten Weiterentwicklung der Persönlichkeit des Menschen stellen sich nicht selten Widerstände entgegen. Hier kann eine systematische Desensibilisierung durch schrittweisen Abbau von unangenehmen Gefühlen, Ängsten, Vorbehalten, Hemmungen bzw. Abneigungen hilfreich sein. Zur individuellen Persönlichkeitsentwicklung empfiehlt sich ein Vorgehen nach der Sechs-Stufen-Methode:[399]
• Die Problembeschreibung als Darlegung, warum jemand mit seiner derzeitigen Position nicht zufriedne ist.
• Die Problemanalyse, die als Kernstück aufzeigen soll, wo die Ursachen für das Problem liegen.

---

396 Vgl. Schmidt, W.: Praktische Personalführung und Führungstechnik, Heidelberg 1999

397 Vgl. Schmidt, W.: Entwicklung zur Führungspersönlichkeit…a.a.O., S. 33-42

398 Vgl. ebenda, S. 43-54

399 Vgl. ebenda, S. 55 ff und S. 59

• Die Formulierung von persönlichen Entwicklungszielen, d.h. es ist darzulegen, was wann zu erreichen ist.
• Die Planung des Weges zur Zielerreichung, d.h. mit welchen Mitteln sollen die Ziele erreicht werden.
• Die Durchführung der Planungsschritte, d.h. die Ziele möglichst zu erfüllen, vielleicht mit Belohnungen.
• Die Absicherung des Erreichten durch das Praktizieren des veränderten Verhaltens, z.B. durch Selbstkontrolle.

Zur Ergänzung der Persönlichkeitsentwicklung gibt *W. Schmidt* viele Empfehlungen und Anregungen, die bei der Verfolgung der persönlichen Entwicklungsziele hilfreich sein können:[400]

• Für Menschen mit ausgeprägtem Bedürfnis nach sozialer Akzeptanz ist es bedeutsam, in eine Gemeinschaft integriert zu sein. Von der persönlichen Kotaktfähigkeit hängt es ab, ob man Zugang zu anderen Menschen findet. Schüchterne und gehemmte Menschen haben einen besonderen Wunsch von anderen akzeptiert zu werden. Die soziale Akzeptanz ist abhängig von der sozialen Intelligenz, d.h. von der Einsicht, für andere Partner zu sein. Wer zur verstärkten Introversion neigt, dem ist zu raten, seine Kontaktfähigkeit zu steigern. Denn je stärker eine Persönlichkeit ist, desto leichter gewinnt sie Kontakt. Außerdem: Auch noch so konträre sachliche Positionen sollten einem nicht dazu verleiten, einen anderen Menschen persönlich anzugreifen und damit sein Ich, d.h. sein Selbstwertgefühl zu verletzen. Tiefe Verletzungen des Selbstwertgefühls sind ein fruchtbarer Nährboden für Feindschaft und Hass.
• Die planvolle Zielstrebigkeit eines Menschen basiert auf Selbstständigkeit der persönlichen Zielsetzung, effizientem Zeitmanagement und auf Besonnenheit als nachdenklicher, überlegter und gelassener Einstellung. Für jedes Wollen ist die Auseinandersetzung mit Widerständen charakteristisch, d.h. sich mit der eigenen Bequemlichkeit oder anderen Einflussfaktoren (z.B. mangelnde Informationen oder leistungsschwache Mitarbeiter) auseinanderzusetzen. Die erfolgreiche Führungskraft wird ihre Kräfte auf die Zielerreichung konzentrieren und sich nicht verzetteln. Die wichtigen Dinge sind immer zuerst zu erledigen. Dabei ist ein entwickelter Durchsetzungswille unverzichtbar, der mit hoher Anstrengungsbereitschaft verbunden ist.
• Die Stärkung des Selbstvertrauens vollzieht sich auf der Basis der Ich-Stärke. Ein schwaches Selbstbewusstsein wird oft als Minderwertigkeitsgefühl, Selbstzweifel, Kleinmut und Verzagtheit erlebt. Andererseits können Minderwertigkeitserlebnisse sogar zu einer Chance werden, wenn durch diese Erlebnisse enorme Kräfte für ihre Überwindung mobilisiert werden.[401] Der bewusste Ausgleich einer Minderwertigkeit durch Kompensation kann aber auch zu mancherlei Fehlentwicklung führen, wie z.B. zu extremer Ichsucht.

---

400 Vgl. ebenda, S. 60-121

401 Vgl. Rahn, H.J.: Zum Sinn des Lebens. Erinnerungen und Postulate zur Lebensbewältigung, Hamburg 2012, S. 45 f.

• Die Stärkung des Durchsetzungswillens als feste Absicht (Stehvermögen), die gesetzten Ziele auch gegen Widerstände durchzusetzen. Dieser Wille ist eine wichtige Voraussetzung für den beruflichen Aufstieg eines Menschen. Die Festigkeit in der persönlichen Haltung muss aber nicht mit Schroffheit oder Verletzung des Selbstwertgefühls anderer Menschen verbunden sein. Die Führungsstärke zeigt sich in der Selbstdisziplin, im Eintreten für die Gerechtigkeit (auch Inkaufnahme von dadurch möglichen Nachteilen) und im standhaften Vertreten von ethischen Werten.
• Die Stärkung der Selbstbeherrschung als eine durch Übung zu erwerbende Fähigkeit der Führungskraft, vernunftmäßig und klug zu handeln. Die Klugheit zeigt sich dabei im Mut zu Sachlichkeit und Objektivität. Ein besonnener Vorgesetzter bemüht sich um die richtige Mitte zwischen Extremen bzw. um die Mäßigung der menschlichen Triebfedern und hütet sich vor Geltungssucht, Macht- oder Selbstsucht. Er ist sich stets darüber bewusst, dass Maßlosigkeit und Unbeherrschtheit seine Autorität als Vorgesetzter untergraben.
• Die effiziente Selbstpräsentation hängt stark vom eigenen Selbstwertgefühl ab, das in dem Glauben an sich selbst und in der positiven Einstellung zu sich selbst zeigt. Auch Glaubwürdigkeit, Zuverlässigkeit und äußeres Erscheinungsbild finden hier ihren Platz. Wer als Vorgesetzter mit seinem Erscheinungsbild bei anderen Menschen den Eindruck erweckt, nicht von sich selbst überzeugt zu sein, kann kaum erwarten, dass die Mitarbeiter von ihm überzeugt sind. Kontaktoffenheit und wirkliche Anteilnahme schaffen hier die Grundlage für gegenseitige Akzeptanz.
• Die Überwindung von Entscheidungsschwäche und Bequemlichkeit ist in erster Linie ein Problem des Willens. Menschen mit Entscheidungsschwäche können sich nur unter Schwierigkeiten Willensziele setzen und haben Probleme damit den Entscheidungsakt zu Ende zu bringen, indem sie diese immer wieder hinausschieben. Der eigene Denkprozess wird aus Bequemlichkeit nur zögerlich eingeleitet, wobei häufig die Tendenz erkennbar wird, die anstehenden Entscheidungen anderen zu überlassen. Zur Überwindung von Entscheidungsschwäche und Bequemlichkeit sind also ein starker persönlicher Wille und eine klare Zielsetzung gefragt.
• Die Verbesserung der ethischen Grundhaltung bildet eine wichtige Basis für jede Führungskraft. Grundlagen einer ethischen Grundhaltung sind z.B. mit dem kategorischen Imperativ von *I. Kant* verbunden. In seinem Hauptwerk[402] entwickelte er eine Lehre, durch die versucht wurde, über eine kritische Prüfung der Kräfte des Verstands die Quellen und Grenzen der Erkenntnis zu bestimmen: „*Habe Mut, dich deines eigenen Verstandes zu bedienen.*“[403] In der Philosophie von *Kant* bildet der kategorische Imperativ die ethische Grundnorm: „ *Handle nur nach derjenigen Maxime, durch die du zugleich wollen kannst, das sie ein allgemeines Gesetz werde!*“ [404] *Kant* möchte damit

---

402 Vgl. Kant, I.: Kritik der reinen Vernunft, Wiesbaden 2005 (Neuauflage); vgl. dazu auch die Darstellung bei Kunzmann, P., Burkard, F.P., Wiedmann, F.: dtv-Atlas Philosophie, 9. Aufl., München 2001, S. 136.

403 Vgl. Pfeiffer, J. (Hrsg.): Kant-Brevier, Hamburg o.J., S. 30

404 Wuchterl, K.: Lehrbuch der Philosophie, 2. Aufl., München 1986, S. 136 ff. und S. 226 ff.

erreichen, dass sich der Mensch immer darum bemüht, möglichst vernünftig zu handeln.[405]
Wenn es in Organisationen zwischenmenschliche Probleme gibt, sollte sich jede Führungskraft fragen, ob sie den anderen so akzeptiert hat, wie er ist – oder wie er sein möchte.

(e) Akzeptiertes Führungsverhalten
Das Führungsverhalten eines Vorgesetzten wird dann von den Mitarbeitern akzeptiert[406], wenn er klare Ziele vereinbart bzw. danach setzt, Risikobereitschaft, Eigendynamik und persönliches Engagement zeigt. Das Persönlichkeitsprofil eines Vorgesetzten lässt sich definieren.[407] Kooperativ eingestellte Vorgesetzte kritisieren Mitarbeiter nicht in Gegenwart anderer[408], zeigen bei guter Arbeit Anerkennung, helfen den Mitarbeitern bei persönlichen Problemen und stehen für sie und ihre Handlungen ein. Sie fördern bewusst eine eigenverantwortliche Arbeitsweise ihrer Mitarbeiter und unter- bzw. überfordern sie nicht. Kooperative Führungskräfte reagieren auch unter Belastungen gelassen und zeichnen sich durch Offenheit aus. Sie besitzen Selbstvertrauen und reagieren umsichtig. Sie sind freundlich und zeigen Respekt, lassen die Mitarbeiter an Entscheidungen partizipieren und versuchen die Mitarbeiter zu verstehen

2.4 Soziale Kompetenz

Seit einigen Jahren gewinnt das Konzept der sozialen Kompetenz in Führungsforschung und Führungspraxis zunehmende Beachtung.[409] Sie ist die Fähigkeit, mit anderen Menschen effektiv zusammenzuarbeiten bzw. mit ihnen zurechtzukommen[410] bzw. das Verhalten und die Einstellungen anderer Menschen positiv zu beeinflussen.[411] Sie bildet die Grundvoraussetzung für das Leben mit anderen, sei es in der Familie, Freundeskreis, Schule, Unternehmen oder Gesellschaft.[412]
Da die soziale Kompetenz in Bezug auf die Führung eine tragende Rolle spielt, bildet sie ein zentrales Element der Führungspsychologie: Sie ist die Fähigkeit des Vorgesetzten, sich in Führungssituationen richtig zu verhalten.[413] Sie wird damit zu

---

405 Vgl. zu weiteren Grundlagen ethischer Grundhaltungen Schmidt, W.: Entwicklung…a.a.O., S. 116

406 Vgl. Schmidt, W.: Akzeptiertes Führungsverhalten, Heidelberg 1996, S. 9-15

407 Vgl. ebenda, S. 20-35

408 Vgl. ebenda, S. 39

409 Vgl. Kanning, U.P.: Soziale Kompetenzen, Göttingen/Bern u.a., S. 1 f.

410 Vgl. Crisand, E.: Soziale Kompetenz als persönlicher Erfolgsfaktor, Heidelberg 2002, S. 14-20; vgl. Crisand, E., Rahn, H.J.: Psychologie der Persönlichkeit…a.a.O., S. 18

411 Vgl. Asendorpf, J.B.: Psychologie der Persönlichkeit…a.a.O., S. 211

412 Vgl. Faix, W., Laier, A.: Soziale Kompetenz, 2. Aufl., Wiesbaden 1996, S. 71 ff.

413 Vgl. Crisand, E. Soziale Kompetenz…a.a.O., S. 17

einer bedeutenden Schlüsselqualifikation.[414] Um eine Maschine ordnungsgemäß zu bedienen, sind Fachkenntnisse über die entsprechende Technik notwendig. Demgegenüber benötigt ein Vorgesetzter, um Menschen zu verstehen und mit ihm umzugehen, ein fundiertes psychologisches Fachwissen.

(a) Kompetenzarten

Von der sozialen Kompetenz sind die aufgabenbezogene Kompetenz[415] (Fach-, Personen und Führungskompetenz) – als Befugnis einer Person Maßnahmen zur Erfüllung von Aufgaben zu ergreifen – und die Methodenkompetenz zu unterscheiden. Dabei stellt die Handlungskompetenz eine Schnittmenge dar (Abb. 10):

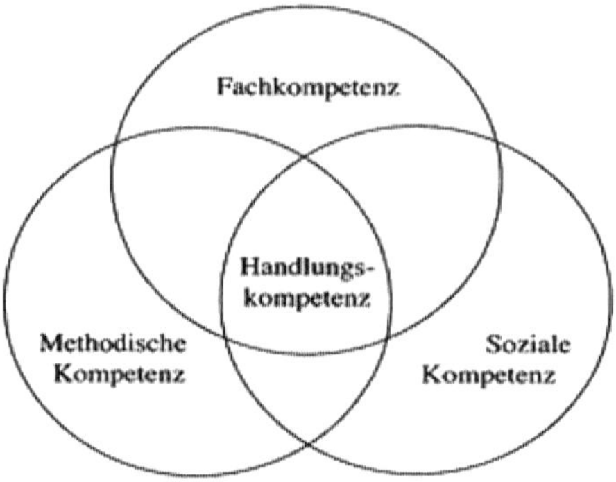

Abb. 10: Handlungskompetenz

Die Handlungskompetenz[416] ist als effizientes Handeln stabil-flexibler Art und bildet in dem obigen Beispiel eine Schnittmenge aus folgenden Kompetenzen:[417]

• Die Fachkompetenz umfasst Fähigkeiten und Fertigkeiten, die sich auf ein bestimmtes berufliches Aufgabengebiet beziehen, z.B. Geschicklichkeit und Expertenwissen.

• Die Methodenkompetenz ist notwendig, um die fachliche Qualifikation zielgerichtet und effizient einsetzen zu können, z.B. analytisches logisches und kreatives Denken.

• Die Sozialkompetenz als Schlüsselqualifikation, um sich in sozialen Situationen richtig zu verhalten, z.B. verhaltensbezogen als Kommunikations-, Kooperations- und Teamfähigkeit und persönlichkeitsbezogen als Rollenflexibilität und Kompromissfähigkeit.

---

414 Vgl. Werner, E.; Schlüsselqualifikationen, Heidelberg 2003

415 Vgl. Rahn, H.J.: Unternehmensführung…a.a.O., S. 90 f.

416 Vgl. Volpert, W.: Handlungsstrukturanalyse als Beitrag zur Qualifikationsforschung, Köln 1974, S. 41

417 Vgl. Crisand, E.: Soziale Kompetenz…a.a.O., S. 21-28

Die soziale Kompetenz bildet sich aus der Persönlichkeit eines Menschen und aus einem fundierten psychologischen Fachwissen heraus. Um das menschliche Verhalten zu begreifen, muss sich der Mensch intensiv mit den verschiedenen Modellen zur Persönlichkeit auseinandersetzen.[418] Als Methode zur Datengewinnung über soziale Kompetenz kann das Assessment-Center[419] hilfreich sein.[420] Die soziale Kompetenz ist eine wesentliche Voraussetzung für erfolgreiches Führen.[421]
Wer zu dem Entschluss kommt, dass aufgrund von Defiziten die eigene soziale Kompetenz noch ausbaufähig ist, der benötigt Weiterbildung, z.B. durch Unterweisung, Rollenspiel, Fallstudien, gruppendynamisches Training, und kann Veranstaltungen zur sozialen Kompetenz besuchen.[422]

(b) Soft Skills

Soft Skills bilden denjenigen Teil der sozialen Kompetenz, der insbesondere bei professionellen und freiwilligen Tätigkeiten von Führungskräften[423] benötigt wird, z.B. bei der freiwilligen Feuerwehr mit Brandbekämpfung, Rettungsdient usw. In der Literatur wird von „weichen" Fähigkeiten und Fertigkeiten gesprochen, z.B. psychologische und soziale Skills (z.B. Freundlichkeit, Stressresistenz, Charakter, Disziplin, Gewissenhaftigkeit, Geduld). Soft Skills sind jedoch nicht nur eine Teilmenge der Sozialkompetenzen, sondern es kommen methodische Skills hinzu: Rhetorik und Präsentation[424], Konfliktbewältigung[425], Konferenztechnik, [426] und Gesprächsführung.[427]
Die deutsche Jugendfeuerwehr als Jugendorganisation des Deutschen Feuerwehrverbandes zählt zum sog. „Dritten Sektor", der zwischen Staat und Erwerbswirtschaft angesiedelt ist. Dabei sind die freiwilligen Tätigkeiten vielfältig, z.B. Jugendtrainer, Helfer in sozialen und kirchlichen Bereichen, in beruflichen/politischen Interessenvertretungen und in Kultur- bzw. Freizeitvereinen. Die Engagierten sind durchschnittlich 9 Jahre dort tätig.[428]
Führungstätigkeiten bei der Jugendfeuerwehr zählen zu den Ehrenämtern als einer besonderen Form des bürgerlichen Engagements. Hier wird auf Freiwilligkeit,

---

418 Vgl. Kapitel 2.1 dieser Arbeit; vgl. Crisand, E.: Soziale Kompetenz…a.a.O., S. 28-43

419 Vgl. Paschen, M., Beenen, A., Turck, D., Stöwe, C.: Assessment-Center professionell, 3. Aufl., Göttingen/Bern u.a. 2013; vgl. Fisseni, H.J., Preusser, I.: Assessment-Center, Göttingen/Bern u.a. 2007; vgl. Obermann, C.: Assessment-Center, 4. Aufl., Wiesbaden 2009; vgl. Kleinmann, M.: Assessment-Center, Göttingen/Bern u.a. 2003; vgl. Kompa, A.: Assessment Center, 7. Aufl., München 2004

420 Vgl. ebenda, S. 44-50

421 Vgl. ebenda, S. 51-82

422 Vgl. ebenda, S. 82-100

423 Vgl. Falk, R.: Soft Skills, Frankfurt/Main 2007, S. 13-38, insbesondere S. 35

424 Vgl. Rahn, H.J.: Rhetorik und Präsentation, 2. Aufl., Hamburg 2010

425 Vgl. Kapitel 5.8

426 Vgl. Kapitel 5.7

427 Vgl. Crisand, E., Crisand, M.: Psychologie der Gesprächsführung…a.a.O.

428 Vgl. Ebenda: S. 51-62

Solidarität, Partizipation und Selbstbestimmung gesetzt. Dabei sind letztlich zwei Motivgruppen entscheidend: Die Orientierung am Gemeinwohl und das Streben nach Geselligkeit.[429]

Feuerbekämpfung und Rettungsdienste führen aber zu nicht zu unterschätzenden hohen psychischen Belastungen und Stressreaktionen. Die Führungskräfte der Jugendfeuerwehr, welche die jungen Menschen an diese anspruchsvollen Tätigkeiten heranführen sollen, müssen hier entsprechende Soft Skills mitbringen. Das Ehrenamt ist in dieser Form nur dann aufrecht zu erhalten, wenn durch Sozialsponsoring[430] bei der Jugendfeuerwehr entsprechende Fortbildungskurse angeboten werden.[431] Das Thema Aus- und Fortbildung im Ehrenamt ist ein in Deutschland insgesamt noch unterentwickeltes Gebiet. Heute wird für die Kompetenzentwicklung der Führungskräfte der Deutschen Jugendfeuerwehr (DJF) eine breite Palette von Seminaren angeboten, bei denen es u.a. um Teamfähigkeit, Kommunikationsfähigkeit, Rhetorik, Teamentwicklung und Konferenztechnik geht.[432]

2.5 Transaktionsanalyse

Die Transaktionanalyse ist eine Theorie zur Persönlichkeit des Menschen, die von dem amerikanischen Psychiater *Eric Berne*[433] stammt und die bis heute weiterentwickelt wird. Diese Methode dient dazu, sich mit dem eigenen Verhalten und den damit verbundenen Normen, Erfahrungen und Gefühlen auseinanderzusetzen.[434] Mit der Anwendung der Aussagen zu diesem Modell sollen Menschen die von ihnen erlebte Realität besser reflektieren, untersuchen und verändern können, wie Abb. 11 zeigt[435].

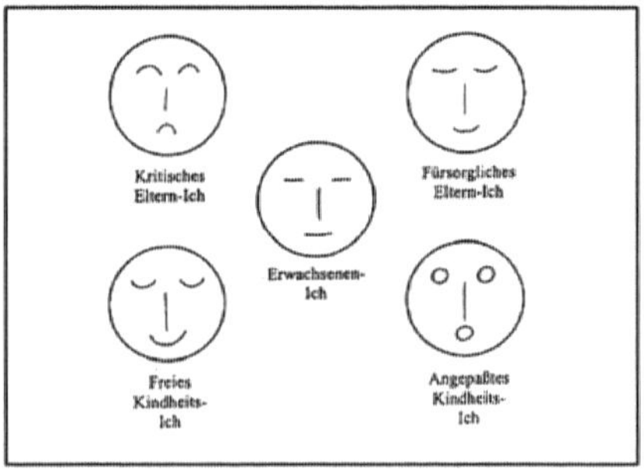

Abb. 11: Transaktionsanalyse

[429] Vgl. Falk, R.: Soft Skills…a.a.O., S. 44 ff.

[430] Vgl. ebenda: S. 111-124

[431] Vgl. ebenda: S. 46

[432] Vgl. ebenda: S. 68-110

[433] Vgl. Berne, E.: Die Transaktions-Analyse in der Psychotherapie, 2. Aufl., Paderborn 2006

[434] Vgl. Rüttinger, R.: Transaktions-Analyse, 10. Aufl., Hamburg 2010, S. 7

[435] Vgl. Crisand, E., Rahn, H.J.: Psychologie der Persönlichkeit…a.a.O., S. 61-63

Das Verhalten des Menschen spielt sich dabei insbesondere auf drei Ebenen (Ich-Ebenen der Persönlichkeit) ab:

- Das Eltern-Ich beinhaltet alle Aufzeichnungen von ungeprüft übernommenen Normen, Geboten und Verboten, Prinzipien und Maximen bzw. damit zusammenhängende Ereignisse aus der frühen Kindheit. Wir handeln nach Werten und Normen, die wir von unseren Eltern im Laufe unserer Erziehung übernommen und verinnerlicht haben. Dabei reagieren wir entweder mit dem kritischen Eltern-Ich: „*Dein Zimmer ist nicht aufgeräumt!*" oder mit dem fürsorglichen Eltern-Ich („*Halb so schlimm, das bekommen wir schon wieder hin!*").
- Das Erwachsenen-Ich ist auf die gegenwärtige Realität (Hier und Jetzt) und auf dass objektive Sammeln von Informationen gerichtet. Es ist anpassungsfähig und intelligent. Hier treffen wir sachliche Aussagen („*Es ist genau 18 Uhr*"), wir schätzen Wahrscheinlichkeiten ab („*Den Termin können wir nur halten, wenn Herr X rechtzeitig kommt!*") und wir erfragen Tatsachen: „*Wann müssen wir Frau Schulze am Bahnhof abholen?*"
- Das Kindheits-Ich umfasst alle Impulse, die ein Kind von Natur aus hat (gleich Kind-Ich). Es enthält Aufzeichnungen seiner frühen Erfahrungen und die Grundanschauung über sich selbst. Es wird an Ereignisse und die damit verbundenen Gefühle erinnert und zeigt die Reaktionen darauf. Kommen spontane Aussagen („*Ganz toll, wie Sie das hinbekommen haben!*"), dann reagieren wir aus dem freien Kindheits-Ich heraus. Passen wir aber unser Verhalten an Situationen bzw. Normen an, dann reagieren wir aus dem angepassten Kindheits-Ich: „*Ich habe einen Fehler gemacht. Entschuldigung – es kommt nicht wieder vor.*" Eine dritte Form bezeichnet den „kleinen Professor", der sich als Schlauberger und listiger Weltmeister in Kreativität und Manipulation erweist.[436]

Die Anwendungsmöglichkeiten der Transaktions-Analyse in der Personal- und Organisationsentwicklung sind fast unbegrenzt und sicherlich auch noch nicht ausgeschöpft. Im deutschsprachigen Raum ist dieses Modell heute eine etablierte Methode. Es ist ein weitgehend geschlossenes kognitives System und regt dazu an, etwas für sich selbst zu tun. Es ist schnell und leicht verständlich und auch über den Beruf hinaus umsetzbar.[437]

Die Ich-Zustände sind Bewusstseinszustände und die damit verbundenen, typischen Verhaltensmuster, die durch Wertvorstellungen und Normen, wertfrei verarbeitete Erfahrungen und Informationen sowie Gefühle ausgelöst werden. Um die einzelnen Ich-Bereich zu verdeutlichen, werden in dem folgenden Beispiel Verhaltensweisen und typische Aussagen der verschiedenen Ich-Bereiche gezeigt (Abb. 12):[438]

---

436 Vgl. Rüttinger, R.: Transaktions-Analyse…a.a.o., S. 23

437 Vgl. ebenda, S. 12 bzw. 17

438 Vgl. ebenda, S. 64

Ich-Ebenen	Verhalten	Aussagen
Fürsorgliches Eltern-Ich	tröstet, berichtigt, hilft	Das schaffen wir schon, hab keine Angst. Wenn wir alle zusammen helfen, reicht es.
Kritisches Eltern-Ich	hebt den Zeigefinger, kritisiert, befiehlt	Kommen Sie schon wieder zu spät? Man hat doch immer seinen Terminplan dabei!
Erwachsenen-Ich	sammelt und gibt Informationen, schätzt Wahrscheinlichkeiten ein, trifft Entscheidungen	Wie viel Uhr ist es? Wer könnte den Brief noch haben? Mit Hilfe der Netzplantechnik werden wir das Problem lösen!
Freies Kindheits-Ich	spontan, impulsiv, rebellisch, aggressiv, schlau, listig, egozentrisch	Ich habe diesen blöden Vorgang nun zum dritten Mal auf dem Schreibtisch! Ganz prima, wie Sie das gemacht haben.
Angepasstes Kindheits-Ich	hilflos, hat Angst, passt sich Normen an, gibt nach	Ich möchte gerne, aber vielleicht bekommen wir Ärger, wenn wir jetzt gehen. Das darf man nicht!

Abb. 12: Beispiele zur Transaktionsanalyse

Wenn die Transaktionsanalyse eine Führungshilfe darstellen soll, müssen die Kenntnisse der Ich-Zustände in die Führungspraxis umgesetzt werden. Aus Selbsttests (Egogramm), an denen etwa eintausend Führungskräfte teilgenommen haben, ist bekannt, dass meist das kritische Eltern-Ich stark ausgeprägt ist, gelegentlich sogar stärker als das Erwachsenen-Ich. Die entsprechenden Äußerungen reichen von offenen Angriffen und Zurechtweisungen bis zu Grundsatzerklärungen, mit denen Mitarbeiter belehrt werden.[439]

Rolf Rüttinger bietet eine Fülle von Übungen[440] zur Transaktionsanalyse an und zeigt einleuchtend, welche Formen paralleler Transaktionen, Überkreuz-Transaktionen und verdeckter Transaktionen vorkommen können und welche Anwendungsmöglichkeiten[441] dieser Methode bestehen.[442]

---

439 Vgl. ebenda, S. 24-30

440 Vgl. ebenda, S. 30-51

441 Vgl. ebenda, S. 54-86

442 Vgl. Rüttinger, R., Kruppa, R.: Übungen zur Transaktionsanalyse, 4. Aufl., Hamburg 2006

Auch bei persönlichkeitspsychologischen Betrachtungen sollte nicht vergessen werden, dass die Entwicklung einer Persönlichkeit nicht so einfach ist, wie das auf den ersten Blick erscheinen mag. Die ungetrübte Grundhaltung von uns Autoren, dass es für die Persönlichkeitsentwicklung kaum Grenzen gebe, muss relativiert werden. Die falsche Selbsteinschätzung bzw. die Gegebenheiten und Bedingungen des Umfelds der Menschen erschweren oftmals das Besterben um Verbesserung der Persönlichkeit enorm. Für die ungetrübten Vorstellung, dass jeder Mensch *„seines Glückes Schmied“* sei, wenn er es nur richtig anpacke, ist größte Vorsicht angebracht. Wir sollten uns immer der Grenzen unserer Aussagen bewusst sein, denn Patenrezepte zur Persönlichkeitsentwicklung hat niemand.

3. GRUPPENPSYCHOLOGIE

Die Gruppenpsychologie[443] ist jener Teil der Psychologie, der die Ergebnisse der Gruppenforschung zur Teamarbeit, Teamentwicklung und zur Teamführung repräsentiert, z.B. Führung von Gruppenmitgliedern und Führung von ganzen Gruppen, z.B. Armee-, Taucher-, Seminar-, Vereins-, Schülergruppen.[444] Außerdem geht es um die Führung von Arbeitsgruppen durch Führungskräfte, die Führungsstile, Führungsmittel und Führungstechniken einsetzen, um Geführte zum Erfolg zu bringen.[445] Die Themen der Gruppenpsychologie bilden mit denen der Führungspsychologie ganz besondere Schnittmengen.
Eine Gruppe[446] ist dabei eine Mehrzahl von Personen, die in einer bestimmten Zeitspanne häufig miteinander Umgang haben.[447] Die Anzahl der Gruppenmitglieder ist so gering, dass jede Person mit allen anderen Personen in Verbindung treten kann.[448] In der Managementforschung tritt der Begriff des Teams zunehmend an die Stelle des Gruppenkonzepts.[449] Ein Team kann z.B. als eine Arbeitsgruppe, Schülergruppe oder als Mannschaft interpretiert werden. In der vorliegenden Arbeit sollen die Begriffe Team und Gruppe – wie es heute weit verbreitet ist [450] – synonym verwendet werden.

3.1 Innovative Gruppen- und Teamarbeit

Die Gruppen- und Teamarbeit ist eine Arbeitsform, bei der mehrere Personen über eine gewisse Zeit, nach Regeln und Normen eine Arbeitsaufgabe bearbeiten, um gemeinsame Ziele zu erreichen. Dabei arbeiten sie unmittelbar zusammen und fühlen sich als Gruppe bzw. Team.[451] Die Teamarbeit hat in den vergangenen

---

443 Vgl. Sbandi, P.: Gruppenpsychologie, 2. Aufl., München 1982; vgl. Rosenstiel, L.v., Nerdinger, F.W.: Grundlagen…a.a.O., S. 280 ff.; vgl. Sader, M.: Psychologie der Gruppe, 9. Aufl., Weinheim/München 2002; vgl. Rattner, J.: Gruppenpsychologie und Großgruppentherapie, Krummwisch 2001

444 Vgl. Rahn, H.J. : Zur erfolgreichen Führung von Schulklassen durch ihren Lehrer, in: Erziehungswissenschaft und Beruf, 54. Jg. 2006, S. 203-218

445 Vgl. Wegge, J.: Führung von Arbeitsgruppen, Göttingen/Bern u.a. 2004, vgl. Rahn, H.J.: Führung von Gruppen, 5. Aufl., Frankfurt/Main 2006; vgl. Pietruschka, S.: Führung selbstregulierter Arbeitsgruppen, München/Mering 2003

446 Vgl. Weinert, A.B.: Organisations- und Personalpsychologie…a.a.O., S. 393 ff.

447 Vgl. Homans, G.C.: Theorie der sozialen Gruppe…a.a.O., S. 29

448 Vgl. Bröckermann, R.: Personalwirtschaft…a.aO., S. 250; vgl. Kolb, M.: Personalmanagement, Wiesbaden 2008, S. 308

449 Vgl. Staehle, W.H.: Management…a.a.O., S. 265

450 Vgl. Kauffeld, S.: Teamdiagnose, Göttingen/Bern u.a. 2001, S. 14; Weinert differenziert zwischen Team und Gruppe (vgl. Weinert, A.B.: Organisations- und Personalpsychologie…a.a.O., S. 440)

451 Vgl. Antoni, C.: Gruppen- und Teamarbeit, in: Handwörterbuch des Personalwesens, Hrsg. E. Gaugler. W.A. Oechsler, W. Weber, 3. Aufl., Stuttgart 2004, Sp. 876

einhundert Jahren mehrere Entwicklungsschritte vollzogen und wird immer wichtiger, denn die Umwelt der Unternehmen ändert sich ständig und ist mit den gewohnten Strukturen immer weniger beherrschbar.[452]
In der Praxis finden sich viele verschiedene Formen von Gruppen- und Teamarbeit, z.B. nicht in die Aufbauorganisation integrierte Gruppen[453] (z.B. Qualitätszirkel, Projektgruppen, KVP-Teams mit Vorschlägen im kontinuierlichen Verbesserungsprozess). Es gibt auch in die Aufbauorganisation integrierte Gruppen, wie klassische Arbeitsgruppen, Fertigungsteams und vor allem teilautonome Arbeitsgruppen, die von einem Gruppensprecher moderiert werden und die von ihren Vorgesetzten eine gewisse Verantwortung übertragen bekommen, um den Handlungsspielraum der Gruppe zu erweitern.[454]
Bei der Bewältigung von Gruppen- und Teamarbeit sind vor allem folgende Teamtugenden gefordert: Bei sich selbst beginnen, Wertschätzung geben, erst fragen – dann antworten, Widersprüche aushalten und sich Zeit nehmen.[455] Produktives Verhalten im Team erfordert entsprechende Kommunikations-, Konflikt- und Moderations-, Feed-back und Rollenverhalten, den richtigen Umgang mit Emotionen, das Erkennen und Verändern von Verhaltensmustern.[456]
Vor allem werden durch Teamarbeit Innovationen ausgelöst[457], die von einzelnen Mitarbeitern so nicht erreichbar sind. Dabei ist zu beachten, dass es in Organisationen ohne Innovationen keine Zukunft gibt.[458] Denn Organisationen wandeln sich ständig.[459] Da sich künftig nur noch solche Organisationen behaupten können, die über eine hohe Innovationskraft verfügen, gewinnt die innovative Gruppen- und Teamarbeit hohe Bedeutung.
Hier ist Teamkreativität nötig, die dann entsteht, wenn eine Gruppe von Menschen so miteinander kommuniziert, dass aus der Interaktion neue Ideen entstehen. Dabei sind vom Team alle sachdienlichen Informationsquellen zu nutzen, Kreativitätsblockaden zu vermeiden, die Spielregeln der Kreativität zu beachten und die jeweils geeigneten Kreativitätstechniken sinnvoll einzusetzen.[460] Organisatorische Einrichtungen zur Förderung der Ideengewinnung sind das betriebliche Vorschlagswesen und die Qualitätszirkel.[461]

---

452 Vgl. Pohl, M., Witt, J.: Innovative Teamarbeit, 2. Aufl., Hamburg 2010, S. 11-37

453 Vgl. Wegge, J.: Gruppenarbeit, in: Lehrbuch der Personalpsychologie, Hrsg. H. Schuler, 2. Aufl. Göttingen/Bern u.a. 2006, S. 583

454 Vgl. Antoni, C.: Gruppen- und Teamarbeit…a.a.O., Sp. 876-880

455 Vgl. Pohl, M., Witt, J.: Innovative Teamarbeit…a.a.O., S. 40-47

456 Vgl. ebenda, S. 63-82

457 Vgl. Gebert, D.: Innovation durch Teamarbeit, Stuttgart 2004

458 Vgl. Witt, J.: Kreativität und Innovation, Hamburg 2010, S. 9; Pohl, M., Witt, J.: Innovative Teamarbeit…a.a.O., S. 85

459 Vgl. Bamberg, E., Dettmers, J., Marggraf-Micheel, C., Stremming, S.: Innovationen in Organisationen – der Kunde als König?, Göttingen/Bern u.a. 2009, S. 25

460 Vgl. ebenda, S. 85-132; vgl. Rahn, H.J.: Techniken geistiger Arbeit…a.a.O., S. 91-101

461 Vgl. ebenda, S. 133-138

Bei der Einführung von Innovationen kann es bei den Betroffenen psychologische Probleme geben, z.B. das Beharrungsvermögen auf bisher Gegebenem, das sich bis zum offenen Widerstand entwickeln kann. Ursachen für die fehlende Akzeptanz neuer Ideen können beispielsweise in Unkenntnis, Geltungsstreben, Kollision mit persönlichen Interessen, Unsicherheit bzw. Angst vor Veränderungen, Überforderung, Verstoß gegen Gruppenziele bzw. Desinteresse, Bequemlichkeit, Gewohnheit bzw. in zeitlicher Überforderung liegen. Hier unterbreiten *Witt* und *Pohl* viele interessante Vorschläge zu Bewältigung dieser Probleme und unterbreiten Vorschläge zur innovativen Mitarbeiterführung.[462]

3.2 Maßnahmen der Teamentwicklung

In Wissenschaft und Praxis sind zahlreiche Interventionen entwickelt worden, um das Gelingen von Gruppen- und Teamarbeit zu fördern und zu unterstützen. Dazu zählen auch aktive Maßnahmen der Teamentwicklung, die eine immer größere Verbreitung erfahren.[463] Es geht hier um Maßnahmen zur Entwicklung einer Gruppe, die an einer gemeinsamen Aufgabe arbeiten. Übergeordnete Ziele dieser Maßnahmen sind die Steigerung der Teamleistung und der Arbeitszufriedenheit. Die konkrete Zielsetzung richtet sich nach der aktuellen Problemlage der Gruppe. Die Teamentwicklung besteht aus mehreren Phasen und wird in der Regel von einem Moderator gesteuert.[464] Dieses Konzept basiert auf der Positiven Psychologie als relativ junge Teilwissenschaft der Psychologie.

(a) Positive Psychologie

Die Positive Psychologie wird als positive Leadership immer dann gelebt, wenn der einzelne Mitarbeiter in Organisationen als Mensch zur Geltung kommt, wenn er sich als Ganzes angenommen weiß, sich als Persönlichkeit entfalten darf und sich in seiner Organisation zu Hause fühlt. Diese Forschungsrichtung wurde von dem amerikanischen Psychologen *Martin Seligman*[465] begründet, der die gewünschten Ergebnisse der Positiven Psychologie insbesondere in Glück und Wohlbefinden sieht.[466] Dabei ist das Gute vor dem Hintergrund einer Ethik der Nächstenliebe bzw. des Verzichts auf Gewalt zu mehren mit dem Ziel, für die Menschen bessere Lebensbedingungen zu schaffen.

Die Positive Psychologie beruht darauf, dass die an der Arbeit beteiligten Menschen ihre eigenen Talente und Stärken kennen und sie optimal einsetzen können. Dabei

---

462 Vgl. ebenda, S. 139-151

463 Vgl. Stumpf, S., Thomas, A. (Hrsg.): Teamarbeit und Teamentwicklung, Göttingen, Bern u.a. 2003

464 Vgl. Creusen, U., Eschemann, N.R, Kellner, R.: Positive Psychologie in der Führung, Hamburg 2011, S. 9 f.

465 Vgl. Seligman, M.E.P.: Der Glücks-Faktor. Warum Optimisten länger leben, 4. Aufl., Bergisch-Gladbach 2008, S. 409

466 Vgl. Creusen, U., Eschemann, N.R., Kellner, R.: Positive Psychologie…a.a.O., S. 51-62

sollte die Arbeit den Fähigkeiten der Mitarbeiter so gut entsprechen, dass sie oft in einen Zustand gleiten, der als Flow (Glück) bezeichnet wird. Menschen mit Flow sind so in das eigene Tun vertieft, dass die Zeit wie im Fluge vergeht.
Das sind Momente, in denen Konzentration, Können und Begeisterung zusammen fließen und damit persönliches Glück und Wachstum hervorrufen. Außerdem muss die Arbeit Sinn vermitteln, d.h. die Menschen müssen bei ihrer Arbeit die Unternehmensziele und ihre persönlichen Ziele in Einklang bringen können.
Im Sinne des positiven Leadership-Ansatzes können diese drei Säulen zu einem Höchstmaß an persönlicher Zufriedenheit und – bezogen auf die Arbeit – zu Höchstleitungen führen. Um Menschen zu Höchstleistungen zu bringen, wurde in der betrieblichen Praxis (Globus SB-Warenhaus Holding) talent- und stärkenorientiertes Teamcoaching durchgeführt.[467]

(b) Teamentwicklung

Um das Verhalten von Teams zu ergründen, werden in der Gruppenpsychologie Verfahren der Teamdiagnose[468] eingesetzt, z.B. Verhaltensbeobachtungen und gezielter Einsatz von Fragebögen. Maßnahmen der Teamentwicklung[469] gehören heute zum Standardrepertoire der Personalentwicklung,[470] um die Organisationsziele zu erreichen. Es können folgende Regeln für das Vorgehen bei einer erfolgreichen Teamentwicklung aufgestellt werden:[471]

- Der Teamleiter soll dem Team eine motivierende Aufgabe stellen!
- Stellen Sie als Vorgesetzter Druck und Anforderungen von außen sicher, z.B. Wettbewerb bzw. Kostendruck!
- Wählen Sie innovative Teammitglieder aus!
- Achten Sie darauf, dass die Teammitglieder unterschiedliche Fähigkeiten mitbringen!
- Belohnen Sie Innovationen durch Anreize und Belohnungen!
- Schaffen Sie ein Klima des Lernens!
- Schaffen Sie ein Klima für Innovation!
- Achten Sie darauf, dass sich eine Norm für Innovationen etabliert! (immer wieder neue Versuche starten)
- Ermutigen Sie zu Pausen, zum Hinterfragen der Ziele und zur Diskussion!
- Schaffen Sie Klarheit über die Rolle der Teamleitung!
- Bearbeiten Sie Meinungsverschiedenheiten konstruktiv!
- Bauen Sie Brücken zu anderen Teams!

Der Vorgesetzte sollte herausfordernde Aufgaben stellen, die gemeinsamen Ziele genau beschreiben, gute Voraussetzungen für die Information und Kommunikation zwischen den Teammitgliedern schaffen, grundsätzliche Verhaltensrichtlinien klären

---

467 Vgl. ebenda, S. 63-99

468 Vgl. Kauffeld, S.: Teamdiagnose…a.a.O., S. 49 ff.

469 Vgl. Schäffner, L., Bahrenburg, I.: Kompetenzorientierte Teamentwicklung, Münster 2010

470 Vgl. Kapitel 7.7 dieser Arbeit

471 Vgl. Dick, R., West, M.A.: Teamwork, Teamdiagnose, Teamentwicklung, Göttingen 2005, S. 58 ff.

und Anstrengungen durch ein Belohnungssystem fördern. Auch die Anwendung gruppendynamischer Übungen und Techniken[472] kann für die Teamentwicklung sehr hilfreich sein.

(c) Phasen der Gruppenentwicklung

Die interne Entwicklung eines Teams wird in der Literatur überwiegend in Phasenmodellen[473] beschrieben.[474] Der amerikanische Forscher B.W. Tuckman hat auf der Grundlage einer umfassenden Auswertung ihm vorliegender Studien folgende Phasen der Gruppenentwicklung dargestellt:[475]

• Die Forming-Phase als Phase der Orientierung, in der die Teammitglieder das erste Mal zusammenkommen. Diese erste Phase ist durch Unsicherheit und durch ein erstes Kennenlernen geprägt. Die Gruppenmitglieder definieren ihre Aufgaben und müssen erst ihre Rollen finden (in „Form" bringen).

• Die Storming-Phase als Konfrontationsphase, in der es aufgrund von Unklarheiten über Rollen und Aufgaben der Mitglieder, aber auch mit dem Teamleiter zu Konflikten kommen kann. Es kommt zu Machtkämpfen, die die Gruppe zerfallenlassen können (Stürmische Phase).

• Die Norming-Phase als Kooperationsphase, in der die Gruppe eine solide Basis findet, weil das Team zunehmend zusammenfindet. Das Team legt Regeln fest (Regel-Phase) und definiert Rollen. Ideen bzw. Gedanken werden nun offen ausgetaucht und man unterstützt sich im Team gegenseitig.

• Die Performing-Phase als Hauptarbeitsphase, in der die gesamte Teamenergie in die Bewältigung der anstehenden Aufgaben fließt (Ausführungsphase). Aufgrund hoher Gruppenkohäsion arbeitet die Gruppe auf dem Höhepunkt ihrer Fähigkeiten und es sind sogar Spitzenleistungen möglich.

• Die Adjourning-Phase durchlaufen nur vorübergehende Teams (Phase der Vertagung). Sie bezeichnet die Auflösung des Teams, welche ganz verschiedene Gründe haben kann, z.B. gibt es organisatorische Veränderungen oder ernsthafte Probleme in der Gruppe.

Diese Aufteilung in Phasen der Gruppenentwicklung ist eine grob vereinfachende Beschreibung. Insbesondere neu zusammengesetzte Teams brauchen in der Praxis noch eine gewisse Zeit, bis sie wirklich effektiv zusammenarbeiten.

---

472 Vgl. Antons, K.: Praxis der Gruppendynamik. Übungen und Techniken, 9. Aufl., Göttingen, Bern u.a. 2011

473 Vgl. Creusen, N.U., Eschemann, N.R., Kellner, R.: Positive Psychologie…a.a.O., S. 40-49

474 Vgl. Wiendieck, G.: Teamarbeit, in: Handwörterbuch der Organisation, Hrsg. E. Frese, 3. Aufl., Stuttgart 1992, Sp. 2378

475 Vgl. Creusen, N.U., Eschemann, N.R., Kellner, R.: Positive Psychologie…a.a.O., S. 40 f.; vgl. Staehle, W.H.: Management…a.a.O., S. 281

(d) Ebenen des Problemlösungsprozesses in Gruppen

Die professionelle psychologische Steuerung von Gruppen durch einen Leiter basiert auf Vertrauen und geschieht auf den folgenden vier Ebenen des Problemlösungsprozesses:

- Die psychosoziale Ebene, bei der der Leiter der Gruppe straff oder konsequent führt[476], damit die Gruppe zum Erfolg kommt. Er hält sich aus der inhaltlichen Arbeit der Gruppe heraus und zeigt sich als Erfüllungsgehilfe des Willens der Gruppe. Vor einer Mehrheitsabstimmung holt er das Einverständnis der Gruppe ein und er aktiviert alle Teilnehmer. Ziele werden im Konsens vereinbart. Da Menschen in ihrer Art verschieden sind, ist die Rollendifferenzierung zu beachten. Gemeinsame Normen der Gruppe sind zu beachten. Mitgliedschaft und Verantwortung in der Gruppe sind klar zu definieren. Die Kommunikation sollte offen und vielfältig sein.[477]
- Die strukturelle Ebene, bei der nach der Definition der Ausgangslage bzw. des gegebenen Problems das Ziel zu klären ist. Dann sind Lösungsvorschläge der Gruppe ohne Bewertung und Kritik zu sammeln. Dann ist darüber zu entscheiden, welcher Lösungsvorschlag favorisiert wird. Abschließend ist ein Aktionsplan zu entwickeln. Die Konflikte sind dabei strukturell aufzulösen in die einfache, mittelschwere und die wirklich schwierige Situation.[478]
- Die methodische Ebene, bei der den einzelnen strukturellen Ebenen Methoden zugeordnet werden, mit denen die Probleme gelöst werden sollen. Im Rahmen der Ausgangslage wird z.B. geklärt, was kein Problem ist. Problemfelder lassen sich mit der Pinnwandmethode bzw. mit Mind Mapping bewältigen. Die Ermittlung des Zieles der Sitzung („Was wollen wir erreichen?") erfordert Einstimmigkeit und sachgerechtes Arbeiten. Auf der Eebene des Sammelns von Ideen können Brainstorming, Brainwriting, Matrix bzw. Morphologie eingesetzt werden. In der Entscheidungsphase kann die Nutzwertanalyse Anwendung finden. Zur Erstellung eines Aktionsplans kann die GANTT-Chart eingesetzt werden.[479]
- Die inhaltliche Ebene, bei der folgende Schritte vorzubereiten sind: Zunächst sind die vorläufigen Ziele der Sitzung auszuarbeiten, dann sind Inhalte und Zeit zu planen. Die einzelnen Teilnehmer sind zusammenzustellen, rechtzeitig zu informieren und einzuladen. Außerdem ist das nötig Arbeitsmaterial zu beschaffen, z.B. Flipchart, Stifte Pinnwände, Nadeln, Kärtchen, Klebepunkte, Laptop und Beamer.[480]

---

476 Vgl. Oetting, M.: Erfolgsfaktor Problemlösung, Hamburg 2016, S. 11

477 Vgl. ebenda, S. 22-40

478 Vgl. ebenda, S. 41-53

479 Vgl. ebenda, S. 55-106

480 Vgl. ebenda, S. 107-114

3.3 Erfolgreiche Teamführung

Wenn eine Gruppe als Team Erfolg haben soll, dann muss es von ihrem Leiter entsprechend geführt werden. Die Gruppenführung ist traditionell ein Gegenstand interdisziplinärer Forschung.[481] Teamführung wird in Unternehmen, Hochschulen, Schulen, Behörden, Haushalten und bei anderen Organisationen (z.B. Militär, Sport) durchgeführt. Es wird auch von Gruppenmanagement[482] und Teammanagement[483] gesprochen. In dem Maße, wie Organisationen teamorientiert aufgebaut werden, sind auch die Teams zu führen. Darauf sind viele Führungskräfte aber nicht ausreichend vorbereitet.[484]

(a) Erfolg eines Teams

Die Teamführung ist aus der Sicht eines Teamleiters die Beeinflussung eines Teams bzw. deren einzelner Mitglieder[485], die unter Berücksichtigung der jeweiligen Situation bzw. der Führungsziele und unter Einsatz von Führungsinstrumenten auf einen gemeinsam zu erzielenden Teamerfolg hin ausgerichtet ist. Nach *Neuberger* hat der Führungserfolg in der Wissenschaft vergleichsweise wenig theoretische und empirische Beachtung gefunden.[486] Der Teamerfolg kommt in der Führungspraxis vor als:

- Teamleistungserfolg, der das sachliche Ergebnis offenlegt, das durch die gemeinsamen Aktivitäten des Teams bzw. des Teamleiters erreicht wird. Er ist mitunter relativ einfach messbar, indem die Erfüllung der Leistungsziele (Soll-Werte) geprüft wird.
- Teamerhaltungserfolg, der sich im Zusammenhalt der Gruppenmitglieder zeigt, z.B. wenn sie sich gegenseitig helfen. Durch dieses Verhalten kann das Fortbestehen des Teams gesichert werden, z.B. durch weniger Fehlzeiten.
- Zufriedenheitserfolg , der sich aus dem Grad der Arbeitszufriedenheit des einzelnen Gruppenmitglieds ergibt. Die Erfüllung der Zufriedenheitsziele lässt sich durch Beobachtung bzw. Befragung ermitteln.

Der Erfolg der Teamführung hängt ab von:

---

481 Vgl. Bastine, R.: Gruppenführung, in: Handbuch der Psychologie, Bd. VII, Hrsg. C.F. Graumann, 2. Halbband, Göttingen 1972, S. 1654-1709; vgl. Rosenstiel, L.v., Nerdinger, F.W.: Grundlagen…a.a.O., S. 324 ff.; vgl. Sader, M.: Psychologie der Gruppe…a.a.O., vgl. Wegge, J.: Führung von Arbeitsgruppen… a.a.O., S. 126 ff.; vgl. Gebert, D.: Gruppengröße und Führung, in: Handwörterbuch der Führung, Hrsg. A. Kieser, G. Reber, R. Wunderer, 2. Aufl., Stuttgart 1995, Sp. 1138 ff.; vgl. Mellerowicz, K.: Sozialorientierte Unternehmensführung, 2. Aufl., Freiburg 1976, S. 306 ff.; vgl. Rahn, H.J.: Unternehmensführung…a.a.O., S. 194 ff.; vgl. ders.: Personalführung…a.a.O., S. 5 f.; vgl. ders.: Erfolgreiche Teamführung…a.a.O.; vgl. Ulrich, H.: Die Unternehmung als produktives soziales System, 2. Aufl., Bern/Stuttgart 1970, S. 251

482 Vgl. Jung, H.: Personalwirtschaft…a.a.O., S. 483 ff.

483 Vgl. Gemünden, H.G., Högl, M. (Hrsg.): Management von Teams, 3. Aufl., Wiesbaden 2005; vgl. Belbin, R.M.: Management Teams, 2nd. ed. Oxford 2003

484 Vgl. Weinert, A.B.: Organisations- und Personalpsychologie…a.a.O., S. 515

485 Neuberger spricht von den Geführten: Neuberger, O.: Führen und führen lassen…a.a.O., S. 42 ff.

486 Vgl. ebenda, S. 434

- Der Persönlichkeit[487] des Vorgesetzten, die sich in der Individualstruktur einer Führungskraft zeigt, z.B. durch die Verwirklichung der personalen Identität , den Charakter und das eigenständige Verhalten.
- Den Führungsinstrumenten, die von der Führungskraft eingesetzt werden, z.B. Führungsstile (z.B. fördernder Stil), Führungsmittel (z.B. Anreize) und Führungstechniken (z.B. Informationstechnik).
- Den Teammitgliedern, deren Merkmale und Verhaltensweisen die Art der Führung erheblich beeinflussen, z.B. Motive, Fertigkeiten, Erwartungen, Erfahrungen, Rollenmerkmale, Antriebe, Engagement und Gesundheit.
- Dem Team, dessen Struktur sich als Ganzes auf die Teamführung auswirkt, z.B. die Gruppenaufgabe, die Gruppengröße und Kommunikation, die Gruppenkohäsion und die Gruppenzusammensetzung.
- Der Teamsituation, welche durch die Privatsituation (z.B. Familie, Freunde, Bekannte) und die Geschäftssituation geprägt wird, z.B. die Arbeits- bzw. Gesamtsituation (z.B. Krise) und die Umfeldsituation (z.B. Klima).
- Der Erfüllung der Führungsziele, welche aus Leistungs-, Erhaltungs- und Zufriedenheitszielen bestehen.

(b) Arten der Teammitglieder und Teams

Zur Erfassung von Gruppenstrukturen bietet sich das Soziogramm an, das die bevorzugten sozialen Kontakte zwischen den Teammitgliedern einer informellen Gruppe in graphischer Weise aufzeichnet.[488] Als psychologische Gruppenstudien der Gruppenforschung sind die Hawthorne-Studien, Norton-Street-Gang-Untersuchungen, Ferienlager-Studien, Schulversager-Untersuchungen, Teamrollen-Untersuchungen und die neuere Gruppenforschung zu nennen.[489]

Es sind als Teammitglieder beispielhaft zu unterscheiden:[490]

- Gruppenstars, die als informelle Führer im Team beliebt sind
- Leistungsstarke, die Bereitschaft und große Fähigkeiten haben
- Problembeladene, die private Sorgen haben (Trauer, Unfall)
- Intriganten, die heimtückische Typen sind („Radfahrer“)
- Freche, z.B. Querulanten, Angeber, unbeherrschte Typen
- Drückeberger, die ihre Leistungsreserven nicht nutzen wollen
- Frohnaturen, die gesellige Menschen sind und gerne lachen
- Ehrgeizlinge, die als Streber übertrieben ehrgeizig sind
- Schüchterne, die stark introvertiert und zu zurückhaltend sind
- Gruppenclowns, die als Spaßvögel manches Durcheinander bringen
- Ausgleichende, die als Schlichter bei Streitigkeiten vermitteln
- Außenseiter, die als schwarze Schafe in der Gruppe abgelehnt werden

---

487 Vgl. Kapitel 2 dieser Arbeit

488 Vgl. Moreno, J.L.: Die Grundlagen der Soziometrie, Köln u.a. 1954; vgl. Rahn, H.J.: Erfolgreiche Teamführung…a.a.O., S. 24-30

489 Vgl. Rahn, H.J.: Erfolgreiche Teamführung…a.a.O., S. 31-47

490 Vgl. ebenda, S. 55 ff.; vgl. Olfert, K.: Personalwirtschaft…a.a.O., S. 259

• Neulinge, die noch nicht integriert sind.
Von den einzelnen Mitarbeitern sind verschiedene Teams als Ganzes zu unterscheiden. Aus der Praxis ergeben sich beispielsweise folgende Gruppenstrukturen:[491]
• Leistungsstarke Teams mit vielen verantwortungsfähigen Typen
• Leistungsschwache Teams, z.B. mit Drückebergern, Kranken
• Unruhige Teams, z.B. mit sehr Extravertierten, nervösen Typen
• Chaotengruppen, z.B. mit Rädelsführer und arbeitsscheuen Typen
• Problembeladene Teams, z.B. mit Sterbefällen, Scheidungen
• Stille Teams, z.B. Introvertierte, Schüchterne, zurückhaltende Typen
• Neue Gruppen, z.B. neu in eine Organisation kommende Gruppen.
Jede dieser Gruppen hat mindestens einen informellen Führer und im Regelfall auch mind. einen Außenseiter. Als weitere Einzeltypen sind Ehrgeizling und Intrigant denkbar.
Zur erfolgreichen Beeinflussung der ganzen Teams bzw. einzelner Gruppenmitglieder wurden spezielle Modelle und gruppenorientierte Führungsstile[492] entwickelt, z.B. ermutigender, anspornender, wertschätzender, bremsender, integrierender und fördernder Stil.[493]

(c) Führung von Teammitgliedern

Personenbezogene[494] Teamführung ist in modellhafter Sicht die Beeinflussung von Teams bzw. deren einzelner Mitglieder, die unter Einsatz von Führungsinstrumenten – und unter Einbeziehung der Führungsziele bzw. der Situation – auf einen gemeinsam zu erzielenden Erfolg ausgerichtet ist. Aus dieser Definition lässt sich das folgende Modell ableiten (Abb. 13):[495]

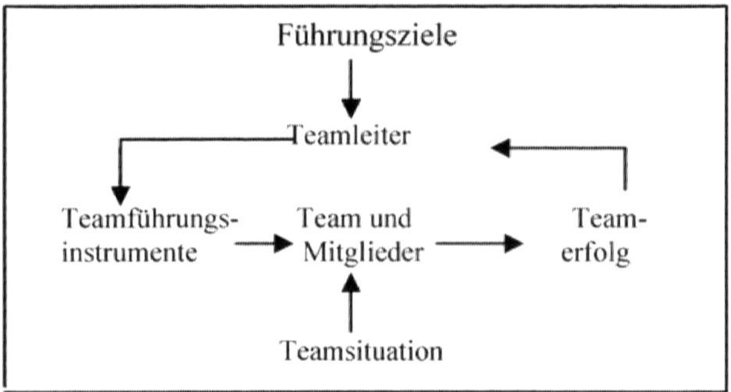

Abb. 13: Modell zur Teamführung

---

491 Vgl. ebenda, S. 56 f.
492 Vgl. ebenda, S. 49-60
493 Diese Führungsstile gelten auch für Projektgruppen (vgl. erstes Kapitel, Punkt 1.11c)
494 Vgl. Rahn, H.J.: Erfolgreiche Teamführung…a.a.O., S. 49-60
495 Vgl. dazu die Ausführungen zu dem Führungsmodell von Abb. 4 dieser Arbeit

Der formelle Gruppenführer sollte als Teamleiter und Vorgesetzter in sachlicher und menschlicher Hinsicht der Kristallisationspunkt des Gruppenlebens sein. Er darf sich nicht absondern und die Gruppe nicht über- oder unterfordern. Bevorzugungen oder Benachteiligungen bestimmter Teammitglieder sind zu vermeiden. Insbesondere hat er den störenden Kräften entgegenzuwirken, beispielsweise den Rädelsführern, Egoisten, Streitsüchtigen, Besserwissern. Also muss der Chef Streitigkeiten beschwichtigen und Interessenkonflikte bereinigen. Zur Führung von Gruppen hat die Personalpsychologie Leitlinien ermittelt.[496]

Zu den Teamführungsinstrumenten zählt vor allem der Führungsstil als langfristig relativ stabiles, Verhaltensmuster[497] eines Teamleiters. Er zeigt die Grundhaltung, wie ein Vorgesetzter sein Team führt. Es sind folgende Gruppenorientierte Führungsstile zu unterscheiden:[498]

• Der fördernde Führungsstil, der ein Verhaltensmuster des Teamleiters umfasst, das informelle Gruppenführer, leistungsstarke Mitglieder und leistungsstarke Teams über Anreize dazu bringt, die bisherigen Leistungen weiterhin zu erbringen zw. zu steigern. So wird z.B. durch Gruppenlob der Zusammenhalt bestärkt.

• Der bremsende Führungsstil, der dazu dient, zu lebhafte Teams (z.B. Chaoten) bzw. freche Gruppenmitglieder bzw. Clowns, Intriganten und Ehrgeizlinge in ihre Schranken zu verweisen. Sie sind mit gütiger Strenge rechtzeitig auf ihre Leistungsziele hinzusteuern, bevor ihr Verhalten ausufert oder außer Kontrolle gerät.

• Der anspornende Führungsstil, der alle Führungsmaßnahmen umfasst, die Gruppenmitglieder mit Leistungsreserven betreffen. Drückeberger[499] sind zu fordern, damit sie aus ihrer Leistungsreserve gelockt werden. Auch leistungsschwache Teams bzw. Gruppen mit Leistungsreserven sind anzuspornen.

• Der ermutigende Führungsstil, der geeignet ist, das Verhalten zu schüchterner oder problembeladener Gruppenmitglieder auf den Leistungspfad zu bringen. Dieser Stil gilt auch für zu stille und mit Problemen beladene Teams als Ganzes.

• Der wertschätzende Führungsstil, der dazu dient, Frohnaturen und ausgleichende Menschen in der Gruppe durch Anerkennung ihrer Gruppenbeiträge und durch Würdigung ihrer Gruppenerhaltungsrollen in ihrem Verhalten zu bestärken.

• Der integrierende Führungsstil, der geeignet ist, Neulinge und Außenseiter näher an die Gruppe heranzuführen, damit sie sich in die Gruppe einfinden und mit ihren Aktivitäten in die Gruppe einbezogen werden. Dieser Stil gilt auch für neue Gruppen als Ganzes, die in eine Organisation einzugliedern sind.

Jeder Teamleiter sollte seine eigene Wesensart bzw. sein Verhalten kennen und richtig einschätzen. Mur wer seine eigene Persönlichkeit kennt, kann bei Führungs-

---

496 Vgl. Kleinbeck, U.: Das Management von Arbeitsgruppen, in: Lehrbuch der Personalpsychlogie, Hrsg. H. Schuler, 2. Aufl., Göttingen/Bern u.a. 2006, S. 662

497 Vgl. Staehle, W.H.: Management…a.a.O., S. 334; vgl.Olfert, K., Rahn, H.J.: Lexikon…a.a.O., Nr. 344

498 Vgl. Rahn, H.J.: Erfolgreiche Teamführung…a.a.O., S. 61-129

499 Vgl. Rosenstiel, L.v.: Führung bei Leistungszurückhaltung, in: Handwörterbuch der Führung, Hrsg. A. Kieser, G. Reber, R. Wunderer, 2. Aufl., Stuttgart 1995, Sp. 1431-1442

fehlern Veränderungen seiner Grundhaltung herbeiführen. Dazu dienen die Führungsanalyse[500] und gruppendynamische Seminare, bei der sich der Teamleiter die folgenden Fragen stellt, die bereits oben diskutiert wurden: „*Wie bin ich? Wie verhalte ich mich? Wie wirke ich?*"

Bei der Anwendung der obigen Aussagen sollten deren Grenzen nicht verkannt werden. Vor allem *Oswald Neuberger* hat immer wieder eindringlich darauf hingewiesen, dass das Führungsgeschehen keinesfalls einfach durchschaubar, klar abzubilden und leicht zu beherrschen ist.[501] Bei aller Würdigung der großen methodischen Bedeutung modellhafter Darstellungen von Gruppenführung darf nicht vergessen werden, dass es für die erfolgreiche Führung keine Patentrezepte gibt. Jeder praktizierenden Führungskraft ist bewusst, wie unberechenbar Menschen oft sind bzw. komplexe und undurchschaubare Verhältnisse die Führung und das Handeln überaus schwierig machen.

[500] Vgl. ebenda, S. 86-88

[501] Vgl. Neuberger, O.: Führen und führen lassen…a.a.O., S. 670

4. MOTIVATIONSPSYCHOLOGIE

Die Motivationspsychologie ist ein eigenständiges Teilgebiet der Psychologie, das die Aufgabe hat, Ursachen und Beweggründe menschlichen Handeln herauszufinden und zu beschreiben.[502] Sie umfasst den Teil der Psychologie, der sich mit den Motiven des Geführten und den Anreizen durch Führungskräfte auseinandersetzt, wobei intrinsische (z.B. Spass) und extrinsische Anreize[503] (z.B. Belohnungen) zu unterscheiden sind. Zur regelgeleiteten Feststellung inter- und intraindividueller Motivationsunterschiede dient das Verfahren der Motivationsdiagnose.[504]
Die Motivation[505] von Mitarbeitern ist heute einer der entscheidenden Erfolgsfaktoren.[506] Nur motivierte Mitarbeiter sind dazu bereit, sich lebenslang Wissen neu anzueignen, effizient anzuwenden und mit anderen zu teilen.[507] Spezielle Themen der Motivationspsychologie sind beispielsweise die Leistungsmotivation, die Macht, das Coaching und die Motivation durch Zielvereinbarung. Zur Motivationspsychologie hat die Führungspsychologie besondere Bezugsfelder bzw. thematische Schnittmengen, auf die im folgenden Teil einzugehen ist.

4.1 Motivation und Führung

Die Motivation von Menschen kann als ein Prozess gesehen werden, in dem Anreize auf Motive wirken und zu einem Verhalten des Menschen führen. Wird Führung als die Beeinflussung von Menschen verstanden[508], so ist die Motivation von Mitarbeitern eine ganz bedeutende Führungsaufgabe[509], denn Mitarbeiter sollen so beeinflusst werden, dass sie möglichst optimale Leistungen erbringen, ein angemessenes Verhalten zeigen und auch Zufriedenheit mit ihrer Arbeit erreichen. Motivation erklärt die Richtung, die Intensität und die Ausdauer des menschlichen Verhaltens.[510]

---

502 Vgl. Rudolph, U.: Motivationspsychologie, Weinheim 2003

503 Vgl. Berthel, J., Becker, F.G.: Personalmanagement…a.a.O., S. 81

504 Vgl. Rheinberg, F.: Motivationsdiagnose, Göttingen/Bern u.a. 2004

505 Vgl. ders: Motivation, 5. Aufl., Stuttgart 2004, S. 11

506 Vgl. Nerdinger, F.W.: Motivation von Mitarbeitern, Göttingen, Bern u.a. 2003

507 Vgl. Scheffer, D., Kuhl, J.: Erfolgreich motivieren, Göttingen, Bern u.a. 2006

508 Vgl. S.1 dieser Arbeit; vgl. Neuberger, O.: Führen und führen lassen, 6. Aufl., Stuttgart 2002, S. 2 f.

509 Vgl. Nerdinger, F.W.: Motivation, in: Handwörterbuch der Unternehmensführung und Organisation, Hrsg. G. Schreyögg, A.v. Werder, 4. Aufl., Stuttgart 2004, Sp. 905-914, insbesondere Sp. 911; vgl. Rosenstiel, L.v.: Motivation im Betrieb, 11. Aufl., Leonberg 2010

510 Vgl. Nerdinger, F.W.: Motivierung, in: Lehrbuch der Personalpsychologie, Hrsg. H. Schuler, 2. Aufl., Göttingen, Bern u.a. 2006, S. 385-407

(a) Innere und äußere Motivation

In der Motivationspsychologie wird zwischen Motiv und Motivation unterschieden, wobei der Begriff Motiv (Bedürfnis) eine zeitlich relativ überdauernde psychische Disposition bezeichnet. Motive bilden ein relativ stabiles, kognitives, affektives und wertgerichtetes Teilsystem der Person. Die Motive sind zum Teil angeboren oder reifen nach einer Gesetzlichkeit oder sie werden im Zuge der Sozialisation entwickelt.

Die Motivation umfasst alle Gegebenheiten im Menschen und im Umfeld des Menschen, die ihn zu einem bestimmten Verhalten bewegen.[511] Sie entsteht dann, wenn eine Person mit Anregungsbedingungen der umgebenden Situation konfrontiert wird, die in ihre ganz bestimmte Motive aktivieren, die wiederum Verhaltensintentionen auslösen.[512] Das Wort Motivation kommt aus dem lateinischen Wort movere, d.h. „bewegen".[513]

Motivation ist nicht mit Manipulation zu verwechseln, denn das ist der geglückte Versuch, bewusst und zum eigenen Vorteil das Erleben und Verhalten anderer Personen zu beeinflussen, ohne dass diesen die Art und Weise dieses Einflusses durchschaubar oder auch nur bewusst wird.[514] Als Arten der Motivation sind zu unterscheiden:[515]

• Die innere Motivation, z.B. von in der Person liegenden Motiven, wie Lern-, Leistungs-, Geld- und Kompetenzmotive. Sie kann beim Menschen über die Einstellung, den Willen und über die persönlichen Ziele gesteuert werden.[516]

• Die äußere Motivation, z.B. über Arbeits-, Ermunterungs-, Verwirklichungs-, Aufstiegs-, Entwicklungs-, Entgelt-, Status- und Sozialleistungsanreize. Sie stellen für den Menschen Anregungen dar und beeinflussen unser Verhalten. Die Anreize zählen zu den Führungsinstrumenten einer Führungskraft.

Es ist mitunter schwierig feststellbar, ob sich die Motivation einer Person aus sich selbst heraus entwickelt oder ob sie aus seiner Umwelt ausgelöst wurde. Eine innere Motivation ist im Regelfall anhaltender als eine nur von außen gesteuerte Motivation. Der Motivationsablauf vollzieht sich in folgenden fünf Schritten:

• Ein Bedürfnis entsteht, z.B. durch das Empfinden eines Mangels: der Wunsch, eine Pause zu machen

• Dann baut sich eine Bedürfnisspannung auf: man kann die Pause kaum erwarten

• Energien werden frei und erzeugen eine bestimmte Aktivität, z.B. einen Kaffee holen

---

511 Vgl. Olfert, K., Rahn, H.J. , Zschenderlein, O.: Lexikon der Betriebswirtschaftslehre…a.a.O., Nr. 644

512 Vgl. Rosenstiel, L.v., Nerdinger, F.W.: Grundlagen der Organisationspsychologie, 7. Aufl., Stuttgart 2011, S. 238

513 Vgl. Zimbardo, P.G, Gerrig, R.J.: Psychologie…a.a.O., S. 414

514 Vgl. ebenda, S. 300; vgl. zu den Techniken der Manipulation Stroebe, R.W.: Motivation…a.a.O., S. 27

515 Vgl. Olfert, K., Rahn, H.J., Zschenderlein, O.: Lexikon…a.a.O., Nr. 644

516 Vgl. dazu Kapitel 4.5 Selbstmotivation

• Während das Bedürfnis befriedigt wird, baut sich die Spannung ab, z.B. durch die Erholung

• Nach einiger Zeit anstrengender Arbeit entsteht das Bedürfnis nach Pause erneut: Prozesswiederholung.

Die Ursache für unser Verhalten ist in unbefriedigten Bedürfnissen oder in einem nicht erfüllten Wert zu suchen. Daraus lässt sich folgern: Nur Bedürfnisse, die nicht voll befriedigt sind, können motivieren, vorausgesetzt, dass die reale Chance besteht, diese zu befriedigen. Andererseits gilt: Bedürfnisse, die befriedigt sind, motivieren so lange nicht mehr, bis sie von neuem entstehen und/oder die nächst höhere Bedürfnisklasse aktivieren, die dann verhaltenswirksam wird.[517]

(b) Motivationsprobleme

Die Motivation ist eng mit der Führung von Mitarbeitern durch Vorgesetzte verbunden und kann als Führungsaufgabe gesehen werden.[518] Es kann sehr schwer sein, zu führen und zu motivieren, wenn Leistungsmotivation und Verantwortungsbewusstsein des zu Führenden wünschen übrig lassen.[519] Wann liegt ein Motivationsproblem vor?

Ein Problem ist dann geben, wenn ein Ist-Zustand von einem Soll-Zustand negativ abweicht. Ein Motivationsproblem ist beispielsweise dann gegeben, wenn sich Menschen nicht freiwillig engagieren, selbst desinteressiert sind bzw. sich inkonsistent verhalten, z.B. einmal sehr freundlich, aber auch kritisch. Auch können sie unter- oder übermotiviert sein. Es können Ängste vor einer Leistungsanforderung entstehen, denn wird sie nicht erfüllt, schämt und ärgert sich der Mitarbeiter; die Folge kann Hoffnungslosigkeit sein, welche geringes Sachinteresse mit sich bringt und die Tendenz entsteht, Anstrengungen eher zu vermeiden.[520]

Nicht optimale Motivation liegt vor bei:

• Resignativer Arbeitszufriedenheit („*Ich kann hier doch nichts bewegen!*"), d.h. Menschen dieser Gruppe haben an ihren beruflichen Erfolg und an ihre Tätigkeit nie allzu große Ansprüche gestellt und sind deshalb mit dem von ihnen Erreichten relativ zufrieden. Sie sind nicht besonders ehrgeizig und nehmen ihre Stärken und Schwächen realistisch wahr.

• Pseudo-Arbeitszufriedenheit mit der Reaktion: „*Ich kann eigentlich nicht klagen, denn ich habe meinen Arbeitsplatz und einen Firmenwagen!*". Tatsächlich aber leiden diese Menschen unter der schleichenden Befürchtung, dass viele für ihr Leben wichtige Entscheidungen möglicherweise falsch waren. Einige suchen nach geeigneten Sündenböcken, denen sie die Schuld für zu hoch gesteckt Ziele geben.

• Negativ fixierte Arbeitsunzufriedenheit mit der Reaktion: „*Was ist das bloß für ein Laden? Wieso ändert das keiner?*" Zu dieser Gruppe zählen Menschen, die unter dem

---

517 Vgl. Stroebe, R.W.: Motivation und Management des Wandels, 10. Aufl., Hamburg 2012, S. 33-44

518 Vgl. Reber, G.: Motivation als Führungsaufgabe, in: Handwörterbuch der Führung, Hrsg. A. Kieser, G. Reber, R. Wunderer, 2. Aufl., Stuttgart 1995, Sp. 1590-1608

519 Vgl. Stroebe, R.W.: Motivation…a.a.O., S. 9-32

520 Vgl. ebenda, S. 45 f.

Gefühl leiden, dass sowieso alles zu spät ist, dass bestimmte Gelegenheiten für immer verpasst worden sind und die Zukunft für diese Menschen kaum noch etwas zu bieten hat.
Das Arbeitsleben hat sich in vielerlei Hinsicht aber gegenüber früher verändert, z.B. durch mehr Stress und/oder durch soziale Kälte. Heute wird bei den arbeitenden Menschen vor allem das Burn-out-Syndrom diskutiert, das man an folgenden Faktoren erkennen kann: Sozialer Rückzug früher gut integrierter Mitarbeiter: verändertes Verhalten zeigt sich in Reizbarkeit und Teilnahmslosigkeit, innerer Kündigung und sinkende Effektivität am Arbeitsplatz.
Jeder Vorgesetzte sollte motivierend führen, d.h. insbesondere mit freundlicher Konsequenz messbare, realistische Ziele vereinbaren[521] und reifegradspezifisch kontrollieren, eine freundliche Arbeitsatmosphäre schaffen und die Arbeitssituation verbessern. Dabei ist ständig zu prüfen, ob es den Mitarbeitern an Wissen und Können mangelt.[522]

(c) Motivationsanalyse und Motivationstherapie

Eine Motivationsanalyse besteht aus der Untersuchung motivationaler Gegebenheiten bei den Mitarbeitern und bei dem Vorgesetzten selbst. Zunächst ist die Aufnahme des Ist-Zustands der Motivation vorzunehmen, die in der Sammlung und Ordnung der bisher gegebenen Daten zur Motivation besteht (Abb. 14):

Motivationsanalyse	**Führungsansatz**
Weiß-nicht-Problem	Informationen geben
Kann-nicht-Problem	Training ansetzen
Darf-nicht-Problem	Systemänderung anstreben
Will-nicht-Problem	Motivieren

Abb. 14: Motivationsanalyse

Bei der Motivationsanalyse im Hinblick auf die Mitarbeiter bzw. hinsichtlich des Vorgesetzten bzw. hinsichtlich der gesamten Organisation können Checklisten hilfreich sein.[523]
Die Motivationstherapie[524] zeigt, mit welchen Verfahren Motivationsprobleme gelöst werden können. Dabei ergeben sich Motivationsmaßnahmen aus dem Reifegrad des Mitarbeiters, aus seinen persönlichen Werten und Zielen bzw. deren Zusammenhang mit denen der Organisation, aus dem aktuellen Bedürfnis des Mitarbeiters aus Ansporn oder Stabilitätsfaktoren und aus der Einstellung des

521 Vgl. Kapitel 4.4 dieser Arbeit
522 Vgl. Dazu auch die Regeln zur Motivation von Punkt (e) Management im Wandel
523 Vgl. Stroebe, R.W.: Motivation…a.a.O., S. 52 ff.
524 Vgl. ebenda, S. 55-74

Mitarbeiters. Danach ist zu klären, wie gut man als Vorgesetzter seine Mitarbeiter motiviert und wie gut man sich selbst in Zeiten des Wandels motiviert. Dabei werden Fragen aufgeworfen, die klar zu beantworten sind. Eine besondere Rolle spielen dabei die Werte der Mitarbeiter und die eigenen Werte des Vorgesetzten.[525]

(d) Motivationstheorien

Eine Motivationstheorie untersucht Zusammenhänge zwischen intrinsischer und extrinsischer Motivation und versucht dabei, Beschreibungen, Erklärungen und Prognosen für menschliches Erleben und Verhalten zu geben. Von den umfassenden Motivationstheorien[526] sollen hier vorgestellt werden:

• Das S-O-R-Theorie als Stimulus-Organism-Response-Modell, bei dem der Mensch Stimuli (Anreize) als Impulse seiner Umwelt erhält und eine Reaktion zeigt, die von Vorgängen der Informationsverarbeitung seines Organismus abhängig ist. Dabei gibt es intervenierende Variable (z.B. Motivation, Emotion) und informatorische Variable, z.B. Niveauanpassung, Anpassungsstruktur und Wahrnehmungsfilter.[527] Es handelt sich um ein „Blackbox-Modell“, denn der Organisamus des Menschen wird als „Schwarzer Kasten“ gezeigt, der einer Einsicht nicht zugänglich ist. Die Einsatzgebiete des S-O-R-Modells sind vielfältig, beispielsweise in der Personalführung und im Marketingbereich.[528]

• Die Zwei-Faktoren-Theorie von *F. Herzberg*, der zahlreiche Führungskräfte danach befragte, welche Faktoren Unzufriedenheit vermeiden oder abbauen bzw. welche Faktoren Zufriedenheit hervorrufen. Er kam zu dem Ergebnis, dass als Motivatoren (satisfiers) die Arbeit selbst, der Leistungserfolg, die Anerkennung, die Verantwortung, der Aufstieg und die Entfaltungsmöglichkeiten zu nennen sind. Demgegenüber gelten als Hygienefaktoren (dissatisfiers) und Unzufriedenheitsstifter die Unternehmenspolitik, Personalführung, Arbeitsbedingungen, Sicherheit des Arbeitsplatzes, Geld und die personellen Beziehungen. Umstritten ist vor allem die Funktion des Geldes als Motivationsmittel.[529]

• Die Bedürfnistheorie von *Maslow*, der mit seiner Bedürfnispyramide[530] eine hierarchische Ordnung der folgenden Bedürfnisse von unten nach oben vorstellt: physiologische Bedürfnisse (z.B. Hunger, Durst), Sicherheitsbedürfnisse (z.B. sicherer Arbeitsplatz), soziale Bedürfnisse (z.B. Freunde zu haben), Anerkennungsbedürfnisse (z.B. Lob) und die Selbstverwirklichungsbedürfnisse, z.B. sich im Leben entfalten

---

525 Vgl. ebenda, S. 75-86

526 Vgl. zu weiteren Theorien: Weinert, A.B.: Organisations- und Personalpsychologie…a.a.O., S. 190-239

527 Vgl. Scholz, Ch.: Grundzüge des Personalmanagements, München 2011, S. 370 ff.; vgl. Staehle, W.H.: …a.a.O., S. 154

528 Vgl. Olfert, K., Rahn, H.J., Zschenderlein, O.: Lexikon der Betriebswirtschaftslehre…a.a.O., Nr. 839

529 Vgl. Stroebe, R.W.: Motivation…a.a.O., S. 124 f.

530 Vgl. Rosenstiel, L.v., Nerdinger, F.W.: Grundlagen der Organisationspsychologie…a.a.O., S. 395 f.

können.[531] Dabei wird ein nächst höheres Bedürfnis erst dann aktualisiert, wenn das hierarchisch darunterliegende Bedürfnis befriedigt ist.[532]

• Die Anreiz-Beitrags-Therie[533] von *March* und *Simon*, die folgende grundlegende Aussagen enthält: Eine Organisation besteht aus Teilnehmern, von denen jeder von der Organisation Anreize enthält, für die Beiträge an die Organisation zu leisten sind. Dabei richtet sich das Verhalten der Teilnehmer nach dem Anreiz-Beitrags-Verhältnis. Danach werden die Teilnehmer so lange in der Organisation verbleiben, wie die angebotenen Anreize gleich oder größer sind als die von ihnen geforderten Beiträge. Für die Bewertung sind dann subjektive Wertvorstellungen und aktuelle Handlungsalternativen maßgeblich. Die Beiträge, die von den Teilnehmern an die Organisation geleistet werden bilden die Quelle für neue Anreize an die Mitarbeiter. Eine Organisation bleibt allerdings nur so lange existenzfähig, wie die Beiträge in genügendem Maße ausreichen, den Mitgliedern Anreize zu gewähren.[534]

(e) Management im Wandel

Die komplexen Gegebenheiten auf den heutigen Binnen- und Weltmärkten, die Internationalisierung, der immer weiter zunehmende Konkurrenzdruck und der stetige Wandel bringen es mit sich, dass an das Management und an die Motivation der Mitarbeiter immer höhere Anforderungen gestellt werden. Pragmatische Regeln zur ausgewogenen Motivation in Organisationen liefert *Waldemar Pelz*:[535]

• Es sind ausnahmslos alle Mitarbeiter sind mit Wertschätzung und Respekt zu behandeln

• Mit den Mitarbeitern sind klare Ziele zu vereinbaren und Rückmeldungen zur Zielerreichung zu geben

• Die Mitarbeiter sind richtig zu informieren und an Entscheidungen zu beteiligen

• Vorgesetzte sollen offen sagen, was entscheiden ist und wo eine Beteiligung nicht möglich ist

• Führungskräfte sollen Verantwortung so oft wie möglich delegieren und den Handlungsspielraum erweitern

• Vorgesetzte sollen das Wissen und die Erfahrungen der Mitarbeiter nutzen

• Dabei sind Kompetenzen (Befugnisse) und Verantwortung in Einklang zu bringen

• Eigenmotivation ist beim Mitarbeiter zu erkennen und durch individuelle Beratung zu fördern

• Führungskräfte sollten es mit Lob und Anerkennung nicht übertreiben

• Bei Fehlern ist zukunftsorientiert zu denken, statt nach den „Schuldigen" zu suchen

---

531 Vgl. Stroebe, R.W.: Motivation…a.a.O., S. 87-116

532 Vgl. Zimbardo, P.G., Gerrig, R.J.: Psychologie…a.a.O., S. 421

533 Vgl. Berthel, J., Becker, F.G.: Personal-Management…a.a.O., S. 43 f.

534 Vgl. Staehle, W.H.: Management…a.a.O., S. 431 f.; vgl. Olfert,K., Rahn, H.J.: Lexikon…a.a.O., Nr. 50

535 Vgl. Pelz, W.: Kompetent führen, Wiesbaden 2004

• Bei kritischen Entscheidungen immer den Betroffenen die Möglichkeit lassen, ihr Gesicht zu wahren
• Vorgesetzte müssen Ehrlichkeit, Fairness, Toleranz, Zuverlässigkeit, Gerechtigkeit und Vertrauen vorleben
• Die Führungskraft muss immer Vorbild sein und zu dem stehen, was sie sagt
• Wenn Mitarbeitern etwas versprochen wurde, ist es immer einzulösen
• Der Vorgesetzte hat Fehler einzugestehen und hat die daraus gezogenen Konsequenzen zu verdeutlichen
• Führungskräfte müssen Zivilcourage zeigen, insbesondere „nach oben"
• Mitarbeitern sollen Erfolgserlebnisse durch herausfordernde Aufgaben gegeben werden
• Den Geführten sind persönliche Perspektiven, aber auch Grenzen aufzuzeigen
• Mitarbeitern sind nachvollziehbare Kriterien für Einkommenssteigerungen und für den Aufstieg zu zeigen
• Vorgesetzte sollen die Selbstkontrolle der Mitarbeiter fördern.

Als Reaktion des Managements auf Veränderungen gilt grundsätzlich: *„Nur im Bewegen liegt Segen – Beharren führt zum Erstarren!"*[536] Zu angemessenen Reaktionen des Managements auf Veränderungen (Change Management) gibt es in der Literatur viele weitere Vorschläge.[537]

4.2 Motivation durch Coaching

Der drastische Wandel der Markt- und Wettbewerbsverhältnisse, die fortschreitende technische Entwicklung hat zu einem Wandel in den Produktions- und Informationsstrukturen geführt. Er schreitet weiter rasch voran und bringt den Organisationen große Herausforderungen.[538] Dabei für der Wertewandel zu neuen Wertorientierungen[539], die aber in herkömmlichen Strukturen nicht gelebt werden können. Die demographische Entwicklung (Rückgang der geburtenstarken Jahrgänge) führt in manchen Unternehmen dazu, dass Personal knapp wird.[540] Diese aktuellen Entwicklungen bringen es mit sich, dass in den Organisationen künftig der ganzheitlich denkende, flexible, mobile und zur dauerhaften qualifizierte Mitarbeiter benötigt wird. Das gezielte fachliche Fördern und Motivieren der Mitarbeiter wird immer notwendiger. Das Personal muss gezielt entwickelt und gepflegt werden, damit es den gestiegenen Anforderungen gerecht wird. Hier gewinnt das moderne Coaching

---

536 Stroebe, R.W.: Motivation und Management des Wandels…a.a.O., S. 137 ff.

537 Vgl. Rosenstiel, L.v., Nerdinger, F.W.: Grundlagen…a.a.O., S. 432-450; vgl. Stroebe, R.W.: Motivation…a.a.O., S. 138-156; vgl. Doppler, K., Lauterburg, C.: Change Management, Frankfurt/Main 2008; vgl. Lauer, T.: Change Management, Berlin 2010; vgl. Steinle, C.: Change Management, Mering 2008; vgl. Stolzenberg, K., Heberle, K.: Change Management, 2. Aufl., Berlin 2009

538 Vgl. Rahn, H.J.: Unternehmensführung…a.a.O., S. 374 f.

539 Vgl. Rosenstiel, L.v., Nerdinger, F.W.: Grundlagen…a.a.O., S. 51 f.

540 Vgl. Brinkmann, R.D.: Mitarbeiter-Coaching, Heidelberg 1994, S. 14

in der Praxis immer mehr an Bedeutung[541], zu dem es heute eine Fülle von Literatur gibt.[542]

Der Begriff Coaching stammt aus dem Englischen und bedeutet to coach, d.h. betreuen, trainieren. Unter Coaching wird die beratende Begleitung von Coachees (Führungskräfte, Mitarbeitern und Teams) durch einen Berater (Coach) verstanden.[543] Als solche können firmenexterne bzw. firmeninterne Berater oder Vorgesetzte fungieren.[544] Der Coach hat jeweils die Aufgabe, die Leistungsfähigkeit bzw. das Verhalten bzw. die Zufriedenheit der Coachees psychologisch geschickt zu verbessern. Es bildet heute ein bedeutendes Instrument der Personalförderung,[545] das sich vom Mentoring abgrenzt. Hier wird neues Personal durch einen Mentor betraut, der den Einstieg in die neuen Anforderungen am Arbeitsplatz und die ersten Karriereschritte beratend begleitet.[546] Der Mentor baut zu dem Neuling eine Beziehung auf.[547]

Nachhaltige Beratung bezieht sich immer auf Systeme[548]. Es sind als Coaching-Formen zu unterscheiden:

• Das Mitarbeiter-Coaching, bei dem die Mitarbeiter durch einen Vorgesetzten als Coach betreut werden, der als besondere Fähigkeiten das einfühlende Verstehen, Wertschätzung, Echtheit, Intentionalität, kommunikative Fähigkeiten, Problemlösefähigkeit und Kenntnisse über die Transaktionsanalyse[549] mitbringen muss.[550] Das Mitarbeiter-Coaching läuft in sechs Phasen ab: (1) Einstieg, (2) Festlegung der Basis, (3) Problemdefinition, (4) Zielsetzung und Vorgehenspläne, (5) Praktische Umsetzung und Erfolgskontrolle und (6) Kontinuität und Festlegung neuer Problem- und Veränderungsfelder.[551] Als Coaching-Stile können das Unterweisen, Anleiten, Unterstützen und Delegieren unterschieden werden.[552]

• Das Team-Coaching, bei dem neue Gruppen von einem Coach (z.B. Vorgesetzter, Team,- oder Projektleiter) möglichst schnell leistungsfähig zu machen sind bzw. bestehende Teams in ihrem Arbeitsverhalten verbessert werden sollen. Anlässe für das Team-Coaching können zwischenmenschliche Probleme, Stress/Konkurrenzdruck, mangelhafte Kommunikation, Fehlen von Konfliktbereitschaft, mangelnde

---

541 Vgl. Rauen, C.: Coaching, 2. Aufl., Göttingen, Bern u.a. 2008; vgl. Wissemann, M.: Wirksames Coaching, Göttingen, Bern u.a. 2006

542 Vgl. Fischer-Epe, M.: Coaching, 2. Aufl., Tübingen 2011; vgl. Migge, B.: Handbuch Coaching und Beratung, Weinheim 2005; vgl. Kaweh, B.: Das Coaching-Handbuch, Kirchzarten 2005; vgl. Lippmann, E.D.: Coaching, 2. Aufl., Heidelberg 2009

543 Vgl. Berthel, J., Becker, F.G.: Personalentwicklung, 9. Aufl., Stuttgart 2010, S. 473

544 Vgl. Jung, H.: Personalwirtschaft…a.a.O., S. 552 ff.

545 Vgl. Oechsler, W.A.: Personal und Arbeit, 9. Aufl., München 2011, S. 494 u. S. 477

546 Vgl. Rosenstiel, L.v., Nerdinger, F.W.: Grundlagen…a.a.O., S. 251

547 Vgl. Brinkmann, R.D.: Mitarbeiter-Coaching…a.a.O., S. 13

548 Vgl. Fallner, H., Pohl, M.: Coaching mit System, 2. Aufl., Opladen 2004

549 Vgl. Kapitel 2.5 dieser Arbeit

550 Vgl. Brinkmann, R.D.: Mitarbeiter-Coaching…a.a.O., S. 27-61

551 Vgl. ebenda, S. 62-68

552 Vgl. ebenda, S. 69-78

Entscheidungsfähigkeit, fehlendes „Wir"-Gefühl, unzureichendes Methodenwissen und unklare Rollendefinitionen sein. Zur Team-Diagnose können spezielle Fragebögen hilfreich sein.[553]

• Das Führungskräfte-Coaching, bei dem Manager von einem Coach betreut werden, denn „*gute Führung braucht Coaching*".[554] Dieses ist vor allem auch deshalb notwendig, weil sich die Qualifikation von Führungskräften im rasanten Wandel befindet.[555] Die Manager der Zukunft müssen in der Lage sein, ökonomisch-technische Rationalität mit sozialer Emotionalität zu verbinden. Daraus kann der Schluss gezogen werden, dass die wichtigsten Eigenschaften künftig nicht mehr Fachkompetenz und Expertentum, sondern Ambiguitätstoleranz (als Fähigkeit, schlecht strukturiere Probleme lösen zu können), beherrschen effektiver Lerntechniken[556], gegenüber neuen Methoden aufgeschlossen sein, Menschenführung/Kommunikationsfähigkeit, bzw. Loyalität und Vertrauen sein werden.[557]

Von diesen drei Formen ist vor allem das Coaching als Unterstützung von Führungskompetenz hervorzuheben, die auf Selbstkenntnis der Führungskraft, auf einem wirklichkeitsnahen Abbild von sich selbst und auf der Kenntnis bestimmter Führungstypologien basiert. Die Führungstypen haben unterschiedlichen Coachingbedarf und der Coach spielt verschiedene Rollen.[558] Die Coaching-Kompetenz beruht auf der ständigen Arbeit an sich selbst (Entwicklungs- und Reflexionsbereitschaft), auf sehr hoher soziale Kompetenz, auf Berufs- bzw. Lebenserfahrung und auf besonderen Grundhaltungen.[559]

Als Anlässe für das Führungskräfte-Coaching gelten neue Führungsaufgaben/-rollen, der Wunsch nach Erweiterung der Wahrnehmung, konstruktive Stressbewältigung[560], Widersprüchlichkeiten in der Führungsrolle, Krisen bzw. Umbrüche und Begleitung von Führungskräftenachwuchs. Es gibt ganz unterschiedliche Coaching-Themen bzw. Coaching-Ziele. Die Basis bildet ein Coaching-Kontrakt.[561] *Pohl* und *Wunder* zeigen interessante praktische Fälle/Tools und ein Modell zum Coaching und betrachten dieses als Bestandteil von Organisationsentwicklung.[562]

---

553 Vgl. ebenda zum Teamcoaching S. 79 ff. und zum Fragebogen S. 85 ff.

554 Pohl, M., Wunder, M.: Coaching und Führung, 2. Aufl., Frankfurt/Main 2005, S. 25

555 Vgl. Crisand, E., Rahn, H.J.: Psychologische Grundlagen im Führungsprozess…a.a.O., S. 129-137

556 Vgl. dazu Rahn, H.J.: Techniken geistiger Arbeit…a.a.O., S. 40-90

557 Vgl. ebenda, S. 132 f.

558 Vgl. Pohl, M., Wunder, M.: Coaching und Führung…a.a.O., S. 27-36

559 Vgl. ebenda, S. 37-41

560 Vgl. Crisand, E., Lyon, U., Schinagl, G.: Anti-Stress-Training, 4. Aufl., Frankfurt/Main 2009

561 Vgl. Pohl, M.; Wunder, M.: Coaching und Führung…a.a.O., S. 42-51

562 Vgl. ebenda, S. 52-100

4.3 Motivation durch Intervision

Die Intervision ist die Motivation, Beratung und Begleitung von Mitarbeitern bei der Lösung von Problemprozessen durch berufserfahrene und mit Moderations- und Problemlösetechniken vertrauten Kollegen.[563] Die kollegiale Unterstützung beinhaltet für den beratenden Kollegen (Intervisor) vor allem eine problem- und ergebnisorientierte Kommunikation, um den Kollegen dabei motivierend zu helfen, Schwierigkeiten im täglichen Arbeitsablauf zu überwinden und ihr Verhalten zu optimieren. Der Begriff stammt von dem Niederländer *Jeroen Hendriksen*.[564]

(a) Abgrenzung der Intervision

Bei dem Intervisions-Konzept möchten Mitarbeiter ein bestimmtes berufliches oder betriebliches Problem lösen, für dieses behalten sie während des gesamten Prozesses die Verantwortung. Der Intervisor hilft den Mitarbeitern, die mit dem Problem zusammenhängenden Ereignisse wahrzunehmen, richtig zu interpretieren, zu verstehen und adäquat zu lösen. Er gibt den Mitarbeitern Hilfe zur Selbsthilfe, ohne für sie selbst das Problem zu lösen.[565] Intervision ist damit eine Ergänzung zu Training Coaching bzw. Supervision und ist von diesen abzugrenzen:

• Der Begriff Training stammt ursprünglich aus dem Sport und bezeichnet ein sich wiederholendes Programm zur Leistungssteigerung von Führungskräften und Mitarbeitern. Dabei kann sich Training auf das Individuum, aber auch auf eine Gruppe beziehen. Der geplante Ablauf zur Vermittlung spezifischer Fähigkeiten, Fertigkeiten und Verhaltensweisen steht im Vordergrund, wie z.B. beim Training-on-the Job, das direkt am Arbeitsplatz erfolgt (z.B. mit der Vier-Stufen-Methode) oder beim Training-off-the-Job, das in Kursen und Seminaren realisiert wird.[566]

• Das Coaching wurde oben behandelt und ist das Beraten und Betreuen von Mitarbeitern, Teams bzw. Führungskräften durch einen Coach, der sich stark für die Persönlichkeit des Coachee interessiert. Coaching hat einen stärker anleitenden Charakter als Supervision und beinhaltet eher ein pädagogisches Vorgehen, welches durch sozialwissenschaftliche und psychologische Verfahren bzw. Techniken gestützt wird.

• Die Supervision (engl.: „etwas von oben herab überblicken“) etablierte sich zuerst im medizinischen Bereich und dient der Effizienzsteigerung bei der Arbeit. Es stellt ein durch Kontrakt verbindlich geregeltes Lehr- und Lernverfahren dar. Der Supervisor benötigt eine mehrjährige Ausbildung. Er versucht, die aktuelle berufliche Situation des Supervisanden zu klären, und ihm Sicherheit im Umgang mit Konflik-

---

563 Vgl. Brinkmann, R.D.: Intervision.Ein Trainings- und Methodenbuch zur kollegialen Beratung, Heidelberg 2002, Vorwort

564 Vgl. Hendriksen, J.: Intervision. Kollegiale Beratung in sozialer Arbeit und Schule, 3. Aufl., Weinheim 2011

565 Vgl. Brinkmann, R.D.: Intervision…a.a.O., S. 11-15

566 Vgl. Olfert, K.: Personalwirtschaft…a.a.O., S. 465 f. und S. 470 ff.

ten und den Abbau beruflicher Belastungen bzw. eine Weiterentwicklung der Persönlichkeit zu ermöglichen.
Bei der Intervision wird z.B. mit Gruppen gearbeitet. Die betroffenen Mitarbeiter der Gruppe besitzen ein Problembewusstsein, in dem der Wunsch nach einer Veränderung eines nicht optimalen Zustandes vorhanden ist. Außerdem bringen sie eine konstruktive Einstellung zum Problemlösungsprozess mit.
Die Intervisionsgruppe kennt aber die Lösung des Problems nicht oder nur unzureichend. Deshalb benötigt sie einen kollegialen Berater, der mit seiner spezifischen Berufserfahrung die Ursachen und die Lösungen für ihr Problem gemeinsam mit ihnen erarbeitet und sie vom Problemlösungsvorgang profitieren lässt.

(b) Phasen des Intervisionsprozesses
Im Durchschnitt benötigen die Intervisionsgruppen etwa zwei Stunden für ihre Gruppensitzungen. Sie benötigen diesen Rahmen, um an ihren Problemen zielorientiert und effizient zu arbeiten. Der Intervisor führt die Gruppe durch die einzelnen Phasen, motiviert die Gruppe zum Ziel hin und achtet drauf, dass für die Einzelschritte nicht zu viel Zeit benötigt wird. Der Intervisionsprozess läuft in der Praxis wie folgt ab:[567]

• Die erste Phase beginnt mit der Frage des kollegialen Beraters, welche Probleme die Gruppe behandelt haben möchte und die Kollegen berichten dann darüber, z.B. die hohe Zahl von Kundenbeschwerden bei einer Bank über die Störanfälligkeit des Sortenwechslers in der Selbstbedienungszone.
• In der Phase der Problemeingrenzung und –formulierung erläutern die Kollegen das Problem detailliert, grenzen es ein und formulieren es möglichst griffig, z.B. werden die Störungen des Gerätes exakt eingegrenzt und die Störanfälligkeit wird im Detail offen gelegt.
• In einer Beratungsrunde werden die Probleme zusammen mit dem Intervisor diskutiert und die Ursachen für die Störungen ermittelt, z.B. wird eine Vorstellung davon entwickelt, wie ein störungsfreier Ablauf in der Selbstbedienungszone der Bank aussehen soll. Der Berater berichtet von bereits gegebenen Aktivitäten der Organisationsabteilung: Als Ursache wurden vor allem Fehlbedienung des Sortenwechslers durch Kunden und nicht ausreichende Erläuterungen zur Bedienung des Gerätes festgestellt.
• In der nächsten Phase werden Lösungsvorschläge entwickelt und konkrete Maßnahmen vorgeschlagen, z.B. entscheidet sich die Gruppe nach Prüfung mehrerer Alternativen dafür, gemeinsam mit der Organisationsabteilung eine erneute, verbesserte Einführung in die Handhabung des Sortenwechslers vorzunehmen.
• In der letzten Phase der Auswertung werden der Prozess der Problemlösung bzw. das erzielte Ergebnis und auch der Ablauf der gemeinsamen Sitzung bewertet, z.B. reflektiert die Gruppe gemeinsam mit dem Intervisor, ob alle Teilnehmer ausreichend Gelegenheit hatten, ihre Ideen und Vorschläge einzubringen und ob die Zusammenarbeit als sinnvoll und effektiv erlebt wurde.

---

567 Vgl.: Brinkmann, R.D.: Intervision…a.a.O., S. 16-21

Für das Vorgehen in den einzelnen Phasen des Intervisionsprozesses gibt es für die Beteiligten eine Fülle von Methoden.[568] Der begleitende Berater muss sich in den einzelnen Phasen des Intervisionsprozess unterschiedlichen Anforderungen stellen. Dabei spielt er unterschiedliche Rollen als Förderer der Kommunikation, Scout (Aufklärer), Diagnostiker, Fachmann, Problemlöser, Planer und Bewerter.
Der Einsatz von Intervision bringt Vorteile für die Organisations- und Personalentwicklung. Für die kollegiale Begleitung sind bestimmte Rahmenbedingungen und kommunikative Grundfertigkeiten zu beachten, z.B. aktives Zuhören, Wertschätzung und Echtheit im Umgang der Kollegen, einfühlendes Verstehen und offenes Feedback geben.[569] Als Phasen der Implementierung gelten Planen, Konkretisieren, Durchführen und Evaluieren. Dabei ist die Theorie in die Praxis umzusetzen.[570]

4.4 Motivation durch Zielvereinbarungen

Eine Zielvereinbarung ist ein gemeinsamer Beschluss von Führungskraft und Mitarbeiter (oder ganzer Teams), der sich auf eine Aussage mit normativem Charakter bezieht, die einen gewünschten, zukünftigen Zustand der Realität beschreibt.[571] Im Gegensatz zur Zielvorgabe, bei der Vorgesetzte die Zielgrößen in alleiniger Kompetenz festlegen,[572] geht es bei der Zielvereinbarung um einen kooperativen Prozess zwischen den Beteiligten. Die zwischen Führungskraft und Mitarbeiter vereinbarten Ziele müssen zu Führungszielen werden, denn sonst gelten sie als Mitarbeiterziele (Soll) nur für die Geführten.[573] Die Zielvereinbarungen gehen also der Festlegung von Führungszielen voraus und sind ein wesentlicher Bestandteil der managementbezogenen Führungstechnik Management by Objectives, die von *Drucker* (1954), *Odiorne* (1965) bzw. *Humble* (1967) in die Führungstheorie eingebracht wurden.[574]

(a) Führung durch Zielvereinbarung

Die Literatur bietet zum Thema Führung bzw. Motivation durch Zielvereinbarungen eine Fülle von Informationen, die der vertiefenden Diskussion dienen.[575] Es

568 Vgl. ebenda, S. 57-96

569 Vgl. ebenda, S. 26-43

570 Vgl. ebenda, S. 97-107

571 Vgl. Hauschildt, J.: Entscheidungsziele, Tübingen 1977; vgl. Breisig, Th.: Zielvereinbarungssysteme, in: Handwörterbuch des Personalwesens, Hrsg. E. Gaugler, W.A. Oechsler, W. Weber, 3. Aufl., Stuttgart2004, Sp. 2053-2064

572 Vgl. Breisig, Th.: Personalbeurteilung – Mitarbeitergespräch – Zielvereinbarungen, 2. Aufl., Frankfurt/Main 2001, S. 93

573 Vgl. Rahn, H.J.: Personalführung kompakt...a.a.O., S., 130; vgl. ders.: Unternehmensführung...a.a.O., S. 154 f.

574 Vgl. Staehle, W.H.: Management...a.a.O., S. 852

575 Vgl. Vorwort von O. Neuberger zu dem Titel von Stroebe/Stroebe: Motivation durch Zielvereinbarungen...a.a.O.

geht hier darum, wie die Ziele[576] und die Zielvereinbarungsprozesse motivierend zu gestalten sind. Führung, Ziele und Motivation sind eng miteinander verbunden.[577] Das Führen durch Zielvereinbarung ist durch folgende Grundsätze gekennzeichnet: [578]

• Zieldefinition als Ergebnis der Zielvereinbarung: Ziele sind möglichst messbar zu formulieren, denn sind die Ziele unklar, unangemessen oder gar nicht formuliert, dann besteht die Gefahr, dass der Führungsprozess zu negativen Ergebnissen führt. Die Eindeutigkeit der Ziele kann herbeigeführt werden durch[579] den Inhalt des Zieles: „Gewinnsteigerung um...", das Ausmaß des Zieles: …3%" und den Zeitbezug: „…für das Jahr 20XY".
• Zielpartizipation als Beteiligung der Mitarbeiter an der Zielbestimmung: Es handelt sich hier nicht um ein einseitiges Herunterbrechen von Zielen von oben nach unten, sondern es herrscht partnerbezogene Kooperation.
• Zielidentifikation als Zielbejahung und Bindung an das Abgesprochene durch die Beteiligten. Wer vorher mitreden darf, ist nachher positiv eingestellt und sperrt sich weniger.
• Zielmotivation, denn Zielbejahung bringt bei dem Betroffenen Engagement und Leistungsmobilisierung mit sich. Der Mitarbeiter wird zum sich selbst regulierenden System.
• Ergebnisbewertung als Bewertung des Erfolgs, der aus dem Vergleich der gesetzten Ziele (Soll) und der Zielerreichung (Ist) resultiert.
• Zielentwicklung durch den Einbezug von Innovations- und Entwicklungszielen[580] und Zielkonsequenz durch des ausdrücklichen Willen, das Ziel zu erreichen.

Eine besondere Rolle spielen dabei die Visionen als Fernziele, die bildhaft ausgedrückt sind, einen starken emotionalen Aufforderungscharakter haben und wichtigen Werten bzw. Anliegen Ausdruck geben.[581] Mit einer Vision fällt es wesentlich leichter, sinnvolle Ziele[582] und Aufgaben für das ganze Unternehmen, Bereiche, Abteilungen, Gruppen und Individuen zu definieren und zu vereinbaren, wie sich aus der folgenden Zielpyramide ergibt (Abb. 15).[583]

---

576 Vgl. Stroebe, A.I., Stroebe, R.W.: Motivation durch Zielvereinbarungen, 3. Aufl., Hamburg 2010, S. 11-22

577 Vgl. ebenda, S. 17-27

578 Vgl. ebenda, S. 27-39

579 Vgl. Rahn, H.J.: Unternehmensführung…a.a.O., S. 345 ff.

580 Vgl. Crisand, E., Rahn, H.J.: Personalbeurteilungssysteme, 4. Aufl., Hamburg 2011, S. 63

581 Vgl. Neuberger, O.: Führen und führen lassen…a.a.O., S. 206

582 Vgl. Stroebe, A.I., Stroebe, R.W.: Motivation durch Zielvereinbarungen…a.a.O., S. 35

583 Vgl. Crisand, E., Rahn, H.J.: Personalführungssysteme…a.a.O., S. 63

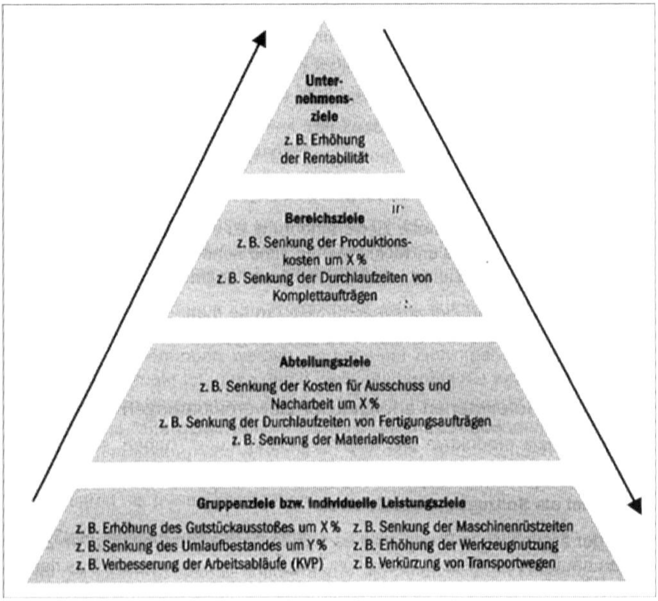

Abb. 15: Zielpyramide mit vier Stufen

Im Rahmen dieser Betrachtungen sind das Kennzahlensystem Balanced Scorecard, die finanzwirtschaftliche Perspektive, die Kunden- und Marktperspektive, die interne Prozessperspektive, die Entwicklungsperspektive, die Strategieumsetzung, die Nutzwert- und Risikoanalyse und die Integration von Zielen von Bedeutung.[584]

(b) Prozess der Zielvereinbarung

Die Zielvereinbarung zwischen Vorgesetztem und Mitarbeiter erfolgt auf jeder Hierarchiestufe in regelmäßigen Abständen oder wenn maßgebliche Veränderungen eingetreten sind. Bei projektbezogenen Zielen wird als Zeitraum die Projektlaufzeit verwendet. Der Zielvereinbarungsprozess läuft in folgenden Phasen ab:

• Die Zielvorstellungen entwickeln, d.h. am Anfang steht die Frage: „*Wie sehen unsere visions- und strategiekonformen Ziele aus?*“ Hier werden insbesondere Daten der Unternehmensphilosophie[585] bzw. -vision und taktische bzw. operative Ziele berücksichtigt. Dabei sind als Zielarten[586] zu unterscheiden:[587]

- Standardziele, die sich überwiegend aus den einzelnen Stellenzielen ergeben. Die Zieldimension bleibt so lange unverändert, so lange sich die Schlüsselaufgaben der Stelle nicht ändern.

---

584 Vgl. Stroebe, A.I., Stroebe, R.W.: Motivation durch Zielvereinbarungen…a.a.O., S. 40-68

585 Vgl. Rahn, H.J.: Unternehmensführung…a.a.O., S. 174

586 Vgl. Crisand, E., Rahn, H.J.: Personalbeurteilungssysteme…a.a.O., S. 63

587 Vgl. Stroebe, A.I., Stroebe, R.W.: Motivation durch Zielvereinbarungen…a.a.O., S. 69-76

- Innovationsziele, die sich aus den strategischen und operativen Unternehmenszielen ergeben. Ihr Erreichen sichert die wirtschaftliche Existenz- und Wettbewerbsfähigkeit der Organisation in der Zukunft.
- Entwicklungsziele, die sich aus der Qualifikation des Stelleninhabers ergeben. Dabei werden Stärken fokussiert und betont bzw. Schwächen abgebaut.

• Die Zielvereinbarung vorbereiten, d.h. es ist zu klären, welche Elemente eine motivierende Zielvereinbarung enthalten soll, z.B. klar formulierte Ziele, Leistungsstandards, Ressourcen, Zeitraum der Ziele und die Voraussetzungen[588] für die Zielerreichung (motivierende Wirkung), Kompetenzen und Verantwortung festlegen. Schwierig zu erreichende Ziele führen unter entsprechenden Leistungsbedingungen zu höherem Erfolg, als wenn die Ziele allzu leicht erreichbar sind.

• Die Ziele und Leistungsstandards zwischen Vorgesetztem und Mitarbeiter schriftlich vereinbaren, denn „*ich kann ein Ziel nicht treffen, wenn ich es nicht sehen!*" Vorgesetzter und Mitarbeiter sollen genau wissen, was von ihnen erwartet wird. Durch die schriftliche Festlegung werden Missverständnisse vermieden, werden Klarheit und Verbindlichkeit geschaffen und es tritt ein Dokumentationseffekt ein. Als präzise und eindeutige Ziel- bzw. Leistungsstandards sind beispielsweise zu vereinbaren:

- Zeitliche Ziele: „*Das Projekt Y ist bis zum 31.12. abzuschließen!*"
- Kostenziele: „*Die Fertigungskosten sind um 3 % zu reduzieren!*"
- Quantitative Ziele: „*Es sind mindestens 1.300 Stück zu produzieren!*"
- Qualitative Ziele: „*Erstellung eines lückenlosen Ausbildungsplans für alle Auszubildenden!*"

Bei dem Prozess der Vereinbarung von Zielen wird die Führungskraft geneigt sein, die Ziele höher zu setzen und der Mitarbeiter wird versuchen, bremsend zu korrigieren. Der Vorgesetzte hat psychologisch geschickt vorzugehen. Wenn Mitarbeiter aber auf Ziele motiviert werden sollen, dass dürfen diese nicht zu hoch gesteckt sondern sie müssen erreichbar sein.

• Die entsprechenden Messmethoden entwickeln und vereinbaren, d.h. aus Langzeitplanung, Budgets, Arbeits- und Projektplänen, gegebener Kapazität und aus der Umsatz-, Kosten- und Gewinnhöhe sind Kriterien abzuleiten, die für eine spätere Messung des Erfolgs in Frage kommen. Die Messkriterien sind für Personalleiter anders als für Verkaufstrainer oder Projektleiter. Beispiel: Ein Verkaufsleiter misst den Erfolg am erzielten Umsatz des Verkäufers pro Periode, z.B. das Ziel wurde genau erreicht, nicht oder mehr als vereinbart erreicht. Die Qualität der Messkriterien ist ein bedeutender Erfolgsfaktor, denn wenn die Kriterien nicht nachvollziehbar, wenig zuverlässig bzw. transparent und nicht eindeutig sind, provozieren sie bei Versagern Ausreden und verlieren ihre Zugkraft als Anspornfaktoren.

(c) Zielverwirklichung

Mit vier Phasen der Zielvereinbarung ist die Zielverwirklichung noch lange nicht erreicht. Denn nun ist der Mitarbeiter vom Vorgesetzten so zu führen, dass er in die richtige Richtung geht. Später ist die Zielerreichung zu überprüfen bzw. zu analysie-

---

588 Vgl. Crisand, E., Rahn, H.J.: Personalbeurteilungssysteme…a.a.O., S. 64-66

ren und es sind weitere Steuerungsmaßnahmen zu entwickeln.[589] Zunächst ist der Mitarbeiter in der Realisierungsphase nach dem Reifegrad zu führen.

• Den Mitarbeiter reifegradspezifisch führen heißt, ihn so zu führen, dass er entsprechend seiner Reife (Kompetenz/Verpflichtungsgrad hoch, mittel oder niedrig) motiviert und zum Ziel geführt wird. Mit *Hersey/ Blanchard* können wir nach dem Reifegradmodell[590] unterscheiden:[591]

- Bei geringer Kompetenz und hohem Verpflichtungsgrad des Mitarbeiters (Reife gering) wird direktiv geführt, d.h. straffe Führung (Directing), Information, Anweisung bzw. Fremd- und Ablaufkontrolle. Unter diesen Voraussetzungen werden die Ziele vom Vorgesetzten dem Mitarbeiter vorgegeben. Dieser erhält aber Hilfe durch Unterweisung.
- Bei etwas Kompetenz, aber geringem Verpflichtungsrad (Reife mittel) wird für den Mitarbeiter Coaching benötigt. Der Mitarbeiter ist zu motivieren, dass Kompetenz und Verpflichtung besser werden müssen. Ziele bzw. Ergebnisse werden vom Vorgesetzten vorgeschlagen bzw. der Mitarbeiter muss überzeugt werden. Dabei kann ihm intensive Hilfe gegeben werden.
- Bei hoher Kompetenz, aber veränderlichem Verpflichtungsgrad (Reife mittel) ist Unterstützung (Supporting) hinsichtlich der Verbesserung des Verpflichtungsgrades nötig. Der Mitarbeiter ist an der Zielfindung zu beteiligen. Mögliche Wege und Methoden zur Zielerreichung sind mit dem Mitarbeiter zu besprechen.
- Bei hohem Verpflichtungsgrad und hoher Kompetenz (Reife hoch) wird der Mitarbeiter mit dem Delegationsstil geführt (Delegating), d.h. es wird ihm Verantwortung übertragen und die Selbstkontrolle wird bestärkt. Auf dieser Basis können Zielvereinbarungen im oben definierten Sinne erfolgen.[592]

• Die Zielerreichung überprüfen durch einen Soll-Ist-Vergleich, d.h. die zu erreichenden Ziele (Soll) werden den Ist-Ergebnisse gegenübergestellt. Diese Kontrolle folgt der Durchführung und ist ein Vorgang der Gewinnung von Informationen. Sie ist nicht nur eine Endkontrolle, sondern wird auch parallel zum laufenden Prozess vorgenommen. Dabei ergeben sich folgende Fragen: Verfolgen wir noch die richtigen Ziele? Wo liegen die Gründe für Abweichungen?

• Die Maßnahmen entwickeln und dabei entscheiden, welche Alternativen zur Lösung des Bekämpfens negativer Abweichungen in Frage kommen, z.B. dem Mitarbeiter mehr Anreize geben. Im Falle positiver Abweichungen wird Anerkennung des Betroffenen erfolgen. Die Steuerungsmaßnahmen können sich auf Korrekturen der Ziele beziehen, wenn diese unrealistisch angesetzt wurden. Es ist zu klären, welche weiteren Schritte von wem einzuleiten sind.

---

589 Vgl. Stroebe, A.I., Stroebe, R.W.: Motivation durch Zielvereinbarungen…a.a.O., S. 85-96

590 Vgl. Stroebe, R.W.: Grundlagen der Führung…a.a.O., S. 126; vgl. Rahn, H.J.: Unternehmensführung…a.a.O., S. 62

591 Vgl. Staehle, W.H.: Management…a.a.O., S. 847

592 Vgl. Stroebe, A.I., Stroebe, R.W.: Motivation durch Zielvereinbarungen…a.a.O., S. 87

Aus den Maßnahmen heraus werden neue Zielvorstellungen entwickelt und damit beginnt der Prozess der Zielvereinbarung bzw. der Zielerreichung von neuem.

4.5 Selbstmotivation

Die Selbstmotivation ist hier die Fähigkeit einer Führungskraft, sich aus eigenem Antrieb heraus so zu engagieren, dass die persönlich gesetzten Ziele erreicht werden. Sie wird auch Selbstmotivierung genannt und steht in enger Verbindung zur inneren Motivation des Menschen. Dabei heißt Selbstmotivation, die eigene Energie zu bestärken bzw. besser einzusetzen[593] und das Selbst weiter zu entwickeln.[594] Die Selbstmotivation ist darüber hinaus auch ein wesentliches Ziel der Charaktererziehung.
Es ist bekannt, dass Steigerungen der Motivation nicht nur bei Führungskräften i.d.R. mit Leistungsverbesserungen, besserem Arbeitsklima, mehr Arbeits- und Lebenszufriedenheit, einer größeren Bereitschaft zum Engagement, zu schnelleren Lernfortschritten, zu einer geringeren Anfälligkeit für Verweigerungshaltungen bzw. für andere negative Handlungsneigungen verbunden ist.[595]

(a) Demotivierende Überzeugungen
Es wurde nachgewiesen, dass es bei Menschen grundsätzlich eine Fülle demotivierender Überzeugungen gibt:[596]
• Perfektionistisches Denken als eine Überzeugung, das eine Aufgabe perfekt zu erledigen ist und dass man sich dabei keinesfalls Fehler erlauben darf. Das kann zu Unzufriedenheit, Frustration und Enttäuschung führen.
• Gedanken der Katastrophisierung als dramatisierte Möglichkeit, dass sich Ereignisse nicht wie gewünscht einstellen könnten. Dabei entstehen Versagerängste, die der Problemlösung schaden.
• Zwanghafte Imperative eines Menschen als „*Du-musst-das-schaffen*" sind wenig hilfreich, denn sie setzt sich dadurch unter einen Druck, der die Lust an der Tätigkeit nehmen kann.
• Kontrafaktisches Denken als das demoralisierende Nachdenken über das „*Was-Wäre-Wenn*", das oft einer Flucht in Scheinwelten gleichkommt und den realen Gegebenheiten zuwiderläuft.
• Übergeneralisierungen als unzulässige Verallgemeinerung eines Vorfalls, denn der Betroffene meint, dass ihm in diesem Bereich noch nie etwas gelungen ist und engagiert sich deshalb immer weniger.

---

593 Vgl. Huhn, G., Backerra, H.: Selbstmotivation, 3. Aufl., München 2008, S. 10

594 Vgl. Martens, J.U., Kuhl, J.: Die Kunst der Selbstmotivierung, 3. Aufl., Stuttgart 2009, S. 18

595 Vgl. Sauerland, M., Müller, G.F.: Selbstmotivierung und kompetente Mitarbeiterführung, Hamburg 2012, Vorwort

596 Vgl. ebenda, S. 9-13

• Übertreibungen als nicht hilfreiche Überbewertung kleiner Vorfälle, die so bewertet werden, als wenn der Mensch dabei eine ganz schlechte Figur abgegeben habe und sich total blamiert hätte.
• Schwarz-Weiß-Denken als „*Alles-Oder-Nichts-Denken*", das den Menschen verwirrt. Besser ist ein Sowohl-Als-Auch-Denken, das Kompromisse eher ermöglicht.
• Selektive Wahrnehmung als ausschließliche Wahrnehmung ausschließlich negativer Vorfälle und Ignoranz gegenüber Gegebenheiten, die gut gelaufen sind.
• Ungeprüfte Projektionen als Überzeugungen, etwas überhaupt nicht zu können, obwohl es der Mensch zuvor noch nie ausprobiert hat. Solche Einstellungen mindern die Motivation.
• Reduktionistisches Denken als einseitige Interpretation von Vorgängen („*Man kommt nur mit Beziehungen beruflich weiter*"). Das Engagement wird dadurch eingeengt und andere Einflussfaktoren werden übersehen.
• Gedankliches Wiederkäuen als erneutes Überlegen, dass bei einer Handlung des Menschen doch etwas schief gehen könnte. Eine Handlung wird dadurch gehemmt.
Menschen lassen sich bei ihren Handlungen durch irrationale Überlegungen leiten. Sie gründen ihre Entscheidungen dann auf zumeist negative Gefühlsregungen und passen ihr Verhalten entsprechend an. Was kann gegen demotivierende Überzeugungen getan werden?

(b) Techniken der Selbstmotivation

Der erste Schritt kann darin bestehen, dass blockierende Überzeugungen bewusst gemacht werden. Wer nach Prüfung obiger Kriterien erkennt, dass die aktive Problemlösung durch ein bestimmtes Phänomen behindert wird, kann sich eher von solchen Gedanken lösen. Zum Abbau demotivierender Überzeugungen können zur Selbstmotivation acht Techniken eingesetzt werden:[597]
• Das Worst-Case-Szenario (engl.: Verfahren für den schlechtester Fall), bei dem gezielt überlegt wird, was in einer Situation schlimmstenfalls passieren kann. So wird meistens erkannt, dass kein Drama oder keine Katastrophe eintreten muss.
• Die Sokratische Methode ist nach *Sokrates* benannt. Es werden demotivierende Überzeugungen bewusst in Frage gestellt und man fordert sich selbst auf, Gegenbelege zu suchen. Manche Überzeugungen erweisen sich dann schnell als irrational.
• Die Schade-deinem-Feind-Methode, bei der ein Mensch überlegt, ob die von ihm selbst wahrgenommene Gefährdung in einer Situation wirklich so groß ist, dass sie dem ärgsten Feind ernsthaft Schaden zufügen würde, wenn er in der Situation wäre. Im Regelfall kommt der Mensch zum Ergebnis, dass nicht viel geschehen wird.
• Das konkrete Ausmalen einer bestimmten Situation, das dazu dient, diese so zu strukturieren, dass dem Menschen eine detaillierte Handlungsplanung ermöglicht wird. Der Betroffene gewinnt damit den Eindruck, dass er die Kontrolle über die Situation hat und kann seine demotivierenden Überzeugungen überwinden.
• Die paradoxe Intention, bei der man sich für eine bestimmte Situation bewusst vornimmt zu versagen und sich dieser Situation zu stellen, um sich vom selbst

---

[597] Vgl. ebenda, S. 14-20

erzeugten Druck zu befreien, wodurch die Angst vor dem Versagen abnehmen kann.

• Manchmal Stopp-Signale festlegen, d.h. sich vor einer Angst auslösenden Situation ein Zeichen zurechtlegen, z.B. ohne dass es zu sehen ist, sich kurz auf die rechte Körperseite schlagen. Das Probleme verdrängende Zeichen wird dann angewendet, wenn störende Gedanken entstehen.

• Durch das Denken in Lösungen das Denken in Problemen und die damit verbundenen „Jammergedanken" verdrängen. Durch diese konstruktive Akzeptanz des Problems wird am ehesten der Blick für die Lösungsmöglichkeit eröffnet.

• Durch motivierende Einstellungen als Mensch die Chance bewusst wahrzunehmen, dass eine herausfordernde Aufgabe zu bewältigen und aktiv die eigene Kompetenz unter Beweis zu stellen ist, anstatt sich von perfektionistischen Gedanken drangsalieren zu lassen.

Wenn sie richtig angewendet werden, können diese Techniken der Selbstmotivation helfen sich aus Verhaltensblockaden zu befreien, übertriebene Ängste abzubauen und ein unbeschwertes Verhalten zu ermöglichen. Es ist dabei aber immer geboten, selbstkritisch zu bleiben und sich selbst realistisch einzuschätzen: Um eine erfolgreiche Führungskraft für andere Menschen zu sein: „*Lerne zuerst dich selbst zu führen!*"[598]

(c) Anstreben einer motivierenden Einstellung

Für eine erfolgreiche Führungskraft ist das Anstreben einer positiven Lebens- und Berufseinstellung unverzichtbar. Sie dient nicht nur der Gesundheit und Leistungsfähigkeit, sondern auch dem psychischen Wohlbefinden. Außerdem fördert sie die Bereitschaft, sich vielseitig zu engagieren, Verantwortung zu übernehmen, Aktivitäten zu entfalten und die Initiative zu ergreifen.

Die Erwartungshaltung eines Menschen spielt eine große Rolle für den Erfolg in Leben und Beruf. Wenn ein Mensch mit der Erwartung „*Ich kann das nicht!*" an etwas herangeht, dann schürt er Zweifel, Angst und Resignation, zeigt ein gehemmtes Verhalten und wird in dieser Situation versagen. Geht er aber mit einer positiven Einstellung an die Aufgabe heran, dann Selbstvertrauen und Leistungsverhalten gefördert (Abb. 16):

[598] Ebenda, S. 20

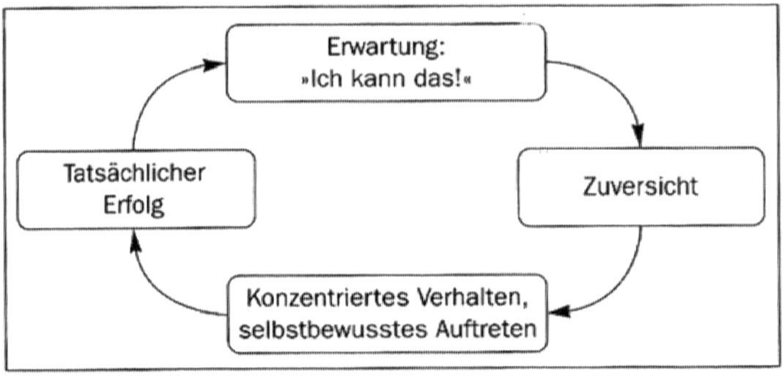

Abb. 16: Positive Einstellung zu Leben und Beruf

Aus der Abbildung ist zu erkennen, dass eine positive Einstellung zu Zuversicht, selbstbewusstem Auftreten und zu tatsächlichem Erfolg führt. Darüber hinaus ist auch die motivierende Kraft von Vorbildern zu berücksichtigen.[599] Für eine bessere Selbstmotivierung gelten folgende Empfehlungen:[600]

• Sich mit positiv motivierten Lebensphilosophien auseinandersetzen
• Positive Prophezeiungen nutzen und negative Erwartungen durch positive ersetzen
• Keine „halbherzigen Sachen" auf den Weg bringen, sondern immer das Beste aus einer Situation machen

Allerdings gibt es keine Patentrezepte, sondern man muss auch Aspekte beachten, die problematisch sein können. Wer jeden Morgen vor dem Spiegel steht und wiederholt „*Ich kann das! Ich kann das! Ich kann das!*", unterliegt u.U. einem fehlendem Realismus, der Selbsttäuschung, der Bagatellisierung, einer mangelnden Problemsensibilität, mangelnder Vorbereitung bzw. der Frustration.

(d) Positive Lebensbewältigung

Bei einem individuell ausgerichteten Prozess der Lebensbewältigung[601] (modellhafte Sicht) orientiert sich eine Führungskraft (Manager) zunächst an ihren persönlichen Zielen. Daraufhin plant sie individuelle Wege, wie diese Ziele zu erreichen sind (persönliche Planung). Daran schließt sich die Phase der Planumsetzung als persönliche Lebensbewältigung selbst an, die Störgrößen aus der Lebens- bzw. Berufssituation unterliegt. Bei positiver Lebensbewältigung tritt nach einem feed back ein persönlicher Erfolg ein, wobei die Selbstmotivierung eine große Rolle spielen kann (Abb. 16). Im negativen Fall ergibt sich aber ein persönlicher Misserfolg.

Letzteres gilt es durch eine positive Lebens- und Berufseinstellung zu vermeiden. Ein solches System bringt allerdings keine Automatismen mit sich, sondern es

---

599 Vgl. Sauerland, M., Müller, G.F.: Selbstmotivierung…a.a.O., S. 30-38

600 Vgl. ebenda, S. 25-29

601 Vgl. Rahn, H.J.: Der Prozess der Lebensbewältigung – dargestellt am Beispiel der Studienzeit, in: Erziehungswissenschaft und Beruf, 57. Jg., H 3 (2009), S. 329-338

unterliegt als solches vielen Eigengesetzlichkeiten, die nicht zuletzt auf Grund der situativen Bedingungen bzw. des am Prozess beteiligten Menschen bedingt sind. Die erfolgreiche Umsetzung der individuellen Lebensbewältigung wird häufig durch die jeweils gegebene Lebens- bzw. Berufssituation erschwert. Patentrezepte der Lebensführung gibt es sowieso nicht, denn dafür ist die Lebenspraxis viel zu komplex. Daraus ergibt sich folgendes Modell der persönlichen Lebensbewältigung eines Managers (Abb. 17):

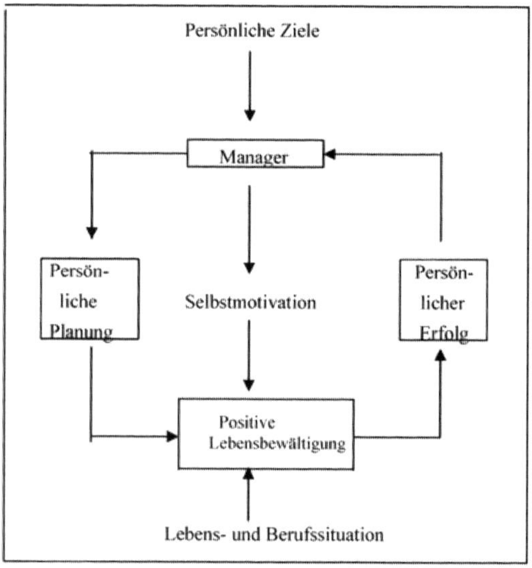

Abb. 17: Individueller Lebensbewältigungsprozess

Die obige modellhafte Darstellung verkennt also nicht, dass in der Realität die Lebensbewältigung nicht so „glatt" verläuft, denn die Lebenspraxis ist im Detail nicht nur bei Managern sehr komplex und oft wenig durchsichtig.

(e) Persönliche Ziele und Zielbindung

Jedes sinnvolle Vorgehen im Leben und bei der Arbeit beginnt mit Zielsetzungen.[602] Im obigen System sind die persönlichen Ziele Soll-Größen die dem Manager zur Orientierung dienen und ihm zeigen, wohin der Weg gehen soll. Sie beschreiben aus dem Blickwinkel der Gegenwart Zustände, die in der Zukunft erreicht sein sollen.[603] Dem Menschen bewusste Ziele und Absichten sind wesentliche Determinanten seines Verhaltens.[604] Persönliche Ziele können erreicht oder auch nicht erreicht

---

602 Vgl. Stroebe, R.W.: Arbeitsmethodik, 9. Aufl., Hamburg 2010, S. 39-67

603 Vgl. Becker, M.: Personalentwicklung, 5. Aufl., Stuttgart 2009, S. 363

604 Vgl. Weinert, A.B.: Organisations- und Personalpsychologie…a.a.O., S. 215 ff.

werden: Sie geben an, welche Menge und Güte ein in der Zukunft zu erreichendes Ergebnis haben soll, z.B. als Leistungsstandards.[605]
Nach dem Konzept der persönlichen Ziele[606] reagiert der Mensch nicht nur auf äußere Anreize; Er erfüllt nicht nur das, was man von ihm fordert, sondern er handelt vor allem, um eigene, sich selbst gesetzte persönliche Ziele zu erreichen. Allerdings sind nicht alle persönlichen Ziele gleichermaßen präzisierbar.[607] Mit dem Begriff der persönlichen Ziele werden Anliegen, Projekte und Bestrebungen bezeichnet, die ein Mensch in seinem Alltag verfolgt.[608] Das können Leistungs- (im Sport), Verhaltens- (weniger Rauchen) und Zufriedenheitsziele sein.
Persönliche Ziele können bei Führungskräften stark motivierende Wirkungen erzeugen.[609] Damit können Willenkräfte gebündelt und die Effizienz des Einsatzes von Kompetenzen und Fähigkeiten gesteigert werden. Zur Setzung von persönlichen Zielen wurden Strategien entwickelt, z.B. die SWOT-Analyse, nämlich eigene Stärken (Strength) und Schwächen (Weaknesses), sowie situative Möglichkeiten (Opportunities) und Gefahren (Threats) zu analysieren. Es ist zu ermitteln, wie persönliche Stärken und Ressourcen einzusetzen sind, um Chancen zu nutzen und Risiken zu umgehen. Danach folgen Überlegungen, wie individuelle Schwächen reduziert oder kompensiert werden können. Schwächen sollten – wenn möglich – in Stärken umgewandelt werden. Dabei sind nur relevante Ziele zu setzen, die positiv zu formulieren sind. Daraus sind auch Teilziele ableitbar. Es ist allerdings zu beachten, dass keine Überstrukturierung erfolgt, sondern eine gewisse Flexibilität erhalten bleibt. Bedeutsam ist, dass Zielkonflikte identifiziert und gelöst werden.
Nicht wenigen Personen fehlt es an Kenntnissen über geeignete Mittel und Wege, um gute Vorsätze und persönliche Ziele zu realisieren. Andere haben nicht genügend Vertrauen in ihre eigenen Kompetenzen und Möglichkeiten. Zudem können Zwänge aus der Lebens- und Berufssituation starken Druck ausüben und mache Manager in alte Gewohnheiten zurückfallen, die zu Misserfolgen führen. Deshalb ist eine starke Identifikation mit den Zielen nötig.
Um eine stärkere Zielbindung zu erreichen, sollte bereits bei der Zielfindung auf die Übereinstimmung mit den persönlichen Werten bzw. Motiven, mit dem individuellen Fähigkeitskonzept und auf die Realisierbarkeit der persönlichen Ziele geachtet werden. Insbesondere sollen die Ziele – möglichst messbar – schriftlich fixiert werden. Kalendereinträge und Erinnerungsnotizen können dabei hilfreich sein. Außer weiteren Maßnahmen[610] kann das Protokollieren von Verhaltensweisen, die vom Manager jeweils zu ändern sind, Nutzen bringen.

---

605 Vgl. zur Messung von Leistungsstandards: Stroebe, R.W.: Arbeitsmethodik…a.a.O., S. 67-77

606 Vgl. Brunstein, J.C., Maier, G.W.: Persönliche Ziele: Ein Überblick zum Stand der Forschung, in: Psychologische Rundschau, 47. Jg. (1996), S. 146-160

607 Vgl. Weinert, A.B.: Organisations- und Personalpsychologie…a.a.O., S. 216

608 Vgl. Wikipedia Enzyklopädie: Persönliches Ziel, in: http://de.wikipedia.org/wiki/Persönliches_Ziel v. 25.10.08

609 Vgl. Sauerland, M., Müller, G.F.: Selbstmotivierung…a.a.O., S. 39 ff.

610 Vgl. ebenda, S. 39-55

(f) Persönlicher Erfolg

Ein zielorientierter Manager strebt mehr oder weniger nach einem persönlichen Erfolg. Dieser ist das positive Resultat seiner Aktivitäten hinsichtlich der Erfüllung seiner persönlichen Ziele,[611] z.B. gute Leistungen zu erbringen, in bestimmten Situationen ein angemessenes Verhalten zu zeigen und insgesamt Zufriedenheit zu erreichen. In der Psychologie wird der Erfolg als das Ausmaß definiert, in dem die Resultate den angegebenen Zielen entsprechen.[612] Er bezeichnet Verstärker, die beim Menschen zu einer positiven Verstärkung der Motivation[613] oder im Falle des Misserfolgs demotivierend wirken.[614] Der Hoffnung auf Erfolg ist die Angst vor Misserfolg an die Seite zu stellen.[615] Auch jeder Manager braucht persönliche Erfolge, die ihm im Leben Bestätigung bringen und das Selbstwertgefühl anregen.[616] Nach dem Inhalt der Aktivitäten eines Managers im Rahmen seines individuellen Lebensführungsprozesses sind zu unterscheiden:

- Der Leistungserfolg als sachliches Ergebnis, das durch seine Aktivitäten erzielt wird, z.B. die Erfüllung der gesetzten Leistungsziele im Beruf, aber auch im Privatbereich, z.B. bei sportlichen Aktivitäten.
- Der Verhaltenserfolg als gutes oder schlechtes Ergebnis der Bemühungen des Managers um das Erreichen der Verhaltensziele, z.B. Hilfe für andere Menschen geben, ausgleichendes Konfliktverhalten und ein gutes Verhältnis zu anderen Personen pflegen.
- Der Zufriedenheitserfolg als positives Ergebnis der Aktivitäten, um die Zufriedenheitsziele zu erfüllen, z.B. im Leben eine positive Grundeinstellung zeigen und mit dem eigenen Leben zufrieden sein.

Aus prozessorientierter Sicht können die obigen Erfolgskriterien im Zusammenhang gesehen werden, wenn z.B. ein zufriedener Manager kommt mit angemessenem Verhalten zu hoher Leistung. Andererseits kann hohe Leistung eines Managers mit frechem Verhalten und Unzufriedenheit verbunden sein. Schwache Leistungen können mit angepasstem Verhalten und hoher Zufriedenheit korrelieren. Zufriedenheit tritt ein, wenn Erwartungen von Führungskräften durch motiviertes Handeln erreicht oder übertroffen werden. Die Wirkungen der Zufriedenheit sind recht unterschiedlich.[617] Die Zufriedenheit tritt nicht von allein ein, sondern man muss einiges selbst dafür tun, damit sie sich einstellt. Grundsätzlich wird derjenige Manager eher zufrieden und glücklich sein, der es versteht, seine inneren Erfahrungen zu steuern und zu kontrollieren bzw. negative Erlebnisse positiv zu verarbeiten – auch wenn das leichter gesagt als getan ist.

---

611 Vgl. Rahn, H.J.: Personalführung kompakt…a.a.O., S. 141

612 Vgl. Brodbeck, F.C.: Analyse von Gruppenprozessen und Gruppenleistung, in: Lehrbuch Organisationspsychologie, Hrsg. H. Schuler, 3. Aufl., Göttingen, Bern u.a. 2004, S.417

613 Vgl. Wikipedia Enzyklopädie: Erfolg, in: http://de.wikipedia.org/wiki/Erfolg v. 27.10.08

614 Vgl. Gage, N.L., Berliner, D.C.: Pädagogische Psychologie, 5. Aufl., Weinheim 1996, S. 369 f.

615 Vgl. Schulz, O.: Erfolg, in: Lexikon der Psychologie, Bd. 1, Heidelberg/Berlin 2000, S. 404

616 Vgl. Rahn, H.J.: Personalführung kompakt…a.a.O., S. 42

617 Vgl. Csikszentmihalyi, M.: Flow. Das Geheimnis des Glücks, 12. Aufl., Stuttgart 2005, S. 69 ff.

(g) Nutzung von Feedback

Das Feedback ist die Rückkopplung als Rückmeldung über den Stand der vom Manager konkret erzielten Ergebnisse. Keller spricht von Feedbackkultur.[618] Die stärkste Systematisierung von feed back ist der Soll-Ist-Vergleich zwischen den gesetzten persönlichen Zielen und den persönlichen Ist-Ergebnissen, d.h. es sind Vergleiche von Leistungssoll/-Ist, Verhaltenssoll/-Ist und Zufriedenheitssoll/-Ist vorzunehmen. Beispiel: Ein Manager hat sich als persönliches Verhaltensziel (Soll) gesetzt, wegen seines zu hohen Gewichts pro Tag nur noch eine Flasche Bier (statt bisher drei Flaschen pro Abend) zu trinken. Am Ende der Woche erfolgt die Rückkopplung (Ist) mit dem Ergebnis des Soll-Ist-Vergleichs. Bleibt die Person bei der Zielerreichung zurück, dann sollte sie sich aufgefordert fühlen, mehr Anstrengungen zu unternehmen. Übertrifft sie das Soll (nur 3 Flaschen pro Woche), dann dies verstärkenden Charakter.[619] Feedback ist auch für die Selbstmotivierung von Managern sehr bedeutend. Dabei sollten Fehler nicht als Makel, sondern als Chance zum Lernen gesehen werden.

Außer dem Soll-Ist-Vergleich kann das Führen eines Tagebuchs von Vorteil sein, in dem täglich Rechenschaft darüber abgegeben wird, was konkret erreicht wurde, welche Fehler vorgekommen sind und aus welchen Gründen etwas gelungen oder misslungen ist. Außerdem können Fremdbeurteilungen über eigene Leistungen, bzw. persönliches Verhalten durch der Person nahe stehende, kompetente Personen eingeholt werden. Außerdem kann das Anfertigen von Verhaltensprotokollen eine Systematisierung von Feedback erleichtern.[620]

(h) Selbstverstärkung

Auch für Führungskräfte gilt grundsätzlich, dass ein bestimmtes Verhalten dann verstärkt wird, wenn es positive Folgen hat. Wird ein Manager für ein leistungsbezogenes Verhalten belohnt, steigt seine Motivation, sich auch weiterhin leistungsbezogen zu verhalten. Dieses Grundprinzip aus der Lerntheorie kann auch für die Selbstmotivierung eingesetzt werden. Dabei kann das Aufstellen einer Verstärkerliste dienlich sein, in die eine Person schreibt, was sie gern tut, z.B. eine Ausstellung besuchen, ein gutes Buch lesen oder in Urlaub fahren. Solche Verstärkerpläne können in der Wohnung oder im Büro aufgehängt werden, um sie ständig vor Augen zu haben. Unter Beachtung bestimmter Einschränkungen und Risiken kann dieses Vorgehen durchaus sinnvoll sein.

Die Wege zur mentalischen Stärke entstehen in der positiven Psychologie und Selbstmangement.[621]

---

[618] Vgl. Keller, G.: Professionelle Kommunikation…a.a.O., S. 86-90

[619] Vgl. Sauerland, M., Müller, G.F.: Selbstmotivierung…a.a.O., S. 56 ff.

[620] Vgl. ebenda, S. 56-62

[621] Vgl. Braun, O. u.a., Psychologie und Sebstmangement: Wege zu mentaler Stärke, 1. Aufl., Stuttgart 2018

Die Selbstverstärkung sollte als Methode der Selbstmotivation beispielsweise dann eingesetzt werden, wenn Durststrecken zu überwinden sind (z.B. bei einer Diät), ein sehr anstrengendes Leistungspensum absolviert werden muss oder ein hohes Leistungsziel vorgegeben ist, z.B. für ein schwieriges Problemfeld lernen, das bei einer Person nicht allzu viel Interesse zu wecken vermag. Hier ist zu empfehlen, sich bereits nach Teilerfolgen bei der Arbeit selbst zu belohnen (vgl. Einbezug der obigen Verstärkerliste).
Ähnliche Effekte der Selbstmotivation lassen sich durch „Priming"-Effekte (engl. priming = Zündung) erzielen, indem ein Manager in seinem persönlichen Umfeld (z.B. Wohnung, Arbeitsstätte) motivationsbezogene Anreize platziert, z.B. Urkunden über vergangene Erfolge, gewonnene Pokale, Zeugnisse und Zertifikate auf die ein Manager stolz ist oder Mut machende Weisheiten.

(i) Nachhaltige Selbstmotivation

Um nachhaltig motiviert und leistungsfähig zu bleiben, sollte jeder Manager Regenerationsphasen einlegen. Übermotivierung ist gerade bei Managern nicht selten, weil von ihnen viel Engagement und Qualifikation erwartet und der persönliche Leistungsdruck heute immer größer wird. Es ist nachgewiesen, dass bei Unter- bzw. Übermotivierung die Leistung der Führungskraft abfällt und dass optimale Leistungen bei guter motivationaler Aktivierung erreicht werden. Zudem schränkt Übermotivierung die Möglichkeiten ein, kreative Lösungswege zu finden, da das Denken unter diesen Umständen stärker fokussiert als assoziativ ist.[622] Selbst bei Absehbarkeit von Gefahren zeichnen sich erfolgreiche Manager durch Souveränität, Leichtigkeit, Unbekümmertheit und Unbeschwertheit aus.
Von Sportlern ist bekannt dass überhartes, tägliches Training nicht nur das Verletzungsrisiko erhöht, sondern auf Dauer auch Motivation und Leistung absinken lässt. Die Ursache liegt darin, dass Muskeln nach Phasen starker Beanspruchung der Regeneration bedürfen. Ähnliches gilt für die geistige Arbeit: Ohne ausreichende Regeneration sinkt langfristig auch hier die Leistung. Manager werden stressanfällig, handeln unsicher, unkonzentriert und ideenlos. Um solchen Leistungseinbrüchen entgegenzuwirken werden zu große Mengen Kaffee getrunken, zu viele Zigaretten geraucht und oft regelmäßig leistungssteigernde psychotrope Substanzen zu sich genommen. Der Raubbau an den eigenen Leistungsressourcen kann Erkrankungen, wie beispielsweise Burnout nach sich ziehen. Nachhaltige Selbstmotivation ist nur durch die Gewinnung eines ausgewogenen Verhältnisses von Anspannung und Entspannung zu erreichen. Techniken zur Regeneration und Entspannung von Managern sind progressive Muskelentspannung, autogenes Training, Meditation, Fantasiereise (sich vorstellen, man liege am Sommer am Strand), „Power Napping" (Mittagstief durch Kurzschlaf überwinden), Massagen und Bäder, Urlaub, körperliche Bewegung und richtige Ernährung.[623]

---

622 Vgl. ebenda, S. 73

623 Vgl. ebenda, S. 73-78; vgl. auch: Crisand, E., Lyon, U., Schinagl, G.: Anti-Streß-Training, 4. Aufl., Frankfurt/Main 2009

Zur nachhaltigen Selbstmotivation trägt auch der konstruktive Umgang mit Misserfolgen bei. Jeder Mensch sollte Misserfolg als Lernerfahrung ansehen und als Chance begreifen, eine weniger negative Einstellung aufzubauen. Betroffene sollten sich positiv mit dem Geschehen auseinandersetzen und solche Personen einbeziehen, die Trost spenden und Mut machen können.[624] Auch sollten wir lernen, konstruktiv mit Notfällen umzugehen, die zur Konfrontation mit scheinbar unlösbaren Konflikten, zu völligen Gleichgültigkeit und zur längeren Blockierung der Aktivitäten führen. Wird der Mensch mit einem scheinbar unlösbaren Konflikt konfrontiert, dann ist es falsch, ständig darüber zu grübeln, sondern man sollte sich mit einfachen Tätigkeiten ablenken, z.B. die Wohnung putzen. Dabei kann einem bewusst werden, dass alles nicht so schlimm ist, wie befürchtet. Auch bei völliger Gleichgültigkeit oder Blockierung schadet es nicht, irgendetwas zur Ablenkung zu tun, z.B. in einem Buch anfangen zu lesen.[625]

Bei aller Akzeptanz der dargestellten Thesen zur Motivation muss abschließend darauf hingewiesen werden, dass erfolgreiche Motivation nicht so einfach ist, wie es auf den ersten Blick erscheint. Der Unternehmensberater *Reinhard Sprenger* [626] hat Grenzen aufgezeigt kritisch angemerkt, dass durch Motivationsspritzen (z.B. Prämien, Urlaub, Geschenke) Mitarbeiter zwar zu Höchstleistungen gebracht werden können, dass aber die Arbeit durch die Belohnung ihren eigentlichen Zweck verliert. Die gezielte Motivierung von außen zerstört oft die Eigenmotivation des Mitarbeiters. Er arbeitet nicht mehr um der Tätigkeit willen, sondern weil die Belohnung lockt. Es entsteht ein Teufelskreis und auf Dauer verliert die Begeisterung für diese Anreize beim Mitarbeiter ihren Wert: Er wird quengelig und fordert anspruchsvoller immer mehr. Die Kreativität des Mitarbeiters geht damit verloren. Deshalb sollten Vorgesetzte mehr dafür sorgen, dass die Eigenmotivation und Leistungsbereitschaft des Mitarbeiters gestärkt werden, indem er vom Vorgesetzten die nötige Entscheidungsfreiheit, die richtigen Informationen und vor allem das Vertrauen der Führungskraft bekommt.

Auch die Vision, dass aus eigenem Antrieb alles beruflich und privat praktisch alles erreichbar sei, was der Mensch gern erreichen möchte, ist trügerisch. Die Norm, immer und überall motiviert sein zu müssen, ist psychologisch zu hinterfragen, weil sie die Betrachtung eines beschaulichen und befriedeten Lebens (Vita contemplativa) entwertet, den permanenten Aktionismus überbewertet und nicht zuletzt ein entspanntes Nichtstun als wertlos einstuft.[627] Jede Person sollte für sich selbst prüfen, wann sie welche Motivationstechnik einsetzen möchte, denn generell wirksame Motivationsrezepte gibt es nicht. Personen, welche die Methoden der Motivation richtig einsetzen, werden immer wissen, dass sie sich selbst nicht zu etwas drängen können, was ihnen nach ihrem Wesen nicht liegt oder ihren Grundbedürfnissen zuwider läuft.

---

624 Vgl. Sauerland, M., Müller, G.F.: Selbstmotivierung…a.a.O., S. 79-87

625 Vgl. ebenda, S. 88-92

626 Vgl. Sprenger, R.K.: Mythos Motivation. Wege aus einer Sackgasse, Frankfurt/Main 2002

627 Vgl. Sauerland, M., Müller, G.F.: Selbstmotivierung…a.a.O., S. 93 ff.

5. KOMMUNIKATIONSPSYCHOLOGIE

Die Kommunikationspsychologie ist eine eigenständige Wissenschaft der Psychologie, welche die Aufgabe hat, zu untersuchen und zu erklären, wie Menschen in unterschiedlichen sozialen Systemen wechselseitig Informationen austauschen. Sie kann den verbalen und nonverbalen Austausch von Informationen in einer Zweierbeziehung, in Gruppen und Organisationen, aber auch Prozesse und Folgen massenmedialer Anregungen oder interkultureller Beziehungen betreffen.[628] Die Kommunikationspsychologie ist als eine noch junge Wissenschaft[629] insbesondere mit der Sozialpsychologie[630] eng verbunden. [631] Die Führungspsychologie hat insbesondere zur Kommunikationspsychologie wichtige Bezugsfelder und Schnittmengen.
Die Kommunikation bildet die Basis für eine erfolgreiche Kooperation[632] und ist zu einem wichtigen Produktivitätsfaktor und damit zu einem vorrangigen Wettbewerbsfaktor geworden. Kommunikation ist aber mehr als reiner Austausch von Informationen.[633] Wenn von Kommunikation gesprochen wird, dann meinen wir offenbar vor allem, mit Menschen in Beziehung zu treten[634], Verbindungen schaffen, miteinander umgehen und sich verständigen.[635] Die interpersonale Kommunikation hat die gegenseitige Information von Menschen zum Betrachtungsgegenstand, z.B. Erleben und Verhalten in Konferenzen und Besprechungen, im Dialog, im Rückkehrgespräch, bei der Gesprächsführung bzw. das Konflikttraining und die Konfliktlösung.

5.1 Grundlagen der Kommunikation

Bei der Definition des Begriffs Kommunikation ist zwischen einem nachrichtentechnischen und einem verhaltenswissenschaftlichen Aspekt zu unterscheiden.[636] Deshalb wird unter Kommunikation häufig der Austausch von Informationen zwischen Menschen[637] und/oder Maschinen verstanden.[638]

---

628 Vgl. Frindte, W., Einführung in die Kommunikationspsychologie, Weinheim 2001, S. 22

629 Vgl. Görgen, F.: Kommunikationspsychologie in der Wirtschaftspraxis, München 2004, S. 6

630 Auch die Bedeutung des Internet für die Kommunikation ist hier ein Thema, z.B. E-Mail, Newsgroups, Chats usw. (vgl. Döring, N.: Sozialpsychologie des Internet, 2. Aufl., Göttingen/Bern u.a. 2003

631 Vgl. Bierhoff, H.W., Frey, D.: Handbuch der Sozialpsychologie und Kommunikationspsychologie, Göttingen/Bern u.a. 2006

632 Vgl. Witt, J., Ulbrich, M.: Das Konzept „Mitarbeiter im Dialog (MiD), Heidelberg 2003, Vorwort

633 Vgl. Franken, S.: Verhaltensorientierte Führung, 3. Aufl., Wiesbaden 2010, S. 148

634 Vgl. Keller, G.: Professionelle Kommunikation, Heidelberg 2004, S. 11

635 Vgl. Frindte, W.: Einführung in die Kommunikationspsychologie...a.a.O., S. 12

636 Vgl. Staehle, W.H.: Management...a.a.O., S. 300

637 Vgl. Rosenstiel, L.v., Nerdinger, F.W.: Grundlagen der Organisationspsychologie...a.a.O., S. 312 ff.

638 Vgl. Rahn, H.J.: Unternehmensführung...a.a.O., S. 29

(a) Kommunikationsprozess

Der Kommunikationsprozess ist der Ablauf gegenseitiger Information von Sender und Empfänger. Dieser wird in der Literatur unterschiedlich dargestellt.[639] Die Prozesse verlaufen je nach Kommunikationsnetz[640] und Kommunikationsweg unterschiedlich. Als Kommunikationswege gelten vor allem mündliche und schriftliche Kommunikation und schwarzes Brett. Wird Kommunikation als Führungsinstrument[641] interpretiert, dann gelten dabei als Kommunikationsmittel die Gespräche, Besprechungen und Konferenzen. Der Kommunikationsprozess kann folgenden Ablauf haben:

Jeder Mensch ist ein Sender (1). Dieser möchte eine Information (3) übermitteln. Er wird die Information um so besser übermitteln können, je besser seine Beziehung zur Nachricht ist (2). Was man selbst nicht glaubt, kann man im strengen Sinne nicht übertragen. Der Sender benötigt zur Übermittlung ein geeignetes Sendegerät (4). Außerdem sollte der zweckmäßigste Kanal (5) verwendet werden und das Empfangsgerät (6) muss auf den Sender eingestellt sein. Die Botschaft wird beim Empfänger (7) umso sicherer ankommen, je besser die Beziehung (8) des Empfängers zur Information ist (9). Das Feedback als Rückinformation (10) gibt dem Sender die Möglichkeit, zu prüfen, on seine Kommunikation erfolgreich war. Der Prozess des Kommunizierens ist vor allem ein komplexer psychischer Prozess, der Facetten, wie z.B. Wahrnehmung, Emotionen, Einstellungen, Machtverteilung, Akzeptanz und Lernfähigkeit beinhaltet.[642] Bei der zwischenmenschlichen Kommunikation spielt insbesondere das Feedback eine große Rolle.[643] Die Kommunikation im Kommunikationsprozess zwischen Sender und Empfänger lässt sich in folgender Weise darstellen (Abb. 18):[644]

639 Vgl. Fiege, R., Muck, P.M., Schuler, H.: Mitarbeitergespräche, in: Lehrbuch der Personalpsychologie, Hrsg. H. Schuler, 2. Aufl., Göttingen/Bern u.a. 2006, S. 474; vgl. Witt, J.: Interaktive Führung…a.a.O., S. 36; vgl. Staehle, W.H.: Management…a.a.O., S. 300

640 Vgl. Jung, H.: Personalwirtschaft…a.a.O., S. 484 f.

641 Vgl. Titscher, S.: Kommunikation als Führungsinstrument, in: Handwörterbuch der Führung, Hrsg. A. Kieser, G. Reber, R. Wunderer, 2. Aufl., Stuttgart 1995, Sp. 1309-1318

642 Vgl. Franken, S.: Verhaltensorientierte Führung…a.a.O., S. 148

643 Vgl. Fiege, R., Muck, P.M., Schuler, H.: Mitarbeitergespräche…a.a.O., S. 474

644 Vgl. Stroebe, R.W.: Kommunikation I, 6. Aufl., Heidelberg 2001, S. 9 f.

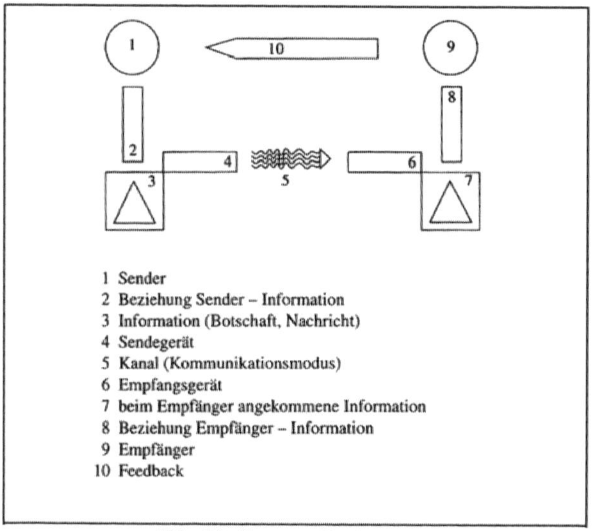

Abb. 18: Kommunikationsprozess

(b) Kommunikationsformen

In der Literatur werden verschiedene Kommunikationsformen diskutiert.[645] Die personale Kommunikation ist eine soziale Form des Austauschs, die der gegenseitigen Information von Personen dient und in formaler Interpretation auch als Personalkommunikation bezeichnet wird und eine strukturbezogenen Funktion des Personalwesens darstellt.[646] Als Formen der personalen Kommunikation sind zu unterscheiden:[647]

• Die verbale Kommunikation als ein Dialog, der über Worte erfolgt. Sie beschafft vor allem Informationen auf der Inhaltsebene, z.B. durch Gefühlsäußerungen bzw. Emotionen in einem Gespräch. Das eigentliche Ziel jeder Kommunikation ist die Verständigung. Diese beruht auf Verstehen und auf Akzeptanz.

• Die nonverbale Kommunikation findet durch paraverbale Mittel (z.B. Tonfall, Lautstärke, Pausen) über die Körpersprache (z.B. Gestik und Mimik), über das Raumverhalten (z.B. Distanz, Gang) und über das Erscheinungsbild (z.B. Kleidung, Frisur, Schmuck) statt.

Die Wirksamkeit der personalen Kommunikation wird durch Missverständnisse zwischen den Partnern, inhaltliche Unklarheiten, Vorurteile und verletzte Gefühle beeinflusst. Auf der Seite des Informationsgebers kann die Kommunikation durch Dosierung der Informationsmenge, durch Wiederholung der Information und durch empfängerorientierte Formulierungen verbessert werden. Auf der Seite des Informa-

---

645 Vgl. Jung, H.: Personalwirtschaft…a.a.O., S. 467

646 Vgl. Kapitel 7.3 dieser Arbeit

647 Vgl. Franken, S.: Verhaltensorientierte Führung…a.a.O., S. 150 ff.

tionsnehmers kann die soziale Kommunikation durch aktives Zuhören und Mitdenken verbessert werden.
Der personalen Kommunikation steht die technische Kommunikation gegenüber, die hier nicht genauer analysiert werden, soll. Sie geschieht z.B. über Computer, Telefax, Internet und E-Mail. Dabei ermöglichen computergestützte Personalinformationssysteme[648] (PIS) die Weitergabe von Informationen.

(c) Führung und Kommunikation

Die Führung ist ohne Kommunikation nicht denkbar,[649] denn Führung bedeutet vor allem, dass miteinander gesprochen wird. In einer Organisation erhöht sich mit zunehmender Hierarchiestufe der Anteil der Kommunikation an der gesamten Arbeitszeit. Führung wirkt nur über die Kommunikation.[650] Wenn der Informationsfluss allerdings unzureichend ist, wie Umfragen aus der Wirtschaft bestätigen[651], führt das zu Schwierigkeiten. Es wurde festgestellt, dass Qualität und Menge der zur Verfügung stehenden Informationen in krassem Missverhältnis stehen und dass wir an Informationsüberflutung leiden. Auch die Zusammenarbeit ist in vielen Organisationen unbefriedigend.[652]
Es gibt allerdings auch Unternehmen, die ihre Mitarbeiter so führen, dass eine effiziente Kommunikation besteht. Dort unterrichteten die Führungskräfte ihre Mitarbeiter in monatlichen Besprechungen gezielt über wissenswerte Einzelheiten des Betriebsgeschehens. Dabei sind Auswirkungen effizienter Kommunikation auf die Arbeitszufriedenheit nicht zu übersehen.[653] Weitere Untersuchungen verdeutlichen, wie Informationen „von oben nach unten“ bei Mitarbeitern vor allem dann Widerstand hervorrufen, wenn sie sich wie Objekte behandelt fühlen. Wenn die Mitarbeiter von den Führungskräften in das Geschehen einbezogen werden, werden Problemlösungen von den Geführten engagierter realisiert.
Nicht selten gehen Führungskräfte davon aus, dass der objektive Informationsbedarf (Arbeitsgebiet, Arbeitsergebnisse) beim Mitarbeiter gedeckt sei, aber das subjektive Informationsbedürfnis ist nicht gedeckt, z.B. geht es hier um Sicherheitsbedürfnisse, um Informationen über die gesamte Organisation und um die Zusammenarbeit mit dem Chef (z.B. Kontakt, Bestätigung).[654] Mehr Wissen um die Zusammenhänge in einer Organisation fördert die Identifikation mit dieser. Mangelnde Kenntnis von Zusammenhängen erschwert dagegen das Mitdenken und

---

648 Vgl. Mülder, W.: Personalinformationssysteme, in: Handwörterbuch des Personalwesens, Hrsg. E. Gaugler, W.A. Oechsler, W. Weber, 3. Aufl., Stuttgart 2004, Sp. 1534-1546

649 Vgl. Rahn, H.J.: Unternehmensführung…a.a.O., S. 28 ff.

650 Vgl. Stroebe, R.W.: Kommunikation I…a.a.O., S. 15-16

651 Vgl. ebenda, S. 17 f.

652 Vgl. Witt, J., Ulbrich, M.: Das Konzept „Mitarbeiter im Dialog“…a.a.O., S. 11

653 Vgl. ebenda, S. 20 ff.

654 Vgl. ebenda, S. 25-28

kann so zu Störungen führen. Unkenntnis der Informationswünsche, Unterlassung bzw. falsche Übermittlung von Information führen zu Problemen.[655]
Wenn es im Unternehmen Kommunikationsprobleme gibt, dann sollte der Vorgesetzte diese über Leitfragen analysieren und zu lösen versuchen. Die Praxis sieht aber oft anders aus: statt vernünftig miteinander zu reden, giften sich Menschen an uns verwechseln den Einsatz von Energie mit Kampf: „*Erst wenn Dominanz aufhört, beginnt Beziehung.*“[656] Als spezielle Kommunikationsstörungen gelten beispielsweise:[657]

• Inhaltliche Unklarheiten, wenn unterschiedlicher Informationsstand der Kommunizierenden besteht, d.h. Sender und Empfänger sprechen nicht von der gleichen Sache, denn sie reden aneinender vorbei.

• Missverständnisse auf der Beziehungsebene, wenn das Ausgesprochene nicht der Mimik und Gestik entspricht: Jemand behauptet mit schmerzverzerrtem Gesicht, dass es ihm gut gehe.

• Vertauschen von Inhalts- und Beziehungsaspekt, wenn ein Teilnehmer dem anderen aus persönlichen Gründen nicht zustimmen möchte, weil dieser einen besseren Vorschlag gemacht hat.

• Vorurteile, d.h. Missverständnisse sind vorprogrammiert, weil nur nach Wahrnehmungen aufgenommen werden, die das Vorurteil bestätigen.

• Verletzte Gefühle und Wertvorstellungen, wenn unbedachte Äußerungen den Partner verletzen, z.B. bei einem Witz über die Kirche, die einen gläubigen Menschen persönlich trifft.

Da jedes Missverständnis die Wirksamkeit der Kommunikation zwischen Sender und Empfänger beeinflusst, sollten Führungspersonen die obigen Störungen kennen und deren Eintritt zu vermeiden versuchen. Führungskräfte haben folgende Möglichkeiten zur Verbesserung der Kommunikation:

• Als Ansatzpunkte auf der Senderseite gelten z.B. Dosierung der Informationsmenge, Wiederholung der Information, empfängerorientierte Formulierungen und Offenlegung der Gesprächsziele.

• Auf der Empfängerseite z.B. aktives Zuhören als ein Prozess im Sinne des einfühlenden Verstehens, bei dem die Achtung des anderen im Vordergrund steht.

• Konstruktives Feedback und den richtigen Zeitpunkt für die Rückmeldung wählen. Damit sollen unbeabsichtigte Verhaltensweisen korrigiert bzw. erwünschtes Verhalten bestärkt werden. Der Chef sollte öfter eine Rückmeldung geben. Vor allem positives Verhalten verdient eine Rückmeldung.[658]

---

655 Vgl. ebenda, S. 37 und S. 44-49

656 Ebenda, S. 33; vgl. zu den Leitfragen S. 29-37; zu den Kommunikationswegen vgl. S. 50 ff.

657 Vgl. Jung, H.: Personalwirtschaft…a.a.O., S. 474 ff.

658 Vgl. Witt, J., Ulbrich, M.: Das Konzept „Mitarbeiter im Dialog“…a.a.O., S. 27-35, insbesondere S. 32

5.2 Gespräche als Mittel der Kommunikation

Das Gespräch ist ein Mittel der Kommunikation, das auf zwei Personen beschränkt ist, wobei zwischen den Gesprächspartnern Gedanken und Informationen ausgetauscht werden.[659] Es gibt eine Fülle verschiedener privater und beruflicher Anlässe, aus denen heraus ein Gespräch geführt wird, z.B. Glückwunschgespräch, Liebesgespräch, Belobigungsgespräch, Mitarbeitergespräch, Kritikgespräch bis zum Kondolenzgespräch.[660]

(a) Wirkfaktoren eines Gesprächs

Jeder Gesprächsteilnehmer sollte die Wirkfaktoren kennen, die auf ein Gespräch einwirken, um sich diese bewusst zu machen und sich zu fragen, in welcher Weise sie den Gesprächsverlauf beeinflussen werden, um sich entsprechend darauf einstellen zu können. Es sind z.B. folgende Wirkfaktoren eines Gesprächs zu unterscheiden, auf die sich ein Vorgesetzter vor einem Gespräch vorbereiten sollte:

• Die Variablen der Gesprächspartner (Gesprächsführer bzw. Partner), z.B. Persönlichkeitsstruktur, Status, Rolle, Erfahrung, Einstellung, Verhaltensweise, Überzeugungskraft, emotionale Einstellung, momentane Gestimmtheit, Vertrauen zum Gesprächspartner, Ausstrahlungskraft und seine Akzeptanz bei anderen Menschen.

• Die Variablen der Interaktion, z.B. gute zwischenmenschliche Beziehungen zwischen Gesprächsführer und Gesprächspartner (gegenseitige Achtung, beiderseitige Offenheit, gemeinsame Erfolge) oder negative Beziehungen, z.B. gab er früher bereits Streit zwischen den Partnern.

• Die historischen Variablen, z.B. die Erfahrungen, welche die Gesprächspartner in der Vergangenheit miteinander gehabt haben: Wie sind Er (Sie) und Ich früher zurecht gekommen? Wie ist das Verhältnis von Ich und Über-Ich?

• Die Variablen der Gruppenzugehörigkeit, z.B. soziale Rollen und Status (Über- bzw. Unterordnung, Gleichstellung), bestehende Vorurteile gegenüber anderen Gruppen (Stereotype), Unterschiede in Alter und Geschlecht.

• Die Variablen der Gesprächssituation, z.B. Kriterien bei einem Glückwunschgespräch sind andere als bei einem Liebesgespräch oder einem Belobigungsgespräch oder einem Kritikgespräch oder bei einem Kondolenzgespräch.

• Die Außenvariablen, z.B. geht das Gespräch über die Arbeit oder ist es privater Natur, Situation der Organisation beider Partner (z.B. Betriebsklima, Krisensituation) bzw. örtliche (Gesprächsort) und zeitliche Aspekte, z.B. Zeitpunkt des Gesprächs, Zeitdauer.

Der Gesprächsführer soll sich intensiv auf ein Gespräch vorbereiten, es entsprechend durchführen und auswerten.[661] Werden die möglichen Einflussfaktoren im Vorfeld richtig erfasst und analysiert, dann ist die Wahrscheinlichkeit groß, dass das

---

659 Vgl. Olfert,K., Rahn, H.J.: Lexikon der Betriebswirtschaftslehre…a.a.O., Nr. 371

660 Vgl. Crisand, E., Crisand, M.: Psychologie der Gesprächsführung…a.a.O., S. 9

661 Vgl. Witt, J., Ulbrich, M.: Das Konzept „Mitarbeiter im Dialog“…a.a.O., S. 51-55

Gespräch so verläuft, wie er sich das vorstellt. Patenrezepte dafür gibt es allerdings nicht.

(b) Regeln für ein persönliches Gespräch

Die Gesprächsforschung hat sich zu einem produktiven Forschungszweig entwickelt.[662] In der Gesprächstherapie [663] wurde seit vielen Jahren intensiv danach geforscht, was sich während eines Gesprächs abspielt und was bei den Gesprächspartnern vorgeht. Für ein persönliches Gespräch gelten folgende psychohygienische Verhaltensmerkmale:[664]

• Kongruenz und Echtheit, d.h. das Gesprächsverhalten darf nicht aufgesetzt sein, sondern dem Partner ist aufrichtig zu begegnen. Er soll erkennen, dass sich der Partner für ihn interessiert.

• Emotionale Wärme, d.h. einfühlendes, nicht wertendes Verstehen des Gesprächspartners, auch wenn es der Gesprächspartner zunächst nicht akzeptieren kann.

• Wertschätzung des Partners, d.h. ihn annehmen und als Person achten. Der Gesprächsführer sollte dem Partner die Gewissheit vermitteln, das das Gespräch auch für den Führenden von Bedeutung ist.

Ausgangspunkt jeden erfolgreichen Gesprächs ist das „Annehmen" des Gesprächspartners[665] durch den Gesprächsführer, denn nur so wird die Gesprächsatmosphäre gelockert, Unsicherheit verliert sich und gegenseitige Akzeptanz breitet sich aus. Wer ein Gespräch professionell führen möchte, muss eine entsprechende Grundhaltung mitbringen, d.h. Respekt vor der Würde des Mitmenschen.[666] Dabei gilt: Man muss ihn achten, ob man ihn mag oder nicht. Dabei sollte jede Führungskraft folgende acht goldene Regeln beachten:[667]

(1) Das Gespräch gut vorbereiten und Ziele setzen
(2) Freundlicher Einstieg in das Gespräch (Gesprächseröffnung)
(3) Im Gespräch aktiv zuhören
(4) Dem Partner Ich-Botschaften geben[668]
(5) Interessen beim Partner herausfinden
(6) Dem Partner Fragen stellen
(7) Feedback geben und nehmen
(8) Wertschätzende Haltung zeigen.

Von uns geführte Gespräche haben oft das Ziel, die Einstellung unseres Gesprächspartners zu einem Thema bzw. zu bestimmten Punkten zu ändern. Solche Einstel-

---

662 Vgl. Deppermann, A.: Gespräche analysieren, 4. Aufl., Opladen 2008

663 Vgl. Tausch, R., Tausch, A.M.: Gesprächspsychotherapie, 9. Aufl., Göttingen 1990

664 Vgl. Crisand, E., Crisand, M.: Psychologie der Gesprächsführung…a.a.O., S. 23

665 Vgl. Rogers, C.R.: Entwicklung der Persönlichkeit, 17. Aufl., Stuttgart 2009

666 Vgl. Keller, G.: Professionelle Kommunikation…a.a.O., S. 21 f.

667 Vgl. Heilmann, M.: Acht goldene Regeln für eine souveräne Gesprächsführung, Berlin 2009

668 Vgl. dazu Kapitel 5.2 Punkt (e)

lungsänderungen sind in der Praxis aber viel schwieriger zu erreichen, als z.B. im Wissensbereich.[669]

(c) Regeln für Telefongespräche

Von zehn Managern führen neun an einem Tag mindestens eine Stunde Telefongespräche[670]. Ein Telefongespräch ist ein Mittel der Kommunikation[671] mit zwei Teilnehmern über das Telefonnetz. Es unterscheidet sich vom persönlichen Gespräch dadurch, dass sich die Partner nicht sehen (es gibt Ausnahmen, wie Bildtelefon) und somit die Kommunikationsfaktoren anders wirken als bei direkter Kommunikation. Während im direkten Gespräch die Körpersprache zu 55 % und der Klang der Stimme nur zu 38 % zur Wirkung des Gesagten beitragen, wirkt im Telefongespräch der Klang der Stimme zu 84 %. Deshalb ist es psychologisch bedeutsam, dass der Mensch am Telefon freundlich ist, denn das ist entscheidend für den ersten Gesamteindruck. Außer den bereits genannten Gesprächsregeln ist bei Telefongesprächen zu beachten: [672]

• Sagen Sie bei einem Anruf zunächst deutlich den Namen Ihrer Organisation (bzw. Abteilung) und dann ihren eigenen Namen! Manche sprechen aus einer gewissen Routine heraus viel zu schnell, sodass man den Namen nicht richtig verstehen kann, was nicht selten auch absichtlich geschieht.

• Ist der Kontakt hergestellt, kann der Informationsaustausch beginnen. Sprechen Sie in kurzen Sätzen mit deutlicher Aussprache und vor allem langsam, denn der Gesprächspartner muss klar verstehen können, was gemeint ist. Insbesondere bei der Übermittlung von Zahlen (z.B. Telefonnummern) ist langsam zu sprechen, vor allem dann, wenn auf den Anrufbeantworter gesprochen wird.

• Ihre Körperhaltung beeinflusst den Klang der Stimme zusätzlich: lehnen Sie sich entspannt zurück, dann kommt Ruhe in Ihre Stimme; Möchten Sie Standfestigkeit und Entschlossenheit signalisieren, dann empfiehlt es sich, während des Gesprächs aufzustehen!

• Stellen Sie im Gespräch Fragen, denn *„wer fragt, der führt!“* Wenn einige Informationen zustande gekommen sind, sollten Sie das Gehörte kurz zusammenfassen und u.U. eine Notiz erstellen.

• Werden Beschwerden in aggressivem Ton vorgetragen, dann ist es für den Betroffenen wichtig, die Ruhe zu bewahren und nicht zurück zu schreien. Zeigen Sie Verständnis: *„Ich merke, dass Sie enttäuscht sind!“* Nehmen Sie Beschwerden ernst!

---

669 Vgl. Crisand, E., Crisand, M.: Psychologie der Gesprächsführung…a.a.O., S. 91 f.

670 Vgl. Stroebe, R.W.: Arbeitsmethodik…a.a.O., S. 157

671 Es gibt dazu eine Fülle von Literatur: vgl. Backwinkel, H., Sturtz, P.: Telefonieren, 3. Aufl., Planegg 2010; vgl. Haeske, U.: Erfolgreich telefonieren im Beruf, Weinheim/Basel 1999; vgl. Hasenkamp, M.: Die Kunst professionell zu telefonieren, Regensburg u.a. 2001

672 Vgl. Keller, G.: Professionelle Kommunikation…a.a.O., S. 28-32

(d) Umgang mit Widerstand

Im Rahmen von Kommunikation tritt immer wieder Widerstand auf, der nicht immer einfach zu bewältigen ist. Psychologischer Widerstand ist die Reaktion des Menschen auf die Einschränkung seiner Handlungsfreiheit. Wer mit ihm konstruktiv umgehen möchte, der sollte mit dem Widerstand gehen und nicht gegen ihn! Hilfreich kann sein, folgende Regeln zu beachten:[673]

- Sprechen Sie den Widerstand offen an: „*Mir fällt auf, dass Sie auf meine Empfehlungen nicht eingehen!*"
- Erkennen Sie ihre eigenen Anteile am Widerstand des anderen, indem Sie Ihr Verhalten kritisch überprüfen!
- Würdigen Sie, was Ihr Partner oder Ihr Team bisher geleistet hat!
- Respektieren Sie den Bedenkenträger als Menschen und kränken Sie ihn nicht!
- Nehmen Sie als Führungskraft die Bedenken ernst und fragen Sie nach den Beweggründen!
- Formulieren Sie ihre Botschaften so, dass der Empfänger einen Entscheidungsspielraum hat!
- Verzichten Sie eher auf Wörter wie müssen, sollen oder nicht dürfen! Besser: können, wollen oder möchten!
- Hören Sie aktiv zu: Ermutigen Sie den Betroffenen, seine Ängste und Sorgen zu äußern!
- Vermeiden Sie zu hohe Änderungsziele, die kaum erreichbar sind!
- Behalten Sie die Ruhe und bleiben Sie geduldig! Aufregendes Verhalten verstärkt den Widerstand!
- Beteiligen Sie den Betroffenen am Geschehen! Informieren Sie ihn über Vorhaben und Entscheidungen!
- Gewährend Sie dem Betroffenen rechtzeitig Korrekturrechte an dem Vorhaben!

Was jemand an bedenken und Gegenargumenten äußert, enthält häufig eine Kernbotschaft, in der das eigentliche Anliegen des Betroffenen zum Ausdruck kommt. Nicht selten werden Widerstände aus der Angst vor dem persönlichen Versagen ausgelöst. Dann sollte psychologisch klug überlegt werden, mit welcher Unterstützung durch die Führungskraft diese Angst beseitigt werden kann.

(e) Kommunikationstechniken

Bei der partnerzentrierten Kommunikation stehen das Vertrauen der Partner zueinander, die Bereitschaft zu Offenheit, das gute Zuhören und der Versuch des Verstehens im Vordergrund. Nicht der Gesprächsführer spielt hier die Hauptrolle, sondern der Gesprächspartner, d.h. der Führende sollte sich selbst zurücknehmen. Zur Verwirklichung der partnerzentrierten Kommunikation ist auf das Beherrschen folgender Kommunikationstechniken hinzuweisen:[674]

- Aktives Zuhören als eine Form der intensiven Wahrnehmung des Gesagten, die einem Gesprächspartner die Aufnahme und Verarbeitung von mündlichen Informa-

---

673 Vgl. ebenda, S. 93 ff.

674 Vgl. ebenda, S. 26-39

tionen ermöglicht, um entsprechend reagieren zu können. Das aktive Zuhören erfordert die Erfassung der inneren Zusammenhänge, volle Aufmerksamkeit, keine Ergänzungen, kritische Überprüfung der Wahrnehmungen und vorsichtige Interpretation des Gesagten.

Die aktive Zuhörtechnik ist die Grundlage aller Kommunikation: durch sie wird zwischen den Partnern eine Verbindung hergestellt und es entsteht so etwas wie Gemeinsamkeit zwischen ihnen.[675] Ein guter Zuhörer denkt mit und setzt das Gehörte um.[676]

Das Gegenteil davon ist das passive Zuhören, wo der Partner dem Gesprächspartner nur „sein Ohr leiht", was für den Gesprächspartner i.d.R. sehr unbefriedigend ist. In der täglichen Kommunikation ist das passive Zuhören (ZP) sehr viel mehr verbreitet, als wir Menschen uns darüber bewusst sind.[677]

Es gibt heute leider nur wenig gute Zuhörer.[678] Vor allem wenn wir glauben, dass die weitergegebenen Informationen von hoher Bedeutung sind, dann ärgern wir uns darüber, wenn ein Gesprächspartner nicht richtig zuhört und sich dann durch unpassende Antworten verrät. Bei den nun folgenden Kommunikationstechniken sind die Sachebene (rationale Ebene) von der Gefühlsebene (emotionale Ebene)[679] zu unterscheiden (Abb. 19)[680]:

• Paraphrasieren als Wiederholung der sachlichen Aussage des Gesprächspartners mit eigenen Worten. Es ist die einfachste Form des Feedback und gewährleistet, dass die Aussage vollständig im Sinne des Partners verstanden wurde. Nachteilig ist, dass dafür Zeit benötigt wird, aber die Vorteile überwiegen, denn die sachliche Aussage eines Partners wird viel häufiger falsch aufgefasst als wir es zunächst glauben.

Beispiel: Ein Student erklärt vor seinem Examen dem Professor: „*Es ist alles so schlimm, die Zeit bis zum Examen ist viel zu kurz, ich weiß gar nichts mehr. Ich weiß nicht, ob ich die Examensarbeit noch rechtzeitig abschließen kann!*" Sein Professor antwortet paraphrasierend: „ *Sie wollen also nicht ins Examen gehen?*" Damit wird sachlich erfasst, ob die Aussage richtig verstanden wurde.[681] Sollte der Studierende etwas anderes wollen, dann wird sie sofort reagieren.

---

675 Vgl. Henninger, M., Mandl, H.: Zuhören – verstehen – miteinander reden, Göttingen/Bern u.a. 2003; vgl. Torralba, F.: Die Kunst des Zuhörens, München 2007; vgl. Bay, R.H.: Erfolgreiche Gespräche durch aktives Zuhören, 7. Aufl., Renningen 2010

676 Vgl. Schräder-Naef, R.: Rationeller lernen lernen, 21. Aufl., Weinheim 2003, S. 152 f.

677 Vgl. Rahn, H.J.: Techniken geistigen Arbeit...a.a.O., S. 62

678 Vgl. De Bono: De Bonos neue Denkschule, 3. Aufl., München 2010, S. 108

679 Vgl. Crisand, E., Crisand, M.: Psychologie der Gesprächsführung…a.a.O., S. 79-89; vgl. Jung, H.: Personalwirtschaft…a.a.O., S. 473

680 Vgl. dazu die Schichtentheorie (Abb. 8)

681 Vgl. Crisand, E., Crisand, M.: Psychologie der Gesprächsführung…a.a.O., S. 33 f.

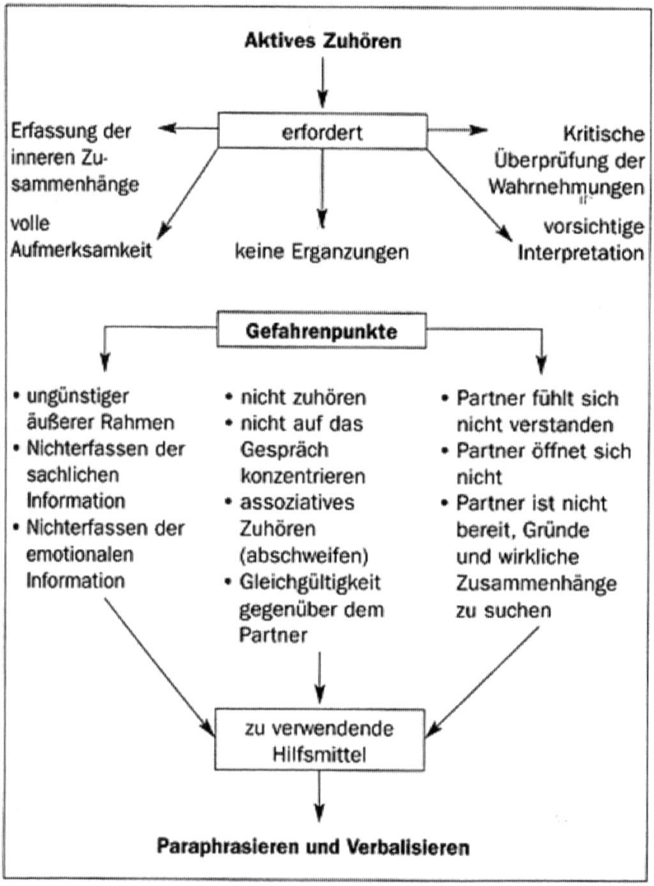

Abb. 19: Kommunikationstechniken

• Verbalisieren als verständnisvolle Wiederholung der emotionalen Aussage des Partners mit eigenen Worten.[682] Die Handlungen jedes Menschen werden von Gefühlen bestimmt.[683] Da er diese Gefühle oft versucht zu verbergen, sich sogar mitunter seiner Gefühle schämt, können wir auch in Gesprächen kaum erwarten, dass unser Partner Gefühle direkt in passende Worte kleidet. Vielmehr schwingen in Gesprächen die Gefühle nur mit, im äußersten Falle umschreibt sie der Gesprächspartner. Hören wir in einem Gespräch, dass von unserem Partner Gefühle anklingen, sollten wir ihm helfen, weiter darauf einzugehen.

---

682 Vgl. ebenda, S. 34-39

683 Vgl. Crisand, E., Rahn, H.J.: Psychologie der Persönlichkeit…a.a.O., S. 50-55

Beispiel: Ein Mitarbeiter sagt erregt zu seinem Vorgesetzten: *„Ich habe es satt, dass alle über meine Arbeit meckern!"* Moralisieren und predigen des Vorgesetzten hilft hier nicht, sondern verständnisvoll reagieren und verbalisieren: *„Das hört sich an, als wenn alle auf euch herumhacken!"*
Mit dieser verständnisvollen Reaktion erhält der Partner Gelegenheit, über die eigenen Probleme nachzudenken, die Situation wird entemotionalisiert und der Gesprächspartner öffnet sich i.d.R. weiter. Nachteilig kann sein, dass mehr Zeit benötigt bzw. der Partner seelisch „auseinander genommen" wird. Mitunter kann eine Emotion überinterpretiert werden. *Ekkehard* und *Marcel Crisand* bieten zum Erlernen und zur Anwendung obiger Kommunikationstechniken eine Fülle von interessanten Übungen an.[684]

(f) Erster Eindruck

Um das Verhalten seines Mitarbeiters beeinflussen zu können, sollte der Vorgesetzte zuerst sein Ich und sein eigenes Verhalten erkennen.[685] Das Verhalten einer Führungskraft im Gespräch wird unter anderem durch das Bild geprägt, das sie von ihrem Gesprächspartner hat. Dieses Bild ist zunächst subjektiv geprägt. Der erste Eindruck dauert oft nur wenige Sekunden. Dabei machen wir uns nicht bewusst, was wir wirklich wahrnehmen, sondern ergänzen unbewusst einzelne Eindrücke zu einem emotionalen Gesamteindruck.[686] Beispiel: Man „erkennt" eine Mitarbeiterin als allein stehende Sekretärin, aber nicht als Mutter mehrerer Kinder!
Das Bild vom anderen wird durch bestimmte Urteilstendenzen beeinflusst, z.B. durch die Gesamterscheinung der Person, Mimik und Gestik, Körperbau und Körperhaltung, Gang, Kleidung, Stimme, Sprache und Sprechart. Nicht wenige Menschen sind davon überzeugt, dass der erste Eindruck von einem Menschen richtig ist. Dabei ist der erste Eindruck ebenso falsch oder richtig wie der zweite! Dass der erste Eindruck von einem Menschen häufig falsch ist, gestehen wir uns aber nicht ein. Deshalb: Vorsicht mit vorschnellen Urteilen über Menschen!

(g) Arten von Botschaften

Eine Botschaft ist im Gespräch eine bedeutende Mitteilung eines Partners an einen anderen Partner. Solche Botschaften können bei dem Gesprächspartner Freude auslösen, aber auch zu tiefer Enttäuschung oder Verärgerung führen. Im Gespräch sind als Arten der Botschaften zu unterscheiden:[687]

• Die Sie-Botschaften: *„Sie sind ein komischer Typ, mit Ihnen kann man nicht zusammenarbeiten!"* Oder auch Du-Botschaften: *„Du bist aggressiv!"* Solche Aussagen führen zu Konfrontation, negativen Reaktionen bzw. Auseinandersetzungen und führen uns nicht weiter. Solche Botschaften kommen oft als Vorwurf an: *„Sie sind schuld!"* oder *„Du bist unmöglich!"* Durch eine solche Botschaft bleibt bei dem Betroffenen ein

---

684 Vgl. Crisand, E., Crisand, M.: Psychologie der Gesprächsführung…a.a.O., S. 40-56

685 Vgl. Crisand, E., Rahn, H.J.: Psychologie der Persönlichkeit…a.a.O., S. 103-124

686 Vgl. Revers, A.: Wie Menschen ticken: Psychologie für Manager…a.a.O., S. 26 f.

687 Vgl. Crisand, E., Crisand, M.: Psychologie der Gesprächsführung…a.a.O., S. 95-108

Motiv unbefriedigt, er ist frustriert und sieht sein Selbstwertgefühl bedroht. Deshalb reagiert er mit einem Abwehrmechanismus, z.B. mit verbaler Aggression.[688] Solche Botschaften treffen den Menschen tief, verursachen Schuldgefühle, werden als Ablehnung empfunden, können den Partner verletzen und verursachen Widerstand.
• Dagegen führt eine Ich-Botschaft („*Ich finde Ihr (Dein) Schreien als aggressiv!*") in der Regel dazu, dass der Partner mit einer Frage und nicht aggressiv reagiert: „*Wieso wirke ich auf Sie aggressiv?*" Dann kann der Botschaftgeber seine Gründe darlegen und ist mitten im Gespräch. Was aber, wenn der Partner so reagiert: „*Sie sollten erst einmal sehen, wie aggressiv Sie sind!*" Jetzt besteht die Gefahr, dass man sich diesen Stil aufzwingen lässt und ebenfalls Sie-Botschaften sendet. Dann ist der Streit vorprogrammiert. Stattdessen sollte man wieder mit einer Frage reagieren: „*Wieso verhalte ich mich aggressiv?*" Dann bleibt man wieder im Gespräch.
Darüber hinaus ergeben sich manchmal auch Probleme bei Gesprächen, bei denen ein sozialer Unterschied zwischen den Gesprächspartnern besteht und der sozial Höher gestellte „von oben herab" spricht. Vielmehr sollte dieser darauf achten, dass er umkehrbar (Reversibilität) spricht, um damit eine Atmosphäre der Partnerschaft und Gleichberechtigung zu erzeugen.[689] Auch Ratschläge sollte man nur dann geben, wenn dies vom Partner gewünscht wird. Ob ein Gespräch erfolgreich verläuft, hängt in hohem Maße von der Art der Führung des Gesprächs ab.

5.3 Mitarbeitergespräch als Führungsinstrument

Ein Mitarbeitergespräch[690] ist ein institutionalisiertes Gespräch mit spezifischer Zielsetzung, das aufgrund eines formalen Anlasses fest terminiert wird, ein größeres Zeitbudget erfordert und von Führungskraft und Mitarbeiter ausreichend vorzubereiten ist.[691] Es zählt zu den bedeutendsten Führungsinstrumenten[692] und ist ein besonderes Mittel der Kommunikation[693] einer Führungskraft, das im Rahmen eines partnerschaftlichen Dialogs[694] als unmittelbarer Beeinflussungsfaktor im personalen

---

688 Vgl. dazu Abb. 7 dieser Arbeit (in Kapitel 2.1)

689 Vgl. Crisand, E., Crisand, M.: Psychologie der Gesprächsführung…a.a.O., S. 109-117

690 Vgl. Fiege, R., Muck, P.M., Schuler, H.: Mitarbeitergespräche, in: Lehrbuch der Personalpsychologie, Hrsg. H. Schuler, 2. Aufl., Göttingen, Bern u.a. 2006, S. 484; vgl. Hossiep, R., Bittner, J.E., Berndt, W.: Mitarbeitergespräche, Göttingen, Bern u.a. 2008

691 Vgl. Gutschelhofer, A.: Mitarbeitergespräch, in: Handwörterbuch des Personalwesens, Hrsg. E. Gaugler, W.A. Oechsler, W. Weber, 3. Aufl., Stuttgart 2004, Sp. 1221-1231

692 Vgl. Drumm, H.J.: Personalwirtschaft…a.a.O., S. 456; vgl. Olfert, K.: Personalwirtschaft…a.a.O., S. 284

693 Vgl. Neuberger, O.: Das Mitarbeitergespräch, 6. Aufl., Leonberg 2008, S. 6 ff. ; vgl. Crisand, E., Crisand, M.: Psychologie der Gesprächsführung…a.a.O., S. 7; vgl. Olfert, K., Rahn, H.J.: Lexikon der Betriebswirtschaftslehre…a.a.O., Nr. 371

694 Vgl. Weibler, J.: Personalführung…a.a.O., S. 421; vgl. Miller, W.R., Rollnick, S.: Motivierende Gesprächsführung, 3. Aufl., Freiburg i.Br. 2009, S. 53 ff.

Führungsprozess wirkt und den Mitarbeiter in einer gegebener Situation zu einem bestimmten Erfolg bringen soll.[695]
Es ist ein von der Führungskraft und von dem Mitarbeiter geplantes und inhaltlich vorbereitetes Gespräch.[696] Dabei dient das Mitarbeitergespräch sowohl der Beeinflussung von Leistung bzw. Verhalten als auch der Zufriedenheit[697] des Mitarbeiters. Über die Partnerschaft im Gespräch hinaus leisten beide Seiten ihren Beitrag zum Gesamterfolg des Unternehmens und sind damit aufeinander angewiesen.[698]
Die Führungskraft wird ein Gespräch so führen, dass die Inhalte unter den gegebenen personalen bzw. situativen Bedingungen geeignet sind, die angestrebten Ziele zu erfüllen. Die Führungsmaßnahmen hängen auch vom jeweiligen Verhaltenstyp und dessen Einsstellungen bzw. Eigenheiten ab, z.B. gibt es Bösartige, Alleswisser, Schwätzer, Schüchterne, Widerspenstige, Desinteressierte, Hochnäsige, Vorsichtige, Positive.[699]
Hierbei sind die psychologischen Grundlagen im Führungsprozess zu beachten.[700] Ob der angestrebte Erfolg erreicht wird, hängt vom Verhalten des Vorgesetzten bzw. des Mitarbeiters, der Führungssituation, den gesetzten Zielen und von dem bisher erzielten Erfolg ab. Der zu erzielende Gesprächserfolg ist auch von der Art des zu führenden Gesprächs abhängig, Ein Gespräch dient nicht nur der Beeinflussung des Verhandlungspartners in Form der Bewertung und Erörterung von Konsequenzen sondern auch der Aufdeckung von Wünschen zur Arbeitssituation und zu Entwicklungszielen des Mitarbeiters.

(a) Arten der Mitarbeitergespräche

Gespräche mit dem Mitarbeiter können nach ganz verschiedenen Anlässen und Motiven unterschieden werden. Je nachdem, welche Ziele mit diesem Gespräch verfolgt werden, lassen sich beispielsweise folgende Arten von Mitarbeitergesprächen unterscheiden:[701]

• Das Beurteilungsgespräch[702], das nach einer schriftlichen Beurteilung des Mitarbeiters geführt wird. In diesem Gespräch erhält der Mitarbeiter Erläuterungen zu seiner Beurteilung (Leistung, Verhalten, u.U. Führung) und er erhält die Gelegenheit zur Stellungnahme bzw. Rechtfertigung. Die Grenzen zum Versetzungs-, Karriere-[703] und Beförderungsgespräch sind fließend.

---

695 Vgl. Neuberger, O.: Führen und führen lassen…a.a.O., S. 434 ff.; vgl. Rahn, H.J.: Personalführung kompakt…a.a.O., S. 136; vgl. ders.: Unternehmensführung…a.a.O., S. 159 f.; vgl. ders.: Erfolgreiche Teamführung…a.a.O., S. 54

696 Vgl. Hofbauer, H., Winkler, B.: Das Mitarbeitergespräch als Führungsinstrument, 3. Aufl., München/Wien 2004, S. 2

697 Vgl. Keller, G.: Professionelle Kommunikation…a.a.O., S. 33 ff.

698 Vgl. ebenda, S. 4 f.

699 Vgl. Jung, H.: Personalwirtschaft…a.a.O., S. 479

700 Vgl. Crisand, E., Rahn, H.J.: Psychologische Grundlagen im Führungsprozess...a.a.O.

701 Vgl. Gutschelhofer, A.: Mitarbeitergespräch…a.a.O., Sp. 1223 ff.; vgl. Olfert, K.: Personalwirtschaft…a.a.O., S. 237

702 Vgl. dazu ausführlich Crisand, E., Rahn, H.J.: Das Mitarbeitergespräch…a.a.O., S. 129-142

703 Vgl. Rischar, K.: Schwierige Mitarbeitergespräche, 6. Aufl., Hamburg 2011, S. 121 ff.

• Das Orientierungsgespräch[704], das zum Arbeitsbeginn mit einem neuen Mitarbeiters zu führen ist, der sich im Unternehmen erst zurechtfinden muss. Das Gespräch dient dazu, dem Mitarbeiter den Aufbau von Kontakten zu erleichtern. Der Vorgesetzte informiert über das Unternehmen und den gegebenen Führungsprinzipien. Dem Mitarbeiter kann dabei ein Pate zugeteilt werden, der ihn persönlich unterstützen soll.

• Das Delegationsgespräch[705], das mit der Übertragung von Aufgaben bzw. von Verantwortung auf den Mitarbeiter verbunden ist. Deshalb wird hier über neue Tätigkeitsgebiete und die zugehörige Verantwortung für den Mitarbeiter gesprochen.

• Das Kritikgespräch[706] bzw. Problemlösungsgespräch[707], bei dem Probleme aufgezeigt und Lösungsmöglichkeiten ausgearbeitet werden. Dieses Gespräch dient der fachlichen Unterstützung des Mitarbeiters hinsichtlich der Bewältigung fachlicher Probleme.

• Das Förder- und Beratungsgespräch[708], bei dem es um die berufliche Fort- und Weiterentwicklung des Mitarbeiters geht, wobei als zentrale Anknüpfungspunkte sowohl Potenziale als auch Barrieren und Fördermaßnahmen zu besprechen sind.

• Das das Konfliktlösungsgespräch[709], in dem Meinungsverschiedenheiten, Verhaltensprobleme, Beschwerden und Konflikte zu klären sind, damit es nicht zu einer Verhärtung der Fronten kommt. Nur durch Verständnis für die Position der anderen Partei sind neue Alternativen möglich. Im Gespräch sind Regeln zur weiteren Konfliktvermeidung festzulegen.

• Das Beratungsgespräch, bei dem ein Berater einem zu Beratendem in helfender Absicht Ratschläge erteilt, z.B. im Rahmen der Berufs-, Familien-, Jugend-, Renten-, Kredit-, Unternehmens- und Organisationsberatung. Es kann auch zwischen lösungsorientierter und kollegialer Beartung unterschieden werden.[710]

• Das Kreativgespräch[711], bei dem neue Ideen zu erarbeiten sind. Hier gibt es die sog. Sechs-Hüte-Methode von *de Bono*, wobei der weiße Hut (Informationen), der rote Hut (Wärme), der schwarze Hut (Probleme), der gelbe Hut (Nutzen), der grüne Hut (Ideen) und der blaue Hut (Überblick) zu unterscheiden sind.[712]

---

704 Vgl. ebenda, S. 22-24

705 Vgl. Kießling-Sonntag, J.: Handbuch Mitarbeitergespräche, Berlin 2000, S. 141 f.

706 Vgl. Hofbauer, H., Winkler, B.: Das Mitarbeitergespräch…a.a.O., S. 24-27 und S. 278-334; vgl. Rischar, K.: Schwierige Mitarbeitergespräche…a.a.O., S. 61-71 u. S. 185-192; vgl. Neuberger, O.: Das Mitarbeitergespräch….a.a.O., S. 187-226

707 Vgl. Fiege, R., Muck, P.M., Schuler, H.: Mitarbeitergespräche…a.a.O., S. 509

708 Vgl. Gutschelhofer, A,: Mitarbeitergespräch…a.a.O., Sp. 1225

709 Vgl. Berkel, K.: Konflikttraining, 10. Aufl., Hamburg 2010, S. 102-127; vgl. Benien, K.: Schwierige Gespräche führen, 6. Aufl., Reinbek bei Hamburg 2009, S. 124-145

710 Vgl. Keller, G.: Professionelle Kommunikation…a.a.O., S. 72-85

711 Vgl. genauer Kapitel 6.2

712 Vgl. Witt. J.: Kreativität und Innovation…a.a.O., S. 87-100

• Das Rückkehrgespräch[713], bei dem ein Vorgesetzter mit einem erkrankten Mitarbeiter spricht, der wieder an seinen Arbeitsplatz zurückkommt. Die Gespräche sollen zur Aufklärung der Krankheitsgründe und zur Verringerung von Fehlzeiten beitragen.
• Das Zielvereinbarungsgespräch[714], bei dem die zu erreichenden Ziele zwischen Vorgesetztem und Mitarbeiter kooperativ festgelegt werden. Außer der Festlegung von Leistungs- und Verhaltenszielen sind auch persönliche Entwicklungsziele zu diskutieren, die zur Motivation des Mitarbeiters[715] beitragen sollen.
• Das Mitarbeiterjahresgespräch[716], bei dem Beurteilungs-, Förder-, Zielvereinbarungs- und Fachgespräche in einem regelmäßig stattfindenden Gespräch zusammengefasst werden. Es handelt sich um eine Koppelung von Teilgesprächen als zentralem Element der partizipativen Führungsarbeit durch Vorgesetzte.

Darüber hinaus sind das Einstellungsgespräch[717] (= Vorstellungsgespräch[718]), das Entwicklungsgespräch[719], das Beschwerdegespräch[720], das Gespräch mit Alkoholabhängigen[721] und das Abgangsinterview[722] zu nennen. Die Mitarbeitergespräche bringen sowohl Vorteile für die Mitarbeiter und Führungskräfte als auch für das Unternehmen mit sich.[723]
Das Gespräch des Vorgesetzten mit dem Mitarbeiter ist eine anspruchsvolle Form der Kommunikation[724], weil im Gegensatz zur Alltagskommunikation im Kontakt einerseits das Vier-Augen-Prinzip und andererseits der unmittelbare Informationsaustausch zwischen dem Sender und dem Empfänger[725] gegeben sind.

---

713 Vgl. Bitzer, B.: Kummunikation macht gesund, 2. Aufl., Hamburg 2010; vgl. Bitzer, B.: Fehlzeiten als Chance, 5. Aufl., Renningen 2008; vgl. Rischar, K.: Schwierige Mitarbeiter-Gespräche…a.a.O., S. 130 f.

714 Vgl. ebenda, S. 35-55; vgl. Witt, J., Ulbrich, M.: Das Konzept „Mitarbeiter im Dialog"…a.a.O., S. 55-59

715 Vgl. Stroebe, A.I., Stroebe, R.W.: Motivation durch Zielvereinbarungen…a.a.O.; vgl. Hofbauer, H., Winkler, B.: Das Mitarbeitergespräch…a.a.O., S. 41-55

716 Vgl. Richar, K.: Schwierige Mitarbeitergespräche…a.a.O., S. 111-114

717 Vgl. Neuberger, O.: Das Mitarbeitergespräch…a.a.O., S. 44 ff.; vgl. Fiege, R., Muck, G.M., Schuler, H.: Mitarbeitergespräche…a.a.O., S. 505

718 Vgl. Knebel, H.: Das Vorstellungsgespräch, Köln 2000

719 Vgl. Hofbauer, H., Winkler, B.: Das Mitarbeitergespräch…a.a.O., S. 17-23; vgl. Rischar, K.: Schwierige Mitarbeitergespräche…a.a.O., S. 102-111; vgl. Keller, G.: Professionelle Kommunikation…a.a.O., S. 33 ff.

720 Vgl. Rischar, K.: Schwierige Mitarbeitergespräche…a.a.O., S. 171-175

721 Vgl. Benien, K.: Schwierige Gespräche führen…a.a.O., S. 275 f.

722 Vgl. Scholz, C.: Personalmanagement…a.a.O., S. 185 f.; vgl. zum Kündigungsgespräch: Rischar, K.: Schwierige Mitar-beitergespräche…a.a.O., S. 204

723 Vgl. ebenda, S. 10-14; vgl. Nagel, R., Oswald, M., Wimmer, R.: Das Mitarbeitergespräch als Führungsinstrument, Stuttgart 2008, S. 16 f.

724 Vgl. Gutschelhofer, A.: Mitarbeitergespräch…a.a.O., Sp. 1227

725 Vgl. Neuberger, O.: Das Mitarbeitergespräch…a.a.O., S. 87 ff.; vgl. Stroebe, R.W.: Kommunikation I…a.a.O., S. 9 f.

Der Ablauf eines Mitarbeitergesprächs wird von Hofbauer und Winkler ausführlich dargestellt.[726] Bevor ein Mitarbeitergespräch durchgeführt werden kann, ist es zuerst erforderlich, die Ziele festzulegen, die mit diesem Gespräch erreicht werden sollen. Der Ablauf eines Mitarbeitergespräches ist entsprechend zu planen, zu realisieren und zu kontrollieren.[727]

(b) Gesprächspsychologische Grundsätze

Jede Führungskraft sollte ihr eigenes Gesprächsverhalten kontrollieren. Die folgenden gesprächspsychologischen Grundsätze geben dazu Anhaltspunkte:[728]

- Richtiges Sprechen, denn das Erreichen der Gesprächsziele hängt wesentlich davon ab, wie die Gesprächspartner miteinander reden. Die Aussagen der Partner müssen verständlich sein. Einfachheit des Ausdrucks, Kürze und Prägnanz, Anschaulichkeit und richtige Sprechtechnik sind hier hervorzuheben.
- Richtige Argumentation, denn der Gesprächspartner soll nicht überredet, sondern überzeugt werden. Dabei ist zu beachten, dass Abschweifen vom Ziel vermieden wird und dass wir die richtige Argumentationstechnik anwenden. Es geht um wirkungsvolles Überzeugen.[729]
- Richtige Fragetechnik, denn diese bringt Einblicke in Kenntnisse, Meinungen und Motive.[730] Es gibt viele verschiedene Fragearten, z.B. Informations-, Alternativ-, Suggestiv-, inquisitorisch-personenorientierte, meinungsfixierende Fragen, Ketten-, Schachtel-, Gegen-, Schein- und Motivationsfragen.
- Richtiges Zuhören, denn vor allem das aktive Zuhören ist als konzentrierte Form der Zugewandtheit eine wichtige Voraussetzung für den Erfolg eines Mitarbeitergesprächs. Dabei spielt auch der Blickkontakt eine wichtige Rolle.
- Selektives Wahrnehmen, Verstehen und Auftreten der Führungskraft, denn dieses Erleben und Verhalten ist für den Erfolg unverzichtbar. Richtiges Verstehen heißt, nicht nur verstanden zu haben, was der Partner gesagt hat, sondern auch kapiert haben, was er damit gemeint hat.
- Erfolgreiche Moderation, denn mit dem Moderieren gewinnt die Führungskraft die Möglichkeit, betroffene Mitarbeiter kreativ an Problemlösungen zu beteiligen, sie zu aktivieren und die Zusammenarbeit der Mitarbeiter ergebnisorientiert zu gestalten.
- Erfolgreiches Interviewen, denn nur so können die richtigen Informationen gewonnen werden. Bei der inhaltlichen Konzipierung des Interviews sind bestimmte Regeln zu beachten, z.B. sind Suggestivfragen zu vermeiden, d.h. eine Frage, welche dem Partner die erwartete Antwort „in den Mund legt".
- Erfolgreiches Verhandeln, denn das Verhandeln gewinnt heute immer mehr an Bedeutung. Um als Führungskräfte erfolgreich zu verhandeln, müssen wir die

---

726 Vgl. Hofbauer, H., Winkler, B.: Das Mitarbeitergespräch…a.a.O., S. 57-74

727 Vgl. Crisand, E., Rahn, H.J.: Das Mitarbeitergespräch…a.a.O., S. 13-27

728 Vgl. ebenda, S. 28-128

729 Vgl. Witt, J., Ulbrich, M.: Das Konzept „Mitarbeiter im Dialog"…a.a.O., S. 46-48.

730 Vgl. ebenda, S. 43-46

Interessen der Gesprächspartner berücksichtigen. Grundsatz beim Verhandeln: bestimmt in der Sache, aber weich in der Beziehung.[731]
Eine Kommunikation ist dann erfolgreich, wenn es den beteiligten Partnern gelingt, überzeugende Argumente und Fakten anzuführen und durch ein flexibles Vorgehen negative Wirkungen auf die Gesprächsatmosphäre zu vermeiden.

5.4 Effizientes Verhandeln

Die Verhandlung ist ein Mittel der Kommunikation zwischen zwei oder mehr Personen.[732] Effizient ist eine Verhandlung dann, wenn die jeweils von den Partnern vorher festgelegten Ziele erreicht werden. Verhandlungen zu führen ist eine Schlüsselqualifikation, denn verhandelt wird täglich in vielen Kauf-, Verkaufs- bzw. Vertragssituationen und bei vielen anderen Gelegenheiten.[733] Zu jeder guten Verhandlung gehört eine umfassende Vorbereitung, denn je besser und gründlicher man sich vorbereiten kann, desto größer wird die Wahrscheinlichkeit, ein tragfähiges Verhandlungsergebnis zu erzielen. Zur Vorbereitung sind der Verhandlungsgegenstand, die Verhandlungsperson, der Verhandlungsort, und die Verhandlungsunterlagen zu bestimmen.[734] Für das effiziente Verhandeln gelten folgende wesentliche Verhandlungsregeln:[735]
• Machen Sie sich selbst die Interessenvielfalt bewusst! Es ist wie bei einem Eisberg: Nur ein kleiner Teil liegt über der Wasseroberfläche. Die genauere Erforschung der Interessen führt zu überraschenden Sichtweisen.
• Sehen Sie die Welt mit den Augen ihres Verhandlungspartners und versuchen Sie, dessen relevanten Interessen zu antizipieren! Dann sind Sie auf das Wesentliche vorbereitet.
• Differenzieren Sie nach der Sachebene, der Beziehungsebene und der Verfahrensebene, d.h. In der Sache bestimmt verhandeln, aber sanft in der Beziehung sein. Formulieren Sie das Problem und binden Sie den Partner in die Problemlösung ein! Gehen Sie dabei bewusst nach einem Verfahren vor!
• Denken Sie vor Verhandlungsbeginn über Alternativen nach! Was wäre, wenn die Verhandlung scheitert? Worauf können Sie dann zurückgreifen?
• Erweitern Sie die Verhandlungsmasse durch neue Ideen! Je mehr kreative Lösungen entwickelt werden, desto größer ist die Wahrscheinlichkeit, das optimale Ergebnis zu erzielen.

---

731 Vgl. Knapp, P., Novak, A.: Effizientes Verhandeln…a.a.O., S. 62 und S. 90 ff.

732 Vgl. Olfert, K., Rahn, H.J., Zschenderlein, O. : Lexikon der Betriebswirtschaftslehre…a.a.O., Nr. 929

733 Vgl. Knapp, P., Novak, A.: Effizientes Verhandeln…a.a.O., S. 3-16

734 Vgl. ebenda, S. 17-21

735 Vgl. ebenda, S. 23-60

• Versuchen Sie gemeinsam mit dem Partner von einem kontroversen Denken zu einem parallelen Denken zu gelangen, indem bestimmte Aspekte gemeinsam beleuchtet werden.
• Behalten Sie den Überblick und fassen Sie Zwischenergebnisse zusammen! Zeigen Sie dabei durchaus Mut zur Komplexität!
• Entwickeln Sie Forderungen an den Partner! Planen Sie dabei die Vorgehensweise! Die Forderungen nicht nur präzise stellen, sondern diese auch vertreten!
Jede Verhandlung sollte zwei Endpunkte haben: Einen Abschluss mit Verpflichtungen oder Abbruch der Verhandlungen. In jedem Falle sollte ein Feedback über die Verhandlung erfolgen, auch wenn sie gescheitert ist. Bei allen Verhandlungen sind weitere Kommunikationsregeln zu beachten.[736]

5.5 Mitarbeiter im Dialog

Reibungslose und harmonische Zusammenarbeit ist in Unternehmen und anderen Organisationen keine Selbstverständlichkeit. In vielen Fällen ist sie unbefriedigend, nicht selten arbeiten Mitarbeiter sogar gegeneinander. Ein erfolgversprechender Schritt dagegen ist das Konzept „Mitarbeiter im Dialog“ (MiD) als ein besonderes Führungsprogramm der Psychologie. Es geht einerseits um den vertikalen Dialog zwischen Führungskraft und Mitarbeitern und andererseits um den horizontalen Dialog zwischen den Mitarbeitern und innerhalb der Führung. Dieses Konzept setzt weniger auf das Kommandieren, Kontrollieren und Kritisieren, sondern vielmehr auf Initiative, Kreativität, Flexibilität, Selbstverantwortung, Partnerschaft und Beratung.

(a) Interaktive Führung

Um eine Unternehmenskultur in diesem Sinne zu schaffen, wird das Konzept der interaktiven Führung angestrebt.[737] Dieses Konzept geht von der Überzeugung aus, dass der Erfolg einer Organisation im Kern nicht das Resultat von Einzelaktivitäten, sondern das Ergebnis des Zusammenwirkens aller Beteiligten ist. Dabei vollzieht sich die Zusammenarbeit in einem Netzwerk menschlicher Beziehungen, wobei die Partnerschaftsidee der tragende Gedanke ist.[738]
Dadurch wird die aktive Zusammenarbeit im Netzwerk gefördert, es werden Synergieeffekte ausgelöst und Erfolgs- und Leistungspotenziale genutzt. Hier geht es nicht nur um Mitarbeiterführung, sondern auch um Kundenbetreuung. Spezielle Merkmale sind aktives Zuhören, gezieltes Fragen, wirkungsvolles Überzeugen und effektive Gesprächsführung gefragt.[739]

---

736 Vgl. ebenda, S. 61-101

737 Vgl. Witt, J.: Interaktive Führung, Heidelberg 1999, S. 11-31, insbesondere S. 14 ff.

738 Vgl. Witt, J., Ulbrich, M.: Das Konzept „Mitarbeiter im Dialog“...a.a.O., S. 11-17

739 Vgl. Witt, J.: Interaktive Führung...a.a.O., S. 40-83

Als Führungs- und Kommunikationsmodelle[740] geben die Transaktionsanalyse[741], das Verhaltensgitter[742] und das NLP-Konzept nützliche Hinweise zum interaktiven Führungsverhalten. Letzteres Konzept der Neurolinguistischen Programmierung (NLP) von *Grinder* und *Bandler* geht von drei Menschentypen aus, dem Augentyp, dem Ohrtyp und dem Empfindungstyp, die in Wort- und Körpersprache unterschiedliche Wahrnehmungs- und Ausdrucksformen bevorzugen.
Damit wurden in der Verkaufspraxis Fortschritte erzielt, indem die jeweilige Kommunikationsform auf den Gesprächstyp abgestellt wurde. Zur interaktiven Führung gehören eine entsprechende Informationspolitik der Entscheidungsträger, ein hohes Energiepotential mit Aktivierungsmaßnahmen, ein entsprechendes Konfliktmanagement bzw. Krisenmanagement und eine gepflegte Verhaltenskultur im Netzwerk.[743]

(b) Johari-Fenster

Um unsere Selbst- und Fremdwahrnehmung besser in den Griff zu bekommen, haben die amerikanischen Psychologen Joe (*Luft*) und Harry (*Ingham*) ein Denkmodell entwickelt, das – abgeleitet von den beiden Vornamen der Autoren – als Johari-Fenster bekannt und zum Standardrepertoire gruppendynamischer Modelle geworden ist. Das Johari-Fenster hat folgende Struktur:[744]

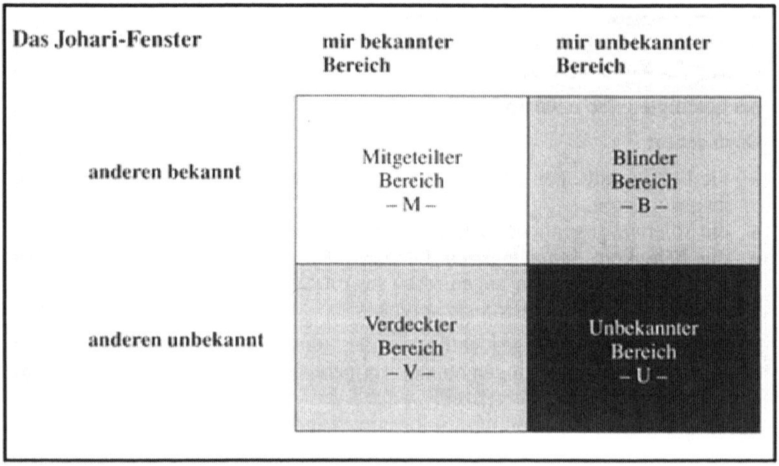

Abb. 20: Johari-Fenster

---

740 Vgl. ebenda, S. 84-96

741 Vgl. Kapitel 2.5 dieser Arbeit

742 Vgl. Kapitel 1.3 (e) dieser Arbeit

743 Vgl. Witt, J.: Interaktive Führung…a.a.O., S. 97-116

744 Vgl. Witt, J., Ulbrich, M.: Das Konzept „Mitarbeiter im Dialog"…a.a.O., S. 24 ff.; vgl. Staehle, W.H.: Management…a.a.O., S. 316 f.

Das Johari-Fenster besteht aus folgenden vier Quadranten:
• Der mitgeteilte Bereich (M) beschreibt den Teil des bewussten und offenen Selbst einer Person, wie es durch deren Äußerungen und Handlungen bewusst mitgeteilt und von deren Umwelt entsprechend verstanden wird. Das Verhalten und die Motivation sind dem Handelnden bewusst. Sie werden von den anderen Personen entsprechend wahrgenommen („Öffentlicher Bereich").
• Der verdeckte Bereich (V) enthält jenen Teil einer Person, der ihr selbst zwar bekannt ist, aber anderen Personen unbeabsichtigt oder beabsichtigt nicht offenbart wird. Hierzu gehört auch die Intimsphäre des Menschen, die der Umwelt verborgen bleiben soll. Unter Umständen sollen der Umwelt auch Persönlichkeitsmerkmale vorgetäuscht werden, die gar nicht vorhanden sind („Privater Bereich").
• Der blinde Bereich (B) enthält den schwarzen Fleck der Selbstwahrnehmung. Er ist Inbegriff jenes Verhaltensteils, der für andere Personen sichtbar und erkennbar ist, der handelnden Person aber nicht bewusst ist. Hierher gehören z.B. unbewusste Gewohnheiten. Besonders problematisch ist, dass wir nicht selten anders wirken als wir es wollen.
• Der unbekannte Bereich (U) bezieht sich auf jene Vorgänge, die allen Beteiligten unbekannt sind und die allenfalls durch die Tiefenpsychologie zu ergründen sind. Hierher gehören auch stark unterdrückte Bedürfnisse, verborgene Talente und ungenützte Begabungen eines Menschen.
Aus diesen Überlegungen wird erkennbar, dass u.U. die tatsächlichen Wesensmerkmale einer Person der Umwelt weitgehend unbekannt bleiben, das Vorstellungsbild der Umwelt über einen Menschen von der Wirklichkeit abweicht und dass das Fremdbild der Umwelt mit dem Selbstbild eines Menschen nicht übereinstimmt.
In einem abschließenden Praxisfall zeigen *Witt* und *Ulbrich*, wie Das Konzept „Mitarbeiter im Dialog", von einer Ausgangssituation ausgehend und unter Einbezug der Umwelt verwirklicht werden kann.[745]

5.6 Besprechungen

Eine Besprechung ist eine Form der Kommunikation, an der mehr als zwei Partner teilnehmen.[746] Im Unterschied zu Mitarbeitergesprächen werden Besprechungen von Führungskräften also mit mehreren Personen (bis zu höchstens 15 Personen) gleichzeitig geführt.

---

745 Vgl. Witt, J., Ulbrich, M.: Das Konzept „Mitarbeiter ...a.a.O., S. 77-132

746 Vgl. Olfert, K., Rahn, H.J., Zschenderlein, O.: Lexikon der Betriebswirtschaftslehre...a.a.O., Nr. 134

(a) Ziel und Arten der Besprechung
Das Ziel einer Besprechung besteht darin, die Beteiligten hinsichtlich eines zu erreichendem Zustands zu überzeugen, zu aktivieren und zu motivieren.[747] Arten der Besprechung sind:[748]
• Die Mitarbeiterbesprechung, die zwischen dem Vorgesetzten als Gesprächsleiter und mehreren Mitarbeitern geführt wird und vor allem der Information, Meinungsbildung und Beratung dient. Dabei sind die Mitarbeiter gleichberechtigte Partner. Der Vorgesetzte möchte damit beispielsweise die Zusammengehörigkeit und den Bestand der Gruppe sichern.
• Die Dienstbesprechung, bei der ein Vorgesetzter mehreren Mitarbeitern in Führungsfunktion gegenübertritt, indem er insbesondere über Gegebenheiten entscheidet, anordnet und kontrolliert, bestimmte Mängel klärt, Anerkennung oder Tadel ausspricht. Dabei strebt er an, die Gruppe zur Erreichung der gesetzten Ziele zu bringen.
• Die Expertenbesprechung, an der mehrere Mitarbeiter verschiedener Hierarchieebenen der Organisation als Sachverständige für ihr Spezialgebiet teilnehmen. Sie beschäftigen sich beispielsweise mit der Analyse von Problemen und schwierigen Entscheidungen. Es geht hier oft um Probleme, bei denen das Vorwissen des Vorgesetzten nicht mehr ausreicht und er den Rat von Experten einholt.
Der Verfahrensablauf von Besprechungen kann modellhaft betrachtet werden. Je höher die Position in einer Organisation ist, umso mehr Zeit wird durch Besprechungen beansprucht. Besprechungen sind mit Führung durch Vorgesetzte verbunden und sind Bestandteil der Führungskultur.

(b) Phasen einer Besprechung
Jede Besprechung hat ihre Vor- und Nachteile und ist gewissenhaft vorzubereiten, zielorientiert durchzuführen und entsprechend nachzubereiten. Daraus ergeben sich folgende Phasen einer Besprechung:[749]
• Bei der Vorbereitung von Besprechungen können Prüflisten eingesetzt werden. Es sind die Teilnehmer zu bestimmten und es ist eine funktionsfähige Gruppe zu bilden, wobei fünf bis neun Personen optimal sind. Es sind die Einladung, Raum, Sitzordnung, Hilfsmittel/Medien, Termine, Zeitstruktur und Störungsfreiheit bei der Besprechung zu planen und zu organisieren.[750]
• Die Durchführung einer Besprechung sollte in fünf Phasen verlaufen (Abb. 21). Ohne eindeutige Problemdefinition und ohne gemeinsames Ziel läuft die Gruppe Gefahr den „roten Faden" zu verlieren. Die Leitung einer Besprechung ist mit Moderation verbunden, d.h. es ist erforderlich, die entsprechenen medialen Voraussetzungen zu schaffen. *Seifert* spricht von der Besprechungs-Moderation.[751]

---

[747] Vgl. Jung, H.: Personalwirtschaft…a.a.O., S. 481
[748] Vgl. Olfert, K.: Personalwirtschaft…a.a.O., S. 285
[749] Vgl. Stroebe, R.W.: Besprechungen zielorientiert führen, 9. Aufl., Hamburg 2011, S. 8 und S. 16
[750] Vgl. ebenda, S. 22-39; vgl. Jung, H.: Personalwirtschaft…a.a.O., S. 482
[751] Vgl. Seifert, J.W.: Visualisieren, Präsentieren, Moderieren, 26. Aufl., Offenbach 2009, S. 159 f.

Wenn die Lösungsvorschläge ursachenmäßig gesammelt und gewichtet wurden, dann kann sich die Entschlussfassung auf die abschließende Einigung und das Festhalten des Ergebnisses beschränken.[752] Während der Abwicklung der fünf Phasen sollte ein besonderes Augenmerk auf die Methoden zum Beobachten, die individuelle Redezeit und auf die einzelnen Wortmeldungen, Durcheinanderreden bzw. Unterbrechungen gelegt werden. Auch können bestimmte Fragen dazu beantwortet und bestimmte Visualisierungstechniken eingesetzt werden.[753]

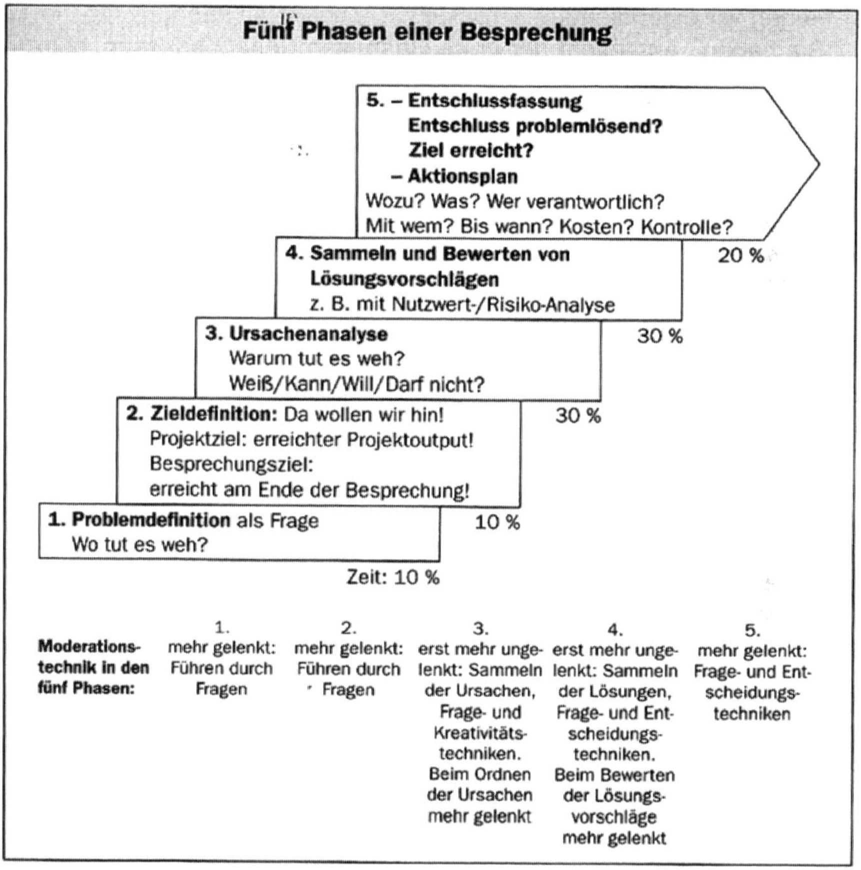

Abb. 21: Durchführungsphasen einer Besprechung

752 Vgl. Stroebe, R.W.: Besprechungen zielorientiert führen…a.a.O., S. 40-60

753 Vgl. ebenda, S. 49-109

• Die Protokollierung[754] ist während einer Besprechung besonders bedeutsam, denn die Dokumentation sichert das Erarbeitete als Ganzes (Chronik), es ist ein Beweismittel für später, ein Lerninstrument und Informationsmittel und es ermöglicht den einzelnen Teilnehmern, Auffassungsdifferenzen und unklare eigene Ausdrucksweisen zu erkennen und zu korrigieren. Außerdem dient es dem Moderator zur Selbstkontrolle. Ein Protokoll stellt an den Protokollführer besondere Voraussetzungen. Es sind das visualisierte Kurz- und Ergebnisprotokoll (knappe Zusammenfassung stellt hohe Anforderungen) und das Vollprotokoll, das den ganzen Verlauf der Besprechung im Wortlaut enthält.[755]

• Die Nachbereitung,[756] die nach der Besprechung zur Pflicht jedes Moderators wird. Hier ist zu klären, ob alle Vorinformationen bis zu Besprechungsbeginn von allen Teilnehmern verarbeitet wurden und ob das daraus resultierende Wissen für gemeinsame Erkenntnisse genutzt wurde. Wenn nicht, dann ist das für die nächste Besprechung klarzustellen! Wurde das anstehende Problem gelöst und wurde das Ziel erreicht? War die Vorbereitung der Besprechung optimal? Entsprachen Moderation und Ablauf den Anforderungen? Ist das Protokoll bei allen Teilnehmern angekommen? Dann ist zu klären, was ist in der nächsten Besprechung zu verbessern ist.

Zum Verhalten und zur Technik von Besprechungen kann dem Leiter der Besprechung eine zusammenfassende, umfassende Prüfliste dienlich sein.

5.7 Konferenzen und Versammlungen

Eine Konferenz ist eine Form der Kommunikation, bei der viele Personen zusammentreffen, die im Gegensatz zur Versammlung die Möglichkeit zum unmittelbaren Kontakt miteinander haben. Die Teilnehmer tragen mehr oder weniger aktiv zu einer Zielerreichung bei. Die Konferenz wird von dem Vorsitzenden geleitet. Der Verlauf bzw. ihr Ergebnis kann von einem Protokollanten erfasst werden. Bei einer mehrtätigen Tagung[757] wird von einem Kongress gesprochen. Solche Veranstaltungen sind zu moderieren[758] und zu organisieren:[759]

• Es ist der Termin festzulegen und die Einladungen der Personen zur Konferenz sind sorgfältig zu planen

---

754 Vgl. ebenda, S. 110-115

755 Vgl. ebenda, S. 115- 120

756 Vgl. ebenda, S. 123 f.

757 Vgl. Schreiber, M.T.: Kongress- und Tagungsmanagement, 2. Aufl., München 2002

758 Vgl. Freimuth, J.: Moderation, Göttingen, Bern u.a. 2010; Keller, G.: Professionelle Kommunikation…a.a.O., S. 44-56; vgl. Witte, E.H.: Gruppen aufgabenzentriert moderieren, Göttingen, Bern u.a. 2012

759 Vgl. Adler, A., Adler, B.: Konferenzen organisieren und durchführen, Heidelberg 1999; vgl. Feiter, C.: Konferenzen professionell organisieren, Wiesbaden 1995

• Ort klären, Namens- bzw. Tischschilder erstellen und Raum reservieren, , Bestuhlung klären
• Medien, Stellwände, Beamer, Tagungsmappen, Moderatorenkoffer, Projektor, Laserpointer, Videokamera
• Protokollführung und Unterstützung des Referenten durch Hausmeister arrangieren
• Hotels anfragen, Bewirtungsfragen klären und Übernachtungen reservieren
• Evtl. Referenten klären und Honorarfragen, anfallende Kosten planen
• Evtl. die Presse über die Veranstaltung informieren
• Nachbereitung vornehmen (Endabrechung, Teilnahmebestätigungen.

Eine wissenschaftliche Konferenz ist eine Tagung für Wissenschaftler, Forscher und Entwickler, die dort in Referaten ihre Erkenntnisse vorstellen und diskutieren können. Konferenzen werden häufig am gleichen Ort in gemeinsamer Runde durchgeführt. Heute gibt es auch Tele-Konferenzen als Formen der Telekommunikation, die über moderne Medien erfolgen, beispielsweise als Telefon- oder Videokonferenz.

Die Versammlung unterscheidet sich von einer Konferenz dadurch, dass bei ihr eine unmittelbare Kommunikation zwischen allen Teilnehmern kaum möglich ist, da die Zahl der Teilnehmer erheblich größer ist, z.B. bei einer Betriebsversammlung oder Hauptversammlung.

5.8 Konfliktmanagement

Ein Konflikt ist ein Zusammenstoß von Menschen (lat. confligere = zusammenstoßen).[760] Die Vielfalt der Erscheinungsformen des Konflikts reicht von leichten Spannungen bis zu gewalttätigen Auseinandersetzungen. Konflikte bilden ein universelles, notwendiges Element des gesellschaftlichen Zusammenseins, insbesondere auch in Organisationen.[761] Die Ursachen eines Konflikts können z.B. in persönlichen Differenzen, den Arbeitsbedingungen, Lohn- bzw. Machtverhältnissen, Gerüchten, Problemen der Organisation und in der technischen Entwicklung liegen. Das Konfliktmanagement umfasst alle Maßnahmen zur Analyse und Bewältigung von Konflikten.[762] Vor allem hat ein Konfliktmanager dafür zu sorgen, dass Konflikte nicht außer Kontrolle geraten.

(a) Konfliktarten

---

760 Vgl. Olfert, K., Rahn, H.J., Zschenderlein,O.: Lexikon der Betriebswirtschaftslehre…a.a.O., Nr. 492

761 Vgl. Werpers, K.: Konflikte in Organisationen, Münster 1999; Regnet, E.: Konflikte in Organisationen, 2. Aufl., Göttingen, Bern u.a. 2001

762 Vgl. Edmüller, A., Jiranek, H.: Konfliktmanagement, 3. Aufl., Freiburg 2010; vgl. Glasl, F.: Konfliktmanagement, 10. Aufl., Bern/Stuttgart 2011

Konflikte[763] entstehen also, wenn Zielsetzungen, Interessen und Wertvorstellungen von Individuen, Gruppen, Bereichen oder Organisationen miteinander nicht vereinbar sind oder nicht vereinbar erscheinen.[764] Die Konfliktforschung beschäftigt sich seit vielen Jahren mit diesem Thema. Konflikte entstehen nicht selten aus zu treffenden Entscheidungen heraus, die von einer Person zu treffen sind. Deshalb können mit *Lewin* folgende Konflikte nach der Entscheidungsform unterschieden werden:[765]

• Annäherungs-Annäherungs-Konflikt als Entscheidung z.B. zwischen zwei gut dotierten Stellen für eine Person. Der Mensch steht zwischen zwei Zielen, die er beide für gleich wertvoll hält, aber nur eines der beiden Ziele ist erreichbar. Dieser Konflikt wird auch Appetenz-Appetenz-Konflikt genannt.

• Vermeidungs-Vermeidungs-Konflikt als eine Entscheidung zwischen zwei Gegebenheiten, die beide als Übel angesehen werden, z.B. wenn ein Unternehmer entscheiden muss, entweder Person zu entlassen oder trotz hohen persönlichen Engagements erheblich weniger Gewinn zu erzielen (Aversions-Aversions-Konflikt).

• Vermeidungs-Annäherungs-Konflikt als eine Entscheidung, die der Person sowohl Übles als auch Wertvolles bringt, z.B. wenn Sie einerseits Schichtarbeit übernehmen muss, aber andererseits einen guten Verdienst haben möchte (Aversions-Appetenz-Konflikt).

Als Formen der Konflikte sind nach der Zahl der beteiligten Personen zu unterscheiden:[766]

• Intraindividuelle Konflikte, wenn bei einer Person verschiedene unvereinbare Handlungstendenzen bestehen, z.B. wenn ein Mensch einerseits seine Freizeit nutzen möchte, andererseits aber weiß, dass er dann kein Geld verdient, also arbeiten sollte.

• Interindividuelle Konflikte, wenn zwischen mindestens zwei Personen Konflikte bestehen. Dann kann von sozialen Konflikten gesprochen werden, z.B. Konflikte bei der gemeinsamen Nutzung eines Computers am Arbeitsplatz.

Nach dem Problembezug der jeweiligen Konflikte kann folgende Klassifikation der Konflikte vorgenommmen werden, die beispielsweise für Organisationen gilt:

• Die Bewertungskonflikte, bei denen verschiedene Personen die möglichen Konsequenzen bzw. Ziele einer Handlung unterschiedlich einschätzen, z.B. wenn ein Produktionsmanager (möchte die Anwesenheit erfassen) und ein Personalmanager (befürchtet Unzufriedenheit) unterschiedliche Auffassungen darüber haben, ob im Unternehmen ein Zeiterfassungssystem installiert werden soll.

• Der Beurteilungskonflikt, bei dem die Partner den Weg zum Ziel unterschiedlich bewerten,, z.B. wenn ein Finanzmanager (fürchtet, dass die Investitionen zu hoch

---

763 Vgl. Rahn, H.J.: Unternehmensführung…a.a.O., S. 176 f.

764 Vgl. Wiswede, G.: Einführung in die Wirtschaftspsychologie…a.a.O., S. 263 f.

765 Vgl. Rahn, H.: Unternehmensführung…a.a.O., S. 176 ; vgl. Jung, H.: Personalwirtschaft…a.a.O., S. 464

766 Vgl. Rosenstiel, L.v., Nerdinger, F.W.: Grundlagen der Organisationspsychologie…a.a.O., S. 306 ff.

sind) und ein Produktionsleiter (sieht die Investitionen im Rahmen) die Anschaffung einer eine neuen Fertigungsanlage unterschiedlich beurteilen.

• Der Verteilungskonflikt, bei dem nur einer der Konfliktpartner in den Genuss des Nutzens der Maßnahmen kommen kann, z.B. Zwei Bereichsleiter befinden sich im Konflikt, denn sie wissen, dass ihr gemeinsamer Vorstandschef bald in Ruhestand geht. Beide streben nach der Beförderung, nur einer kann sie aber erreichen.

• Der Beziehungskonflikt, bei dem eine Person Anerkennung durch eine andere Person erwartet, diese aber nicht bekommt. Ein Mitarbeiter hat für die Firma nachweislich einen Großauftrag hereingeholt. Sein Vorgesetzter tut so, als wenn er das ausgelöst hätte. Der Mitarbeiter fühlt sich zu Recht verletzt.

Eine andere Einteilung sieht *Berkel*[767] vor:

• Seelische Konflikte, die sich im Innersten eines Menschen abspielen, z.B. Konflikte im Beruf, wie die oben dargestellten Annäherungs-Annäherungs-Konflikte, Vermeidungs-Vermeidungs-Konflikte und Vermeidungs-Annäherungs-Konflikte.

• Soziale Konflikte, wie beispielsweise Zweier- oder Paarkonflikte. Dazu zählen Konflikte zwischen dem Vorgesetztem und dem Mitarbeiter, zwischen Kollegen und Ehepartnern. Dreierkonflikte sind möglich, z.B. wenn ein Vorgesetzter zwei Mitarbeiter gegeneinander ausspielt, die dann um die Gunst des Chefs konkurrieren.

• Organisatorische Konflikte als Sach-, Beziehungs- und Wertkonflikte, die z.B. durch unzureichende Kommunikation in der Hierarchie, Misstrauen, Kämpfe um Macht und Einfluss, Empfindlichkeiten, Ärger, Groll und Kompetenzstreitigkeiten entstehen können.

Die Konfliktursachen sind manchmal offensichtlich, in anderen Fällen muss man lange nach den Ursachen suchen. Aus psychologischer Sicht gibt es vier Bereiche der Konfliktentstehung: Die Wahrnehmung und die Gefühle der Menschen sind verschieden, ebenso wie ihre Einstellungen und Verhaltensweisen. Zur Bewältigung von Konflikten ist psychologisches Hintergrundwissen nötig. [768]

(b) Konfliktanalyse

Zunächst ist von einer Konfliktdiagnose auszugehen. Die folgenden Fragen eines Grundschemas[769] zielen darauf ab, einen Überblick über den Konflikt, seine Geschichte, Eigenart und Dynamik zu verschaffen: Worum geht es? Wie hat sich der Konflikt entwickelt? Wie agieren die Parteien? Wer steht im Konflikt gegeneinander? Was befürchten bzw. erhoffen die Parteien von diesem Konflikt? Was hat der Konflikt gebracht? Das Grundschema bildet auch den Leitfaden für das Konfliktinterview.

Im nächsten Schritt wird der Konfliktprozess analysiert:[770]

• Als erstes sind die Streitpunkte zu klären, welche die Parteien gegeneinander vorbringen. Diese Punkte können vielfältiger Art sein, z.B. aus dem Arbeitsablauf,

---

767 Vgl. Berkel, K.: Konflikttraining…a.a.O., S. 15-42

768 Vgl. Crisand, E.: Methodik der Konfliktlösung…a.a.O., S. 18-24

769 Vgl. Glasl, F.: Konfliktmanagement…a.a.O.

770 Vgl. Berkel, K.: Konflikttraining…a.a.O., S. 50-69

dem Organisationsklima, der Zusammenarbeit, aus der Hierarchie- und Kontrollsituation.
• Die am Konflikt beteiligten Personen haben unterschiedliche Einstellungen (z.B. der Hochmütige greift an, der Bürokrat zieht sich zurück, der Kooperativer wahrt Würde/Niveau und ein Opfer jammert) bzw. organisatorische Zuordnungen (z.B. neben-, nach und miteinander bzw. über-/untergeordnet), die im nächsten Schritt zu klären sind.
• Die zu klärenden Emotionen (reflexartige Reaktionen) im Konflikt können heiß (übermotivierte, explodierende, sich für ihre Ziele erhitzende Personen) oder kalt sein, wenn sich z.B. Personen gegenseitig behindern bzw. blockieren oder sich auf Formalien zurückziehen.
• Eine häufige Strategie in Konflikten ist die Pokerstrategie: Da der Konflikt nur in Sieg oder Niederlage enden kann, ist die Durchsetzung von Interessen gefragt. Demgegenüber betrachtet die Problemlösungsstrategie einen Konflikt als lösbares Problem: wenn beide Parteien von der Lösung profitieren. Eine Kombination dieser Formen zeigt sich in den Konfliktstilen:
- Integrieren als die Betonung des Willens zu einer beiderseitig vorteilhaften Einigung
- Aushandeln als die Verfolgung wechselseitiger Konzessionen, um eine schnelle Lösung anzustreben
- Nachgeben aus dem starken Wunsch nach Harmonie und Zusammenarbeit heraus
- Vermeiden als Leugnung des Konflikts oder ihn als irrelevant herunterspielen, dabei unverbindlich bleiben
- Kämpfen in offener (attackieren, konfrontieren) oder verdeckter Weise, z.B. Bündnisse schmieden.

Es gibt nicht den besten Konfliktstil. Unterschiedliche Situationen können verschiedene Stile erfordern. Konfliktkompetenz ist die Fähigkeit, den geeigneten Stil situativ zu wählen.
Als Merkmale des zwischenmenschlichen Konflikts (Konfliktsyndrom) sind typisch, dass Kommunikation bei Konflikten nachlässt, das gemeinsame Ziel wird aus den Augen verloren, die Wahrnehmung ist verzerrt bzw. polarisiert und die Einstellung ist von Misstrauen beherrscht.[771]

(c) Konfliktbewältigungstechniken

Zur Bewältigung von Konflikten bietet sich die Harvard-Methode an, bei der nach einer Analyse der Situation der Grund des Konflikts offen gelegt wird (Diagnose), um dann in der Therapie Lösungsvorschläge zu erarbeiten. Beispiel eines nicht engagierten Technikers: [772]
- Analyse der Situation: Der ehrgeizige Techniker T ist 45 Jahre als und seit 20 Jahren in der Firma beschäftigt. Seit fünf Jahren arbeitet er in einer Montagegruppe.

---

[771] Vgl. Deutsch, M.: Konfliktregelung, München/Basel 1976

[772] Vgl. Crisand, E.: Methodik der Konfliktlösung…a.a.O., S. 25-84

Er gilt bei Kollegen und Vorgesetzten als hoch motivierter und einsatzbereiter Mitarbeiter. Seit einer Montagetätigkeit vor zwei Jahren lässt sein Engagement merklich nach und er wirkt lustlos. Dort äußerte er gegenüber seinem Gruppenleiter G den Wunsch nach Beförderung, weil er Karriere machen möchte.
Dieser lehnt das Anliegen von T ab, weil dieser nicht bereit war, Fortbildungsseminare zu besuchen. Seit zwei Jahren gehen die Aufträge der Firma zurück und T hat dadurch ein geringeres Einkommen. T ist verheiratet und hat eine Tochter. Haus gekauft. T pflegt einen hohen Lebensstandard. Im Rahmen der Analyse kann der Vorgesetzte bei nur spärlich gegebenen Daten die Fragemethode[773] anwenden, indem er mit gezielten Fragen Informationen über den Konflikt einholt.
- Diagnose: Das Verhalten von T wird sowohl durch seine Arbeitssituation geprägt. In seinem Betrieb rechnete er nicht damit, dass G seinen Wunsch nach Beförderung ablehnt. Da sein Wunsch nach Anerkennung nicht erfüllt wird, hat er ein unbefriedigtes Motiv, sein Selbstwertgefühl ist bedroht und er reagiert mit dem Abwehrmechanismus inne Kündigung, d.h. er lehnt resignierend den Besuch von Seminaren ab.
- Therapie: Gruppenleiter G sollte mit T ein Gespräch führen, um ihn wieder zu motivieren. G sollte deutlich machen, dass er das Wissen und Können von T schätzt und auch das Unternehmen davon profitiert. Führungskraft G sollte auch erklären, warum er seinem Wunsch nach Beförderung nicht nachkommen konnte und dabei verdeutlichen, dass das nicht aus persönlichen Gründen geschah. Er sollte auf die schlechte wirtschaftliche Lage des Unternehmens hinweisen, die eine Beförderung momentan ausschließt. G sollte verdeutlichen, dass es für das Weiterkommen von T wichtig ist, dass er die Fortbildungskurse besucht. Er wird andeuten, dass sich G nach der Absolvierung der Kurse durch T dann für eine anstehende Beförderung bei seinem Vorgesetzten einsetzen wird.

(d) Konfliktbewältigung

Konflikte können nicht über längere Zeit offen bleiben und drängen deshalb auf eine Entscheidung, nämlich auf die Beendigung des Konflikts. Zur Bewältigung von Konflikten ist Konfliktfähigkeit[774] der beteiligten Personen nötig. Es geht hier um die Fähigkeit, trotz der Anspannung variabel handeln und reagieren zu können. Es gibt verschiedene Formen der Konfliktbewältigung, die sich nach der Art des Konfliktes richten (Abb. 22):[775]

---

773 Vgl. ebenda, S. 85-105

774 Vgl. Berkel, K.: Konflikttraining…a.a.O., S. 71-75

775 Vgl. ebenda, S. 77

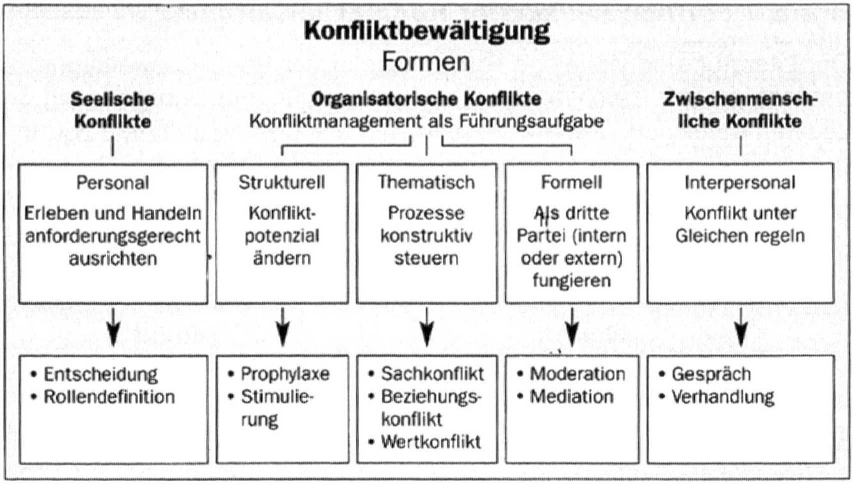

Abb. 22: Formen der Konfliktbewältigung

Die Konfliktbewältigung umfasst alle Konzeptionen und Methoden, die die Beteiligten selbst oder eine dritte Partei in und mit einem Konflikt unternehmen, um situationsgerecht erleben und zielorientiert handeln zu können. Dabei unterscheiden wir:

(da) Seelische Konfliktbewältigung

Die seelische Konfliktbewältigung[776], d.h. wenn wir mit einem Konflikt belastet sind, Druck fühlen und unsicher sind, was wir tun sollen, dann können wir direkt oder indirekt darauf reagieren:

- Direkt durch eine Entscheidung (dafür oder dagegen), einen Kompromiss (echter, fauler oder neue Lösung), durch Hinnahme (leiden) oder Annahme (ja sagen). Eine Person, die vor dem Problem steht,
- Indirekt entweder durch Abwendung (Verdrängung des Problems oder Flucht in die Krankheit) oder durch Umrichtung, d.h. ein neues Ziel setzen oder ganz neu orientieren.

Beispiel: Eine Person steht vor dem Problem, entweder noch eine Stunde zu arbeiten (Zeit drängt) oder eine Stunde spazieren zu gehen (Erholung). Wenn er sich direkt entscheidet, dann entscheidet er alternativ, oder er arbeitet eine halbe Stunde und geht dann spazieren (Kompromiss). Bei indirekter Reaktion weicht er aus, indem er sich ins Bett legt und schläft oder indem er ein neues Ziel sucht: er geht ins Schwimmbad.

[776] Vgl. ebenda, S. 77-82

(db) Organisatorische Konfliktbewältigung

Die organisatorische Konfliktbewältigung, die sich insbesondere auf das thematische, das strukturelle und das formelle Konfliktmanagement bezieht:[777]

• Das thematische Konfliktmanagement bezieht sich insbesondere auf Sach-, Beziehungs- und Wertkonflikte in Organisationen. Die Sachkonflikte (z.B. Kompetenzstreitigkeiten) lassen sich über folgenden Weg lösen:

- Problemstellung identifizieren
- Ziel bestimmen, messbar definieren oder beurteilbar machen
- Ursachen herausfinden, Schwierigkeiten analysieren
- Lösungsideen entwickeln (pro/contra-Argumente suchen)
- Entscheidung treffen und Aktionsplan vereinbaren

Die Beziehungskonflikte (z.B. gegenseitige Beschuldigungen) können nicht wie Sachkonflikte gelöst werden, sondern sie sind zu heilen. Es ist bei der Konfliktbewältigung vor allem redlich zu sein, d.h. schlüssig argumentieren, Behauptung begründen, zur Verantwortung stehen, korrekte Wiedergabe von Daten, glaubwürdig bleiben, wahrhaftig sein, Mitsprache ermöglichen, realistische Forderungen stellen, die Würde des anderen wahren und ihn respektieren. Manipulieren ist out. Kommt es zu Ausbrüchen oder Beleidigungen, dann

- muss die verletzte Partei die persönliche Verletzung zur Sprache bringen („Ich-Botschaft“)
- Der auslösende Partner muss darauf eingehen, den Vorgang bedauern und sich entschuldigen
- Die betroffene Partei muss dann bereits sein, die Entschuldigung anzunehmen und zu verzeihen.

Die Wertkonflikte können weder gelöst noch geheilt werden. Sie sind zu überwinden, denn Werte bieten sich geradezu an, sich in Extreme zu steigern: Beispielsweise möchte der Mitarbeiter mehr Freizeit, der Chef fordert mehr Leistung. Ansätze zum Umgang mit Wertkonflikten sind hier: Rückzug, Verzicht, Trennung von Wert und Interessen, Dialog, Einordnung und Konfrontation.

• Das strukturelle Konfliktmanagement ist für Führungskräfte notwendig, wenn Teams ineffizient arbeiten, lückenhafte Koordination vorliegt, Informationen zu spät kommen und Mitarbeiter nicht umdenken wollen. Die Maßnahmen richten sich danach, ob es sich um Wert-, Sach-, Beziehungs- oder Rollenkonflikte handelt.[778]

• Das formelle Konfliktmanagement wird nötig, wenn ein Teufelskreis entsteht, bei dem sich beide Parteien gegenseitig hochschaukeln und immer unfähiger werden, den Konflikt konstruktiv zu beenden. Hier wird ein Moderator oder Schlichter benötigt: Der Vorgesetzte ist als Konfliktregler gefordert. Dabei ergeben sich folgende Aufgaben der Führungskraft. Die Diagnose der Konfliktlage, die Rahmenbedingungen für die Aussprache festlegen, die Konfliktregelung lenken und die Vereinbarung verbindlich machen.[779]

---

777 Vgl. ebenda, S. 82-94

778 Vgl. Berkel, K.: Konflikttraining…a.a.O., S. 94-98

779 Vgl. ebenda, S. 98-103

(dc) Kooperative Konfliktbewältigung
Alltägliche Konflikte sind so zu bewältigen, dass man weiterhin gut miteinander leben und zusammenarbeiten kann. Grundsätzlich gilt für kooperative Konfliktgespräche: Die Erregung kontrollieren und sich nicht provozieren lassen. Beim Partner Vertrauen herstellen und eigene Fehler eingestehen. Offene Kommunikation pflegen und zugänglich sein. Den Konflikt bewältigen, d.h. mit dem Partner Vereinbarungen treffen, um eine Einigung zu erzielen. Der Konflikt ist erst dann wirklich bewältigt, wenn er auch von den Beteiligten zum Abschluss gekommen ist. Das ist dann gegeben, wenn beide mit den getroffenen Vereinbarungen leben und arbeiten können. Das setzt voraus, dass die Personen den Konflikt persönlich verarbeiten.[780]

5.9 Eingliederungsmanagement

Das betriebliche Eingliederungsmanagement (BEM) ist eine Führungsaufgabe des Arbeitgebers, um die Arbeitsunfähigkeit von Arbeitnehmern möglichst zu überwinden, erneuter Arbeitsunfähigkeit vorzubeugen und den Arbeitsplatz des Betroffenen zu erhalten.[781] Das BEM soll einsetzen, wenn Beschäftigte innerhalb eines Jahres länger als sechs Wochen ununterbrochen oder wiederholt arbeitsunfähig sind (§ 84, Abs. 2 SGB IX).
Die Ermittlung des betreffenden Personenkreises und der Krankenstände übernimmt eine Stelle des betrieblichen Personalwesens,[782] welche die betroffenen Mitarbeiter mit einem Rückmeldebogen schriftlich einlädt, in dem anzukreuzen ist, ob der Mitarbeiter dieses Angebot annimmt. Nach der Zustimmung des Mitarbeiters zu diesem Verfahren findet ein Erstgespräch statt, an dem auch ein BEM-Verantwortlicher oder weitere Beteiligte teilnehmen, z.B. Betriebsrat, Werks-/Betriebsarzt, Vertreter des Integrationsamtes.
Ein Rückkehrgespräch[783] ist ein Mitarbeitergespräch, bei dem ein Vorgesetzter mit einem erkrankten Mitarbeiter spricht, der wieder an seinen Arbeitsplatz zurückkommt. Die Gespräche sollen zur Aufklärung der Krankheitsgründe und zur Verringerung von Fehlzeiten beitragen. Dieses Gespräch wird von der direkten Führungskraft unmittelbar nach einer Rückkehr mit jeder Person geführt, die aus der Abwesenheit zurückkehrt.
Die Ziele dieses Gesprächs bestehen in:[784]
• Überwindung und Vorbeugung erneuter Arbeitsunfähigkeit
• Erhalt und Förderung der Arbeitsfähigkeit und Gesundheit

---

780 Vgl. ebenda, S. 104-136

781 Vgl. Britschgi, S.: Krankheit und betriebliches Eingliederungsmanagement, Köln 2006

782 Vgl. Kapitel 7: Personalpsychologie

783 Vgl. Bitzer, B.: Fehlzeiten als Chance…a.a.O.; vgl. Rischar, K.: Schwierige Mitarbeitergespräche…a.a.O., S. 130 f.

784 Vgl. Bitzer, B.: Kommunikation macht gesund…a.a.O., S. 43 u. S. 35-41

• Vermeidung von Behinderungen einschl. chronischer Krankheiten
• Verzahlung des BEM mit der betrieblichen Gesundheitspolitik

Nach anfänglichen Schwierigkeiten hat sich das Rückkehrgespräch heute etabliert. Nachweislich besitzt dieses Gespräch einen direkten Einfluss auf die Gesundheitsquote. Voraussetzung dafür ist allerdings. Dass die Gespräche wertschätzend und respektvoll geführt werden. Angstmachen und Druck erzeugen stets das Gegenteil von Gesundheit.[785]

[785] Vgl. ebenda, S. 7-16

6. Lernpsychologie

Die Lernpsychologie ist derjenige Teilbereich der Psychologie, der sich mit dem Erwerb neuer oder der Modifikation vorhandener Kenntnisse, Fähigkeiten oder Verhaltensweisen beschäftigt.[786] Es wird hier untersucht, wie Lebewesen Informationen aufnehmen, verarbeiten und abgeben. Für den Lernerfolg in Schule, Hochschule und Beruf ist es bedeutsam, sich auf möglichst effiziente Weise Wissen anzueignen.[787]

Themen sind hier u.a. Lerntheorien, Arbeitsmethodik, Anti-Stress-Training, Rhetorik und Präsentation, Techniken geistiger Arbeit, Schlüsselqualifikationen[788] und das schöpferische Lernen mit System. Da das Erleben und Verhalten von Menschen stark vom Lernen geprägt ist, gibt es viele interessante Bezugsfelder und Schnittmengen zwischen der Führungspsychologie und der Lernpsychologie.

In unserer heutigen Zeit sind die Lebens- und Arbeitsbedingungen einem schnellen Wandel unterworfen, der uns mit neuen Technologien und dem Erwerb vieler neuer Kenntnisse und Fertigkeiten konfrontiert. Diese Entwicklung stellt in immer kürzer werden Intervallen hohe Anforderung an uns alle.[789] Das Lernen kann als ein Prozess definiert werden, der Verhaltensänderungen begründet.[790] Außerdem beruht das Lernen auf Erfahrung[791] und ist mit dem Erwerb von Fähigkeiten verbunden.[792] Dabei ist auch von Führungskräften eine Gedächtnisleistung aufzubringen, die vor allem durch Aufmerksamkeit, Organisation und Sinngebung bzw. Veranschaulichung geprägt ist. Der Konstruktionsplan unseres Gedächtnisses ist mit einem Computer vergleichbar.[793] Es liegt in hohem Maße an uns selbst, was wir aus unserem Gedächtnis machen.[794]

---

786 Vgl. Edelmann, W.: Lernpsychologie, 6. Aufl., Weinheim, 2000; vgl. Lefrancois, G.: Psychologie des Lernens, 4. Aufl., Berlin 2006; vgl. Seel, N.M.: Psychologie des Lernens, 2. Aufl., München 2003

787 Vgl. Hofmann, E., Löhle, M.: Erfolgreich Lernen, 2. Aufl., Göttingen, Bern u.a. 2012

788 Vgl. Eilles-Matthiessen, C., Janssen, S., Osterholz-Sauerlaender, A., Hage, N.E.: Schlüsselqualifikationen kompakt, 2. Aufl., Göttingen, Bern u.a. 2008

789 Vgl. Heineken, E., Habermann, T.: Lernpsychologie für den beruflichen Alltag, 3. Aufl., Heidelberg 1994, S. 9

790 Vgl. Hilgard, E.R.: Theories of learning, 2. Aufl., New York 1956; vgl. Bower, G., Hilgard, E.: Theorien des Lernens, 2 Bände, 5. Aufl., Stuttgart 1996 u. 1997; vgl. Gagné, R.M.: Die Bedingungen des menschlichen Lernens, 2. Aufl., Hannover, 1970, S. 10

791 Vgl. Zimbardo, P.G., Gerrig, R.J.: Psychologie…a.a.O., S. 192; vgl. Buck, G.: Lernen und Erfahrung – Epagogik, 3. Aufl. Darmstadt 1989

792 Vgl. Bednorz, M., Schuster, M.: Einführung in die Lernpsychologie, 4. Aufl., München 2002

793 Vgl. ebenda, S. 57-67

794 Vgl. ebenda, S. 68-93

6.1 Lerntheorien

Eine Lerntheorie versteht sich als eine Anzahl von Gesetzen, die miteinander verbunden sind und Modelle bzw. Hypothesen im Hinblick auf relativ überdauernde Verhaltensänderungen von Menschen betreffen. Unter Vernachlässigung der strengen Anforderungen, welche die Wissenschaftstheorie an die Inhalte von Theorien stellt[795], soll zunächst eine kurze Übersicht über wesentliche Lerntheorien gegeben werden, die von der Lernpsychologie entwickelt wurden:

(a) Lernen durch Signale

Die Lerntheorie der klassischen Konditionierung als das Lernen aufgrund von Signalen geht auf eine Experimentiertechnik von *Pawlow* (1849-1936) zurück. Bei seinen Versuchen mit Hunden bestand der nichtkonditionelle Reiz (UCS) aus Futter, das einem Hund in kleinen Mengen ins Maul gegeben wurde. Die unkonditionelle Reaktion (UCR) folgte im Einsetzen des Speichelflusses. Zuvor hatte der Hund auf einen konditionellen Reiz (CS) einer Glocke nicht reagiert.
Wurde nun im nächsten Schritt die Futtergabe durch das akustische Signal der Glocke begleitet (CS und UCS), so zeigte sich nach einer Anzahl von Wiederholungen, dass das akustische Signal zum konditionellen Reiz (CS) geworden war, denn die Reaktion des Speichelflusses (Konditionierter Reflex = CR) setzte bei dem Hund auch ohne Futtergabe ein.[796] Der Hund hat also gelernt, dass es bei einem Glockenton Futter gibt (Signallernen[797]). Die Theorie des klassischen Konditionierens (*Pawlows* Thesen ab 1905) kann auch heute noch für zahlreiche Vorhaben in pädagogischen Situationen nutzbringend eingesetzt werden, beispielsweise zur gezielten Planung von Verhaltensänderungen.[798]

(b) Lernen durch Versuch und Irrtum

Die Lerntheorie des operanten Konditionierens gründet sich auf systematische Untersuchungen von *Skinner* (1904-1990), *Thorndike* (1874-1949) und *Watson* (1878-1958), die im Regelfall ebenfalls mit Tieren experimentierten. Diese Theorie wird auch als Konsequenzenlernen[799] bezeichnet. Es wurde z.B. einer im großen Käfig (mit Gitter) sitzenden, hungrigen Katze ein verstärkender Reiz in Form von Futter gegeben, das als Anreiz außerhalb des Käfigs lag. Die Bezeichnung „operant" bezieht sich auf die Tatsache, dass das betreffende Tier eine bestimmte Handlung zu

---

795 Vgl. Opp, K.D.: Methodologie der Sozialwissenschaften…a.a.O., S. 29-88; vgl. Schanz, G.: Wissenschaftstheoretische Grundfragen der Führungsforschung, in: Handwörterbuch der Führung, Hrsg. A. Kieser, G. Reber, R. Wunderer, 2. Aufl., Stuttgart 1995, Sp. 2195

796 Vgl. Zimbardo, P.G., Gerrig, R.J.: Psychologie…a.a.O., S. 196

797 Vgl. Gagné, R.M.: Die Bedingungen des menschlichen Lernens…a.a.O., S. 33

798 Vgl. Steiner, G.: Lernen und Wissenserwerb, in: Pädagogische Psychologie, Hrsg. A. Krapp, B. Weidenmann, 5. Aufl., Basel 2006, , S. 163; vgl. Heineken, E., Habermann, T.: Lernpsychologie…a.a.O., S. 30 ff.

799 Vgl. Heineken, E., Habermann, T.: Lernpsychologie…a.a.O., S. 40-51

vollziehen hat, damit es den verstärkenden Reiz erhalten kann. Die Katze probiert also mehrfach, wie sie an das Futter herankommen kann, z.B. mit ihrer Tatze, was aber zunächst nicht gelingt. Mehrere Versuche verlaufen erfolglos, weil die Katze jeweils dem Irrtum unterlag.
Die Konditionierung ist dann vollzogen, wenn das vom Tier erwartete Verhalten eintritt, als es nämlich den Hebel an der Käfigtür niederzudrücken gelernt hat (Reiz-Reaktionsmodell des Behaviorismus). So stößt die Katze zunächst durch Versuch und Irrtum zufällig an den Hebel und die Tür öffnet sich, so dass prompt die Belohnung durch das Futter folgt. Die Katze hat dabei einiges gelernt, wenn das den verstärkenden Reiz hervorbringende Verhalten später schneller, häufiger und nachdrücklicher erfolgt. Die Lerntheorie des operanten Konditionierens (Thesen *Skinners* ab 1930) haben heute ihre Bedeutung für eine Beschreibung und teilweise auch zur Erklärung von Lernprozessen keineswegs eingebüßt.

(c) Lernen durch Einsicht

Später kam die Lerntheorie des kognitiven Lernens hinzu, wobei unter Kognitionen jene Vorgänge zu verstehen sind, durch die ein Organismus Kenntnis von seiner Umwelt erlangt, z.B. lernt der Mensch durch Einsicht, Wahrnehmung, Denken und Urteilen, d.h. einfach ausgedrückt, dass durch Kognition Wissen erworben wird.[800]
Beim Lernen durch Einsicht erfolgt die Aneignung von Wissen durch Nutzung kognitiver Fähigkeiten, z.B. durch die Wahrnehmung. Die Einsicht bedeutet hier das Erkennen und Verstehen eines Sachverhalts bzw. das Erfassen von Ursache-Wirkungs-Zusammenhängen.
Hier wird nicht durch Versuche gelernt, sondern durch das Erkennen des effektivsten Verfahrens zu einer Problemlösung. Dieses kann auch durch sog. ein Aha-Erlebnis[801] ausgelöst werden, z.B. durch schlagartiges Erkennen einer Gegebenheit bzw. durch ein Erlebnis, das sich bei plötzlicher Einsicht in einen zuerst undurchsichtigen Zusammenhang einstellt. Lernziele, Intelligenz, Erfahrung und die Situation beeinflussen die richtige Einsicht des Menschen. Der Lösungsweg nimmt dann eine bestimmte Gestaltform an. Wissenschaftliche Untersuchungen zur Gestaltpsychologie wurden von *M. Wertheimer*[802] (1880-1943) und *Köhler* (1887-1967) vorgelegt.
Der ausschlaggebende Gesichtspunkt beim Lernen größerer Wissengebiete ist die Vernetztheit des Wissens. Hier sind sowohl das ganze System, wie auch die einzelnen Elemente in einem für die Adressaten optimalen Ausmaß an Differenzierung zu strukturieren.
Die Entwicklungstheorie von *Piaget* (1896-1980) betont die im lernenden Menschen entwickelten kognitiven Strukturen und Stufen als Voraussetzung des Lernaktes.

---

800 Vgl. Edelmann, W.: Lernen, in: Lexikon der Psychologie, Bd. 2, Red. G. Wenninger, Heidelberg 2001, S. 453; vgl. ders.: Lernpsychologie, 6. Aufl., Weinheim 2000; vgl. Heineken, E., Habermann, T.: Lernpsychologie…a.a.O., S. 53

801 Vgl. Bühler, K.: Tatsachen und Probleme zu einer Psychologie der Denkvorgänge. Über Gedanken, in: Archiv für Psychologie, 9 (1907), S. 297-365

802 Vgl. Lück, H.E.: Geschichte der Psychologie, 4. Aufl., Stuttgart 2009, S. 74

Allerdings nimmt jeder Mensch die Außenwelt je nach erreichtem Stadium anders wahr. Die Kognitionspsychologie[803] richtet ihre Aufmerksamkeit auf alle Prozesse bei der Verarbeitung von Stimuli. Die Lerntheorie des kognitiven Lernens geht von der Annahme aus, dass die geistige Ausstattung eines Menschen als ein System zur Verarbeitung von Informationen aufgefasst werden kann. Dieser Interpretation kann ohne weiteres auch heute gefolgt werden.

(d) Lernen durch Tun

Eine weitere Lerntheorie ist die Theorie des Handelns und Problemlösens, die vom Modell-Lernen[804] (*Bandura*/geb. 1925)[805] und vom methodisch planvolles Handeln bzw. vom Problemlösen einer Lernperson ausgeht.[806] Das Lernen durch Handeln wird im englischsprachigen Raum als Learning by Doing (*J. Dewey*: 1859-1952) bezeichnet und gilt als die häufigste Form im lebenslangen Lernprozess. Dabei ist ein Problem modellhaft durch drei Komponenten gekennzeichnet: Der unerwünschte Anfangszustand, der erwünschte Zielzustand und eine Barriere, welche die Überführung des Anfangszustands in den Zielzustand verhindert.

Wichtige Formen des problemlösenden Denkens sind dabei die Anwendung von Lernstrategien, Einsatz von Kreativität, das Systemdenken und die richtige Anwendung zweckentsprechender Techniken und Methoden.

Die österreichische Psychologe *Adolf Jost* stellte Thesen zu verteilten und gehäuften Wiederholungen von Lehrstoff durch den Lernenden auf. Sie lassen sich stark vereinfacht so ausdrücken:

- Über mehrere Tage verteilte Wiederholungen ergeben ein schnelleres und besseres Behalten als die auf einen oder wenige Tage gehäufte Wiederholung.
- Einen besonders günstigen Effekt haben gehäufte Wiederholungen, wenn der Lernstoff schon nach der ersten Wiederholung voll reproduzierbar ist.

Diese „Jostchen Sätze“ sind in der Pädagogik für uns Lernende auch heute noch von Bedeutung und keineswegs veraltet.[807] Außerdem sollten zur Wiederholung heute folgende Regeln Beachtung finden:

- Leicht zu verstehende, aber schwierig zu merkende und vom Menschen nur schwer zu behaltende Lerninhalte sollten häufig, aber kurz und intensiv wiederholt werden.[808]
- Schwierig zu verstehende, aber einmal gut behaltene Lernstoffe brauchen nicht so oft wiederholt zu werden.

Die Wiederholung sollte aber auch nicht zur Plage werden. Sie sollte eine erfreuliche Arbeitserleichterung sein, etwa häufig wiederholtes Überlesen an Stelle anstrengenden intensiven Einbüffelns, z.B. Vokabeln und Gedichte kann man sich durch

---

803 Vgl. Neisser, U.: Kognitive Psychologie, Stuttgart 1974

804 Vgl. Heineken, E., Habermann, T.: Lernpsychologie…a.a.O., S. 51 f.

805 Vgl. Bandura, A.: Lernen am Modell, Stuttgart 1976

806 Vgl. Edelmann, W.: Lernen…, a.a.O., S. 454; vgl. ders.: Lernpsychologie…a.a.O.

807 Vgl. Freytag, H.P., Gmel, F., Grasmeher, F. Der Ausbilder im Betrieb, 39. Aufl., Kassel 2011, S. 9

808 Vgl. Beer, U.: Methoden der geistigen Arbeit, Düsseldorf 1965, S. 28

wiederholtes Lesen aneignen. Stures Pauken erscheint uns nicht sinnvoll. Vielmehr gewinnen heute Kreativität und Innovation an Bedeutung. Die Fähigkeit, neue zukunftsorientierte Ideen zu entwickeln und zu verwirklichen, wird immer bedeutender.[809]

6.2 Das Lernen lernen

Wir haben in unserem Leben viel Fachliches gelernt, die meisten von uns haben aber kaum Gelegenheit gehabt, sich intensiv mit dem Lernen des Lernens zu beschäftigen.[810] Beim individuellen Prozess des Lernens orientiert sich ein Mensch zunächst an seinen Lernzielen. Dann plant er individuelle Wege, wie diese Ziele zu erreichen sind, durchläuft die Phase der Lernrealisation, welche verschiedener Störgrößen ausgesetzt ist. Es tritt entweder ein Lernerfolg ein oder es ergibt sich ein Misserfolg. So ergibt sich folgender Prozess (Abb. 23):[811]

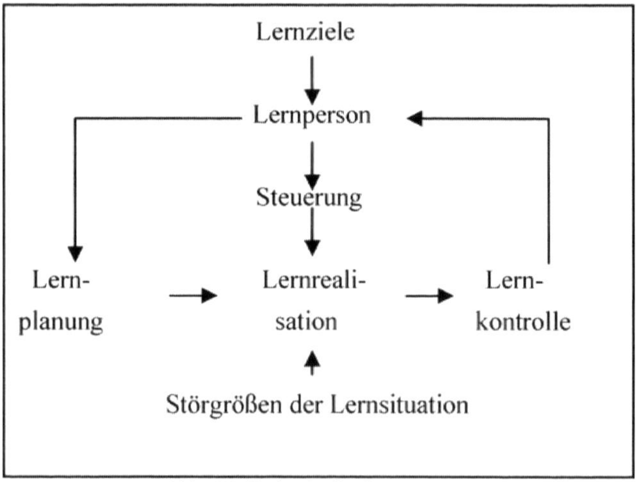

Abb. 23: Individueller Lernprozess

Diese modellhafte Darstellung verkennt nicht, dass die Lernaktivitäten in der Praxis nicht so „glatt“ verlaufen, denn das Lernen ist im Detail sehr komplex und oft wenig durchsichtig. Patentrezepte des Lernens gibt es nicht, denn dafür ist die Lernpraxis viel zu komplex.

Ein solches System verfolgt keine Automatismen, sondern es unterliegt vielen Eigengesetzlichkeiten, die nicht zuletzt auf Grund der situativen Bedingungen

809 Vgl. Witt, J.: Kreativität und Innovation…a.a.O., S. 4 ff.

810 Vgl. zum Lernen des Lernens: Löhle, M.: Lernen lernen, Göttingen, Bern 2005; vgl. Steiner, G.: Lernen. 20 Szenarien aus dem Alltag, 2. Nachdruck, Göttingen, Bern u.a. 2011

811 Vgl. Rahn, H.J.: Techniken geistiger Arbeit…a.a.O., S. 10-21

bedingt sind. Die erfolgreiche Umsetzung der Lernplanung wird häufig durch die jeweils gegebenen Störgrößen der Lernsituation erschwert, z.B. Lärm bzw. persönlicher Kummer.

Um das Lernen besser zu lernen, kann mit speziellen Übungen ermittelt werden, ob der Betroffene eher ein Lesetyp, Zuhörtyp oder ein Sehtyp ist.[812] Außerdem kann der Mensch sich verschiedene Techniken aneignen:[813]

• Die Lerntechniken als Verfahren, die eine Lernperson beim Streben nach Verhaltensänderungen unterstützen, z.B. Denk-, Lese-, Zuhör-[814], Seh-, Mitschreib-, Sprech-, Schreib- und Arbeitstechniken.

• Die Lehrtechniken als Visualisierungs- bzw. Präsentationstechnik[815], Redetechnik und spezielle Verfahren die einer Lehrperson zeigen, wie beim erfolgreichen Lehren vorzugehen ist.

• Die Problemlösungstechniken als Methoden und Verfahren, die jenen Menschen Unterstützung geben, die knifflige Probleme zu lösen haben.

• Die praktischen Arbeitstechniken als Methoden, die dem arbeitenden Menschen bei seiner täglichen Tätigkeit unterstützen, z.B. Zielbildungstechnik, Zeit-Management-Technik, Checklistentechnik, Delegationstechnik, Rationalisierungstechnik, Stressbewältigungstechnik, Arbeitsverfahrenstechnik.

• Die wissenschaftlichen Arbeitstechniken, die den Studierenden bzw. den Wissenschaftlern bei ihrer Arbeit helfen, weiterhin erfolgreich zu sein.

Das Lernen kann nicht nur zu einer lustvollen, spaßbringenden Aktivität werden, sondern es umfasst auch weitere Verhaltensbereiche, wie z.B. Angstbewältigung, optimales Prüfungsverhalten, Vermeidung von Kränkungen beim Lernen und die Reaktion der sozialen Umgebung.[816]

6.3 Kreatives Denken lernen

Kreative Leistungen sind für unser Leben, für Wohlstand und Lebensqualität von größter Bedeutung.[817] Kreatives Denken und innovatives Handeln muss ein unverzichtbares Grundprinzip der Einstellung und des Verhaltens von Führungskräften und Mitarbeitern werden. Ohne Kreativität und ohne neue Ideen[818] gibt es in den Organisationen keinen Fortschritt und ohne Innovationen[819] gibt es keine Zu-

---

812 Vgl. Rahn, H.J.: Techniken geistiger Arbeit…a.a.O., S. 22-28

813 Vgl. ebenda, S. 40-125

814 Vgl. Henninger, M., Mandl., H.: Zuhören – verstehen – miteinander reden…a.a.O.

815 Vgl. Rahn, H.J.: Rhetorik und Präsentation…a.a.O., S. 7-68

816 Vgl. Schuster, M.: Für Prüfungen lernen, Göttingen, Bern u.a. 2001

817 Vgl. Schuler, H., Görlich, Y.: Kreativität, Göttingen, Bern u.a. 2007

818 Vgl. Novak, A.: Neue Ideen mit System, 2. Aufl., Hamburg 2011, S. 12 ff.

819 Vgl. Guldin, A.: Innovationen, in: Lehrbuch der Personalpsychologie, Hrsg. H. Schuler, 2. Aufl., Göttingen, Bern u.a. 2006, S. 306-330

kunft.[820] Wenn wir vom Lernen sprechen, dann meinen wir das kreative Lernen. Das Wort Kreativität[821] kommt aus dem Lateinischen und bedeutet „etwas neu schöpfen, etwas erfinden“ (lat. creare). Kreatives Lernen bezeichnet die Fähigkeit, neue Probleme mit dem gegebenen Wissen und Können innovativ so zu lösen, dass überdauernde Verhaltensänderungen eintreten. Beim kreativen Problemlösen sollte nach dem Vier-Phasen-Modell systematisch vorgegangen werden:

- Die Problemerfassung, d.h. die Ist-Aufnahme und eine möglichst messbare Zielfestlegung.
- Das Skizzieren des Problems und die Ideensuche mit der Anwendung von Problemlösungstechniken.
- Die Veranschaulichung und Zerlegung des Problems (Ist-Analyse), d.h. Begriffe klären, Einflüsse/Folgen herausarbeiten, Analogien suchen und logische Methoden anwenden.
- Problemlösungsvorschlag offen legen bzw. Zielsetzung und Ergebnis vergleichen. Als Ergebnis Wenn-dann-Beziehungen herzustellen versuchen.

Das Erforschen von kreativen Prozessen und ihre Beherrschbarkeit bzw. Berechenbarkeit gewinnen in der heutigen Zeit immer mehr an Bedeutung. Dabei bilden Intelligenz, Phantasie und Wissen die Grundlagen schöpferischen Denkens.[822] Kreativität ist durchaus erlernbar[823], wobei vor allem Kreativitätsblockaden zu bekämpfen sind.[824] Es sind folgende kreative Denkmethoden zu unterscheiden:[825]

- Das Brainstorming (engl.: Ideensturm) als eine Problemlösungstechnik zur Förderung innovativer Lösungen im Rahmen einer Gruppensitzung in spontaner und lockerer Atmosphäre. Dabei sollte die Gruppe homogen zusammengesetzt sein (5-20 Personen). Es sollen Ideen entwickelt werden, aber Kritik ist streng verboten. Es geht um das Aufgreifen von anderen Ideen und deren Weiterentwicklung
- Die Methode 635 wurde auf der Grundlage des Brainstorming weiterentwickelt. Es wird auch Brainwriting genannt. Hier erhalten die Gruppenteilnehmer jeweils ein gleich großes Blatt Papier und sie werden dazu aufgefordert, zum Thema drei Ideen zu produzieren. Jedes Blatt wird nach angemessener Zeit (3-5 Minuten) von allen Teilnehmern gleichzeitig im Uhrzeigersinn weitergereicht, um daraus weitere Ideen schriftlich zu gewinnen.
- Bei der Katalogisierungsmethode gilt es, sämtliche Eigenschaften und Merkmale eines Phänomens E und andere Merkmale eines Phänomens P zu erfassen und

---

820 Vgl. ebenda, S. 9-20

821 Vgl. Csikszentmihalji, M.: Kreativität, Stuttgart 1997; vgl. Holm-Hadulla, R.M.: Kreativität, Göttingen 2010; vgl. Ripke, G.: Kreativität und Diagnostik, Münster 2005

822 Vgl. Witt, J.: Kreativität und Innovation…a.a.O., S. 9-46

823 Vgl. Novak, A.: Neue Ideen mit System…a.a.O., S. 3 f.

824 Vgl. Witt, J.: Kreativität…a.aO., S. 46-71

825 Vgl. Rahn, H.J.: Techniken geistiger Arbeit, Hamburg 2011, S. 91-101; vgl. Witt, J.: Kreativität…a.a.O., S. 73-86, S. 100

aufzulisten, um aus der Koppelung der Merkmale zu neuen Lösungen zu kommen. Durch den Abgleich der Katalogmerkmale ergibt sich ein neuer Vorschlag.

• Bei der Synektik wird eine Zusammenfassung von Elementen bewirkt, die von Natur aus nicht zueinander gehören. Sie wird auch Analogiemethode genannt. Es wird versucht, das „Fremde vertraut zu machen“ und später „das Vertraute fremd zu machen“ und sich von dem Gewohnten zu distanzieren. Das zu lösende Problem wird in einem neuen Blickwinkel gesehen.

• Bei der Morphologische Methode wird strukturanalytisch vorgegangen. Das Kombinieren der Problemelemente mit den Elementarlösungen ermöglicht die Ausarbeitung, Auswahl und Bewertung einer neuen Lösung. Es wird ein morphologischer Kasten entwickelt. Den einzelnen Funktionen werden drei Lösungsalternativen zugeführt und am Ende wird eine Lösung herausgefiltert.

• Die logische Methode ist ein Verfahren, das die Problemstellungen in Wenn-dann-Beziehungen formt, um damit zu klaren Aussagen und zu Gesetzen zu kommen. Die Empfehlung nach der Suche solcher Beziehungen gilt sowohl für die Geisteswissenschaften als auch die Naturwissenschaften.

• Die Delphi-Technik hat zum Ziel, in mehreren Befragungsrunden einer Gruppe von Experten künftige Ereignisse, Trends bzw. Entwicklungen einzuschätzen bzw. zu prognostizieren. Der Name geht auf das antike Orakel von Delphi zurück.

• Das Mind Mapping (engl. mind-map = Gedächtniskarte) als Verfahren zur strukturellen Darstellung eines Sachgebietes. Eine Mind-Map wird auf unliniertem Papier erstellt, indem zentral in die Mitte der Hauptbegriff gestellt und davon abzweigende Äste gezeigt werden (Baumdiagramm).

• Die Pinnwand-Technik, bei der die Teilnehmer aufgefordert werden, ihre Lösungsvorschläge auf einzelnen Karten zu notieren, die dann an der Pinnwand nach inhaltlicher Zugehörigkeit befestigt werden. So kann jeder Teilnehmer über die Beiträge der anderen Teilnehmer informiert.[826]

• Das Ursache-Wirkungs-Diagramm ist eine graphische Darstellung von Ursachen, die zu einem Ergebnis führen oder dieses maßgeblich beeinflussen. Damit wird versucht, alle Problemursachen zu erkennen und mit Hilfe des den Fischgräten ähnlichen Diagramms die Abhängigkeiten zu zeigen.

• Die Provokationstechnik ist ein Problemlösungsverfahren, das bestehende Annahmen und Meinungen total in Frage stellt und versucht, das festgefahrene Denken aus der gewohnten Bahn zu werfen, um zu kreativen Lösungen zu kommen.

Beim kreativen Lernen stehen als Lerntechniken weniger das Pauken und Auswendiglernen im Vordergrund, sondern klares Denken und vor allem das Verstehen dessen, was der Mensch an Informationen aufgenommen hat. *Edward De Bono* spricht vom lateralen Denken[827], das Probleme in Einheiten zerlegt, Dinge in ihr Gegenteil verkehrt, Analogien herstellt, Alternativen entwickelt, sich von eingeführten Mustern löst und gegebene Voraussetzungen anzweifelt. Eine alles beherrschen-

---

826 Vgl. Witt, J.: Kreativität und Innovation…a.a.O., S. 107

827 Vgl. De Bono, E.: De Bonos neue Denkschule, 3. Aufl., München 2010, S. 77; ders.: Laterales Denken für Führungskräfte, Reinbek 1972

de Idee kann ein Hindernis sein.[828] Wir sollten das bewusste Denken[829] pflegen, d.h. konzentriert bzw. selbstsicher denken und auch Spaß am Denken haben. Laterales Denken heißt, sich quer zu den Mustern unseres Denkens zu bewegen.[830]
Zur besseren Strukturierung von Denkvorgängen bietet *De Bono* das Sechs-Hüte-Modell (Six Hets) an. Dadurch wird ermöglicht, jede Sache von allen Teilnehmern gemeinsam aus den unterschiedlichsten Blickwinkeln zu betrachten. Das symbolische Aufsetzen eines bestimmten Hutes steht für eine bestimmte Denkrichtung: Jeder Hut symbolisiert quasi eine bestimmte Rolle:[831]

• Der weiße Hut steht für Information, Zahlen, Daten und Fakten. Fragen: Welche Informationen sind bekannt? Welche sind notwendig und noch nicht bekannt? Wie sind die nötigen Informationen zu beschaffen?

• Demgegenüber interpretiert der rote Hut Wärme, Emotionen und Intuitionen (wenn keine Fakten vorliegen). Den Gefühlen wird der nötige Raum gegeben: es geht um eigene Gefühle zur Sache.

• Der schwarze Hut steht für Gefahren und Probleme, die mit der Sache verbunden sein können. Hier lohnt es sich, gründlich über die Wirkungen nachzudenken.

• Der gelbe Hut beschäftigt sich mit den positiven Aspekten einer Idee, Strategie oder Situation, Unter dem gelben Hut wird nach Vorteilen, Nutzen und Werten einer Sache gesucht.

• Der grüne Hut steht für Wachstum und natürliche Energie. Unter diesem Hut werden neue Ideen entwickelt und Alternativen erarbeitet. Hier werden die obigen, kreativen Denkmethoden eingesetzt.

• Der blaue Hut symbolisiert den emotionslosen Überblick über das Ganze. Er dient als Megaebene Entscheidungen einzufordern und zu klären, was wann und weiterhin geschehen soll.

Dieses symbolische Denken in Hüten zur Unterstützung von Kreativität hat sich seit Anfang der Neunziger Jahre in Seminaren für Führungskräfte und Mitarbeiter weltweit immer mehr verbreitet.[832]

---

828 Vgl. Höhn, R.: Die Technik der geistigen Arbeit, 3. Aufl., Bad Harzburg 1985, S. 200

829 Vgl. De Bono, E.: De Bonos neue Denkschule…a.a.O., S. 191-212

830 Vgl. Novak, A.: Neue Ideen mit System…a.a.O., S. 13-37

831 Vgl. ebenda, S. 45-73

832 Vgl. ebenda, S. 65 ff.

6.4 Effektives Arbeiten lernen

Führungskräfte und Mitarbeiter benötigen bei ihrer Tätigkeit in Organisationen bzw. beim Lernen in Bildungsinstitutionen Methoden, die effektives Arbeiten ermöglichen.[833] Beim Erlernen von Arbeitstechniken besteht die entscheidende Frage darin, wie man Routinearbeit mit der richtigen Arbeitsmethodik praktisch so bewältigen kann, dass genügend Zeit für die planvolle Arbeit übrig bleibt.[834] Es geht hier um „das Einsparen gefühlsmäßiger und geistiger Energie!" [835] Es gelten beispielsweise folgende Arbeitsmethoden:[836]

• Die persönlichen Arbeitsbewältigung beginnt mit dem Setzen persönlicher Arbeitsziele[837]. Dann wird überlegt, auf welchen Wegen diese Ziele zu erreichen sind (persönliche Planung), das Ganze wird zu realisieren versucht, um einen persönlichen Erfolg zu erzielen[838]. Die persönlichen Ziele sind Soll-Größen die dem Menschen zur Orientierung dienen und ihm zeigen, wohin der Weg gehen soll. Sie beschreiben aus dem Blickwinkel der Gegenwart Zustände, die in der Zukunft erreicht sein sollen.[839] Dabei ist wichtig, dass der Mensch im Denken und Verhalten positiv bleibt und sich nicht durch die Wirren des Alltags bzw. durch Störgrößen vom eingeschlagenen Weg abbringen lässt. Viele Führungskräfte und Mitarbeiter besuchen anspruchsvolle Fortbildungsseminare, an deren Ende Prüfungen zu bewältigen sind, die teilweise nicht einfach zu bewältigen sind. Auch für das Bestehen mündlicher und schriftlicher Prüfungen ist die Anwendung von persönlichen Arbeitstechniken sinnvoll.[840]

• Auch bei der Arbeit vor Ort können persönliche Arbeitstechniken genutzt werden. Nach den Erkenntnissen von *Bjerner, Holm* und *Swensson* ist die Leistungsbereitschaft des Menschen im statistischen Durchschnitt zwischen 7 und 11 Uhr hoch und einen weiteren Höhepunkt gibt es zwischen 17 und 19 Uhr, während sie nachts gegen 3 Uhr ungünstig ist.[841] Besonders wichtige Arbeitsaktivitäten sollten z.B. nicht in die Mittagszeit gelegt werden, denn nach dem Mittagessen ist die Leistungsfähigkeit nicht so hoch wie vorher. Natürlich gibt es Abweichungen von der Norm, z.B.

---

833 Einen umfassenden Überblick gibt Rainer, W. Stroebe (vgl. Stroebe, R.W.: Arbeitsmethodik…a.a.O.)

834 Vgl. Höhn, R.: Die Technik der geistigen Arbeit…a.a.O., S. 3; vgl. Wagner, H.: Persönliche Arbeitstechniken, 4. Aufl., Speyer 1992, S. 4 ff.

835 Vgl. Stroebe, R.W.: Arbeitsmethodik…a.a.O., S. 9-38

836 Vgl. Rahn, H.J.: Techniken geistiger Arbeit, Hamburg 2011, S. 102-125

837 Vgl. Stroebe, R.W.: Arbeitsmethodik…a.a.O., S. 51 ff.

838 Vgl. Rahn, H.J.: Der Prozess der Lebensbewältigung – dargestellt am Beispiel der Studienzeit…a.a.O., S. 329-338

839 Vgl. Becker, M.: Personalentwicklung…a.a.O., S. 363

840 Vgl. Rahn, H.J.: Techniken geistiger Arbeit…a.a.O., S. 105-113

841 Vgl. Stroebe, R.W.: Arbeitsmethodik…a.a.O., S. 131; vgl. Freytag, H.P., Grasmeher, F.: Der Ausbilder im Betrieb, Loseblattsammlung, 39. Aufl., Kassel 2011, C 14

Morgen bzw. Abendtyp. Außerdem gibt es besondere Regeln für die Schreibtischarbeit, zum optimalen Lesen und besondere Lerntechniken.[842]

• Das Zeitmanagement[843] ist die konsequente und zielorientierte Anwendung praktischer Arbeitstechniken, um sich selbst so zu führen und seine Bedingungen so zu organisieren, dass die zur Verfügung stehende Zeit im Selbstmanagement[844] sinnvoll genutzt wird. Um das zu schaffen, sind die Prioritäten richtig zu setzen[845] und zweitrangige Aufgaben sind zu delegieren.[846] Man darf sich nicht durch Nebensächlichkeiten vom richtigen Weg abbringen lassen, z.B. durch zu zeitaufwendiges und nicht effektives Telefonieren. Die Lernperson sollte sich persönliche Ziele setzen (die später zu kontrollieren sind), Terminkalender führen (hier wichtige Termine und auch die Geburtstage der Bekannten eintragen), Ordnung halten, Checklisten[847] nutzen, Tagesplanung lernen[848] (learn to eat problems for breakfast), die Zeitverlustanalyse vornehmen [849] und messbare Zielformulierungen erwirken.

• Die Stressbewältigung ist gerade in der heute sehr hektischen Welt ein bedeutendes Thema. Unter Stresseinwirkung kann sich unsere ganze Persönlichkeit verändern.[850] Es können natürlicher, unnatürlicher, traumatischer Stress unterschieden werden. Eine Folge von Stress ist das Burnout-Syndrom[851] als Ausgebranntsein und Zustand emotionaler Erschöpfung.[852] Stress bedeutet Druck und Anspannung, der vom Betroffenen zu bewältigen ist. Hier können Methoden[853] zum Stressmanagement[854] wie Intervalltraining (z.B. Laufen, Schwimmen, Fittness-Center, Home-Trainer), Feldenkrais-Methode (Körperliche Übungen und Atemübungen am Boden), Yoga (Entspannungsübungen, z.B. in Rückenlage), Autogenes Training (konzentrierte Selbstentspannung) und Meditation (sich besinnen, loslassen, abschalten)[855] sehr hilfreich sein.[856] Das autogene Training[857] ist nach *I.H. Schultz* eine

---

842 Vgl. Stroebe, R.W.: Arbeitsmethodik…a.a.O., S. 134-156

843 Vgl. Seiwert, L.J.: Mehr Zeit für das Wesentliche, 14. Aufl. Landsberg/Lech 1992, S. 14

844 Vgl. ders.: Selbstmanagement, Landsberg/Lech 1996; vgl. Wagner, H.:…a.a.O., S. 25; vgl. Meier, H.: Selbstmanagement im Studium, Ludwigshafen/Rhein 1998, S. 23; vgl. König, C.J., Kleinmann, M.: Selbstmanagement…a.a.O., S. 341 ff.

845 Vgl. Stroebe, R.W.: Arbeitsmethodik..a.a.O., S. 80 ff.

846 Vgl. Stroebe, R.W.: Arbeitsmethodik…a.a.O., S. 101-116; Höhn, R.: Die Technik der geistigen Arbeit…a.a.O., S. 7; vgl. Wagner, H.:…a.a.O, S. 48

847 Vgl. Feyler, G.: Hundertvierzig Checklisten, 4. Aufl., München 1992

848 Vgl. Seiwert, L.J.: Das 1x1 des Zeitmanagement, 20. Aufl., Landsberg am Lech 2001, S. 39 f.; vgl. Zielke, W.; Handbuch der Lern-, Denk- und Arbeitstechniken, Bindlach 1991, S. 73-78

849 Vgl. Ebenda, S. 33 ff.

850 Vgl. Crisand, E., Lyon, U., Schinagl, G.: Anti-Stress-Training…a.a.O., S. 9

851 Vgl. zum gezielten Vorbeugen eines drohenden Burnaut: Waadt, M., Acker, J.: Burnout, Göttingen, Bern u.a. 2013

852 Vgl. Burisch, M.: Das Burnout-Syndrom, 4. Aufl. Heidelberg 2010

853 Vgl. Crisand, E., Lyon, U., Schinagl, G.: Anti-Stress-Training…a.a.o., S. 35-88

854 Vgl. Hofmann, E.: Erfolgreiches Stressmanagement, Göttingen, Bern u.a. 2013; Meier, H.: Selbstmanagement…a.a.O., S. 37 ff.

855 Vgl. Klein, Z. M.: Kreative Geister wecken, 3. Aufl., Bonn 2010, S. 298 ff.

Möglichkeit der gezielten Selbstentspannung, indem man sich in Ruhestellung mit geschlossenen Augen selbst suggeriert und zur Ruhe bringt.

• Die Fragestellungsmethode wird immer bedeutender. Man muss immer wieder Fragen stellen, denn „*wer nichts fragt, der erfährt nichts!*". Grundsätzlich sind Fragen sowohl Ausdruck des Auskunftsbegehrens als auch Gegenstand ungelöster Aufgaben.[858] Als W-Fragetechniken können die folgenden Fragen bezeichnet werden: *Wer* (Personen)? *Wie* (Art und Weise)? *Was* (Sache)? *Wann* (Zeit)? *Wo* (Ort)? *Warum* (Grund)? *Womit* (Mittel)? *Wozu* (Zweck)?[859] Diese Fragetechniken können auch bei der Bewältigung schriftlicher Arbeiten hilfreich sein und zu interessanten Ergebnissen führen.

Die gute Zusammenarbeit zwischen Vorgesetztem und Mitarbeitern ist unabdingbare Voraussetzung für den Arbeitserfolg. Ein kluger Kopf sagte einmal: „*Der Chef ist nur so gut, wie es seine Mitarbeiter sind!*" Um die Zusammenarbeit zwischen Chef und Kollegen, Assistentin(en) und Mitarbeitern zu verbessern, kann die Nutzung von Checklisten hilfreich sein.[860]

---

856 Siehe ausführlich: Crisand, E., Lyon, U., Schinagl, G.: Anti-Stress-Training…a.a.O.

857 Vgl. Höhn, R.: Die Technik der geistigen Arbeit…a.a.O., S. 37

858 Vgl. Zielke. W.: Handbuch…a.a.O., S. 99 ff.

859 Vgl. Werder, L.v.: Wissenschaftliche Texte…a.a.O., S. 60

860 Vgl. Stroebe, R.W.: Arbeitsmethodik…a.a.O., S. 129 ff.

7. Personalpsychologie

Die Personalpsychologie ist ein Bereich der Psychologie, der psychologische Aspekte und Probleme des Menschen als Mitarbeiter in einer Organisation untersucht. Gegenstand der Personalpsychologie ist das Verhalten und Erleben des Menschen in Arbeit, Beruf und Organisation[861], wie es sich z.B. im Rahmen der Kernfunktionen Personalführung, Personalorganisation/-kommunikation, der Personalauswahl, dem Personalmarketing, der Personalbeurteilung, der modernen Personalentwicklung zeigt.
Hier werden auch psychologische Probleme bei der Gestaltung personalwirtschaftlicher Prozesse, bei der Personalorganisation und Personalkommunikation und beim kontinuierlichen Verbesserungsprozess analysiert. Da das Personal in Organisationen im Hinblick auf die erfolgreiche Führung eine besondere Rolle spielt, gibt es zwischen Führungspsychologie und Personalpsychologie viele Berührungspunkte und Schnittmengen.
Sowohl die Führungspsychologie als auch die Personalpsychologie beschäftigen sich weniger[862] mit der Personalplanung, Personalcontrolling, Personalentlohnung, Personalpolitik, Personalwirtschaftskontrolle, und Personalverwaltung. Diese betreffen das Personalwesen[863] bzw. das Personalmanagement[864] als Systeme der Betriebswirtschaftslehre.[865] Folgende Aufgaben sollen als psychologisch näher zu untersuchende Kernaufgaben dargestellt werden.

7.1 Personalführung

Die Führung ist ein wesentliches Teilgebiet der Personal- und Organisationspsychologie[866]. Die psychologische Funktion der Personalführung kann einerseits durch den unmittelbaren Kontakt zwischen dem Vorgesetzten und de ihm unterstellten Mitarbeitern erfolgen und andererseits durch die nur mittelbar wirkende Gestaltung der jeweiligen Situation. In personalwirtschaftlicher Sicht beginnt sie mit der Einführung neuer Mitarbeiter und endet mit dem Ausscheiden der Mitarbeiter aus dem

---

861 Vgl. Schuler, H.: Gegenstandsbereich und Aufgaben der Personalpsychologie, in: Lehrbuch der Personalpsychologie…a.a.O., S. 4 f.; vgl. Marcus, B.: Personalpsychologie, Wiesbaden 2011; vgl. Treier, M.: Personalpsychologie im Unternehmen, München 2009; vgl. ders.: Personalpsychologie kompakt, Weinheim 2011

862 Vgl. Schuler, H.: Gegenstandsbereich…a.a.O., S. 5

863 Vgl. Gaugler, E., Oechsler, W.A., Weber, W.: Personalwesen…a.a.O., Sp. 837-853

864 Vgl. Berthel, J., Becker, F.G.: Personalmanagement…a.a.O.; vgl. Bühner, R., Personalmanagement…a.a.O.; vgl. Kolb, M: Personalmanagement…a.a.O.

865 Vgl. Drumm, H.J.: Personalwirtschaft…a.a.O.; vgl. Hentze, J., Kammel, A.: Personalwirtschaftslehre…a.a.O.; Jung, H.: Personalwirtschaft…a.a.O.; vgl. Olfert, K., Personalwirtschaft…a.a.O.; vgl. Schanz, G., Personalwirtschaftslehre…a.a.O.

866 Vgl. Weinert, A.B.: Organisations- und Personalpsychologie…a.a.O., S. 457 ff.

Unternehmen.[867] Die Personalführung wird auch Mitarbeiterführung[868] bzw. Leadership[869] genannt und in der Literatur in ganz unterschiedlicher Weise[870] definiert:

• Die personale Führung ist ein interdisziplinärer Forschungsgegenstand. Sie lässt sich als unmittelbare, absichtliche und zielbezogene Einflussnahme von Vorgesetzten auf Geführte[871] mit Hilfe der Kommunikationsmittel bestimmen. *Lutz von Rosenstiel* hat dazu ein Rahmenmodell der Führung vorgestellt.[872]

• Personalführung kann auch als zielgerichtete bzw. situationsbezogene Beeinflussung des Personals interpretiert werden, die unter Einsatz von Führungsinstrumenten durch Führungskräfte auf einen gemeinsam mit dem Mitarbeiter zu erzielenden Erfolg ausgerichtet ist.[873] Letztere Definition definiert die Führung erfolgsbezogen und ist systemtheoretisch begründet.[874]

Als Personal sind modellhaft zu unterscheiden:

(a) Suchtkrankes Personal

Laut Statistik sind in deutschen Unternehmen fünf bis zehn Prozent der Mitarbeiter suchtkrank.[875] Die persönliche Situation suchtkranker Menschen ist oft nicht einfach zu bewältigen und wird in Unternehmen zur Führungsaufgabe.[876] Die Betroffenen brauchen psychologische Unterstützung.[877] Führungsprobleme entstehen beispielsweise durch auffallend hohe Fehlzeiten oder mehr Arbeitsunfälle. Die fehlzeitbedingten Kosten stellen ein betriebswirtschaftliches Problem dar. Auch in den Führungsetagen wird die Sucht manchmal zum Problem. Das Arbeitsverhalten ist

---

867 Vgl. Drumm, H.J.: Personalführung, in: Handwörterbuch der Betriebswirtschaft, Bd. 2, Hrsg. W. Wittmann, W. Kern, R. Köhler, H.U. Küpper, K.v.Wysocki, 5. Aufl., Stuttgart 1993, Sp. 3099

868 Vgl. Felfe, J.: Mitarbeiterführung, Göttingen, Bern u.a. 2009; vgl. Rosenstiel, L.v.: Mitarbeiterführung in Wirtschaft und Verwaltung, 3. Aufl., München 2002; vgl. Berthel, J., Becker, F.G.:... a.a.O., S. 59

869 Vgl. Neuberger, O.: Führen und...a.a.O., S. 23; Vgl. Dillerup, R., Stoi, R.: Unternehmensführung...a.a.O., S. 6 f.; vgl. Weibler, J., Führung und Führungstheorien, in: Handwörterbuch Unternehmensführung und Organisation, Hrsg. G. Schreyögg, A.v. Werder, 4. Aufl., Stuttgart 2004, Sp.295 f.

870 Vgl. Steinle, C.: Führungsdefinitionen, in: Handwörterbuch der Führung, Hrsg. A. Kieser, G. Reber, R. Wunderer, 2. Aufl., Stuttgart 1995, Sp. 523-533

871 Vgl. Neuberger, O.: Führen und führen lassen...a.a.O., S. 31 ff.

872 Vgl. Rosenstiel, L.v.: Führung, in: Lehrbuch der Personalpsychologie...a.a.O., S. 354-384, insbes. S. 364 f.

873 Vgl. Rahn, H.J.: Unternehmensführung...a.a.O., S. 151 ff.; vgl. ders.: Betriebliche Führung...a.a.O., S. 346; ders.: Führung von Gruppen, 5. Aufl., Frankfurt/Main 2006, S. 13

874 Vgl. ausführlich Kapitel 1.5 dieser Arbeit

875 Vgl. Jung, H.: Personalwirtschaft...a.a.O., S. 633

876 Vgl. Brandl, G., Ziegler, H.: Suchtprävention als Führungsaufgabe, 3. Aufl., Wiesbaden 2005; vgl. Christians, R.: Suchtprobleme in der Arbeitswelt, Geesthacht 1993

877 Vgl. Rummel, M., Rainer, L., Fuchs, R.: Alkohol im Unternehmen, Göttingen, Bern 2004

dann nicht immer einwandfrei. Vor allem bei verstärktem Alkoholgenuss[878] neigen die Betroffenen zu aggressivem Verhalten oder zu Depressionen. Nicht selten ist die Arbeitssicherheit gefährdet.
Häufig wird der Zugang zum Alkohol durch die Kaufmöglichkeit in der Kantine erleichtert. Leider gibt es bisweilen auch Kollegen, die alkoholabhängige Mitarbeiter (auch nach Entziehungskuren) immer wieder zum Alkoholgenuss verführen, obwohl sie die Situation des Alkoholikers kennen. Im Hinblick auf Alkoholiker sollten folgende Führungsregeln[879] beachtet werden:[880]

- Der Vorgesetzte sollte sich ein genaues Bild von der Situation zu verschaffen versuchen, z. B. über Informationen von Vorgesetzte bzw. Kollegen. Es stellen sich folgende Fragen: Wie hoch ist der tägliche Alkoholverbrauch? Wie war der bisherige Krankenstand? Wie ist die Arbeitsleistung? Vor allem ist nach den Gründen des Verhaltens zu suchen!
- Es ist ein Gespräch zu führen, das von gegenseitigem Vertrauen und der Annahme des anderen getragen werden sollte. Der Vorgesetzte darf Alkoholprobleme seines Mitarbeiters nicht decken. Es muss deutlich werden, dass der Vorgesetzte das Verhalten nicht mehr duldet.
- Die Folgen des Verhaltens sind klar vor Augen zu führen, z. B. unfallbezogene Sicherheitsprobleme, Arbeitsdefizite, Mehrarbeit für Kollegen bei Fehlzeiten. Es ist ein strenges Alkoholverbot[881] auszusprechen und es ist auf mögliche Folgen bei Zuwiderhandlung hinzuweisen.
- Die Personalabteilung, die Sozialberatung und der Werksarzt sollten informiert werden. Vor allem die Familie ist einzubeziehen. Es ist eine Entziehungskur anzuraten. Erfolge wurden auch durch die Einschaltung ehemaliger Suchtkranker erzielt, die wieder auf den richtigen Weg gekommen sind.
- Ein alkoholabhängiger Mitarbeiter sollte eine echte Chance erhalten. Beim Ansprechen einer Entziehungskur sollte dem Suchtkranken der Weg zur Rückkehr offen gelassen werden, bis er wieder »trocken« ist. Ansonsten fehlt dem Menschen der Anreiz, das bisherige Verhalten zu ändern.
- Wenn keine Besserung eintritt, dann wird in vielen Unternehmen eine erste Abmahnung[882] ausgesprochen, dann eine zweite Abmahnung mit Fristsetzung und der Hinweis auf eine mögliche Kündigung wegen mangelhafter Leistung gegeben, z. B. bei unentschuldigten Fehlzeiten. Ob Alkoholgenuss im Unternehmen ein Kündigungsgrund ist, hängt vom Einzelfall ab.

---

878 Vgl. Keil, W. u.a.: Alkohol am Arbeitsplatz, 3. Aufl., Frankfurt/Main 1996; vgl. Mall, G.: Alkoholprobleme im Betrieb sicher lösen, Renningen 1993

879 Eine Fülle praktischer Vorschläge zu Strategieüberlegungen und zu konkreten Maßnahmen gibt Feser: vgl. Feser, H.: Umgang mit suchtgefährdeten Mitarbeitern, Heidelberg 1997, S. 41-98

880 Vgl. Rahn, H.J.: Unternehmensführung…a.a.O., S. 232 f.

881 Vgl. Feser, H.: Umgang mit suchtgefährdeten Mitarbeitern…a.a.O., S. 25 f.

882 Vgl. Beckerle, K.: Die Abmahnung, 10. Aufl., Freiburg/Breisgau 2008

An zweiter Stelle der Suchtkrankheiten steht die Abhängigkeit von Medikamenten.[883] In die Medikamentenabhängigkeit führen Probleme wie z. B. Über- bzw. Unterforderung, Ärger im Alltag, Langeweile oder Einsamkeit. Diese Faktoren führen zu Stress. Vorgesetzte sollten hier versuchen, gefährdete Mitarbeiter davon zu überzeugen, dass es auch ohne Medikamente geht. Auch in Arbeitsgruppen Gleichgesinnter kann diesem Phänomen entgegengewirkt werden

Dass Rauchen schädlich ist, wird nicht allen Menschen bewusst. Viele Krebsarten werden durch das Rauchen ausgelöst. Die Passivraucher sind ebenfalls einem gesundheitlichen Risiko ausgesetzt. Im Unternehmen können Raucher-Entwöhnprogramme die Gesundheitspflege unterstützen. Eine wesentliche Rolle, um vom Rauchen loszukommen, spielen die Selbstkontrolle, Entspannungsübungen und körperliche Bewegung. Da der Nichtraucher rechtlich einen Anspruch auf einen tabakfreien Raum hat, sollte der Arbeitgeber entsprechende Schutzmaßnahmen ergreift.[884]

Besonders suchtgefährdet sind Jugendliche, z. B. durch Alkohol, aber auch durch andere Drogen[885] wie beispielsweise Opiate, Cocain bzw. Psychodysleptika. Verbote und Sanktionen reichen nicht aus. Die beste Bekämpfung der Sucht ist immer die Vorbeugung. Patentrezepte gibt es hier allerdings nicht.

(b) Behindertes Personal

Eine Behinderung ist eine langfristige und starke Beeinträchtigung einer Person. Die behinderten Arbeitnehmer haben es im Unternehmen nicht einfach. Medizinische und psychologische Erkenntnisse haben zu beträchtlichen Fortschritten geführt. Die Gesellschaft hat hier die besondere Verpflichtung, den behinderten Menschen zu helfen. Diese Wertschätzung kommt insbesondere im Umgang mit Behinderten zum Tragen.[886] Es sind folgende Arten von Behinderungen zu unterscheiden:

- Rehabilitationsfälle, z. B. langzeiterkrankte bzw. unfallverletzte Personen,
- Psychisch kranke Menschen, z. B. durch Verhaltensstörungen Behinderte,
- Geistig behinderte Menschen, z. B. in ihrem Intellekt eingeschränkte Personen,
- Körperbehinderte Menschen, z. B. mit Lähmung oder Unfallschäden,
- Sinnesbehinderte Menschen, z. B. Blinde, Schwerhörige oder Gehörlose.

Im Unternehmen finden wir beispielsweise körperbehinderte Mitarbeiter direkt am Arbeitsplatz oder in speziell eingerichteten Werkstätten. Weil sich diese Behinderten in keiner einfachen Situation befinden, sind ihnen vor allem Verständnis und persönliche Wertschätzung entgegenzubringen. Der Arbeitseinsatz ist nach ärztlicher Empfehlung und durch technische Anpassung des Arbeitsplatzes an die Art

---

883 Vgl. Jung, H.: Personalwirtschaft…a.a.O., S. 638 f.

884 Vgl. Brinkmann, R.D.: Personalpflege, Heidelberg 1993

885 Vgl. Feser, H.: Umgang mit suchtgefährdeten Mitarbeitern…a.a.O., S. 13 f.

886 Vgl. Runde, P. : Behinderte Mitarbeiter, in: Handwörterbuch des Personalwesens, Hrsg. E. Gaugler, W. Weber, 2. Aufl., Stuttgart 1992, Sp. 545-554

der Behinderung zu vollziehen. Auch sind die rechtlichen Regelungen zu beachten,[887] z.B. auch das Schwerbehindertengesetz.[888]

Es sind insbesondere folgende Führungsinstrumente einsetzbar

• Die Kontaktpflege, d. h. die verstärkte Pflege des Kontaktes seitens des Vorgesetzten ist ein Zeichen der mitmenschlichen Persönlichkeitswürdigung. Die Ermutigung zur Lebensbewältigung (»*Es geht weiter!*«) ist sinnvoll. Der Vorgesetzte sollte sich um kameradschaftliche Eingliederung in das Team bemühen.

• Die Akzeptanz, d. h . der Vorgesetzte hat das Bewusstsein einer allmählich wieder vollwertigen Arbeitskraft zu vermitteln. Ein bedrückendes Gefühl des »*Mitgeschlepptwerdens*« ist zu vermeiden. Der Führende darf kein mitleidiges Verhalten zeigen, sondern hat den Mitarbeiter voll zu akzeptieren und seine Leistungen anzuerkennen.

• Vor allem Rücksicht nehmen, aber allzu große ängstliche Vorsicht ist im Umgang zu vermeiden. Vielmehr sind Geduld und Rücksicht angebracht. Vor allem ist es gegenüber Behinderten zu vermeiden, aus bloßer Neugier Fragen nach der Behinderung zu stellen (wodurch? seit wann?).

Behinderte entwickeln schon aufgrund der Stärkung ihres Selbstwertgefühls in der Regel sogar einen gesteigerten Leistungsehrgeiz, der besondere Anerkennung verdient.

(c) Jugendliches Personal

Von der Führungskraft in einer Organisation wird erwartet, dass sie Verständnis für junge Menschen hat und Jugendlichen gegenüber aufgeschlossen ist. Jugendliche haben ein großes Bedürfnis nach Achtung, Wärme und Rücksichtnahme.[889] Außerdem erwarten junge Menschen von der Führungskraft ein einfühlendes, nicht wertendes Verstehen, die Echtheit der Gefühle und die Förderung ihrer Anlagen ohne Bevormundung.[890]

Bei der Führung von jugendlichem Personal sind folgende Probleme zu berücksichtigen.[891]

• Alterstypische Probleme, d. h. die Schwierigkeiten können mit der Affektlabilität verbunden sein, denn Jugendliche unterliegen Gefühlsschwankungen. Hier sollte der Führende Verständnis zeigen und hilfsbereit sein. Geduld, Ruhe und Gelassenheit sind nötig, denn junge Menschen reifen erst heran.

• Widerstandsprobleme, d. h. die Oppositionslust des Jugendlichen kann den Führenden aus der Reserve bringen. Der Trotz des jungen Menschen sollte nicht

---

887 Vgl. Löschau, M., Marschner, A.: Das neue Rehabilitations- und Schwerbehindertenrecht, Neuwied 2001

888 Vgl. Frieling, E.: Behinderte und Leistungsgewandelte, Führung von, in: Handwörterbuch der Führung, Hrsg. A. Kieser, G. Reber, R. Wunderer, 2. Aufl., Stuttgart 1995, Sp. 138-146

889 Vgl. Tausch, R., Tausch, A.M.: Erziehungspsychologie…a.a.O., S. 118-177

890 Vgl. Crisand, E., Rahn, H.J.: Psychologie der Auszubildenden…a.a.O., S. 109-115

891 Vgl. Rahn, H.J.: Unternehmensführung…a.a.O., S. 227 f.

herausgefordert werden. Der Vorgesetzte darf sich nicht provozieren lassen, sondern er muss sachlich bleiben.

• Aggressivitätsprobleme, d. h. Vorgesetzte dürfen aggressive Reaktionen nicht provozieren. Zunächst sind die »Streithähne« zu trennen. Es ist an deren Einsicht zu appellieren. Bei Handgreiflichkeiten kann der Werksschutz eingeschaltet werden.

• Unwahrheitsprobleme, d. h. wenn Jugendliche lügen, wird der Vorgesetzte dabei helfen, eine neue Einstellung zu finden (»*Wer lügt, dem glaubt man nicht! Wollen Sie das?*«). Über das Lügen sind ernsthafte Gespräche zu führen.

• Faulheitsprobleme, d. h. in diesem Alter ist der Mensch nachlässig und hat erhebliche Leistungsdefizite, die in hohem Maße durch die Hormonumstellung bedingt sind. Die Motivation des Jugendlichen ist deshalb gering. Der Führende kann Aufgaben geben, die Erfolgserlebnisse bringen. Der Jugendliche sollte erleben, dass Arbeit nicht nur Last bedeutet. Es kann ihm Teilverantwortung übertragen werden. Die Neugier ist zu wecken und der Ehrgeiz zu aktivieren. Ständiges Predigen gilt es zu vermeiden.

• Entwicklungsbedingte Probleme, d. h. sie sind als solche vom Vorgesetzten zu erkennen. Der Chef hat die Vorbildfunktion des Führenden zu erfüllen. Er sollte den Jugendlichen ernst nehmen und seine positiven Eigenschaften schätzen.

• Überforderungsprobleme, d. h. der Chef darf sich nicht durch das Aussehen der Jugendlichen beirren lassen. Zuweilen sehen sie schon älter aus als sie es sind. Bei vertretbaren Gelegenheiten sollten sie zu Selbstständigkeit und zu Verantwortungsbewusstsein gebracht werden.

• Verwöhnungsprobleme, d. h. Ziel muss aber sein, den Jugendlichen zu einem Bürger mit Lebensbefähigung zu formen, der eine eigene Meinung hat und trotzdem anpassungsfähig ist.

Ob es bei dem jeweiligen Problem zu Konflikten kommt oder ob sich die Entwicklung des jungen Menschen in vergleichsweise unproblematischer Weise vollzieht, hängt von der erzieherischen Grundhaltung[892] der Führungskräfte bzw. der Eltern ab: Je größer das Ausmaß an Verständnis für die Situation des Auszubildenden ist, um so eher wird es den Führenden möglich sein, bisherige Bindungen in entsprechend gewandelter Form aufrechtzuerhalten.

(e) Älteres Personal

Das kalendarische Alter eines Menschen sagt wenig über die körperliche, geistige und berufsspezifische Leistungsfähigkeit aus.[893] Die älteren Mitarbeiter (ab 50 Jahre) haben über viele Jahre hinweg ihre Tätigkeiten in den Dienst der Organisation gestellt. Deshalb verdienen ältere Mitarbeiter die Wertschätzung der Führungskraft. Frühere Beiträge der älteren Mitarbeiter sollten von Vorgesetzten nicht ignoriert

---

[892] Vgl. dazu ausführlich Kapitel 2.2. e) dieser Arbeit

[893] Vgl. Lehr, U., Niederfranke, A.: Ältere Mitarbeiter, Führung von, in: Handwörterbuch der Führung, Hrsg. A. Kieser, G. Reber, R. Wunderer, 2. Aufl., Stuttgart 1995, Sp. 1-14

werden. Fakten belegen, dass ältere Mitarbeiter keine häufigeren Fehlzeiten haben als jüngere.[894]

Mit zunehmendem Alter tritt weniger eine Leistungsminderung als vielmehr ein Leistungswandel ein.[895] Mögen die Körperkräfte am Arbeitsplatz nachlassen, so nehmen Sorgfalt und Umsicht, Erfahrung und Geduld, Zuverlässigkeit und Verantwortungsbewusstsein, Überzeugungsgabe und Besonnenheit eher zu. Vor allem die gesammelten Erfahrungen sollten respektiert werden.[896] Im Rahmen der Motivation älterer Mitarbeiter spielen lebenslanges Lernen, geistige Flexibilität, Stressbewältigung[897], Gedächtnisleistung, Patenschaften, Teamarbeit, Stabsstellen und Trainingsmöglichkeiten im Beruf eine Rolle.[898]

Im Arbeitsbereich sind manche Tätigkeiten für Ältere nicht mehr so schnell zu bewältigen wie früher, z. B. Tempoarbeit fällt schwerer, Seh- und Hörschärfe lassen nach, gebückte Haltungen werden schwieriger, einseitige Muskelbelastung führt zu Schmerzen. Vom Vorgesetzten können im Unternehmen vor allem folgende kooperative Führungsinstrumente eingesetzt werden:[899]

• Die Befreiung von stärkerer Muskelbelastung erscheint aufgrund obiger Argumente sinnvoll. Nach Möglichkeit sollte die Übertragung von Kontrollaufgaben statt Tempoarbeit erfolgen. Bei älteren Personen ist das Nachlassen der Seh- oder Hörschärfe zu berücksichtigen. Es ist auf rechtzeitige ärztliche Untersuchung zu drängen.

• Der Vorgesetzte darf keine Einschränkung des »Ansehens« älterer Mitarbeiter zulassen, wenn jüngere Menschen abwertende Bemerkungen über Ältere abgeben. Neue Gruppen sind auf ältere Mitarbeiter vorzubereiten. Bei Neuerungen und Umstellungen sind die Älteren rechtzeitig zu informieren.

• Vorbildliches Taktgefühl im Umgang mit älteren Mitarbeitern ist selbstverständlich. So sollte vor allem ein jüngerer Chef bei Kritikgesprächen sachlich bleiben und nicht persönlich werden. Zuweilen sind ältere Menschen empfindsamer als in früheren Jahren. Korrektes Verhalten ist ein allgemeiner Grundsatz der Führung.

• Ungerechtfertigte Vorurteile von Führungskräften führen mitunter zu einer Unterforderung der Älteren. Sie ist genauso schädlich wie eine Überforderung, denn sie trägt zu einer Verkümmerung des meistens durchaus noch vorhandenen Leistungspotenzials bei. Ältere Arbeitnehmer sollten zur weiteren Leistung angespornt werden.

• Vorurteile sollten auch bezüglich einer weiteren Schulung und Ausbildung von älteren Mitarbeitern abgebaut werden, denn der ältere Mitarbeiter ist noch lern- und umstellungsfähig. Wenn ein Mensch noch etwa zehn Arbeitsjahre vor sich hat, kann

---

894 Vgl. Olfert,K.: Personalwirtschaft…a.a.O. S. 340

895 Vgl. Lehr, U.: Psychologie des Alterns, 7. Aufl., Heidelberg 1991

896 Vgl. Naegele, G., Frerichs, F.: Arbeitnehmer, ältere, in: Handwörterbuch des Personalwesens, Hrsg. E. Gaugler, W.A. Oechsler, W. Weber, 3. Aufl., Stuttgart 2004, Sp. 85-93

897 Vgl. Crisand, E., Lyon, U., Schinagl, G.: Anti-Stress-Training…a.a.O.

898 Vgl. Dobner, E., Dobner, G.: Älter werden im Beruf, Heidelberg 2002, S. 70-89

899 Vgl. Rahn, H.J.: Unternehmensführung…a.a.O., S. 229 f.

er sich z. B. den Anforderungen des Computers nicht verweigern. Er ist entsprechend zu motivieren.
• Der Vorgesetzte sollte auf die Erfahrungen der Älteren zurückgreifen. Die Wertschätzung bildet den Schlüssel zum Führungserfolg. Eine eventuelle »*Flucht in die Krankheit*« ist allerdings nicht zuzulassen. Die älteren Mitarbeiter sind so zu führen, dass sie ihre Erfahrungen an jüngere Mitarbeiter weitergeben können.
Die Ausgliederung aus dem Berufsleben ist für viele ältere Mitarbeiter nicht einfach. Führung bedeutet hier, dass eine richtige Beratung und Vorbereitung der älteren Arbeitnehmer erfolgt. Der Vorbereitung auf den Ruhestand seitens des Ausscheidenden kommt also große Bedeutung zu, z. B. durch angemessene körperliche Aktivitäten, Aktivierung geistiger Kräfte, Interessenauslotung, Hobbys, Schaffung sozialer Kontakte, Vereinsleben. Allgemeingültige Rezepte kann es allerdings nicht geben.

(f) Ausländisches Personal
Ausländische Mitarbeiter haben es im fremden Land nicht einfach, weil sie sich weitab von der Heimat mit für sie zum Teil neuen Bedingungen abfinden müssen. Mitunter sind sie örtlich weit von ihrer Familie entfernt. Sie haben vielfach einen ausgeprägten Nationalstolz und eigene religiöse Gewohnheiten bzw. ein von Inländern abweichendes Brauchtum, z. B. bezüglich der Essgewohnheiten. Für einen großen Teil der Ausländer ist das geringe Ansehen bzw. der Versuch, mehr Ansehen zu erwerben, ein zentrales persönliches Problem.[900] Schwierigkeiten können zwischen Ausländern verschiedener Nationen auftreten. Relativ häufig sind auch Sprachschwierigkeiten zu überwinden.[901]
Es können folgende Führungsinstrumente eingesetzt werden:[902]
• Führungskräfte sollten Misstrauen und Empfindlichkeiten gar nicht erst entstehen lassen. Nationale bzw. religiöse Eigenheiten und Brauchtum sind zu akzeptieren. Die inländischen Mitarbeiter sind auf neue ausländische Kräfte entsprechend vorzubereiten. Abwertende Äußerungen über Ausländer sind in jedem Falle zu unterlassen.
• Bei der Planung der Arbeitsteams ist darauf zu achten, dass Ausländer aus politisch verfeindeten Nationen nicht zusammenkommen. Wenn politischer Streit entsteht, dann suchen die Beteiligten die Unterstützung ihres Vorgesetzten, was sehr zeitaufwändig sein kann. Die Möglichkeit sinnvoller Teamentwicklung ist zu nutzen.
• Interessierte Fremdarbeiter sind auf vorhandene Gelegenheiten zur deutschsprachigen Förderung hinzuweisen. Der Vorgesetzte kann sich bei größeren und häufigen Ausländergruppen selbst fremdsprachlich wichtige Ausdrücke aneignen. Er

---

900 Vgl. Weber, W.: Ausländische Mitarbeiter, Führung von, in: Handwörterbuch der Führung, Hrsg. A. Kieser, G. Reber, R. Wunderer, 2. Aufl., Stuttgart 1995, Sp. 107

901 Vgl. Weber, I.: Arbeitnehmer, ausländische, in: Handwörterbuch des Personalwesens, Hrsg. E. Gaugler, W.A. Oechsler, W. Weber, 3. Aufl., Stuttgart 2004, Sp. 93-103

902 Vgl. Rahn, H.J.: Unternehmensführung…a.a.O., S. 230 ff.

kann bedeutsame Betriebsvorgänge mit bildhaftem Anschauungsmaterial und mit Geduld erklären.

• Der Vorgesetzte sollte bei der Kritik an den Arbeitsergebnissen keine Unterschiede zwischen Inländern und Ausländern aufkommen lassen. Hier reagieren Ausländer besonders empfindsam. Der Führende muss korrekt sein. Den Kontaktproblemen kann durch die Bestellung eines geeigneten Mentors entgegengewirkt werden.

Ein Ausgangspunkt für die Entwicklung eines ausländerbezogenen Konzeptes zur Handhabung und Erleichterung der Führungsprobleme in Organisationen ist eine umfassende Bestandsaufnahme der Fakten.[903] Ein besonderes Instrument kann dabei das regelmäßige Mitarbeitergespräch bilden.

(g) Weibliches und männliches Personal

Die Vereinbarkeit von Familie und Beruf ist vor allem für viele Frauen auch heute ein besonderes Problem. Sie können sich für ein Leben in der Familie entscheiden (z.B. Erziehung der Kinder) oder sich im Berufsleben engagieren. Aus individuellen oder auch aus finanziellen Gründen entscheiden sich heute viele Frauen für die Kombination von Beruf und Familie.[904] Dabei verstehen die Frauen die Berufstätigkeit – ebenso wie die Männer – als langfristige Beschäftigung, möglichst auf der Grundlage einer soliden Ausbildung. Damit schaffen sich die Frauen eine materielle Unabhängigkeit, eine persönliche Alterssicherung und gewinnen dabei neue Entfaltungsspielräume.

Hinsichtlich des Verhältnisses von weiblichem und männlichem Personal in Organisationen kann folgende allgemeine Bestandsaufnahme vorgenommen werden:[905]

• Psychische Unterschiede zwischen den Geschlechtern in der Einstellung und Befähigung zu außerhäuslicher Erwerbstätigkeit waren in den vergangenen Generationen vorwiegend gesellschaftsbedingt. Hier sind heute erhebliche Veränderungen zu verzeichnen.

• Die vor allem von Männern geprägte Arbeitswelt wurde in vielen Tätigkeitsbereichen als ein ausschließliches Betätigungsfeld für Männer angesehen. Inzwischen haben sich im außerfamiliären Berufsleben starke Veränderungen angebahnt.

• Der Anteil und die Mannigfaltigkeit weiblicher Berufsausbildungen nimmt ständig zu. Die Berufsausübung der Frauen hat auch in ihrer gesellschaftlichen Wertung einen zunehmend höheren Stellenwert erreicht. Außerdem war die Qualifikation der Frau noch nie so hoch wie heute.[906] Vor allem in Großbetrieben wird viel für die betriebliche Frauenförderung getan

• Andererseits sind Frauen im Betriebsleben zusätzlich belastet, wenn sie zugleich familiäre Pflichten als Hausfrau und vor allem als Mutter zu erfüllen haben. Diese Doppelrolle wird heute auch zahlreichen, allein erziehenden Männern zuteil.

---

[903] Vgl. Weber, W.: Ausländische Mitarbeiter…a.a.O., Sp. 110

[904] Vgl. Jung, H.: Personalwirtschaft…a.a.O., S. 642

[905] Vgl. Rahn, H.J.: Unternehmensführung…a.a.O., S.

[906] Vgl. Jung, H.: Personalwirtschaft…a.a.O., S. 643-650

Der Anteil der erwerbstätigen Frauen steigt in Organisationen gegenüber früher ständig. Nach *Elke Dobner*[907] ist das Verhalten von Frauen und Männern unterschiedlich, weil sie andere Dinge lernen mussten und andere Erwartungen an sie gerichtet werden: Beispielsweise fahren viele Männer mit ihrem Auto aggressiver als Frauen. Diese wählen häufiger soziale Berufe, während viele Männer eher technische Berufe ergreifen. In Positionen der Macht befinden sich mehr Männer als Frauen, weshalb heute auch über Frauenquoten diskutiert wird, z.B. in Verständen und Aufsichtsräten. In der Kommunikation legen viele Frauen den Schwerpunkt auf die Beziehungsebene, während viele Männer eher auf der Sachebene kommunizieren.

Es gelangen auch mehr Frauen als früher in Führungspositionen. Ob Frauen allerdings besser führen als Männer ist wohl eine kaum zu beantwortende Frage, weil die dabei ins Spiel kommenden Einflussfaktoren wohl ein objektives Bild trüben können. Viele Frauen mögen vielleicht anders führen[908], aber die Beweisführung ist nicht einfach.[909] Die erfolgreiche Führung von Menschen hängt wohl weniger vom Geschlecht ab, als vielmehr von der Persönlichkeit der Führungskraft, von der Persönlichkeit und dem Verhalten der Geführten, von den Führungszielen, der jeweiligen Führungssituation und den einzusetzenden Führungsinstrumenten.

Beim Einsatz der Führungsinstrumente von Vorgesetzten im Hinblick auf weibliches und männliches Personal ist zu beachten:[910] Der Vorgesetzte darf sich nicht von irgendwelchen Vorurteilen leiten lassen, sondern hat für eine Gleichbehandlung[911] beider Geschlechter zu sorgen. Dies gilt vor allem auch für die Entgeltfindung. Es gibt körperliche Schwerarbeit, die für Frauen grundsätzlich nicht infrage kommt. Für weibliche und männliche Mitarbeiter gilt: keine Überforderung, aber auch keine Unterforderung. Jeder Vorgesetzte hat darauf zu achten, dass voreingenommene Bevorzugung oder Benachteiligung von Frauen oder Männern zu vermeiden ist. Der Chef hat vor allem absolut neutral zu verhalten.

7.2 Personalorganisation

Der Begriff Personalorganisation wurde in den sechziger Jahren einerseits als das Einfügen des arbeitenden Menschen in den gesellschaftlichen, technischen und wirtschaftlichen Bereich des Unternehmens nach bestimmten Prinzipien definiert

[907] Vgl. Dobner, E.: Frauen in Führungspositionen, Heidelberg 2001, S. 12 f.

[908] Vgl. Schaufler, B.: Frauen in Führung!, Göttingen, Bern u.a. 2000

[909] Vgl. Helgesen, S.: Frauen führen anders, 2. Aufl., Frankfurt/Main u.a. 1995; vgl. Dobner, E.: Frauen in…a.a.O., S. 13

[910] Vgl. Rahn, H.J.: Unternehmensführung…a.a.O., S. 231

[911] Vgl. Krell, G.: Arbeitnehmer, weibliche, in: Handwörterbuch des Personalwesens, Hrsg. E. Gaugler, W.A. Oechsler, W. Weber, 3. Aufl., Stuttgart 2004, Sp. 112-120

und andererseits als der Zustand des Eingeordnetseins im Unternehmen.[912] Aus heutiger Sicht beschäftigt sich dieser Terminus mit der Organisation[913] der Personalarbeit[914] und lässt sich unter System- und unter Tätigkeitsaspekten diskutieren. Die Personalorganisation kann zunächst als eine strukturbezogene Kernfunktion des Personalwesens gesehen werden, die als System in die betriebliche Organisation eingebunden ist[915] und unterschiedlich weit interpretiert wird:

• Sie umfasst im weiteren Sinne ein dauerhaftes arbeitsteiliges Aufbauystem von allen betrieblichen Stellen bzw. deren Stelleninhabern (Personal mit Namen pro Stelle) und deren Verbindungen zueinander. Dieses auf die gesamte Aufbauorganisation bezogene System ist eng mit der Personalkommunikation verbunden.[916]

• Im engeren Sinne umfasst es ein System, welche den Aufbau[917], die Prozesse[918] und die Projekte[919] des betrieblichen Personalwesens[920] betrifft und insbesondere die Personalabteilung.[921] Diese Personalbereichsorganisation umfasst alle Regelungen, die der zielgerichteten Erfüllung personalwirtschaftlicher Aufgaben durch Aufgabenträger dienen sollen[922]. Hier werden die Aufgaben, Kompetenzen und Verantwortungsbereiche des betrieblichen Personalwesens geregelt.

Anderseits wird mit Personalorganisation die Tätigkeit des Organisierens bezeichnet, denn sowohl der Aufbau als auch die Prozesse des gesamten Unternehmens (mit ihrem Personal) bzw. die personalwirtschaftlichen Prozesse[923] sind zu organisieren. Sowohl die Ergebnisse des Organisierens von Personalarbeit und ihre Wirkungen auf die Organisationsteilnehmer als auch die Personalorganisation als System sind von führungspsychologischem Interesse.

(a) Aufbausysteme der Personalbereichsorganisation

Die Aufbausysteme der Personalorganisation zeigen den statischen Beziehungszusammenhang der Personalabteilung, dessen System aus Elementen und deren

---

912 Vgl. Crisand, E.: Prinzipien der Personalorganisation, Diss., Mannheim 1963, S. 10; vgl. Gasser, C.: Handbuch der Personalleitung, Heidelberg o.J., S. 16

913 Vgl. Gaugler, E., Oechsler, W.A., Weber, W.: Personalwesen, in: Handwörterbuch des Personalwesens, Hrsg. E. Gaugler, W.A. Oechsler, W. Weber, 3. Aufl. Stuttgart 2004, Sp. 1656

914 Vgl. Schirmer, F.: Organisation und Träger der Personalarbeit, in: Handwörterbuch des Personalwesens, Hrsg. E.Gaugler, W.A. Oechsler, W. Weber, 3. Aufl., Stuttgart 2004, Sp. 1271-1279

915 Vgl. Rahn, H.J.: Unternehmensführung, 9. Aufl., Herne 2015, S. 118

916 Vgl. Abb. 16

917 Vgl. Rahn, H.J.: Unternehmensführung…a.a.O., S. 303

918 Vgl. Rahn, H.J.: Prozessorientiertes Personalwesen…a.a.O.; vgl. ders.: Gestaltung personalwirtschaftlicher Prozesse…a.a.O.

919 Vgl. Kolb, M.: Personalmanagement, Wiesbaden 2008, S. 529 ff. und S. 551 f.

920 Vgl. Gaugler, E., Oechsler, W.A., Weber, W.: Personalwesen…a.a.O., Sp. 1653-1663

921 Vgl. Domsch, M., Gerpott, G.J.: Organisation der Personalabteilung, in: Handwörterbuch der Organisation, Hrsg. E. Frese, 3. Aufl., Stuttgart 1992, Sp. 1934-1949

922 Vgl. Schirmer, F.: Organisation und Träger der Personalarbeit, in: Handwörterbuch des Personalwesens, Hrsg. E. Gaugler, W.A. Oechsler, W. Weber, 3. Aufl., Stuttgart 2004, Sp. 1271

923 Vgl. Rahn, H.J.: Gestaltung personalwirtschaftlicher Prozesse…a.a.O.

Verbindungen besteht. Es wird auch als Gebildeorganisation bezeichnet, die eine Systemstruktur offenlegt. Dabei sind zu unterscheiden[924]:

• Die formelle Personalorganisation als bewusst geschaffene und rational gestaltete Struktur zur Erfüllung personalwirtschaftlicher Zielsetzungen. Bei ihr steht die geplante Aufgabenstellung des Personalwesens im Vordergrund und die zugrunde liegende Rangordnung wird von den dafür Verantwortlichen festgelegt. Im Großbetrieb kann das Personalwesen durch den Arbeitsdirektor, den Personalleiter, die Unterabteilungs- bzw. Gruppenleiter und durch die Personalsachbearbeiter geprägt werden. Aus der formellen Organisation ergeben sich die betrieblichen Über- und Unterordnungsverhältnisse bzw. die Befugnisse und Verantwortungsbereiche. Sie zeigen sich im Organigramm der Personalabteilung, das auch die Namen der Stelleninhaber enthält.

• Die informelle Personalorganisation gilt als eine soziale Struktur, die durch persönliche Wünsche, Ziele, Sympathien und Verhaltensweisen der Mitarbeiter des Personalwesens bedingt ist. Sie bildet sich nach psychologischen Gesichtspunkten spontan und ungeplant heraus. Die Rangordnung im informellen System kommt durch Sympathie- und Antipathiebeziehungen zustande. Hier können je nach Abteilung z.B. der informelle Gruppenführer als Anführer der Gruppe, die beliebten Frohnaturen und ausgleichende Mitarbeiter bzw. die Außenseiter unterschieden werden.[925] Die informelle Personalorganisation hat ihre Ursache in der Bildung informeller Gruppen, die positive und negative Wirkungen haben.[926]

Aus den Gegebenheiten der betrieblichen Praxis ergibt sich, dass sich die informelle und die formelle Personalorganisation gegenseitig bedingen.

(b) Prozesssysteme der Personalbereichsorganisation

Ein Prozesssystem der Personalorganisation ist eine Kette zwangsläufig aufeinander aufbauender Vorgänge im Personalwesen. In diesem Bereich gibt es viele unterschiedliche Personalprozesse[927], von denen jeder einen Input und einen Output bzw. ein bestimmtes Umfeld hat, z.B. der Personalwirtschaftsprozess, Personalplanungsprozesse, Personalbeschaffungsprozesse, Personaleinsatzprozesse und personale Kontrollprozesse. Außerdem gibt es im Unternehmen personenbezogene und sachbezogene Personalführungsprozesse.[928] Die hohe wirtschaftliche Dynamik und der steigende Wettbewerbsdruck zwingen die Verantwortlichen, sich verstärkt mit der Gestaltung personalwirtschaftlicher Prozesse auseinanderzusetzen. Auf die Projektorganisation im Personalwesen wird hier nicht näher eingegangen.[929]

---

924 Vgl. Olfert, K., Rahn, H.J.: Kompakt-Training Organisation…a.a.O., S. 38; vgl. Crisand, E.: Prinzipien der Personalorganisation, Diss., a.a.O, S. 16 ff. und S. 23 ff.

925 Vgl. Rahn, H.J. : Erfolgreiche Teamführung…a.a.O., S. 61-88

926 Vgl. Crisand, E.: Prinzipien der Personalorganisation…a.a.O., S. 26-30 f.

927 Vgl. Rahn, H.J.: Gestaltung personalwirtschaftlicher Prozesse…a.a.O., S. 15 bzw. 40 ff.; vgl. ders.: Prozessorientiertes Personalwesen…a.a.O.

928 Vgl. Rahn, H.J.: Personalführung kompakt…a.a.O., S. 5 bzw. S. 128

929 Vgl. Jung, H.: Personalwirtschaft…a.a.O., S. 43 ff.; vgl. Kapitel 1.11 der vorliegenden Arbeit: Projektmanagement

(c) Aufbauprinzipien der gesamten Personalorganisation

Es wurde oben dargelegt, dass sowohl die genannten Aufbausysteme als auch die Prozesssysteme zweckmäßig zu organisieren sind. Diese Tätigkeit der Personalorganisation besteht im analysieren und Gestalten der Personalarbeit, die von entsprechenden Organisationsexperten durchzuführen ist.[930] Die gesamte Personalorganisation als Tätigkeit vollzieht sich in der Praxis aber nicht so glatt und problemlos, wie es die Experten gerne hätten, weil das Erleben und Verhalten des Personals nicht immer so ist, wie sich das die Organisationsexperten vorstellen, obwohl nach bestimmten Prinzipien organisiert wird. Die Aufbauprinzipien der Personalorganisation als Tätigkeitsfeld umfassen folgende Grundsätze:[931]

- Das Prinzip der Arbeitsteilung umfasst die Zerlegung von Arbeitsvorgängen in seine Teilfunktionen zum Zwecke der rationellen Erreichung der gesteckten Ziele.
- Das Prinzip der Koordination verfolgt den Zweck, die oben zerlegten Arbeitsvorgänge zu organisatorischen Einheiten zusammenzufassen, die ebenfalls der betrieblichen Zielerreichung dienen.
- Das Prinzip der Subsidiarität bezweckt, dass der Aufgabenträger der übergeordneten Instanz erst dann die Aufgabe übernehmen darf, wenn der untergeordnete Stelleninhaber mit den ihm zur Verfügung stehenden Mitteln dazu nicht mehr in der Lage ist.

Es soll nun weiter untersucht werden, wie sich die Ergebnisse des Organisierens von Personalarbeit auf Mitarbeiter in einem Unternehmen führungspsychologisch auswirken.

(d) Psychologische Wirkung der Arbeitsteilung und Gegenmaßnahmen

Die Arbeitsteilung hat auf die dort arbeitenden Menschen u.U. psychologische Auswirkungen, die in ihrer Bedeutung für den Erfolg des Unternehmens nicht zu unterschätzen sind. Das gilt beispielsweise für die Monotonie am Arbeitsplatz, die beim Mitarbeiter in krassem Widerspruch zum Wunsch nach schöpferischer oder zumindest nicht gleich bleibender Arbeit steht.[932] Je größer das Unternehmen ist, desto kleiner wird der Anteil des einzelnen Menschen an der Gesamtaufgabe und desto schwieriger ist es für ihn, zwischen seinen speziellen Aufgaben und der betreffenden Gesamtaufgabe einen Zusammenhang zu sehen.[933] Weil der Mitarbeiter den Sinn seiner Arbeit nicht mehr sieht, reagiert er auf Grund des Sinnverlustes seiner Arbeit anders, als es die Vorgesetzten erwarten. Die daraus entstehenden psychologischen Probleme sind nicht zu übersehen. Aus den geistig-seelischen Schwierigkeiten entsteht bei Mitarbeiter Unfreiheit. Diesem Zustand versucht er,

---

930 Vgl. zur betriebswirtschaftlichen Aufgabenanalyse und Aufgabensynthese: Kosiol, E., Organisation der Unternehmung 2. Aufl., Wiesbaden 1976; vgl. Olfert, K., Rahn, H.J.: Organisation…a.a.O., S. 70-146

931 Vgl. Crisand, E.: Prinzipien der Personalorganisation…a.a.O., S. 36 ff., S. 87 ff. und S. 146 f.

932 Vgl. Crisand, E.: Prinzipien der Personalorganisation, Diss., Mannheim 1963, S. 75

933 Vgl. ders.: Prinzipien der Führungsorganisation…a.a.O., S. 36

sich z.B. durch außerbetriebliche Betätigungen zu entziehen, indem er die im betrieblichen Bereich nicht erfüllten Erwartungen auf seine Freizeit überträgt.
So wird es für den Mitarbeiter im Unternehmen schwierig, sich für seine rein ausführenden Arbeiten verantwortlich zu fühlen und sich mit ihnen zu identifizieren, obwohl das die Geschäftsleitung von ihm verlangt. Die Folgen der Entpersönlichung der Arbeit können sich in der Verringerung der Arbeitsleistung, der geleisteten Stundenzahl aufgrund von Fehlzeiten, Erhöhung der Fluktuation, Desinteresse, weniger Wachsamkeit, hoher Fehlerzahl, Schlechtleistung, zu mehr Unfällen, Zunahme von Beschwerden und Unruhen, aber auch in physischen Störungen zeigen.[934] Dies hat beim Mitarbeiter in der Praxis eine nicht zu unterschätzende Arbeitsunzufriedenheit zur Folge, z.B. bei Näherinnen, Datentypistinnen oder bei Arbeiten am Schaltpult bzw. am Fließband. Diese psychologischen Erkenntnisse werden von den Betriebswirten in Organisationen sehr ernst genommen.
Die in einem Unternehmen Verantwortlichen versuchen, diesen Gegebenheiten durch personalpolitische Maßnahmen bzw. durch bessere Personalorganisation zu begegnen. Um gegen die obigen negativen Wirkungen auf den Mitarbeiter zu vermeiden, sollten Vorgesetzte ihren Unterstellten zunächst mehr Informationen darüber geben, in welchem Zusammenhang sein Arbeitsgebiet zum gesamten System steht. Dem Mitarbeiter ist aufzuzeigen, in welcher Beziehung die Bedeutung seiner Arbeit zur Gesamtaufgabe steht, was nicht immer einfach ist. Durch intelligentes, psychologisches Vorgehen ist die gegebene Unzufriedenheit bekämpfbar.
Außerdem sollte der Auswahl[935] von Mitarbeitern mehr Beachtung geschenkt werden, denen Stellen bzw. Arbeitsplätze mit besonders monotoner Arbeit übertragen werden sollen. Die Erkenntnisse und Hilfen der Psychologie werden in der Praxis zu wenig in Anspruch genommen, meist regiert leider „der gesunde Menschenverstand“. Es ist bei der Auswahl auch darauf zu achten, dass die richtige Person an den richtigen Platz kommt. Auch die strenge Einhaltung der Pausen erscheint als Gegengewicht gegen die Monotonie äußerst bedeutsam, was bei dem heutigen Stress in den Unternehmen nicht immer gegeben ist.
Die Wissenschaft hat vor allem darauf hingewiesen, dass die Monotonie als das durch die Arbeitsteilung bedingte und wenig motivierende Arbeitsempfinden beispielsweise in der Industrie durch folgende personalorganisatorische Maßnahmen bekämpft werden kann:[936]

• Durch Job enlargement als der Erweiterung der Arbeitsaufgabe, indem bestimmte Arbeitselemente an einem Arbeitsplatz zusammengefasst werden, z.B. hat eine Näherin bisher nur Ärmel angenäht, nach der Maßnahme näht sie nun die ganze Bluse.

---

934 Vgl. ebenda, S. 56

935 Vgl. Schuler, H.: Personalauswahl, in: Handwörterbuch des Personalwesens, Hrs. E. Gaugler, W.A. Oechsler, W. Weber, 3. Aufl., Stuttgart 2004, Sp. 1366-1379

936 Vgl. Oechsler, W.A.: Personal und Arbeit…a.a.O., S. 309 ff.; vgl. Hentze, J., Kammel, A.: Personalwirtschaftslehre…a.a.O., S. 451 f.; vgl. Rahn, H.J.: Unternehmensführung…a.a.O., S. 109

• Durch Job enrichment als Bereicherung der jeweiligen Arbeitsaufgabe, indem der Entscheidungsspielraum und/oder der Kontrollspielraum des arbeitenden Menschen erhöht wird, z.B. kann eine Näherin nun auch an der Gestaltung des Entwurfs einer Bluse mitwirken.
• Durch Job rotation als Arbeitsplatzwechsel, damit sich die einseitige Belastung der Arbeitskraft vermindert und die Arbeitsflexibilität erhöht wird. So kann eine Näherin von Arbeitsplatz X zu Arbeitsplatz Y wechseln, der sich inhaltlich von Platz X unterscheidet.
Bei leistungsstarken Mitarbeitern hat sich im Unternehmen die Bildung von teilautonomen Gruppen[937] bewährt, die in einem abgegrenzten Rahmen selbst entscheiden können. Die Mitglieder einer solchen Gruppe entscheiden z.B. über ihre Aufgabenverteilung und Pausenregelung eigenständig. Außerdem können das Erleben und Verhalten der Arbeitenden durch auf die Arbeit abgestimmte Musik bzw. durch spezielle Gymnastik verbessert werden.

(e) Psychologische Wirkung der Koordination und Gegenmaßnahmen
Die Erfolge der deutschen Wirtschaft wären ohne Arbeitsteilung nicht möglich gewesen. Mit dem Fortschritt der Arbeitsteilung wächst aber auch die Notwendigkeit zur Koordination, um das gestörte Zusammenspiel wiederherzustellen. Arbeitsteilung und Koordination bedingen sich gegenseitig. Für eine gute Koordination ist das Abstimmen der gewonnenen speziellen Aufgaben aufeinander unabdingbar. Die Koordination der Aufgaben erfolgt durch mehrere Teilschritte, die im Ergebnis zu organisatorischen Systemen führen. Sie können mit folgenden psychologischen Problemen verbunden sein:
• Eignungsmängel der Aufgabenträger können zu Unlust bei der Arbeit führen, die Minderleistungen der Mitarbeiter mit sich bringen. Diese führen in Organisationen zu nicht unerheblichen Leerkosten, die es zu vermeiden gilt.
• Mangelnde Identifikation der Aufgabenträger mit den zu bewältigenden Aufgaben, weil die organisierten Aufgabenkombinate mit dem gegebenen Leistungsvermögen objektiv nicht zu bewältigen sind. Das zu bewältigende Aufgabengebiet ist dann zu umfassend.
Die Führungskräfte in Organisationen sollten beachten: Eignungsmängel des Personals gilt es frühzeitig zu vermeiden und durch entsprechende Schulungsmaßnahmen auszugleichen. Die Identifikation der Aufgabenträger mit ihren Aufgaben ist anzustreben, indem sich die Kombination der Teilaufgaben am normalen Leistungspotential und der normalen Leistungsbereitschaft des Menschen orientiert.[938] Außerdem sind bei der Aufgabenkombination die aufgabenbedingten Prinzipen der Anpassungsfähigkeit, Wahrung der Wirkzuammenhänge bzw. das Prinzip der Kongruenz[939] von Aufgabe, Kompetenz und Verantwortung zu beachten.

---

[937] Vgl. Pietruschka, S.: Führung selbstregulierter Arbeitsgruppen…a.a.O.

[938] Vgl. Gaugler, E.: Instanzenbildung als Problem der betrieblichen Führungsorganisation…a.a.O., S. 120-162

[939] Vgl. Olfert, K., Rahn, H.J.: Kompakt-Training Organisation…a.a.O., S. 89

(f) Prozessbezogene psychologische Probleme und Gegensteuerung

Im Rahmen der Personalorganisation sind heute auch Abläufe der gesamten Organisation bzw. Prozesse in der Personalabteilung neu zu organisieren. Als betriebswirtschaftliche Prozessprinzipien der Personalorganisation können dabei genannt werden (Abb. 24):[940]

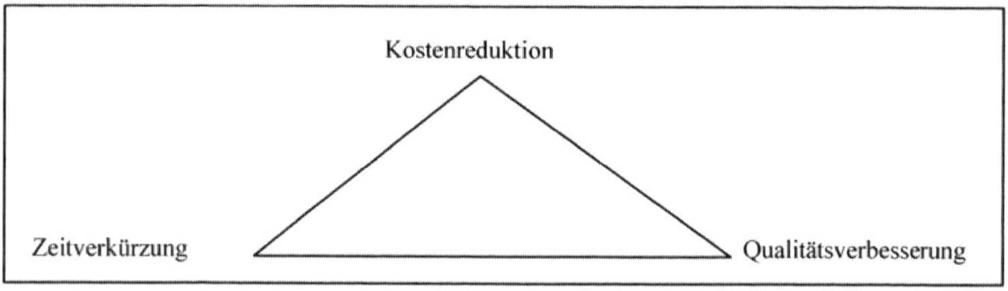

Abb. 24: Prozessbezogene Organisationsprinzipien

Mit der Verwirklichung des Prinzips der Kostenreduktion versuchen die für die Personalorganisation Verantwortlichen die prozessbezogenen Sach- bzw. Personalkosten auf ein vertretbares Maß zu senken, ohne dass die Abläufe sachlich bzw. zeitlich durcheinander kommen und ohne dass die Prozessqualität leidet. Psychologisch können erhebliche Kosteneinsparungen dazu führen, dass die Mitarbeiter ihre Arbeit nicht mehr so ausüben können wie vorher, weil manche zur Arbeit benötigten Mittel nicht mehr – wie bisher – zur Verfügung stehen. Das führt bei dem Arbeitenden zu Arbeitsunlust und Verdruss. Hier sollten die Verantwortlichen rechtzeitig gegensteuern, damit die Arbeitsqualität nicht leidet.

Die durch organisatorische Maßnahmen nötigen Zeitverkürzungen können dazu führen, dass Mitarbeiter ihre Arbeit qualitativ nicht mehr so bewältigen können, dass es vertretbar ist. Wenn die nötige Zeit für die Bewältigung des Arbeitsprozesses nicht mehr gegeben ist gehetzt werden muss, dann passieren dem Mitarbeiter Fehler.

Auf dieser Basis befürchtet der Mitarbeiter persönliche Nachteile, er verzeichnet unbefriedigende Motive, sieht sein Selbstwertgefühl bedroht und ist frustriert.[941] In psychologischer Sicht baut er Abwehrmechanismen[942] auf. Der neu organisierte Prozess findet nicht die Akzeptanz des Mitarbeiters, der sich gegen die Neuerungen sperrt. Der gegebene Zeitdruck führt u.U. zu Ängsten vor dem Versagen und zu Arbeitsunlust. Fehlende Arbeitsfreude kann negativ auf die Arbeitsergebnisse wirken. Die Verantwortlichen sollten also Sorge dafür tragen, dass die nötigen Zeitverkürzungen sich nicht so auswirken, dass die Arbeitsergebnisse schlechter werden.

---

940 Vgl. Vahs, D.: Organisation, 4. Aufl., Stuttgart 2003, S. 215 ff.

941 Vgl. Crisand, E., Rahn, H.J.: Psychologie der Persönlichkeit…a.a.O., S.29

942 Vgl. Zimbardo, P.G., Gerrig, R.J.: Psychologie…a.a.O., S. 518 ff.

Die Mitarbeiter eines Unternehmens haben heute durch den vermehrten Stress an ihrem Arbeitsplatz viel mehr psychische Belastungen zu verkraften als früher. Die im Arbeitsprozess nicht selten gegebene Überforderung der Mitarbeiter kann z.B. durch hohe Temperaturen, Lärm, hohe Luftfeuchtigkeit und mangelnde Beleuchtung ausgelöst werden. Durch die prozessbedingten Schwierigkeiten am Arbeitsplatz kommt es zu Mobbing und Stresssymptomen, auf deren Problemlösung hier nicht im einzelnen eingegangen werden kann.[943]
Mit der Qualitätsverbesserung der Abläufe bzw. der Gegebenheiten sollen bisherige Prozessdefizite ausgeglichen werden. Wenn es gelingt, die Prozesskosten so zu senken, dass die Qualität der Arbeit nicht leidet, dann ist man mit den personalorganisatorischen Maßnahmen auf dem richtigen Weg. Wenn allerdings die Zeit für die sinnvolle Prozessbewältigung nicht ausreicht und durch Kostenreduzierungen die Arbeit leidet, dann können Qualitätsdefizite die Folge sein.
Wenn im Unternehmen im Hinblick auf die Personalorganisation ein neuer Aufbau oder neue Prozesse organisiert werden, dann sollten die betroffenen Mitarbeiter gewissenhaft darauf vorbereitet werden. Neue Systeme sind den Mitarbeitern nicht aufzuzwingen, sondern es ist psychologisch geschickt für die neue Konzeption zu werben.[944] Dabei sind diejenigen Aufgabenträger vorrangig zu informieren, die direkt von den Veränderungen betroffen sind.
Beispielsweise über persönliche Kontakte, persönliche Briefe, Anschläge am Schwarzen Brett, Versenden von Rundschreiben und Informationen in der Werkszeitschrift. Persönliche Kontakte sind insbesondere dort zu pflegen, wo die Widerstände gegen das neue Personalorganisationssystem am größten sind. Auch Schulungsmaßnahmen können sich hier als sinnvoll erweisen.

7.3 Personalkommunikation

Die Personalkommunikation als Teil der Personalpsychologie erläutert, wie Menschen in unterschiedlichen sozialen Systemen wechselseitig Personalinformationen austauschen, die zweckorientierte, personen- und arbeitsplatzorientierte Daten darstellen.[945] Die personale Kommunikation kann den verbalen und nonverbalen Austausch von Personalinformationen in einer Zweierbeziehung, in Gruppen, in Bereichen und Organisationen, aber auch Prozesse und Folgen massenmedialer Anregungen oder interkultureller Beziehungen betreffen.[946]

---

943 Vgl. Poppelreuter, S., Mierke, K.: Psychische Belastungen am Arbeitsplatz…a.a.O.; vgl. Rohde, S.: Psychische Belastungen am Arbeitsplatz…a.a.O.

944 Vgl. Olfert, K., Rahn, H.J.: Kompakt-Training Organisation…a.a.O., S. 143

945 Vgl. Domsch, M., Ladwig, D.: Personalinformation für Führungskräfte, in: Handwörterbuch der Führung, Hrsg. A. Kieser, G. Reber, R. Wunderer, 2. Aufl., Stuttgart 1995, Sp. 1725

946 Vgl. Frindte, W., Einführung in die Kommunikationspsychologie…a.a.O., S. 22

Die Personalkommunikation bildet als Kernfunktion des Personalwesens die Basis für eine erfolgreiche Kooperation.[947] Sie ist aber mehr als reiner Austausch von Personalinformationen.[948] Wenn von Personalkommunikation gesprochen wird, dann meinen wir offenbar vor allem, mit Personal in Beziehung zu treten[949], Verbindungen schaffen, miteinander umgehen und sich zu verständigen.[950] Die interpersonale Kommunikation hat die gegenseitige Information von Menschen zum Betrachtungsgegenstand, z.B. Erleben und Verhalten in Konferenzen und Besprechungen, im Dialog, im Rückkehrgespräch, bei der Gesprächsführung bzw. das Konflikttraining und die Konfliktlösung.

(a) Formelle und informelle Personalkommunikation

Die Personalkommunikation zeigt also die Art der gegenseitigen Personalinformation und wie das Personal miteinander in Beziehung steht.[951] Es sind formelle und informelle Personalkommunikation zu unterscheiden.[952]

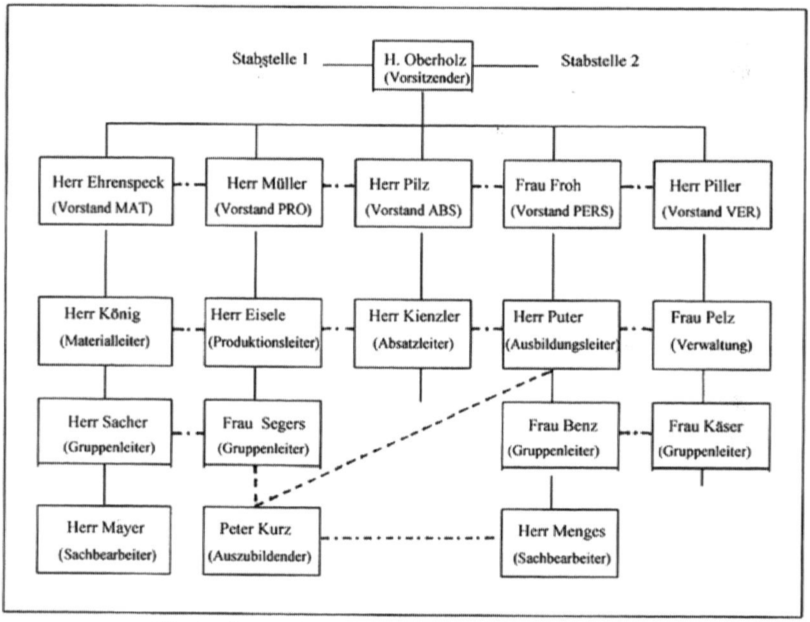

Abb. 25: Personalorganisation und Personalkommunikation

---

947 Vgl. Witt, J., Ulbrich, M.: Das Konzept „Mitarbeiter im Dialog (MiD)…a.a.O., Vorwort

948 Vgl. Franken, S.: Verhaltensorientierte Führung…a.a.O., S. 148

949 Vgl. Keller, G.: Professionelle Kommunikation…a.a.O., S. 11

950 Vgl. Frindte, W.: Einführung in die Kommunikationspsychologie…a.a.O., S. 12

951 Vgl. Schelenz, B.: Personalkommunikation: Recruiting!, Erlangen 2007

952 Vgl. Stroebe, R.W.: Kommunikation I…a.a.O., S. 52 ff.

Die formelle Personalkommunikation legt die bewusst geschaffene und rational gestaltete Informationsstruktur einer Organisation offen. Bei ihr stehen die geplanten Beziehungen zwischen Personen und die zugrunde liegende Rangordnung der Organisationseinheiten im Vordergrund. Dabei können wir unterscheiden (Abb. 25):
• Die vertikale Personalkommunikation (Längsinformationen: Symbol ——)
• Die horizontale[953] Personalkommunikation (Querinformationen nach *Fayol* [954]: Symbol - . - . -)
• Die diagonale Personalkommunikation (quer durch das Unternehmen nach *Rahn*[955]: Symbol - - -)
Demgegenüber ist die informelle Personalkommunikation von der oben bewusst geschaffenen Ordnung unabhängig, denn sie äußert sich in persönlichen, sozialen Beziehungen und Verhaltensweisen der Betroffenen, z.B. fließen in einer Organisation auch ungewollte Informationen, wie Tratsch usw. Sie bildet sich nach psychologischen Gesichtspunkten spontan und ungeplant heraus. Sie beeinflusst die formelle Personalkommunikation positiv, wenn sie diese ergänzt. Sie kann aber auch störend wirken, z.B. wenn manipuliert wird bzw. wenn Gerüchte entstehen.
Psychologische Probleme können entstehen, wenn die Personalkommunikation nur von oben nach unten geschieht (zu straffer Instanzenweg) und die Mitarbeiter nicht in das Geschehen einbezogen werden. Mit verstärkten Querinformationen kann eine Meinungsvielfalt entstehen, die zu Konflikten führt.[956] Falsch wahrgenommene Diagonalkommunikation kann Prestige- und Machtkämpfe auslösen.

(b) Umgang mit Gerüchten

Einen wesentlichen Teil der informellen Personalkommunikation bilden Gerüchte. Ein Gerücht ist eine unkontrolliert, meist mündlich verbreitete unverbürgte Nachricht, die zwar meistens auf Tatsachen zurückgeht, diese aber oft verzerrt, entstellt oder verfälscht darstellt.[957] Gerüchte verbreiten sich umso schneller, je betroffener der Empfänger vom Inhalt des Gerüchts ist, z.B. eventuelle Entlassung oder Fusion. Die Verbreitungsgeschwindigkeit eines Gerüchts hängt davon ab, wie räumlich und zeitlich nah sich Empfänger und Weitergebender sind. Auch muss damit gerechnet werden, dass sich die Geschwindigkeit der Verbreitung beschleunigt. Sie nimmt erst dann wieder ab, wenn ein Großteil der potenziellen Empfänger das Gerücht vernommen hat.
Außerdem verbreiten sich Gerüchte mit unklarem, doppelsinnigen Inhalt weiter als Gerüchte mit relativ klarem Inhalt. Ein zweideutiges Gerücht ist in einer Organisation schwieriger nachzuprüfen als ein verhältnismäßig klares. Mögliche Krisen erhöhen bei der Belegschaft das Bedürfnis nach Personalinformation und Personal-

---

953 Vgl. Weinert, A.B.: Organisations- und Personalpsychologie…a.a.O., S. 682

954 Vgl. Fayol, H.: Administration industrielle et générale, Paris 1966, S. 38

955 Vgl. Rahn, H.J.: Formen der Aufbauorganisation des betrieblichen Bildungswesens in industriellen Großbetrieben, Berlin 1984, S. 16 ff.

956 Vgl. Olfert, K., Rahn, H.J.: Kompakt-Training Organisation…a.a.O., S. 88

957 Vgl. ebenda, S. 58 und außerdem S. 54-71

kommunikation. Es kommt insbesondere dann leicht zu Gerüchten, wenn eine formelle Personalkommunikation fehlt. Gerüchte verbreiten sich vor allem in horizontaler Richtung. Die Folge davon ist, dass Führungskräfte nur beschränkt Sofortmaßnahmen ergreifen und häufig nur mit zeitlicher Verzögerung reagieren können. Beim Entstehen von Gerüchten können folgende individualpsychologische Mechanismen eine Nachricht verfälschen, wie es im deutschen Bankgewerbe der Fall war:

• Die Kondensation als schnelle Informationsübertragung von einem Krisenphänomen auf genau lokalisierbare Schwierigkeiten im Bankgewerbe, z.B. der vereinfachte, verkürzte und unberechtigt auf den Einzelfall übertragene Schluss mit der frühen Nachricht *„Die Hypo-Bank ist bankrott“*.

• Die Ergänzung, denn möglicherweise wurden spekulative Aufkäufe von Brauerei-Aktien durch diese Bank zur bestehenden Liquiditätskrise hinzugefügt.

• Die gegebenen Erwartungshaltungen, denn die allgemeine Konjunkturlage hatte die Bevölkerung für solche Themen sensibilisiert (*„Ich muss aufpassen, dass es mich nicht auch trifft!“*

• Die in der Bevölkerung stark eingeprägten Erinnerungen an ähnliche Insolvenzen, wie z.B. der zeitlich relativ nahe Zusammenbruch der *Herstatt-Bank*.

• Die Verbreitung von Vorurteilen als Folge der Kritik am gesamten Wirtschaftssystem kann durch Gerüchte Antipathien gegenüber Vertretern der Banken bestätigen.

• Die individuellen Assoziationen zwischen der Stabilität der Bank, der die persönlichen Ersparnisse anvertraut wurden und der gefährdeten eigenen materiellen Sicherheit.

Quellen für Gerüchte sind z.B. die Konkurrenz, die Kunden, die Angehörigen der eigenen Organisation und sonstige Einzelpersonen, die negativ gegen die Organisation eingestellt sind.[958] Als Führungsregeln und Maßnahmen gegen Gerüchte sind z.B. zu beachten:[959]

• Der Vorgesetzt erfasst zunächst den Ist-Zustand erfassen, indem er eine selbstkritische Situationsanalyse durchführt und Personengruppen ermittelt, bei denen Gerüchte entstehen können.

• Aus der Diagnose des Ist-Zustands sind Maßnahmen abzuleiten (mit einer Prioritätenliste), mit denen die einzelnen Schwachpunkte und Gefahrensituationen angegangen werden sollen. Dazu gehören auch Ablaufpläne.

• Die Führungskraft wird über Gespräche und Abteilungsversammlungen vorbeugend über eigene Planungen, Steuerungsmaßnahmen und Leistungen informieren. Es werden Probleme und Veränderungen angesprochen.

• Bei bereits umlaufenden Gerüchten ist über eigene Planungen, Maßnahmen und Leistungen zu berichten. Wenn möglich, ohne das Gerücht zu erwähnen, damit dieses durch diem Wiederholung nicht verstärkt wird.

---

958 Vgl. Rahn, H.J.: Unternehmensführung…a.a.O., S. 176

959 Vgl. Stroebe, R.W.: Kommunikation I…a.a.O., S. 66-71

• Im Rahmen der Kommunikation sind viele persönliche Kontakte zu pflegen. Dabei sind gewählte Vertrauensleute, Meinungsträger und Rädelsführer vorbeugend zu betreuen.
• Es ist nach innen und außen eine effektive Kommunikationspolitik zu betreiben. Ziel muss es dabei immer sein, nicht unvorbereitet getroffen zu werden.
In Krisenfällen sollte die Realität von den Führungskräften zuversichtlich, aber ohne Schönfärberei dargestellt werden. Dementis können Gerüchte entkräften, aber häufig tragen sie auch zum Gegenteil bei. Dann bewirken sie die verneinende Bestätigung eines Sachverhalts, der bislang nur als Gerücht bestand. Schweigen ist oft weniger verdächtig als ein vage definiertes Dementi. Grundsätzlich gilt: Je häufiger bereits dementiert wurde, desto weniger glaubwürdig sind weitere Dementis. Schon aus diesem Grund sollte ein Dementi nur dann veröffentlicht werden, wenn es überzeugend formuliert werde kann. Am Besten ist es, als Führungskraft nicht in Situationen zu geraten, in denen sie sich wehren muss.

(c) Regeln für schriftliche Mitarbeiterinformationen

Die Mitarbeiterinformationen stellen die Gesamtheit aller Informationen dar, die an die Beschäftigten gerichtet sind.[960] Schriftliche Informationen sind immer empfängerorientiert zu entwickeln. Die Absender von Informationen versetzen sich häufig aber nur ungenügend in die Lage, in die Stimmung und in die Auffassungsgabe der Informationsnehmer. *Stroebe* gibt eine Fülle interessanter Anregungen zur Verbesserung der Mitarbeiterinformation.[961] Grundsätzlich gelten als Regeln für schriftliche Informationen:
• Die Einfachheit des Textes erleichtert die Informationsaufnahme, d.h. es werden kurze Sätze gebildet und bekannte Wörter verwendet. Fachbegriffe sind verständlich zu erklären. Für Darstellungen gilt das Prinzip der Anschaulichkeit, damit sich der Leser ein klares Bild machen kann.
• Eine klare Gliederung und Ordnung des Textes sorgt dafür, dass sich der Mitarbeiter zurechtfindet und die Übersicht behält. Dabei sind wichtige Stellen hervorzuheben. Der Text sollte logisch aufeinander aufgebaut sein und Absätze enthalten.
• Der Mitarbeiter erwartet Kürze und Prägnanz der Texte, möglichst viel Information mit wenig Wörtern. Telegrammstil ist aber ebenso zu vermeiden wie Weitschweifigkeit, denn damit verliert der Mitarbeiter den Blick für das Wesentliche und seine Aufmerksamkeit sinkt schnell ab
• Die zusätzliche Stimulans durch anregende und interessante Darstellung des Textes und durch lebensnahem Beispiele, welche die Motivation der Mitarbeiter steigern. Auch sollte bei der Weitergabe schriftlicher Informationen an Mitarbeiter deren Demotivation vermieden werden.

---

960 Vgl. Rump, J.: Mitarbeiterinformationen, in: Handwörterbuch des Personalwesens, Hrsg. E. Gaugler, W.A. Oechsler, W. Weber, 3. Aufl., Stuttgart 2004, Sp. 1232

961 Vgl. Stroebe, R.W.: Kommunikation I…a.a.O., S. 71-92

7.4 Personalauswahl

Die Personalauswahl ist unter Nutzung berufseignungsdiagnostischer Methoden die Anwendung psychologischer Verfahren zum Zwecke eignungsbezogener Erfolgsprognosen und Entscheidungshilfen im beruflichen Kontext.[962] Sie ist eine Kernfunktion der Personalpsychologie. Ihre wissenschaftliche Basis bilden vor allem Theorien der Anforderungen, Fähigkeiten und Leistungen sowie Methoden zu deren Messung und Modelle der Klassifikation.

Als Bereiche des praktischen Einsatzes der Personalauswahl können alle Arten berufsbezogener Einschätzung, Selektion und Zuordnung mit dem Ziel der individuellen Berufs-, Organisations- und Arbeitsplatzwahl, der institutionellen Berufsberatung sowie der Auswahl und Entwicklung von Mitarbeitern in Organisationen genannt werden. Als Instrumente der Personalauswahl gelten aus psychologischer Sicht:[963]

- Die Bewerbungsunterlagen zur Auswertung von Bewerbungsschreiben, z.B. Lebenslauf, Lichtbild, Personalfragebogen, Schul- und Arbeitszeugnisse und Referenzen.[964]
- Der biographische Fragebogen als Erhebung vergangenheitsbezogener Ereignisse und Erfahrungen, um damit auf künftiges Verhalten von Personen zu schließen. Biograhische Items lassen sich abgrenzen.[965]
- Obgleich die Schul- und Examensnoten Objektivitäts- und Reliabilitätsdefizite (keine Zuverlässigkeit) aufweisen, bildet die Betrachtung der Noten als Ganzes in der Praxis eine wesentliche Bewertungsgrundlage.
- Das Einstellungsinterview[966], das von der freien Gesprächsform über teilstrukturierte bis zu vollstrukturierten Variationen reicht. In der Betriebswirtschaftslehre heißt es Vorstellungs[967]- oder Bewerbungsgespräch.[968]
- Die psychologischen Tests als standardisierte Verfahren zur Messung individueller Verhaltensmerkmale, z.B. Intelligenztests bzw. Persönlichkeitstests.[969]
- Die Fachkenntnisse, denen hohes Gewicht bei der Beurteilung von Menschen durch Vorgesetzte zukommt. Spezielle und allgemeine Kenntnisse können mit Wissenstests ermittelt werden.[970]

---

962 Vgl. Schuler, H.: Psychologische Personalauswahl, 3. Aufl., Göttingen, Bern u.a. 2000; vgl. Schuler, H.: Personalauswahl, in: Handwörterbuch des Personalwesens…a.a.O., Sp. 1367 f.

963 Vgl. ebenda, Sp. 1368 ff.

964 Vgl. Vg. Berthel, J., Becker, F.G.: Personal-Management….a.a.O., S. 327 ff.; vgl. Olfert, K.: Personalwirtschaft…a.a.O., S. 159-174

965 Vgl. Schuler, H., Marcus, B.: Biographieorientierte Verfahren der Personalauswahl, in: Lehrbuch der Personalpsychologie, Hrsg. H. Schuler, 2. Aufl., Göttingen, Bern u.a. 2006, S. 198-209

966 Vgl. Schuler, H.: Das Einstellungsinterview, Göttingen, Bern u.a. 2002

967 Vgl. Olfert, K.: Personalwirtschaft…a.a.O., S. 176-180, vgl. Knebel, H., Westermann, F.: Das Vorstellungsgespräch, 18. Aufl., Hamburg 2011

968 Vgl. Scholz, C.: Grundzüge des Personalmanagements…a.a.O., S. 225-229

969 Vgl. Schuler, H., Höft, S.: Konstruktionsorientierte Verfahren der Personalauswahl, in: Lehrbuch der Personalpsychologie, Hrsg. H. Schuler, 2. Aufl., Göttingen u.a. 2006, S. 104 ff.

• Die internetgestützte Diagnostik als Personalauswahl mit Hilfe des Internets[971] bzw. des Intranets. Die Bewerber können sich nur noch online bewerben: ihre Angaben werden bei der Vorauswahl ausgewertet.[972]
• Die Arbeitsprobe, bei der von einer Verhaltensstichprobe auf ähnliches künftiges Verhalten geschlossen wird,[973] z.B. ein Probeunterricht eines Lehrers oder die Drahtbiegeprobe eines Handwerkers.
• Die Computersimulation zur Lösung komplexer Problemlöseaufgaben oder bestimmter Szenarios. Letztere sind speziell zu lösende, auf Computern implementierte Aufgaben.[974]
• Die multimodialen Auswahlverfahren als Kombination verschiedener Methoden, z.B. beim Assessment-Center[975], das z.B. Diskussion, Präsentation, Rollenspiel und die Postkorbübung umfassen kann.[976]
Die Angemessenheit des Einsatzes eignungsdiagnostischer Instrumente in einem bestimmten Anwendungsbereich richtet sich nach einer Reihe spezieller Gegebenheiten. Künftige Entwicklungen von Verfahren sollten sich darum bemühen, die Vorzüge bestimmter Methoden so zu kombinieren, dass sich die Vorteile konstrukt-, simulations- und biographieorientierter Verfahren verbinden lassen.[977]

7.5 Personalmarketing

Das Personalmarketing[978] stellt in psychologischer Sicht die Gesamtheit der systematischen Aktivitäten zur dauerhaften Gewinnung neuer Mitarbeiter dar. Es verlangt, dass der Umgang mit Bewerbern und Mitarbeitern Teil eines umfassenden Konzepts der gesamten Organisation ist [979] und gewinnt als Kernfunktion der Personalpsychologie auf Grund des demographischen Wandels für Organisationen immer mehr an Bedeutung.[980]
Aus personalwirtschaftlicher Sicht werden mit dem Personalmarketing Bemühungen bezeichnet, Instrumente aus dem Absatzmarketing für Produkte und Dienstleistun-

---

970 Vgl. ebenda, S. 113 ff.

971 Vgl. Weinert, A.B.: Organisations- und Personalpsychologie…a.a.O., S. 317 ff.

972 Vgl. ebenda, S. 135 ff.

973 Vgl. Höft, S., Funke, U.: Simulationsorientierte Verfahren der Personalauswahl, in: Lehrbuch der Personalpsychologie, Hrsg. H. Schuler, 2. Aufl., Göttingen, Bern u.a. 2006, S. 148 f.

974 Vgl. ebenda, S. 151 f.

975 Vgl. Kleinmann, M.: Assessment-Center…a.a.O.; Obermann, C.: Assessment-Center…a.a.O.

976 Vgl. Höft, S., Funke, U.: Simulationsorientierte…a.a.O., S. 154-181

977 Vgl. Schuler, H.: Personalauswahl…a.a.O., Sp. 1379

978 Vgl. Moser, K., Stehle, W., Schuler, H.: Personalmarketing, Göttingen, Bern u.a. 1993

979 Vgl. Felser,G.: Personalmarketing, Göttingen, Bern u.a. 2010

980 Vgl. Bröckermann, R., Pepels, W.: Personalmarketing, Stuttgart 2002

gen auch für die Personalbeschaffung bzw. -akquisition zu nutzen.[981] Dabei ist ein Leitgedanke, das es sich bei Mitarbeitern im weiteren Sinne als „Kunden“ handelt, die es vom Unternehmen zu gewinnen und zu halten gilt. Es sind hier zu unterscheiden:

• Internes Personalmarketing, das sich auf bereits vorhandenes Personal bezieht, z.B. Personalentwicklung, Karriereplanung, Anreize durch Vergütungen und Sozialleistungen gewähren.

• Externes Personalmarketing, das sich auf neu zu gewinnendes Personal richtet, z.B. Präsenz auf Job-Messen, interessante Jobangebote, Personalwerbung über Stellenanzeigen, Vergabe von Praktika oder Bachelorarbeiten,

Im Rahmen der Psychologie umfasst Personalmarketing mehr, als Bewerber anzusprechen oder zu gewinnen. Es muss durch Aktivitäten zur Erschließung neuer Personalmärkte oder zur Gestaltung von Arbeitsbedingungen vervollständigt werden, z.B. die Beschäftigung von ausländischem Personal[982] oder die Einführung von Teilzeitarbeit. Wird Personalmarketing als Prozess gesehen, dann ergeben sich folgende Phasen:[983]

• Potentielle Bewerber, die sich mit der Ausbildungs- und Berufswahl beschäftigen und unterschiedliche Erwartungen an eine Organisation haben, werden zu tatsächlichen Bewerbern, weil sie von Organisationen Angebote bekommen. Es gibt die interne Bewerberansprache (z.B. interne Stellenausschreibung und Informationen am Schwarzen Brett) und externe Bewerberansprache, z.B. über Stelleanzeigen.

• Der Bewerber muss bis zum Eintritt in eine Organisation eine Entscheidung treffen, wenn es zu einer näheren Kontaktaufnahme kommt. Dabei nimmt er an verschiedenen Verfahren der Personalauswahl teil (vgl. 7.4). Wenn alles gut geht, dann akzeptiert er das Stelleangebot und tritt in die Organisation ein. Bewerber verbleiben unterschiedlich lang in einer Organisation.

7.6 Personalbeurteilung

Die Personalbeurteilung ist die systematische Bewertung von Organisationsmitgliedern im Hinblick auf Kriterien durch dazu beauftragte Beurteiler auf der Basis sozialer Wahrnehmungsprozesse im Arbeitsalltag.[984] Die Mitarbeiterbeurteilungen einzelner Vorgesetzter weichen von der Norm ab:

---

[981] Vgl. Strutz, H.: Personalmarketing, in: Handwörterbuch des Personalwesens, Hrsg. E. Gaugler, W.A. Oechsler, W. Weber, 3. Aufl., Stuttgart 2004, Sp. 1593

[982] Vgl. Kühlmann, T.M., Stahl, G.K.: Problemfelder des internationalen Personaleinsatzes, in: Lehrbuch der Personalpsychologie, Hrsg. H. Schuler, 2. Aufl., Göttingen/Bern u.a. 2006, S. 674-698

[983] Vgl. Moser, K., Zempel, J.: Personalmarketing, in: Lehrbuch der Personalpsychologie, Hrsg. H. Schuler, 2. Aufl., Göttingen/Bern u.a. 2006, S. 70-96

[984] Vgl. Schuler, H.: Beurteilung und Förderung beruflicher Leistung, 2. Aufl., Göttingen, Bern u.a. 2004; vgl. Domsch, M., Gerpott, G.J.: Personalbeurteilung, in: Handwörterbuch des Personalwesens, Hrsg. E. Gaugler, W.A. Oechsler, W. Weber, 3. Aufl., Stuttgart 2004, Sp. 1432

• Die nachsichtigen Beurteiler vermeiden es, über ihre Mitarbeiter etwas Negatives auszusagen. Sie heben ihre Beurteilungen absichtlich oder unabsichtlich an.
• Für strenge Beurteiler sind gute Leistungen das Normale. Deshalb bewerten sie nicht objektiv, sondern habe eine Neigung zu eher schlechten Beurteilungen.
• Die vorsichtigen Beurteiler wollen keinem Mitarbeiter weh tun und beurteilen sie deshalb möglichst durchschnittlich. Durch die Tendenz zur Mitte kommt keine Normalverteilung zustande.
Die Personalbeurteilung dient der Gewinnung von Personalinformationen und ist als Kernfunktion von besonderer Bedeutung für die Personal- und Führungspsychologie, weil sie für Vorgesetzte ein personenbezogenes Führungsmittel darstellt.[985]

(a) Verfälschungstendenzen

In vielen Organisationen werden zur Beurteilung der Mitarbeiter Beurteilungsbögen[986] eingesetzt, die eine ganz unterschiedliche Struktur aufweisen. Bei der Beurteilung von Mitarbeitern können bewusste Verfälschungen vorkommen, die ganz unterschiedliche Ursachen haben können (Beurteilungsfehler):[987]
• Begünstigungsabsichten können einfließen, wenn Vorgesetzte versuchen, jene Mitarbeiter zu bevorzugen, mit denen sie gemeinsame Interessen haben oder die ihnen sympathisch sind.
• Schädigungsabsichten können in Antipathie, Gegensätzlichkeiten, Schwierigkeiten im Umgang miteinander oder auch Hassgefühle sein.
• Bei dem Halo-Effekt[988] schließt der Beurteilende von bekannten Eigenschaften auf unbekannte. Einzelne Eigenschaften „überstrahlen" alles, z.B. wenn ein freundlicher Mitarbeiter besser bewertet wird als er ist.
• Persönliche Stärken und Schwächen eines Vorgesetzten werden unbewusst auf den zu Beurteilenden übertragen (Projektionsfehler).
• Unterbewertung tüchtiger Mitarbeiter, damit sie dem Vorgesetzten erhalten bleiben oder um die eigene Position des Vorgesetzten nicht zu gefährden.
• Überbewertung von Leistungen durch das „Wegloben", unbequemer bzw. für die eigene Position des Vorgesetzten gefährdende Mitarbeiter.
• Manipulation von Bewertungen, um das Image einer „Hochleistungs"- Abteilung aufzubauen und dadurch beim eigenen Vorgesetzten Eindruck zu schinden bzw. um selbst besser beurteilt zu werden.
• Übernahme der Einschätzung durch übergeordnete Stellen, kann gegen besseres Wissen geschehen, um Konflikte in der Hierarchie oder Begründungszwänge zu vermeiden.
• Angst durch eine schlechte Beurteilung den zu Beurteilenden zu verletzen oder zu demotivieren oder um Auseinandersetzungen zu umgehen.

---

985 Vgl. Olfert, K.: Personalwirtschaft…a.a.O., S. 296 ff.

986 Vgl. Beispiele bei Crisand, E., Rahn, H.J.: Personalbeurteilungssysteme…a.a.O., S. 12, S. 39, S. 44 und S. 49-51

987 Vgl. ebenda, S. 28

988 Vgl. Rosenzweig, P.: Das Halo-Effekt, Offenbach 2008

Verfälschungstendenzen finden sich vor allem auch dann, wenn die Beurteilung mit der Entgeltfindung oder an Leistungszulagen gekoppelt wird.

(b) Kreis der Beurteilenden

Die Personalbeurteilung kann in der Zugangsphase (Probezeit), in der Leistungsphase und in der Abgangsphase (Arbeitszeugnisse) erfolgern.[989] Nach der Art der Beurteilenden sind folgende Formen[990] zu unterschieden:[991]

- Der Vorgesetzte nimmt eine Mitarbeiterbeurteilung vor, welche zur Beurteilung der Mitarbeiter freie oder gebundene Systeme der Personalbeurteilung einsetzen kann. Heute sind zielorientierte Beurteilungsverfahren weit verbreitet, die auf Zielvereinbarungen mit den Mitarbeitern und auf Leistungsstandards basieren.
- Der Mitarbeiter nimmt eine Selbstbeurteilung vor, die durchaus hilfreich sein kann.[992] Sie ist einfach durchführbar und erfordert keinen großen Aufwand. Allerdings ist der Aussagewert begrenzt. Der Mitarbeiter gewichtet i.d.R. Kriterien stärker und anders als Vorgesetzte und hat erfahrungsgemäß eine Tendenz zur Milde.
- Der unterstellte Mitarbeiter nimmt eine Vorgesetztenbeurteilung vor, die sich auf das Führungsverhalten und auf die Zusammenarbeit der Führungskraft bezieht. Über einen Dialog sollen damit Schwächen aufgedeckt werden. Dieser Art der Beurteilung wird von Seiten der Organisation Skepsis entgegengebracht.
- Ein Gleichgestellter nimmt eine Kollegenbeurteilung vor, was vorteilhaft sein kann, weil die Kollegen den Mitarbeiter unmittelbar beobachten können. Allerdings können vom Beurteilten Widerstände kommen, der Unkollegialität oder mangelnde Fähigkeit zur differenzierteren Beurteilung befürchtet.
- Die 360-Grad-Beurteilung umfasst die Beurteilung durch Vorgesetzte, gleichrangige Kollegen, unterstellte Mitarbeiter und enge Kooperationspartner, z.B. Kunden oder Zulieferer. Wird jede der vier Gruppen mit einer 90 Grad Perspektive gleichgesetzt, dann ergibt sich ein 360-Grad-Feedback.

Bei Beurteilungen von Mitarbeitern durch Vorgesetzte können verschiedene Beurteilungssysteme[993] eingesetzt werden, wobei freie und strukturierte (Vorfall-, Rangordnungs-, Einstufungs- und Zielsysteme) zu unterscheiden sind.

(c) Freie Beurteilungsverfahren

Hier kann sich der Beurteilende frei entscheiden, welche Merkmale, Maßstäbe und Beschreibungsarten er verwenden möchte. Es können aber auch bestimmte Merkmale vorgegeben sein. Ein freies Beurteilungsverfahren liegt beispielsweise dann vor, wenn ein Vorgesetzter einen Mitarbeiter in Form eines Aufsatzes bewertet. Dieses Verfahren hat den Vorteil, dass es sehr individuell ausgestaltet ist und die

---

989 Vgl. Olfert, K, Rahn, H.J.: Lexikon der Betriebswirtschaftslehre…a.a.O., Nr. 688

990 Vgl. Crisand, E.,. Rahn, H.J.: Personalbeurteilungssysteme, 4. Aufl., Hamburg 2011, S. 13-15

991 Vgl. Olfert, K.: Personalwirtschaft…a.a.O., S. 299

992 Vgl. Domsch, M., Gerpott, T.J.: Personalbeurteilung…a.a.O., Sp. 1435

993 Vgl. Crisand, E., Rahn, H.J.: Personalbeurteilungssysteme…a.a.O., S. 32 f.

Möglichkeit bietet, mit konkreten Beispielen zu arbeiten. Nachteilig ist aber die subjektive Gewichtung bei der Auswahl der Beurteilungsinhalte und die fehlende Vergleichbarkeit der Ergebnisse. Außerdem sind diese Beurteilungen vom Ausdrucksvermögen des Vorgesetzten abhängig.

(d) Verfahren der kritischen Vorfälle

Bei der Methode der kritischen Ereignisse sammelt der Vorgesetzte in einem festgelegten Zeitraum systematisch alle Ergebnisse, die durch das zu beurteilende Personal verursacht oder beeinflusst wurden.[994] Der ermittelten Vorfälle werden gesammelt und schriftlich fixiert, damit sie zum Beurteilungszeitpunkt verfügbar sind. Werden die Beobachtungen über die ganze Beurteilungsperiode hinweg regelmäßig und zielgerichtet gesammelt, dann kann durchaus von einem System gesprochen werden. Es sind zu unterscheiden:

- Positive Ereignisse, z.B. Verhandlungserfolge, Umsatzsteigerung, Mengensteigerung, Kosteneinsparung, Ideenfindung und selbstständiges Arbeiten.
- Negative Ereignisse, z.B. unnötige Fehler, Unpünktlichkeit, Aggressivität, Umsatzreduktion, Kostenverursachung und unselbstständiges Arbeiten.

Für eine psychologisch angemessene Beurteilung kommen nur Fakten in Frage, Meinungen und Verallgemeinerungen sind hier nicht gefragt. Der Hauptnachteil dieses Verfahrens liegt in der schlechten Vergleichbarkeit der gewonnenen Ergebnisse.[995]

(e) Rangordnungsverfahren

Bei diesem Verfahren werden Mitarbeiter im Hinblick auf die Gesamtleistung oder im Hinblick auf einzelne Beurteilungskriterien in eine Rangfolge gebracht. Das kann beispielsweise in Form eines Ranking geschehen, indem der Mitarbeiter paarweise mit anderen Mitarbeitern verglichen wird. So ist bei der Arbeitsleistung Mitarbeiter auf dem ersten Platz, aber beim Verhalten wird Frau Meier auf den ersten Platz und Herr Müller nur auf Platz zwei gesetzt. Diese Rangordnungssysteme können ein effektives Hilfsmittel bilden.

Motivationspsychologische Aspekte sprechen aber gegen Rangordnungssysteme, weil sie eher den Teamgeist blockieren und zu Hackordnungskämpfen führen können.[996] Auch wird die absolute Differenz zwischen zwei Rangplätzen nicht deutlich. Außerdem ist dieses Verfahren bei einer großen Mitarbeiterzahl sehr zeitaufwendig.

(f) Einstufungsverfahren

Beim Einstufungsverfahren bestehen in der Regel bestimmte Beurteilungskriterien, wobei die jeweilige Ausprägung der Leistung auf einer Skala eingestuft wird. Deshalb wird auch vom Skalenverfahren gesprochen. Der Beurteilende hat einen der

---

994 Vgl. Olfert, K.: Personalwirtschaft…a.a.O., S. 307

995 Vgl. Crisand, E., Rahn, H.J.: Personalbeurteilungssysteme…a.a.O., S. 55

996 Vgl. ebenda, S. 37 f.

vorgegebenen Skalenwerte anzukreuzen und durch Ergänzungen seine Beurteilung zu dokumentieren (Abb. 26).

Mermale	Beurteilung
	A Erfüllt in diesem Merkmal nicht die Anforderungen der Stelle B Erreicht in diesem Merkmal nicht ganz die Anforderungen der Stelle C Entspricht in diesem Merkmal voll den Anforderungen der Stelle D Übertrifft in diesem Merkmal teilweise die Anforderungen der Stelle E Übertragt in diesem Merkmal weit die Anforderungen der Stelle
Führungsverhalten	**zusätzliche Erläuterungen**
1. Zielsetzung A X C D E Zeigt sich im Setzen und Durchsetzen von Zielen für Verantwortungsbereich im Rahmen der Zielvorgaben.	*Die Erfüllung der Ziele bewegte sich nicht immer im Rahmen der Gesamtzielsetzung.*
2. Planung und Organisation A B X D E Zeigt sich im Ausarbeiten von Plänen; Ordnen des Zusammenwirkens von Mitteln und Personen; sach- und termingerechten Einsetzen von Mitteln und Personen.	
3. Entscheidung A B X D E Zeigt sich in der Klarheit und Eindeutigkeit sowie im schnellen Treffen von Entscheidungen auch unter Belastung.	
4. Delegation X B C D E Zeigt sich im Übertragen von Aufgaben, Verantwortung und Vollmachten an Mitarbeiter unter Berücksichtigung ihrer Eignung und Leistungsfähigkeit, selbstständigen Erledigenlassen übertragener Aufgaben.	*Das Übertragen von Aufgaben, Verantwortung und Vollmachten an Mitarbeiter ist unbefriedigend.*
5. Information und Koordination A B X D E Zeigt sich im zweckmäßigen und rechtzeitigen Informieren, Anleiten und Unterstützen der Mitarbeiter; Weitergeben von Wissen und Erfahrungen; Erläutern; Koordinieren betrieblicher und überbetrieblicher Zusammenhänge.	
6. Kontrolle A X C D E Zeigt sich im Überwachen des Arbeitsablaufes; des Zusammenwirkens der Mitarbeiter; des Einsatzes von Arbeitsmitteln sowie der Entwicklung der Kosten.	
7. Förderung und Motivation A B X D E Zeigt sich im sachlichen Beurteilen der Mitarbeiter und Vorschlagen geeigneter Förderungsmaßnahmen; Anregen der Mitarbeiter zu selbstständigem Denken und Handeln; sich einsetzen für ihre Anliegen; Wecken und Erhalten des Interesses der Mitarbeiter für ihre Aufgaben und Unterstützen bei der Erreichung der Leistungsziele.	
Gesamtbeurteilung des Führungsverhaltens A B X C D E	*Das Führungsverhalten des Vorgesetzten liegt unterhalb des Durchschnitts.*

Abb. 26: Beurteilung des Führungsverhaltens im Einstufungssystem

Die Leistung, das Verhalten und u.U. das Führungsverhalten (Abb. 26) sollen so gut wie möglich über die Beurteilungsmerkmale erfasst werden können. Die Beurteilungsskalen sollen dem Beurteilenden als Hilfsmittel dienen. Den Hauptgrund für den früher häufigen Einsatz des Einstufungsverfahrens liegt darin, dass diese Verfahren relativ leicht zu standardisieren sind.
Kernprobleme liegen in der Auswahl „geeigneter" Beurteilungsmerkmale, die auf die jeweiligen Anforderungen des Arbeitsplatzes ausgerichtet sein müssen. Auch die Anzahl der Beurteilungskriterien ist vielfach problematisch. Weitere Mängel sind offensichtlich.[997]

(g) Zielorientierte Beurteilungsverfahren

Um obige Mängel zu überwinden, haben sich heute zielorientierte Beurteilungsverfahren durchgesetzt. Hier steht die Bewertung der Mitarbeiter anhand von Zielen bzw. anhand des Grades der Zielerfüllung im Vordergrund. Die konkreten Leistungsziele für die einzelnen Mitarbeiter werden aus den Unternehmenszielen abgeleitet. Die zwischen dem Vorgesetzten und dem Mitarbeiter vereinbarten Ziele sind Schwerpunkte der eigentlichen Tätigkeit und sind zugleich Maßstab der Beurteilung. Die Leistungsbeurteilung anhand von vorher festgelegten Zielen ist ein zentrales Element des Führungskonzeptes Management by Objectives (MbO).[998]
Durch die präzise Formulierung von Zielen soll der Mitarbeiter genau wissen, was von ihm erwartet wird. Somit kann er seinen Einsatz auf die Erfüllung der verienbarten Ziele lenken, die unmittelbar zum Maßstab der Beurteilung werden. Dabei sollten folgende Voraussetzungen erfüllt sein:[999]

- Die Ziele sind als Sollzustand zu beschreiben
- Die Partizipation der Mitarbeiter führt zur Zielakzeptanz
- Die gesetzten Ziele müssen realistisch und herausfordernd sein
- Die Zielerreichung muss beeinflussbar sein und es sich Rückmeldungen nötig
- Die Ziele müssen möglichst genau definiert sein.

Das Soll der zu erreichenden Leistung ist in Form der vereinbarten Ziele bzw. der Standards festgelegt, z.B. „ Das Ziel wurde erreicht, wenn der Verkäufer A im gesamten Geschäftsjahr 20XY eine Umsatzsteigerung von 3 % erzielt".[1000] Demgegenüber wird die Ist-Leistung mit Hilfe folgender Skala festgehalten:

Die Leistung (Ist) hat das Ziel (Soll)…	**Leistungsniveau**
- entscheidend überschritten	E
- überschritten	D
- erreicht	C
- unterschritten	B
- erheblich unterschritten	A

---

997 Vgl. Crisand, E., Rahn, H.J.: Personalbeurteilungssysteme…a.a.O., S. 52 ff.

998 Vgl. Berthel, J., Becker, F.G.: Personal-Management…a.a.O., S. 214 ff.

999 Vgl. Crisand, E., Rahn, H.J.: Personalbeurteilungssysteme…a.a.O., S. 64 ff.

1000 Vgl. Rahn, H.J.: Unternehmensführung…a.a.O., S. 154

Im Rahmen der Abweichungsanalyse sollen die Ursachen dafür ermittelt werden, warum manches Ziel nur mit geringem Erfolg erreicht wurden. Bei der Beurteilung sind betriebsinterne (z.B. Krankheit, Planungs- und Organisationsfehler) und betriebsexterne Faktoren (z.B. Konjunkturschwankungen, Absatzprobleme) zu berücksichtigen. Diese Fakten sind in Beurteilungsgesprächen zu klären.[1001]
Auch bei den zielorientierten Beurteilungsverfahren sind aus psychologischer Sicht Grenzen zu beachten:
• Die Zielorientierung fördert die „Ellenbogenmentalität"
• Die Ableitung der Ziele aus den Unternehmenszielen ist oftmals problematisch
• Die präzise sprachliche Formulierung der Ziele ist nicht einfach und zeitaufwendig
Bis zu einem gewissen Grad können die obigen Nachteile durch entsprechende Schulungsmaßnahmen ausgeglichen werden, die allerdings Kosten verursachen. Gegenüber anderen Verfahren haben zielorientierte Beurteilungsverfahren vor allem folgende Vorteile:[1002]
• Die Zielerreichung ist kein Selbstzweck, sondern für die gesamte Organisation bedeutsam
• Es erfolgt eine Einbindung der Mitarbeiters und der Vorgesetzte erhält verbesserte Kenntnisse
• Der Zielerreichungsgrad wird im Dialog festgestellt und es erfolgt entsprechendes Feedback
• Die Beurteilungen sind individuell ausgerichtet
• Er ergibt sich eine hohe Transparenz bezüglich der Leistungserwartungen an den Mitarbeiter
• Die Beiträge des Mitarbeiters zur Zielerfüllung werden klar
• Der Mitarbeiter kann in direkten Gesprächen mit dem Vorgesetzten seine Meinung einbringen
• Es ergeben sich Lernmöglichkeiten bzw. Möglichkeiten der Verhaltenskorrektur durch den Mitarbeiter
Aus diesen Argumenten geht klar hervor, dass die zielorientierten Beurteilungsverfahren den anderen Methoden überlegen sind.

7.7 Personalentwicklung

Die Analyse und Gestaltung des Entwicklungspotenzials der Mitarbeiter und Führungskräfte ist heute eine zentrale Kernfunktion in allen Organisationen.[1003] Die heutige Personalentwicklung umfasst alle Maßnahmen der Bildung, Förderung und auch der Organisationsentwicklung, die von einer Person oder Organisation zur Erreichung spezieller Zwecke zielgerichtet, systematisch und methodisch geplant,

---

[1001] Vgl. Crisand, E., Rahn, H.J.: Das Mitarbeitergespräch…a.a.O., S. 129-142

[1002] Vgl. Crisand, E., Rahn, H.J.: Personalbeurteilungssysteme…a.a.O., S. 74 ff.

[1003] Vgl. Sonntag, Kh.: Personalentwicklung in Organisationen, 3. Aufl., Göttingen, Bern u.a. 2006

realisiert und evaluiert werden.[1004] Daraus lassen sich folgende Elemente der Personalentwicklung ableiten:[1005]

• Im engeren Sinne umfasst sie die Personalbildung mit der Ausbildung (Erstausbildung), Fortbildung (Anpassung und Erweiterung von Kenntnissen und Fertigkeiten) und Umschulung als Zweitausbildung zum zwecke der beruflichen Neuorientierung.

• Im weiteren Sinne zählt dazu auch die Personalförderung, z.B. das Fördergespräch, Job Enlargement, Job Enrichment, Traineeprogramme, Laufbahn- bzw. Nachfolgeförderung, Coaching und Mentoring.

• Im weitesten Sinne ist die Personalentwicklung mit der Organisationsentwicklung verbunden, die eine Form des geplanten Wandels darstellt und organisatorische Veränderungsprozesse bewirkt. Sie zielt auf die Steigerung der Leistungsfähigkeit einer Organisation, sowie auf die Humanisierung der Arbeit ab.

Eine in dieser Weise verstandene Personalentwicklung beeinflusst den langfristigen Erfolg von Organisationen positiv und ist für diese von ganz besonderem Nutzen.[1006]

(a) Wissensorientierte Entwicklungsverfahren

Die Aneignung von Wissen ist vom Vorwissen und von den Mechanismen der Informationsverarbeitung des Lernens abhängig und lässt sich mit kognitionspsychologischen, handlungstheoretischen und konstruktivistischen Ansätzen beschreiben.[1007] Der Gegenstand wissens- und kompetenzorientierter Personalentwicklungsverfahren ist die Verbesserung beruflicher Fertigkeiten, die Vermittlung von Wissen und die Förderung kognitiver Fähigkeiten. Es sind zu unterscheiden:[1008]

• Kognitive Trainingsverfahren, welche die intellektuelle Durchdringung von Arbeitsaufgaben mit Hilfe von Heuristischen Regeln (denkpsychologische Hilfen, z.B. „Erfasse das Ziel"), Selbstreflexionstechniken (z.B. zur Verbesserung der Problemlösefähigkeiten), besondere Formen der Sprechtätigkeit (z.B. verkürzende Formen) und Selbstinstruktionstechniken, z.B. Bewertung der eigenen Arbeitsvollzüge und Beobachtung von Tätigkeitsmerkmalen erfahrener Kollegen.

• Kooperativer Wissenserwerb, der sich direkt auf das Lernen am Arbeitsplatz bezieht, z.B. aufgaben-orientierter Informationsaustausch, Wissenserwerb von Novizen durch Unterstützung von Experten und Erwerb von Arbeitsprozesswissen bzw. von Expertenwissen.

• Computergestützte mediale Programme, beispielsweise Trainingssysteme (Frage-Antwort-Sequenzen mit falsch/richtig-Antworten), Tutorielle Systeme (Erkennung von Schwächen des Lernenden), Lernergesteuerte Systeme (Inhalte selbstständig aufgliedern, selbstgesteuertes Zugreifen auf Daten, Umstrukturieren von Wissen)

1004 Vgl. Becker, F.G.: Personalentwicklung…a.a.O., S. 4

1005 Vgl. Olfert, K.: Personalwirtschaft…a.a.O., S. 439 ff.

1006 Vgl. Comes, F.A.: Moderne Personalentwicklung, Frankfurt/Main 2004

1007 Vgl. Sonntag, Kh., Schaper, N.: Wissensorientierte Verfahren der Personalentwicklung, in: Lehrbuch der Personalpsychologie, Hrsg. H. Schuler, 2. Aufl., Göttingen/Bern u.a. 2006, S. 257 ff.

1008 Vgl. ebenda, S. 262 ff.

und Simulationsprogramme, wo Aktionen probiert werden können, die in realen Situationen mit Risiken verbunden wären.

• Komplexe Lern- bzw. Lehrarrangements, z.B. Projektmethode, Leittextmethode, Lernbüros, Übungsfirmen, Lerninseln, Fallstudien und Planspiele.

Es handelt sich hier um Ansätze oder Verfahren, die ein problemorientiertes und arbeitsplatzbezogenes Lernen[1009] unterstützen und Raum für einen selbstorganisierten bzw. kooperativen Wissenserwerb lassen.

(b) Verhaltensorientierte Entwicklungsverfahren

Außer der Wissensvermittlung sind die Modifikation menschlichen Verhaltens und die Entwicklung der Persönlichkeit Gegenstandsbereich der Förderung des Personals, z.B. Verbesserung des Führungsverhaltens, wirksame Konfliktbearbeitung und Förderung von Teamfähigkeit. Dabei werden auch Persönlichkeitsmerkmale angesprochen, wie Selbstwertgefühl, Selbstvertrauen, Selbstkonzept, Einstellungen und Werthaltungen. Als spezielle Fördermaßnahmen sind zu unterscheiden:[1010]

• Problembezogene Ansätze, z.B. Behavior Modeling (Entwicklung von Lernpunkten, Filmdarbietung, Rollenspiele zur Kommunikation, Gruppendiskussion) bzw. Teamentwicklung durch Bildung von Arbeits- und Projektgruppen mit Selbstreflexion der Gruppen.

• Beratungs- und betreuungsorientierte Ansätze, z.B. Coaching (bei ihm steht die Aufgabenbewältigung und die Unterstützung durch den Coach im Vordergrund) und Mentoring, bei dem der Mentor bei der Persönlichkeitsentwicklung unterstützt. Beim Leader-Member-Exchange werden die Teilnehmer in eine Gruppe von engagierten Mitarbeitern („in-group“) der Führungskraft und in eine Gruppe von schwierigen Mitarbeitern („out-group“) eingeteilt. Die Beziehungen sind so zugestalten, dass sich der Anteil der „in-group“-Mitarbeiter erhöht.

• Simulationsansätze, um einen Erfahrungsraum zur Verhaltenserprobung und Verhaltensmodifizierung zu schaffen, z.B. durch computergestütze Planspiele. So dienen Unternehmensplanspiele vor allem der Förderung von Problemlösungs- und Entscheidungsverhalten.

• Persönlichkeitszentrierte Ansätze, z.B. gruppendynamische Ansätze, welche Einblick in die Beweggründe sowohl des eigenen Verhaltens als auch des Verhaltens anderer gewähren können. Außerdem kann das Verständnis für Gruppenprozesse gefördert werden. Beim Outdoor-Training werden Stressübungen durchgeführt (z.B. Flussüberquerung, Abseilen), um Selbstvertrauen und Kooperation zu fördern.

• Aufgabenstrukturale Ansätze, z.B. durch die Gestaltung von Aufgaben und Arbeitsinhalten werden Potenziale für die Persönlichkeitsentwicklung geboten. Im Rahmen von Projektarbeit werden den Teuilnehmern herausfordernde Aufgaben gegeben.

1009 Vgl. dazu auch Kapitel 6 Lernpsychologie

1010 Vgl. Sonntag, Kh., Stegmaier, R.: Verhaltensorientierte Verfahren der Personalentwicklung, in: Lehrbuch der Personal-Psychologie, Hrsg. H. Schuler, 2. Aufl., Göttingen 2006, S. 283 ff.

8. Organisationspsychologie

Die Organisationspsychologie[1011] ist jene Teildisziplin der Psychologie[1012], die das Erleben und Verhalten des Menschen in Organisationen untersucht, z.B. in Unternehmen, Kirchen, Behörden, Krankenhäusern, Hochschulen und Schulen. Sie ist letztlich eine Ausweitung der Betriebspsychologie.[1013] und steht in enger Beziehung zur Arbeitspsychologie[1014] zur Da in allen Organisationen geführt wird, bestehen viele Berührungspunkte zwischen Führungspsychologie und Organisationspsychologie.
Die Untersuchungsbereiche der Organisationspsychologie sind aber erheblich weiter gefasst als die der Führungspsychologie, denn diese beschäftigt sich z.B. weniger mit der Organisationswahl durch Individuen, den interkulturellen Managementphilosophien, Organisationsklima, Organisationskultur, Organisationsentwicklung und nur mit Teilen der Organisationsdiagnostik. Im wesentlichen gibt es folgende Teilsysteme, welche die Organisationspsychologie tangieren.

8.1 Grundlagen der Arbeit

Wir Menschen verbringen einen Großteil unserer Zeit mit Arbeit.[1015] Sie ist eine zentrale Thematik unseres Lebens auf dem Weg in eine neue Arbeitswelt.[1016] Mit der Arbeit beschäftigt sich die Arbeitspsychologie.[1017] Für arbeitende Menschen sind insbesondere der Arbeitsinhalt, die Arbeitsbedingungen, die Rahmenbedingungen und die sozialen bzw. finanziellen Bedingungen von Bedeutung.[1018]
Unter Arbeit ist dabei eine Tätigkeit oder Aktivität zu verstehen, die gesellschaftlich organisiert wird, die fortgesetzten, dauerhaften Einsatz körperlicher, geistiger und

---

1011 Vgl. Rosenstiel, L.v., Nerdinger, F.W.: Grundlagen der Organisationspsychologie…a.a.O., S. 6 ff.; vgl. Gebert, D., Rosenstiel, L.v.: Organisationspsychologie…a.a.O.

1012 Vgl. Kanning, U.P., Staufenbiel, T.: Organisationspsychologie, Göttingen, Bern u.a. 2012

1013 Vgl. Mayer, A.: Die Betriebspsychologie in einer technisierten Welt, in: Handbuch der Psychologie, Bd. 9, Hrsg. A. Mayer, B. Herwig, 2. Aufl., Göttingen 1970, S. 3-55; vgl. Eunson, B.: Betriebspsychologie, Maidenhead 1990

1014 Vgl. Nerdinger, F.W., Blickle, G., Schaper, N.: Arbeits- und Organisationspsychologie, 2. Aufl., Heidelberg 2011

1015 Vgl. Rosenstiel, L.v.; Die Bedeutung von Arbeit, in: Lehrbuch der Personalpsychologie, Hrsg. H. Schuler, 2. Aufl., Göttingen, Bern u.a. 2006, S. 16 ff.

1016 Vgl. Weinert, A.B.: Organisations- und Personalpsychologie…a.a.O., S. 3-39

1017 Vgl. Bamberg, E., Mohr, G., Busch, C.: Arbeitspsychologie, Göttingen, Bern u.a. 2012; vgl. Sonntag, K., Frieling, E., Stegmaier, R.: Lehrbuch Arbeitspsychologie, 3. Aufl. Göttingen, Bern u.a. 2012; vgl. Kleinbeck, U., Schmidt, K.H, (Hrsg.): Arbeitspsychologie, Göttingen, Bern 2010; vgl. Hacker, W.: Allgemeine Arbeitspsychologie, 2. Aufl., Bern 2005; vgl. Ulich, E.: Arbeitspsychologie, 6. Aufl., Stuttgart 2005; vgl. Kauffeld, S.: Arbeits-, Organisations- und Personalpsychologie, Berlin/Heidelberg 2011

1018 Vgl. Senner, N.K., Udris, I.: Bedeutung und Wirkung von Arbeit, in: Lehrbuch Organisationspsychologie, Hrsg. H. Schuler, 3. Aufl., Bern 2004, S. 160 ff.

seelischer Kräfte fordert und die im Vollzug meistens als Last, Mühlsal und Anstrengung erlebt wird.[1019] Sie läuft geregelt und planmäßig strukturiert ab, ist zielbestimmt und führt zu materiellen Produkten. Somit verändert sie die Umwelt, gleichzeitig aber auch den arbeitenden Menschen selbst.
Eine Aufgabe besteht aus Aktivitäten, die ungefähr zur gleichen Zeit ausgeführt werden und die einem gemeinsamen Zweck dienen. Der Handelnde in einer Organisation muss die Aufgaben verstehen, muss bereit sein, sie zu akzeptieren und sich den gegebenen Anforderungen zu stellen. Er bringt seine Bedürfnisse und Wertvorstellungen ein, wobei der Einfluss früherer Erfahrungen zu berücksichtigen ist.

(a) Belastungen bei der Arbeit

Die die erledigenden Arbeiten eines Menschen sind mit Belastungen verbunden.[1020] Die Menschen unterscheiden sich hinsichtlich ihrer individuellen Leistungsvoraussetzungen, sodass ihnen die Erfüllung gleicher Arbeitsanforderungen unterschiedlich schwer fällt. Wird die Beanspruchung negativ erlebt und erscheint sie entsprechend aversiv, wird sie als Stress klassifiziert. Immer höher werdende Beanspruchungen des Menschen führen zu spezifischen Stresssymptomen, beispielsweise dem Burnout-Syndrom.[1021]
Das Bunout-Syndrom als ein Zustand emotionaler Erschöpfung[1022] kann in jedem Beruf und in beinahe jeder Lebenslage auftreten. In unserer hektischen, leistungsorientierten Welt trifft es immer mehr Menschen. Diese Art der Erschöpfung äußert sich darin, ausgelaugt, erledigt, ausgebrannt und frustriert zu sein. Die enorm reduzierte Leistungsfähigkeit äußert sich in mangelnder Tatkraft, wachsendem Eindruck der Inkompetenz und des Versagens bei der Arbeit mit Menschen.
Die Ursachen von Burnout werden in der Persönlichkeit (z.B. mangelnde Anpassung der Person an die berufliche Situation) oder in der jeweiligen Arbeitssituation gesehen, z.B. Zeitdruck, Stress bzw. rollenbezogene Probleme. Das Bunout-Syndrom führt zu verstärktem Rückzugsverhalten, sodass Fehlzeiten und Fluktuation zunehmen. Der Organisation entstehen dadurch indirekte Kosten, die betriebswirtschaftlich zu entprechenden Ergebnisminderungen führen. Um dies zu vermeiden sind Betroffene durch führungspsychologisch angemessenes Verhalten und mit Hilfe von Achtsamkeit bzw. Akzeptanz zu einem erfüllten Leben zurückzubringen.[1023]

1019 Vgl. Neuberger, O., Arbeit, Stuttgart 1985

1020 Vgl. Rosenstiel, L.v., Nerdinger, F.W.: Grundlagen der Organisationspsychologie…a.a.O., S. 48-69

1021 Vgl. Waadt, M.: Burnout, Göttingen, Bern u.a. 2013; Burisch, M.: Das Burnout-Syndrom, 4. Aufl., Heidelberg 2010

1022 Vgl. Weinert, A.B.: Organisations- und Personalpsychologie…a.a.O., S. 291 ff.

1023 Vgl. dazu die ACT-Therapie: Waadt, M.: Burnout…a.a.O.

(b) Psychologische Arbeitsgestaltung

In den heutigen Organisationen werden immer neue Techniken[1024] eingesetzt, die auf die arbeitenden Menschen nicht nur positive (z.B. Erleichterung der Arbeit durch EDV), sondern auch negative Auswirkungen haben können. Die Mikroelektronik kann z.B. zu verstärkter Kontrolle des Einzelnen führen, bei der Telearbeit können Konflikte auftreten und die verstärkte technische Kommunikation kann die Verringerung persönlicher Kontakte mit sich bringen. Hier ist die psychologische Arbeitsgestaltung gefordert, deren Ziel es ist, die Arbeit an den Menschen anzupassen, beispielsweise durch

- Entsprechende Verteilung von Arbeit und Pausen, die relativ geringe Ermüdung und beste Erholung bewirkt
- Anpassung der Arbeit (z.B. am Fließband) an die Schwankungen der menschlichen Leistungsfähigkeit
- Regelung von Licht, Lärm, Luftfeuchtigkeit, Temperatur, um positive Leistungseffekte zu erzielen
- Gewährleistung von Sicherheit am Arbeitsplatz.

In diesem Zusammenhang ist auch auf den zweckmäßigen Einsatz der psychologisch orientierten Arbeitsanalyse bzw. deren vielschichtigen Verfahren und auf die psychologische Arbeitsbewertung hinzuweisen. Außerdem sind die Wirkungen psychologischer Arbeitsgestaltung auf Motivation und Zufriedenheit des arbeitenden Menschen zu beachten. [1025] Als Konzepte und Beispiele psychologischer Arbeitsgestaltung gelten:[1026]

- Job Rotation als geplanter Arbeitsplatzwechsel, d.h. verschiedene Personen tauschen ihren Arbeitsplatz, um einseitige Belastungen am Arbeitsplatz zu vermindern und um die Flexibilität zu erhöhen, z.B. wenn eine Näherin von Arbeitsplatz A auf Platz B wechselt, der sich arbeitsplatzinhaltlich von A unterscheidet.
- Job Enlargement als Erweiterung der Arbeitsaufgabe, indem bestimmte Arbeitselemente an einem Arbeitsplatz zweckentsprechend zusammengefasst werden, z.B. wenn eine Näherin bisher nur Ärmel angenäht hat und nun die ganze Bluse nähen darf (Aufgabenerweiterung).
- Job Enrichment als Bereicherung der Arbeitsaufgabe, indem der Entscheidungsspielraum und/oder der Kontrollspielraum erhöht wird, z.B. wirkt eine Näherin in einem Produtkionsunternehmen nun auch an der Gestaltung des Entwurfs der Bluse mit.
- Teilautonome Arbeitsgruppen als formell führerlose Arbeitsgruppen, deren Mitglieder bei der Lösung der anstehenden Aufgaben eigenverantwortlich zusammenarbeiten und somit in ihren Entscheidungen einen größeren Handlungsspielraum als andere Gruppen erhalten.

1024 Vgl. Rosenstiel, L.v., Nerdinger, F.W.: Grundlagen…a.a.O., S. 101 ff.

1025 Vgl. ebenda, S. 70-100

1026 Vgl. ebenda, S. 112-123; vgl. Antoni, C.H., Bungard, W.: Arbeitsgruppen, in: Organisationspsychologie – Gruppe und Organisation, Hrsg. H. Schuler, Göttingen, Bern u.a. 2004, S. 129-191

• Qualitätszirkel, deren Aktivitäten die Verbesserung der Produktqualität, die Qualität der Arbeitsbedingungen und die Qualität der Arbeitsprozesse anstreben. Die Idee entstand in Japan und setzte sich dann in USA und Westeuropa fort.
• Lernstattgruppen, die gemeinsam in einer Werkstatt lernen. Diese haben das Ziel, die Persönlichkeit und die soziale Kompetenz der Arbeitenden zu fördern. Auch wurden Effektivitätssteigerungen beispielsweise durch Verbesserungsvorschläge nachgewiesen.
• Projektgruppen, die nicht in die überdauernde Aufbauorganisation integriert und bestehen nur kurzzeitig. Diese Gruppen werden mit einer Erledigung eines komplexen Arbeitsauftrags betraut. Das Projekt endet, wenn der Arbeitsauftrag erfüllt ist.
Diese Ausführungen zeigen, dass die psychologische Ausgestaltung der Arbeit ein breites Gestaltungsfeld umfasst. Auf die Vielfältigkeit der damit verbundenen Probleme kann hier nicht weiter eingegangen werden[1027], zumal das Thema Führungspsychologie viel enger gefasst ist.

(c) Arbeitszufriedenheit

Die Arbeitszufriedenheit lässt sich als (positive) Einstellung zur Arbeit definieren.[1028] Sie kann nach den verschiedenen Facetten der Arbeit und Arbeitssituation sowie nach dem Prozess ihrer Entstehung differenziert werden. Das Konzept der Arbeitszufriedenheit unterlag starken Schwankungen.[1029] Insgesamt gesehen ist die Arbeitszufriedenheit eher gesunken als gestiegen.[1030] Ob und unter welchen Aspekten die Arbeit den Menschen zufrieden macht, hängt sowohl von den personalen Bedingungen als auch von solchen des Arbeitsinhalts und der Arbeitsumgebung ab. Auch sind Motivation und Zufriedenheit eng miteinander verbunden. [1031]Außerdem ist auf die Beziehungen zur Leistung hinzuweisen:[1032]

• Zufriedenheit kann als Ursache der Leistung wirken
• Umgekehrt kann Leistung die Ursache von Zufriedenheit sein
• Weitere Variablen können sowohl Leistung als auch Zufriedenheit beeinflussen
• Zwischen Leistung und Zufriedenheit besteht eine Wechselwirkung

Im allgemeinen psychologischen Verständnis ergibt sich Zufriedenheit aus der Erfüllung unserer Bedürfnisse oder aus der Antizipation dieser Erfüllung. Demgegenüber ist Unzufriedenheit eine Folge der realen oder antizipierten Frustration. In jedem Leben wechseln sich ständig Phasen der Zufriedenheit mit Phasen der Unzufriedenheit ab. Letztlich wird derjenige eher zufrieden und glücklich sein, der

---

1027 Zur Vertiefung der Thematik wird auf die angegebenen Literatur zur Organisationspsychologie verwiesen

1028 Vgl. Rosenstiel, L.v.: Die Bedeutung von Arbeit, in: Lehrbuch Personalpsychologie…a.a.O., S. 33; vgl. Rosenstiel, L.v., Nerdinger, F.W.: Grundlagen…a.a.O., S. 415 ff.

1029 Vgl. Wiswede, G.: Einführung in die Wirtschaftspsychologie…a.a.O., S. 217 f.

1030 Vgl. Rosenstiel, L.v.: Die Bedeutung der Arbeit…a.a.O., S. 35 f. bzw. 39

1031 Vgl. Semmer, N.K., Udris, I.: Bedeutung und Wirkung von Arbeit…a.a.O., S. 169-172

1032 Vgl. Rosenstiel, L.v., Nerdinger, F.W. Grundlagen…a.a.O., S. 424 f.

es versteht, seine eigenen Erfahrungen zu steuern[1033] und zu kontrollieren bzw. negative Erlebnisse positiv zu verarbeiten, auch wenn das leichter gesagt als getan ist.[1034]

8.2 Individuum, Gruppe und Personal

Die Organisationspsychologie befasst sich mit dem Erleben und Verhalten von Individuen, Gruppen und Personal in Organisationen. Sie hat die vorrangige Aufgabe, das Verhalten (und, soweit wie möglich, auch das Erleben) zu beobachten, zu beschreiben und zu erklären, in Entscheidungszusammenhängen zu prognostizieren und in Interventionsfällen auch zu verändern.[1035]

(a) Individuum

Ein Individuum ist ein Subjekt einer Organisation bzw. ein Träger von Rechten, Pflichten und Verantwortung. Jedes Individuum hat eine andere Persönlichkeit.[1036] Bei aller Anerkennung der Eigengesetzlichkeit sozialer Systeme kommt es letztlich darauf an, wie die einzelnen Menschen als Individuum ihre soziale Situation erleben, in ihr handeln und fortlaufend mitgestalten. In den verschiedenen Organisationen gibt es als Individuen Mitarbeiter, Gemeindemitglieder und Beschäftigte in Krankenhäusern bzw. Behörden, Schulen und Hochschulen.

Als Mitglied einer Organisation hat das Individuum einen eigentümlichen Status. Gemeinsam mit anderen Individuen trägt es die gesamte Organisation. Gleichzeitig ist diese Organisation aber auch die große und mächtige Gegenspielerin des Individuums,[1037] denn sie gibt Regeln vor, legt die Aufgaben der Mitglieder und ihre Rollen fest, bestimmt die Erfolgskriterien und verfügt über Sanktionen. Je nach persönlicher Einstellung, Position und Situation des Individuums fällt es dem einzelnen leichter oder schwerer, sich mit der Organisation zu identifizieren.

Die Wechselwirkungen zwischen Individuum und Gesamtorganisation sind von großer Bedeutung. Es kann auch von einem Spannungsverhältnis gesprochen werden, denn einerseits geht das Individuum von persönlichen Interessen, Selbstbestimmung, ganzheitlichem Tun, Freiheit und individueller Prägung aus, andererseits soll es sich an Organisationszielen orientieren, sich einer Fremdbestimmung anpassen, die Arbeitsteilung akzeptieren, sich ein- bzw. unterordnen und den gegebenen Regulierungen folgen.[1038]

1033 Vgl. dazu die Ausführungen zum Zufriedenheitserfolg in Kapitel 1.5 (Führungsprozess)

1034 Vgl. Rahn, H.J.: Zum Sinn des Lebens…a.a.O., S. 276-281

1035 Vgl. Schuler, H., Einleitung, in: Lehrbuch Organisationspsychologie, Hrsg. H. Schuler, 3. Aufl., Göttingen/Bern u.a. 2004, S. 9

1036 Vgl. Weinert, A.B.: Organisations- und Personalpsychologie…a.a.O., S. 131 und 245 ff.

1037 Vgl. Brandstätter, H.: Persönliche Verhaltens- und Leistungsbedingungen, in: Lehrbuch Organisationspsychologie, Hrsg. H. Schuler, 3. Aufl., Göttingen/Bern u.a. 2004, S. 257 ff.

1038 Vgl. Rosenstiel, L.v., Nerdinger, F.W.: Grundlagen der Organisationspsychologie…a.a.O., S. 131 ff.

(b) Gruppe

Die Gruppe[1039] bildet als Verbindungsstück[1040] zwischen Individuum und Organisation das Fundament moderner Organisationen.[1041] Die Betrachtung der Organisation unter diesem Aspekt heißt, das Erleben und Verhalten von Menschen sozialpsychologisch zu beschreiben, zu erklären, zu prognostizieren und gegebenenfalls zu kontrollieren. Aus der Sicht der Organisationspsychologie kann die Gruppe als eine Mehrzahl von Personen definiert werden, die in direkter Interaktion über eine längere Zeitspanne bei Rollendifferenzierung und gemeinsamen Normen, Werten und Zielen durch ein Wir-Gefühl verbunden ist.[1042] Die Gruppe lässt sich organisationspsychologisch unter folgenden Aspekten diskutieren:

- Die Gruppenstruktur zeigt die statische Komponente einer Gruppe, die z.B. den formellen Aufbau einer Gruppe offen legen, z.B. Gruppenleiter und Gruppenmitglieder. Um z.B. den informellen Gruppenrang (gefühlsmäßige Bindungen) von Mitgliedern einer Gruppe offen zu legen, bietet es sich an, ein Soziogramm zu erstellen.[1043]
- Der Gruppenprozess zeigen die dynamische Komponente einer Gruppe in Form von einer Kette aufeinander folgender Schritte. Ein Gruppenprozess umfasst ablaufende Serien interpendenter Aktionen und Operationen, deren Analyse Aufschluss darüber gibt, wie eine Gruppe ihre Aufgabe bewältigt.[1044]
- Die Gruppennormen zeigen die von allen Gruppenmitgliedern geteilten Erwartungen, wie die Gruppenmitglieder in bestimmten Situationen denken und handeln sollten. Nicht selten wird das Bestehen von Gruppennormen als Zwang definiert.[1045]
- Die Gruppenkohäsion zeigt sich in dem Zusammenhalt in einer Gruppe. Ist die Kohäsion hoch, dann halten sich die Mitglieder gern in der Gruppe auf. Ist die Gruppenkohäsion gering, dann halten sich die Mitglieder von der Gruppe fern.

Die Prozesse der Gruppenbildung können durch sachgerechte Intervention und durch das entsprechende Entwicklungstraining beschleunigt werden. Konflikte in und zwischen Gruppen interessieren insbesondere Organisationspraktiker.[1046]

(c) Personal

In einer Organisation finden sich viele Individuen, die in ihrer Gesamtheit heute als Personal bezeichnet werden. Dieses bildet den Untersuchungsgegenstand der

---

1039 Vgl. Wiswede, G.: Einführung in die Wirtschaftspsychologie…a.a.O., S. 245 ff.

1040 Vgl. Kauffeld, S.: Teamdiagnose…a.a.O., S. 4

1041 Vgl. Weinert, A.B.: Organisations- und Personalpsychologie…a.a.O., S. 389 ff.

1042 Vgl. Rosenstiel, L.v., Nerdinger, F.W.: Grundlagen…a.a.O., S. 283

1043 Vgl. Rosenstiel, L.v.: Kommunikation in Arbeitsgruppen, in: Lehrbuch Organisationspsychologie, Hrsg. H. Schuler, 3. Aufl., Göttingen/Bern u.a. 2004, S. 402 ff.

1044 Vgl. Brodbeck, F.C.: Analyse von Gruppenprozessen und Gruppenleistung, in: Lehrbuch Organisationspsychologie…a.a.O., S. 424

1045 Vgl. Rosenstiel, L.v., Nerdinger, F.W.: Grundlagen…a.a.o., S. 288

1046 Vgl. ebenda, S. 305 ff.

Personalpsychologie.[1047] Gegenstand der Personalpsychologie ist das Verhalten und Erleben des Menschen in Arbeit, Beruf und Organisation. Sie weist sich als Teilgebiet der Organisationspsychologie aus, das sich auf die Betrachtung des Individuums in seinen Verhaltens-, Befindens-, Leistungs- und Entwicklungszusammenhängen konzentriert, insbesondere in dessen Funktion als Mitarbeiter eines Unternehmens oder einer anderen Organisation.

Die Abgrenzung der Personalpsychologie von der Organisationspsychologie ist nicht einfach.[1048] Einige Teilbereiche gehören nicht zur Personalpsychologie, z.B. die Bereiche Arbeit und Arbeitsgestaltung, Organisationstheorien, Organisationsentwicklung, Organisations-Umwelt-Beziehungen. Zur Personalpsychologie zählen aus organisatiospsychologischer Sicht insbesondere folgende Fachfunktionen:

• Die Führung von Personal als der Versuch, Einfluss zu nehmen, z.B. als Veränderung in den Einstellungen, Werten, Überzeugungen und Verhaltensweisen von Zielpersonen.[1049] Nur mit effizienter Führung können Organisationen erfolgreich sein und wettbewerbsfähig sein. Darum investiert die Psychologie viel Zeit in die Erforschung der Führung.

• Die Personalauswahl als die Nutzung berufseignungsdiagnostischer Methoden die Anwendung psychologischer Verfahren zum Zwecke eignungsbezogener Erfolgsprognosen und Entscheidungshilfen im beruflichen Kontext.[1050] Ihre wissenschaftliche Basis bilden vor allem Theorien der Anforderungen, Fähigkeiten und Leistungen sowie Methoden zu deren Messung und Modelle der Klassifikation.

• Das Personalmarketing[1051] als die Gesamtheit der systematischen Aktivitäten zur dauerhaften Gewinnung neuer Mitarbeiter. Es verlangt, dass der Umgang mit Bewerbern und Mitarbeitern Teil eines umfassenden Konzepts[1052] der gesamten Organisation ist[1053] und gewinnt heute auf Grund des demographischen Wandels für Organisationen immer mehr an Bedeutung.

• Die Personalbeurteilung[1054] ist die systematische Bewertung von Organisationsmitgliedern im Hinblick auf Kriterien durch dazu von der Organisation beauftragte Beurteiler. Dabei dient insbesondere die Leistungsbeurteilung der Gewinnung von Personalinformationen und ist von besonders großer Bedeutung für die Personalpsychologie.

• Die Personalentwicklung als Analyse und Gestaltung des Entwicklungspotenzials der Mitarbeiter und Führungskräfte ist heute eine zentrale Aufgabe in allen Organisationen.[1055] Die heutige Personalentwicklung umfasst als dynamisches Konzept[1056]

1047 Vgl. Kapitel 7 der vorliegenden Arbeit

1048 Vgl. Schuler, H.: Gegenstandsbereich und Aufgaben der Personalpsychologie…a.a.O., S. 4 f.

1049 Vgl. Weinert, A.B.: Organisations- und Personalpsychologie…a.a.O., S. 458-541

1050 Vgl. Schuler, H.: Psychologische Personalauswahl…a.a.O.

1051 Vgl. Moser, K., Stehle, W., Schuler, H.: Personalmarketing…a.a.O.

1052 Vgl. Rosenstiel, L.v., Nerdinger, F.W.: Grundlagen…a.a.O., S. 144 ff.

1053 Vgl. Felser,G.: Personalmarketing…a.a.O.

1054 Vgl. Schuler, H.: Beurteilung und Förderung beruflicher Leistung…a.a.O.

1055 Vgl. Sonntag, Kh.: Personalentwicklung in Organisationen…a.a.O.

alle Maßnahmen der Bildung, Förderung und auch der Organisationsentwicklung, die von einer Person oder Organisation zur Erreichung spezieller Zwecke ausgelöst werden.
Die Personalpsychologie hat enge Beziehungen zum früheren Fachgebiet Berufspsychologie, Sie nimmt allerdings eine organisationale Perspektive im Sinne eines „Human Ressource Management" ein und grenzt sich vom betriebswirtschaftlichen Personalwesen ab.[1057]

8.3 Organisation als Institution

Die Organisation wird in institutioneller Sicht[1058] häufig als ein gegenüber der Umwelt offenes System beschrieben, das zeitlich überdauernd existiert, spezifische Ziele verfolgt, sich aus Individuen bzw. Gruppen zusammensetzt und somit ein soziales Gebilde darstellt, das eine bestimmte Struktur aufweist, die meist durch Arbeitsteilung und eine Hierarchie von Verantwortung gekennzeichnet ist.[1059]
Soziale Gebilde können dabei Unternehmen, Konzerne, Kirchen, Behörden, Krankenhäuser, Hochschulen und Schulen sein. Bei großen sozialen Gebilden ist die Organisation als umfassende Struktur sehr abstrakt. Eingeleitete Veränderungen konkretisieren sich im Erleben und Verhalten des Individuums meist dadurch, dass sich die eigene Aufgabe ändert oder die eigene Gruppe aufgelöst oder umstrukturiert wird.
Die Führung von und in Organisationen, die auch als Organisationsführung[1060] bezeichnet wird, umfasst z.B. die Beeinflussung von Menschen in Konzernen, Unternehmen, Kirchen und Behörden. Auch die Führung in Arztpraxen[1061], Krankenhäusern, Hochschulen bzw. in Schulen spielt in der Praxis eine große Rolle. Sie ist die intentionale soziale Einflussnahme, die durch Prozesse der Kommunikation auf Zielerreichung ausgerichtet ist. Die Organisationsführung unterscheidet sich von der enger gefassten Unternehmensführung.[1062] Die Elemente eines Rahmenmodells der Führung[1063] bestehen aus den allgemeinen Rahmenbedingungen der Führungsorganisation, der Person des Führenden, aus der Mitarbeiterführung in Organisationen und aus dem Führungserfolg, auf den die gesamte Führung ausgerichtet ist.

1056 Vgl. Rosenstiel, L.v., Nerdinger, F.W.: Grundlagen…a.a.O., S. 217-264

1057 Vgl. Schuler, H.: Gegenstandsbereich…a.a.O., S. 5

1058 In der betriebswirtschaftlichen Organisationslehre wird sie auch als Tätigkeit interpretiert.

1059 Vgl. Rosenstiel, L.v., Nerdinger, F.W.: Grundlagen…a.a.O., S. 365

1060 Vgl. Hüther, O.: Organisationskultur und Organisationsführung – Grenzen und Möglichkeiten der Wertevermittlung… a.a.O.; auch in der ISO 26000 ist die Organisationsführung ein Kernthema

1061 Vgl. Bitzer, B.. Erfolgreiche Mitarbeiterführung in Arztpraxen, Hamburg 2014

1062 Vgl. zu den Arten der Führung: Rosenstiel, L.v., Wegge, J.: Führung, in: Organisationspsychologie – Gruppe und Organisation, Hrsg. H. Schuler, Göttingen, Bern u.a. 2004, S. 495 ff.

1063 Vgl. ebenda, S. 501 ff.

Dazu gibt es eine Fülle von etablierten Führungstheorien.[1064] Aus der Fülle von organisationspsychologisch relevanten Informationen zur Organisation bzw. zum gesamten Unternehmen sollen nun hervorgehoben werden:

• Die Organisationstheorien[1065], die davon handeln, wie sich Arbeit organisieren lässt. Allerdings sind Organisationen sehr komplex und damit schwierig zu beschreiben. In der Organisationsforschung wurden viele Versuche unternommen, Organisationssystem genauer zu untersuchen. Es sind Technologie-, Management-, Gruppen-, Struktur-, Individual-, ökonomische und moderne Organisationstheorien zu unterscheiden, auf die hier nicht näher eingegangen werden kann.[1066]

• Das Organisationsklima[1067] wird als relativ überdauernde Qualität der inneren Umwelt einer Organisation interpretiert, die durch ihre Mitglieder erlebt wird, ihre Verhalten beeinflusst und durch die Werte einer bestimmten Menge von Merkmalen der Organisation beschrieben werden kann.[1068] Die Einschätzung des Organisationsklimas durch die Organisationsmitglieder ist für eine Organisation von großer Bedeutung, denn es beeinflusst die Betroffenen hinsichtlich der Arbeitszufriedenheit, Leistungsbereitschaft, Identifikation und Motivation.

• Die Organisationskultur als Grundannahmen, Normen, Regeln und Werte[1069], denen sich Organisationsmitglieder verbunden fühlen.[1070] Dieses Wertsystem sollte allen Mitgliedern bekannt sein und von diesen mitgetragen werden. Es prägt das Verhalten aller Organisationsmitglieder, wobei jede Organisation eine andere Organisationskultur aufweist. Es geht hier um vorherrschende Werte (z.B. Servicequalität), Unternehmensphilosophie, Spielregeln, Normen, Verhaltensriten bzw. Umgangsformen und um Gefühle, die Organisationsmitgliedern vermittelt werden, z.B. im Umgang mit Kunden.

• Die Organisationsdiagnostik als die systematische und wissenschaftlich fundierte Erfassung, Analyse und Darstellung des in einer Organisation oder einem abgegrenzten Organisationsteil regelhaft auftretenden Erlebens und Verhaltens der Organisationsmitglieder einschließlich ihrer Wirkungszusammenhänge.[1071] Als Instrumente dazu dienen z.B. die Dokumentenanalyse, Analyse von Statistiken, Befragungen, Gruppengespräche und Beobachtungen bzw. die Analyse von Interak-

---

1064 Vgl. Weinert, A.B.: Organisations- und Personalpsychologie…a.a.o., S. 466-514; vgl. Neuberger, O.: Führen und führen lassen…a.a.O., S. 491-728; vgl. auch Kapitel 1.7 und die dort angegebene Literatur

1065 Vgl. Weinert, A.B.: Organisations- und Personalpsychologie…a.a.O., S. 547-590

1066 Vgl. Walgenbach, P.: Organisationstheorien, in: Organisationspsychologie – Gruppe und Organisation, Hrsg. H. Schuler, Göttingen, Bern u.a. 2004, S. 605-652

1067 Der Begriff des Betriebsklimas ist enger gefasst, weil er nur Unternehmen betrifft

1068 Vgl. ebenda, S. 371

1069 Vgl. Wiswede, G.: Einführung in die Wirtschaftspsychologie…a.a.O., S. 237 f.

1070 Vgl. Weinert, A.B. Organisations- und Personalpsychologie…a.a.O., S. 656-670

1071 Vgl. Kühlmann, T.M., Franke, J.: Organisationsdiagnose, in: Organisationspsychologie, Hrsg. E. Roth, Göttingen 1989, S. 673

tionen.[1072] Damit sollen den Mitgliedern als Basis Informationen für Entscheidungen bereitgestellt werden.[1073] Als theoretische Modelle gelten systemtheoretische, soziotechnische, politische und prozessanalytische Ansätze.[1074]

• Die Organisationsgründung, insbesondere die Gründung von Unternehmen. Psychologisch betrachtet ist die Gründung von Unternehmen ein hochkomplexer Prozess.[1075] Bei einer Gründung sind zunächst das familiäre, soziale und gesellschaftliche Umfeld zu beachten.[1076] Die unternehmerischen Kompetenzen umfassen Wissen, Fähigkeiten, Eigenschaften.[1077] Hinderliche Denkmuster sind zu bekämpfen.[1078] Die Gründungsabsichten sind zu entwickeln, zu konkretisieren und zu verwirklichen.[1079] Die Führung von Unternehmen ist anspruchsvoll und hat ihre Besonderheiten.[1080] Unternehmerische Führung kann auch scheitern.[1081]

• Die Unternehmensnachfolge als personeller Wechsel in einem Unternehmen. Sie betrifft z.B. den Verkauf eines Familienunternehmens durch den Unternehmer, den Übergang der Management-Verantwortung in einer Nicht-Familiengesellschaft auf einen anderen Manager, die Errichtung einer Stiftung, die Verpachtung eines Unternehmens.[1082] Der Prozess beginnt mit der Auslösung, geht weiter mit der Orientierung, den ersten Vorbereitungen, der Kontaktphase, der Verhandlungsphase bzw. der Vollzugs- und Transaktionsphase.[1083] Dabei sind eine Fülle von Fakten zu beachten, z.B. verschiedene Sichtweisen, Kaufpreis, das Verhalten des Unternehmers, Besonderheiten bei Familienunternehmen, Beratung und Erbschaftssteuer.[1084]

Die realen Veränderungsprozesse sind heute so umfassend, dass viele Organisationen nach nur zehn Jahren z.B. hinsichtlich ihres Aufbaus und ihrer Prozesse kaum mehr wieder zu erkennen sind. Daraus ist die Konsequenz abzuleiten, dass unser Wissen rasch veraltet und die Forschung vor immer wieder neue Aufgaben gestellt wird.

1072 Vgl. Büssing, A.: Organisationsdiagnose, in: Lehrbuch Organisationspsychologie, 3. Aufl., Bern 2004, S. 581

1073 Vgl. Felfe, J., Liepmann, D.: Organisationsdiagnostik, Göttingen, Bern u.a. 2008, S. 21

1074 Vgl. Kleinmann, M., Wallmichrath, K.: Organisationsdiagnose, in: Organisationspsychologie – Gruppe und Organisation, Hrsg. H. Schuler, Göttingen, Bern u.a. 2004, S. 658-679

1075 Vgl. Müller, G,F., Sauerland, M., Raab, G.: Wir alle sind Unternehmer!, Hamburg 2016, S. 17 ff.

1076 Vgl. ebenda, S. 17-30

1077 Vgl. ebenda, S. 31-48

1078 Vgl. ebenda, S. 49-61

1079 Vgl. Ebenda, S. 63-77

1080 Vgl. ebenda, S. 81-108

1081 Vgl. ebenda, S. 109 ff.

1082 Vgl. Felden, B., Pfannenschwarz, A.: Unternehmensnachfolge, München 2008, S. 25 ff.

1083 Vgl. Berning, D., Novak, A.: Unternehmensnachfolge, Hamburg 2014, S. 20-24

1084 Vgl. ebenda, S. 27-91

8.4 Organisations- und Personalentwicklung

Unternehmen unterliegen einem ständigen Wandel[1085], der als kontinuierlicher Prozess zu verstehen ist. Im Rahmen der Gesamtorganisation hat sich die Unternehmensleitung diesem Wandel zu stellen und Sorge dafür zu tragen, dass sich das Unternehmen als Ganzes positiv entwickelt. Dabei sind zu unterscheiden:

- Die Organisationsentwicklung als langfristig angelegter Prozess von Veränderungen der Unternehmen bzw. der in ihnen tätigen Menschen. Sie stellen eine Form des geplanten Wandels von und in Organisationen dar.[1086]
- Die Personalentwicklung als Maßnahmen zur Erhaltung und Verbesserung der Qualifikation von Führungskräften und Mitarbeitern.[1087]

Die Organisationsentwicklung als zusammenfassender Begriff für die Bemühungen, zur Humanität der Arbeitsbedingungen sowie zur Steigerung der Flexibilität und Veränderungsbereitschaft einer Organisation beizutragen. Die Beteiligung der von den Veränderungen Betroffenen ist dabei ein konstitutiver Bestandteil der Definition.[1088] Sie zeigt sich als Veränderungsstrategie und soll einerseits der Leistungsfähigkeit der Organisation und andererseits der Entfaltung des einzelnen Organisationsmitglieds dienen. Diesem soll es erleichtert werden, sich den laufenden Veränderungen anzupassen und mit ihnen besser fertig zu werden.[1089]

Die Personalentwicklung gewinnt eine besondere Bedeutung durch die andauernde Globalisierung. Immer mehr Führungskräfte bewegen sich in unterschiedlichen Welten und Kulturen, auf die sie nicht immer vorbereitet sind. Es ist nötig, sich mit den Einstellungs- und Verhaltensmustern auseinanderzusetzen, die den eigenen Kontakt und die Zusammenarbeit mit anderen Kulturkreisen betreffen. Zu den wichtigsten Schlüsselqualifikationen zählen hier, ehrlich mit sich selbst zu sein, die eigene Aufgeschlossenheit gegenüber Andersartigem zu hinterfragen, eigene Vorurteile zu erkennen, nicht den gewohnten Komfort in den Vordergrund stellen, den Kontakt mit sich selbst stärken, sich selbst belohnen und von der eigenen Wirksamkeit überzeugt sein.[1090] Besonders bedeutsam sind das Sammeln von Informationen über lokale Normen, Gepflogenheiten und Usancen bzw. das Einprägen strategischer Entwicklungsschritte, kulturell intelligentes Verhalten und das gezielte Vorbereiten auf Auslandseinsätze.[1091]

Aus führungspsychologischer Sicht ist darauf zu achten, dass die Entwicklung eines Unternehmens nachhaltig erfolgt.[1092] Die fortschreitende Globalisierung, die sin-

---

1085 Vgl. Rahn, H.J.: Unternehmensführung…a.a.O., S. 286 f.

1086 Vgl. Olfert, K., Rahn, H.J., Zschenderlein, O.: Lexikon der Betriebswirtschaftslehre…a.a.O., Nr. 665

1087 Vgl. ebenda, Nr. 694

1088 Vgl. Rosenstiel, L.v., Nerdinger, F.W.: Grundlagen…a.a.O., S. 437

1089 Vgl. Weinert, A.B.: Organisations- und Personalpsychologie…a.a.O., S. 709 f.

1090 Vgl. Rüttinger, R.: Global im Kopf, Hamburg 2013, S. 51-64

1091 Vgl. ebenda, S. 65-119

1092 Vgl. Creusen, U., Bock, R., Thiele, C.: Führung ist dreidimensional…a.a.O., S. 21 ff.

kende Halbwertzeit des Wissens, wachsende Kundenansprüche, zunehmender Konkurrenzdruck, demographische Entwicklung und der rasante technische Fortschritt erfordern eine permanente Anpassung von Arbeits- und Organisationsstrukturen.[1093] Dabei spielen die Führung durch Selbstführung[1094], das dysfunktionale Denken (leistungshemmende Faktoren abbauen)[1095], das Hinführen hin zur Gesundheit und Vermeidung von Krankheit[1096], das Selbstmanagement im Arbeitsalltag[1097], die Verhandlungskompetenz[1098], Umsetzung von Servicequalität und Serviceorientierung[1099] und die Verbesserung der Einstellung zwischen Gruppen.[1100]
Aktuelle Trends in der Personal- und Organisationsentwicklung sind insbesondere die Gesundheit, die Freiheit und die Ausgewogenheit.[1101] Diese Themen verdanken ihre Aktualität spezifischen Entwicklungen, auf die Unternehmen reagieren müssen. In den letzten Jahren erfordert der dramatische Anstieg psychischer Erkrankungen[1102] umfassende Konzepte, die es den Mitarbeitern erlauben, sich vor gesundheitlichen Risiken zu schützen und einen regenerativen Ausgleich zu finden. Führung und Gesundheit[1103] (Burnout, Stress, psychische Belastung usw.) werden heute zu besonders wichtigen Themen der Führungspsychologie. Eine weitere absehbare Entwicklung betrifft die alternde Belegschaft in den deutschen Unternehmen.

1093 Vgl. Sauerland, M., Braun, O.L. (Hrsg.): Aktuelle Trends in der Personal- und Organisationsentwicklung, Hamburg 2014, S. 3

1094 Vgl. ebenda, S. 11 ff.

1095 Vgl. ebenda, S. 28 ff.

1096 Vgl. ebenda, S. 60 ff.

1097 Vgl. ebenda, S. 77 ff.

1098 Vgl. ebenda, S. 91 ff.

1099 Vgl. ebenda, S. 109 ff.

1100 Vgl. ebenda, S. 127 ff.

1101 Vgl. Sauerland, M./Braun, O.L./ Raab, G. (Hrsg.): Gesundheit, Freiheit und Ausgewogenheit, Hamburg 2017

1102 Vgl. Konrad, C.: Lebe Balance im Betrieb, in: Gesundheit, Freiheit und Ausgewogenheit, Hrsg.: Sauerland, M., Braun, O.L., Raab, G., Hamburg 2017, S. 9-18

1103 Vgl. Reinermann, R.: Führung und Gesundheit, in: Gesundheit, Freiheit und Ausgewogenheit, Hrsg. Sauerland, M., Braun, O.L., Raab, G., Hamburg 2017, S.45-52

Literaturverzeichnis

Ackermann, A.: Praktische Führungspsychologie, 2. Aufl., München 1973
Ackermann, K.F.: Reorganisation der Personalabteilung, Stuttgart 1994
Adler, A., Adler, B.: Konferenzen organisieren und durchführen, Heidelberg 1999
Albert, H.: Theorien in den Sozialwissenschaften, in: Theorie und Realität, 2. Aufl., Hrsg. H. Albert, Tübingen 1992, S. 3-25
Antoni, C.: Gruppen- und Teamarbeit, in: Handwörterbuch des Personalwesens, Hrsg. E. Gaugler, W.A. Oechsler, W. Weber, 3. Aufl., Stuttgart 2004, Sp. 876
Antobi, C., Bungard, W.: Arbeitsgruppen, in: Organisationspsychologie – Gruppe und Organisation, Hrsg. H. Schuler, Göttingen/Bern u.a. 2004, S. 129-191
Antons, K.: Praxis der Gruppendynamik. Übungen und Techniken, 9. Aufl., Göttingen/Bern u.a. 2011
Arnold, W.: Person, in : Lexikon der Psychologie, Bd. 2, Hrsg. W. Arnold, H.J. Eysenck, R. Meili, Freiburg i. br. 1987, Sp. 1571 f.
Asendorpf, J.B.: Psychologie der Persönlichkeit, 3. Aufl., Berlin 2004
Asendorpf, J.B.: Persönlichkeitspsychologie, Heidelberg 2009
Backwinkel, H., Sturtz, P.: Telefonieren, 3. Aufl., Planegg 2010
Bamberg, E., Dettmers, J., Marggraf-Micheel, C., Stremming, S.: Innovationen in Organisationen – der Kunde als König?, Göttingen/Bern 2009
Bamberg, E., Mohr, G., Busch, C.: Arbeitspsychologie, Göttingen/Bern 2012
Bamberger, I., Wrona, Th.: Strategische Unternehmensführung, 2. Aufl., München 2012
Bandura, A.: Lernen am Modell, Stuttgart 1976
Bastine, R.: Gruppenführung, in: Handbuch der Psychologie, Bd. VII, Hrsg. C.F. Graumann, 2. Halbband, Göttingen 1972, S. 1654-1709
Bay, R.H.: Erfolgreiche Gespräche durch aktives Zuhören, 7. Aufl., Renningen 2010
Becker, H., Becker, A.: Psychologisches Konfliktmanagement, 4. Aufl., München 1992
Becker, M.: Personalentwicklung, 5. Aufl., Stuttgart 2009
Beckerle, K.: Die Abmahnung, 10. Aufl., Freiburg i. Br. 2008
Bednorz, M., Schuster, M.: Einführung in die Lernpsychologie, 4. Aufl., München 2002
Beer, U.: Methoden geistiger Arbeit, Düsseldorf 1965
Belbin, R.M.: Management Teams, 2nd ed., Oxford 2003
Benien, K.: Schwierige Gespräche führen, 6. Aufl., Reinbek bei Hamburg 2009
Bergler, R.: Psychologie in Wirtschaft und Gesellschaft, 2. Aufl., Köln 1987
Berkel, K.: Konflikttraining, 10. Aufl., Hamburg 2010
Berne, E.. Die Transaktions-Analyse in der Psychotherapie, 2. Aufl., Paderborn 2006
Berning, D., Novak, A.: Unternehmensnachfolge. Hamburg 2014
Berth, R.: Erfolg, München 1995
Berthel, J., Becker, F.G.: Personal-Management, 8. Aufl., Stuttgart 2007
Bierbrauer, G.: Sozialpsychologie, Stuttgart u.a. 2005

Bierhoff, H.W.: Sozialpsychologie, Stuttgart 2000
Bierhoff, H.W., Frey, D.: Handbuch der Sozialpsychologie und Kommunikationspsychologie, Göttingen/Bern u.a. 2006
Bitzer, B.: Fehlzeiten als Chance, 5. Aufl., Renningen 2008
Bitzer, B.: Kommunikation macht gesund, 2. Aufl., Hamburg 2010
Bitzer, B.: Erfolgreiche Mitarbeiterführung in Arztpraxen, Hamburg 2014
Bitzer, B.: Alphatiere können nicht führen, Hamburg 2016
Blake, R.R., Mouton, J.S.: Verhaltenspsychologie im Betrieb, 2. Aufl., Düsseldorf/Wien 1980
Bleicher, K.: Führung, in: Handwörterbuch der Betriebswirtschaft, Bd. 1, Hrsg. W. Wittmann, W. Kern, R. Köhler, H.U. Küpper, K.v. Wysocki, 5. Aufl., Stuttgart 1993, Sp. 1270-1284
Bleicher, K.: Das Konzept Integriertes Management, 8. Auflage, Frankfurt/New York 2011
Bower, G., Hilgard, E.: Theorien des Lernens, 2 Bände, 5. Aufl., Stuttgart 1996 u. 1997
Brandl, G., Ziegler, H.: Suchtprävention als Führungsaufgabe, 3. Aufl., Wiesbaden 2005
Brandstätter, H.: Persönliche Verhaltens- und Leistungsbedingungen, in: Lehrbuch Organisationspsychologie, Hrsg. H. Schuler, 3. Aufl., Göttingen/Bern u.a. 2004, S. 257 ff.
Braun, O., L. u.a.: Positive Psycholgie und Selbstmanagement: Wege zu mentaler Stärke, Stuttgart 2018
Breisig, Th.: Personalbeurteilung – Mitarbeitergespräch – Zielvereinbarungen, 2. Aufl., Frankfurt/Main 2001
Breisig, Th.: Zielvereinbarungen, in: Handwörterbuch des Personalwesens, Hrsg. E. Gaugler, W.A. Oechsler, W. Weber, 3. Aufl., Stuttgart 2004, Sp. 2053-2064
Brinkmann, R.D.: Personalpflege, Heidelberg 1993
Brinkmann, R.D.: Mitarbeiter-Coaching, Heidelberg 1994
Brinkmann, R.D.: Intervision. Ein Trainings- und Methodenbuch zur kollegialen Beratung, Heidelberg 2002
Brinkmann, R.D.: Mobbing, Bullying, Bossing, 3. Aufl., Hamburg 2011
Britschgi, S.: Krankheit und betriebliches Eingliederungsmanagement, Köln 2006
Bröckermann, R.: Personalwirtschaft, 5. Aufl., Stuttgart 2009
Bröckermann, R., Pepels, W.: Personalmarketing, Stuttgart 2002
Brodbeck, F.C.: Analyse von Gruppenprozessen und Gruppenleistung, in: Lehrbuch Organisationspsychologie, Hrsg. H. Schuler, 3. Aufl., Göttingen/Bern 2004, S. 417
Brunstein, J.C., Maier, G.W.: Persönliche Ziele: Ein Überblick zum Stand der Forschung, in: Psychologische Rundschau, 47. Jg. (1996), S. 146-160
Buck, G.: Lernen und Erfahrung – Epagogik, 3. Aufl., Darmstadt 1989
Bühler, K.: Tatsachen und Probleme zu einer Psychologie der Denkvorgänge, Über Gedanken, in: Archiv für Psychologie, 9 (1907), S. 297-356
Bühner, R.: Personalmanagement, 3. Aufl., Landsberg/Lech 2005

Büssing, A.: Organisationsdiagnose, in: Lehrbuch Organisationspsychologie, 3. Aufl., Bern 2004, S. 581
Burghardt, M.: Projektmanagement, 8. Aufl., München 2008
Burisch, M.: Das Burnout-Syndrom, 4. Aufl., Heidelberg 2010
Christians, R.: Suchtprobleme in der Arbeitswelt, Geesthacht 1993
Comes, F.A.: Moderne Personalentwicklung, Frankfurt/Main 2004
Creusen, U., Bock, R., Thiele, C.: Führung ist dreidimensional, Hamburg 2013
Creusen, U., Eschemann, N.R., Kellner, R.: Positive Psychologie in der Führung, Hamburg 2011
Crisand, E.: Prinzipien der Personalorganisation, Diss., Mannheim 1963
Crisand, E.: Prinzipien der Führungsorganisation, Heidelberg 1998
Crisand, E.: Soziale Kompetenz als persönlicher Erfolgsfaktor, Heidelberg 2002
Crisand, E.: Methodik der Konfliktlösung, 4. Aufl., Hamburg 2010
Crisand, E., Crisand, M.: Know How der Persönlichkeitsbildung, Heidelberg 1996
Crisand, E., Crisand, M.: Psychologie der Gesprächsführung, 9. Aufl., Hamburg 2010
Crisand, E., Kiepe, K.: Psychologie der Jugendzeit, 2. Aufl., Heidelberg 1996
Crisand, E., Lyon, U., Schinagl, G.: Anti-Streß Training, 4. Aufl., Frankfurt/Main 2009
Crisand, E., Raab, G. (Hrsg.): Arbeitshefte zur Führungspsychologie, Hamburg 2010
Crisand, E., Rahn, H.J.: Psychologie der Persönlichkeit, 9. Aufl., Hamburg 2010
Crisand, E., Rahn, H.J.: Psychologische Grundlagen im Führungsprozess, 3. Aufl., Hamburg 2010
Crisand, E., Rahn, H.J.: Personalbeurteilungssysteme, 4. Aufl., Hamburg 2011
Crisand, E., Rahn, H.J.: Psychologie der Auszubildenden, 3. Aufl., Hamburg 2012
Crisand, E., Rahn, H.J.: Das Mitarbeitergespräch als Führungsinstrument, 3. Aufl., Hamburg 2012
Csikszentmihalyi, M.: Kreativität, Stuttgart 1997
Csikszentmihalyi, M.: Flow. Das Geheimnis des Glücks, 12. Aufl., Stuttgart 2005
Cube, F.v.: Fordern statt verwöhnen, 15. Aufl., München 2005
De Bono, E.: Laterales Denken für Führungskräfte, Reinbek 1972
De Bono, E.: De Bonos neue Denkschule, 3. Asufl., München 2010
Deegener, G.: Aggressionen und Gewalt bei Kindern und Jugendlichen, Göttingen/Bern u.a. 2002
Deppermann, A.: Gespräche analysieren, 4. Aufl., Opladen 2008
Deutsch, M.: Konfliktregelung, München/Basel 1976
Dick, R., West, M.A.: Teamwork, Teamdiagnose, Teamentwicklung, Göttingen/Bern u.a. 2011
Dillerup, R., Stoi, R.: Unternehmensführung, 3. Aufl., München 2011
Dobner, E.: Frauen in Führungspositionen, Heidelberg 2001
Dobner, E., Dobner, G.: Älter werden im Beruf, Heidelberg 2002
Domsch, M., Gerpott, G.J.: Organisation der Personalabteilung, in: Handwörterbuch der Organisation, Hrsg. E. Frese, 3. Aufl., Stuttgart 1992, Sp. 1934-1949

Domsch, M., Gerpott, G.J.: Personalbeurteilung, in: Handwörterbuch des Personalwesens, Hrsg. E. Gaugler, W.A. Oechsler, W. Weber, 3. Aufl., Stuttgart 2004, Sp. 1432
Domsch, M., Ladwig, D.: Personalinformation für Führungskräfte, in: Handwörterbuch der Führung, Hrsg. A. Kieser, G. Reber, R. Wunderer, 2. Aufl., Stuttgart 1995, Sp. 1725
Döring, N.: Sozialpsychologie des Internet, 2. Aufl., Göttingen /Bern u.a. 2003
Drumm, H.J.: Personalführung, in: Handwörterbuch der Betriebswirtschaft, Bd. 2, Hrsg. W. Wittmann, W. Kern, R. Köhler, H.U. Küpper, K.v. Wysocki, 5. Aufl., Stuttgart 1993, Sp. 3099
Drumm, H.J.: Personalwirtschaft, 6. Aufl., Berlin/Heidelberg 2008
Edelmann, W.: Lernpsychologie, 6. Aufl., Weinheim 2000
Edelmann, W.: Lernen, in: Lexikon der Psychologie, Bd. 2, Red. G. Wenninger, Heidelberg 2001, S. 453
Edmüller, A., Jiranek, H.: Konfliktmanagement, 3. Aufl., Freiburg 2010
Eichholz, R.E.: Unternehmens- und Mitarbeiterführung, 2. Aufl., München 2000
Eilles-Matthiessen, C., Janssen, S.: Osterholz-Sauerlaender, A., Hage, N.E.: Schlüsselqualifikationen kompakt, 2. Aufl., Göttingen/Bern u.a. 2008
Eunson, B.: Betriebspsychologie, Maidenhead 1990
Evans, M.G.: Führungstheorien – Weg-Ziel-Theorie, in: Handwörterbuch der Führung, Hrsg. A. Kieser, G, Reber, R. Wunderer, 2. Aufl., Stuttgart 1995, Sp. 1075-1092
Faix, W., Laier, A.: Soziale Konpetenz, 2. Aufl., Wiesbaden 1996
Falk, R.: Soft Skills, Frankfurt/Main 2007
Fallner, H., Pohl, M.: Coaching mit System, 2. Aufl., Opladen 2004
Fayol, H.: Administration industrielle et générale, Paris 1966
Feiter, C.: Konferenzen professionell organisieren, Wiesbaden 1995
Felden, B., Pfannenschwarz, A.: Unternehmensnachfolge, München 2008
Felfe, J.: Mitarbeiterführung, Göttingen/Bern u.a. 2009
Felfe, J., Liepmann, D.: Organisationsdiagnostik, Göttingen/Bern u.a. 2008
Felser, G.: Werbe- und Konsumentenpsychologie, Heidelberg 2001
Felser, G.: Personalmarketing, Göttingen/Bern u.a. 2010
Fend, H.: Entwicklungspsychologie des Jugendalters, Wiesbaden 2003
Feser, H.: Umgang mit suchtgefährdeten Mitarbeitern, Heidelberg 1997
Feyler, G.: Hundertvierzig Checklisten, 4. Aufl., München 1992
Fiedler, F.E., Chemers, M.M., Mahar, L.: Der Weg zum Führungserfolg, Stuttgart 1979
Fiedler, P.: Persönlichkeitsstörungen, 6, Aufl., Weinheim 2007
Fiege, R., Muck, P.M., Schuler, H.: Mitarbeitergespräche, in: Lehrbuch der Personalpsychologie, Hrsg. H. Schuler, 2. Aufl., Göttingen/Bern u.a. 2006, S. 474
Filipp, S.H., Staudinger, U.M.: Entwicklungspsychologie des mittleren und höheren Erwachsenenalters, Göttingen/Bern u.a. 2005
Fischer, L., Wiswede, G.: Grundlagen der Sozialpsychologie, 3. Aufl., München 2009

Fischer-Epe, M.: Coaching, 2. Aufl., Tübingen 2011
Fisseni, H.J.: Persönlichkeitspsychologie, 5. Aufl., Göttingen/Bern u.a. 2003
Fisseni, H.J.: Assessment-Center, Göttingen/Bern u.a. 2007
Fisseni, H.J., Preusser, I.: Assessment-Center, Göttingen/Bern u.a. 2007
Flammer, A., Alsaker, F.: Entwicklungspsychologie der Adoleszenz, Göttingen/Bern u.a. 2002
Franken, S.: Verhaltensorientierte Führung, 3. Aufl., Wiesbaden 2010
Freimuth, J.: Moderation, Göttingen/Bern u.a. 2010
Freytag, H.P.: Gmel, F., Grasmeher, F.: Der Ausbilder im Betrieb, 39. Aufl., Kassel 2011
Frey, D., Rosenstiel, L.v.: Wirtschaftspsychologie, Göttingen/Bern u.a. 2007
Frey, D., Rosenstiel, L.v., Hoyos, C.G.: Wirtschaftspsychologie, Weinheim 2005
Frieling, E.: Behinderte und Leistungsgewandelte, Führung von, Handwörterbuch der Führung, Hrsg. A. Kieser, G. Reber, R. Wunderer, 2. Aufl., Stuttgart 1995, Sp. 138-146
Frindte, W.: Einführung in die Kommunikationspsychologie, Weinheim 2002
Fuhrer, U.: Erziehungspsychologie, 2. Aufl.,. Göttingen/Bern u.a. 2009
Gage, N.L., Berliner, D.C.: Pädagogische Psychologie, 5. Aufl., Weinheim 1996
Gagné, R.M.: Die Bedingungen des menschliches Lernens, 2. Aufl., Hannover, 1970
Gaugler, E.: Instanzenbildung als Problem der betrieblichen Führungsorganisation, Berlin 1966
Gaugler, E.: Zur Weiterentwicklung der BWL als Management- und Führungslehre, Hrsg. R. Wunderer, 2. Aufl., Stuttgart 1988
Gaugler, E., Oechsler, W.A., Weber, W.: Personalwesen, in: Handwörterbuch des Personalwesens, Hrsg. Gaugler, E., Oechsler, W.A., Weber, W., 3. Aufl., Stuttgart 2004, Sp. 1653-1663
Gebert, D.: Innovation durch Teamarbeit, Stuttgart 2004
Gebert, D., Rosenstiel, L.v.: Organisationspsychologie, 5. Aufl., Stuttgart 2002
Gemünden, H.G., Högl, M. (Hrsg.): Management von Teams, Wiesbaden 2000
Glasl, F.: Konfliktmanagement, 10. Aufl., Bern/Stuttgart 2011
Goleman, D.: Emotionale Intelligenz, München 2011
Görgen, F.: Kommunikationspsychologie in der Wirtschaftspraxis, München 2004
Guilford, J.: Persönlichkeitstypologie, 4. Aufl., Weinheim 1974
Guldin, A.: Innovationen, in: Lehrbuch der Personalpsychologie, Hrsg. H. Schuler, 2. Aufl., Göttingen/Bern u.a. 2006, S. 306-330
Gutenberg, E.: Unternehmensführung, Organisation und Entscheidung, Wiesbaden 1962
Gutenberg, E.: Grundlagen der Betriebswirtschaftslehre, 3 Bände, Berlin/Heidelberg/New York 1980, 1983, 1984
Gutschelhofer, A.: Mitarbeitergespräch, in: Handwörterbuch des Personalwesens, Hrsg. E. Gaugler, W.A. Oechsler, W. Weber, 3. Aufl., Stuttgart 2004, Sp. 1221-1231
Haberfellner, R.: Projektmanagement, in: Handwörterbuch der Organisation, Hrsg. E. Frese, 3. Aufl., Stuttgart 1992, Sp. 2099 ff.
Haberkorn, K.: Praxis der Mitarbeiterführung, 10. Aufl., Renningen 2002

Hacker, W.: Allgemeine Arbeitspsychologie, 2. Aufl., Bern 2005
Haeske, U.: Erfolgreich telefonieren im Beruf, Weinheim/Basel 1999
Haidekker, A.: Kybernetik-Fibel für Manager, München 1971
Hasenkamp, M,: Die Kunst, professionell zu telefonieren, Regensburg u.a. 2001
Hauschildt, J.: Entscheidungsziele, Tübingen 1977
Hausmann, Th., Schafir, Sch., Ginevicius, R.: Projektmanagement, Gernsbach 2004
Heilmann, M.: Acht goldene Regeln für eine souveräne Gesprächsführung, Berlin 2009
Heineken, E., Habermann, T.: Lernpsychologie für den beruflichen Alltag, 3. Aufl., Heidelberg 1994
Heinen, E.: Betriebswirtschaftliche Führungslehre, 2. Aufl., Wiesbaden 1992
Helgesen, S.: Frauen führen anders, 2. Aufl., Frankfurt/Main u.a. 1995
Hendriksen, J.: Intervision. Kollegiale Beratung in sozialer Arbeit und Schule, 3. Aufl., Weinheim 2011
Henninger, M., Mandl, H.: Zuhören – verstehen – miteinander reden, Göttingen/Bern u.a. 2003
Hentze, J., Graf, A., Kammel, A., Lindert, K.: Personalführungslehre, 4. Aufl., Bern/Stuttgart/Wien 2005
Hentze, J., Kammel, A.: Personalwirtschaftslehre 1, 7. Aufl., Bern/Stuttgart/Wien. 2001
Herkner, W.: Lehrbuch der Sozialpsychologie, 2. Aufl., Göttingen/Bern u.a. 2008 (3. Nachdruck)
Hersey, P., Blanchard, K.H.: Management of organizational behavior, 4. Aufl., Englewood Cliffs, N.J. 1982
Herwig, B.: Zur Systematik der Betriebspsychologie, in: Betriebspsychologie, Handbuch der Psychologie, Bd. 9, Hrsg. A. Mayer und B. Herwig, 2. Aufl., Göttingen 1970, S. 59 ff.
Heyse, V., Ortmann, S.: Talentmanagement in der Praxis, Münster 2008
Hilgard, E.R.: Theories of learning, 2. Aufl., New York 1956
Hinze, D.F.: Führungsprinzip Achtsamkeit, Heidelberg 2001
Hofbauer, H., Winkler, B.: Das Mitarbeitergespräch als Führungsinstrument, 3. Aufl., München/Wien 2004
Hoffmann, E.: Erfolgreiches Stressmanagement, Göttingen/Bern u.a. 2013
Hofmann, E., Löhle, M.: Erfolgreich Lernen, 2. Aufl., Göttingen/Bern u.a. 2012
Höft, S., Funke, U.: Simulationsorientierte Verfahren der Personalauswahl, in: Lehrbuch der Personalpsychologie, Hrsg. H. Schuler, 2. Aufl., Göttingen/Bern u.a. 2006, S. 148 ff.
Höhn, R.: Die Technik der geistigen Arbeit, 3. Aufl., Bad Harzburg 1985
Holm-Hadulla, R.M.: Kreativität, Göttingen 2010
Homans, G.C.: Theorie der sozialen Gruppe, 6. Aufl., Opladen 1972
Hossiep, R., Bittner, J.E., Berndt, W.: Mitarbeitergespräche, Göttingen/Bern u.a. 2008
Huhn, G., Backerra, H.: Selbstmotivation, 3. Aufl., München 2008

Hungenberg, H., Wulf, T.: Grundlagen der Unternehmensführung, 4. Aufl., Berlin 2011
Hurlebaus, H.D.: Rechtsratgeber Berufsbildung, Handbuch für die Praxis, Hrsg. DIHT Berlin, 16. Aufl., Bonn 2001
Huth, A.: Exakte Persönlichkeitsforschung, Leipzig 1930
Huth, A.: Diagnose der Person, 2. Aufl., Bern/München 1963
Hüther, O.: Organisationskultur und Organisationsführung – Grenzen und Möglichkeiten der Wertevermittlung, Stuttgart 2003
Jeuschede, G.: Führungstechniken, Wiesbaden 1989
Jung, C.G.: Psychologische Typen, Gesammelte Werke, Band 6, 10. Aufl., Zürich/Stuttgart 1960
Jung, H.: Persönlichkeitstypologie, 3. Aufl., München 2009
Jung, H.: Personalwirtschaft, 9. Aufl., München 2010
Kanning, U.P.: Psychologie für die Praxis, Göttingen/Bern u.a. 2001
Kanning, U.P.: Soziale Kompetenzen, Göttingen/Bern u.a. 2005
Kanning, U.P.: Staufenbiel, T.: Organisationspsychologie, Göttingen/Bern u.a. 2012
Kant, I.: Kritik der reinen Vernunft, Wiesbaden 2005 (Neuauflage)
Kauffeld, S.: Teamdiagnose, Göttingen/Bern 2001
Kauffeld, S.: Arbeits-, Organisation- und Personalpsychologie, Berlin/Heidelberg 2011
Kaweh, B.: Das Coaching-Handbuch, Kirchzarten 2005
Keil, W. u.a.: Alkohol am Arbeitsplatz, 3. Aufl., Frankfurt/Main 1996
Keller, G.: Professionelle Kommunikation, Heidelberg 2004
Kieser, A., Reber, G., Wunderer, R. (Hrsg.): Handwörterbuch der Führung, 2. Aufl., Stuttgart 1995
Kießling-Sonntag, J.: Handbuch Mitarbeitergespräche, Berlin 2000
Kirchler, E.M.: Wirtschaftspsychologie, 4. Aufl., Göttingen/Bern u.a. 2011
Klein, Z.M.: Kreative Geister wecken, 3. Aufl., Bonn 2010
Kleinbeck, U.: Das Management von Arbeitsgruppen, in: Lehrbuch für Personalpsychologie, Hrsg. H. Schuler, 2. Aufl. Göttingen/Bern u.a. 662
Kleinbeck, U., Schmidt, K.H. (Hrsg.): Arbeitspsychologie, Göttingen/Bern 2010
Kleinmann, M.: Assessment-Center, Göttingen/Bern u.a. 2003
Kleinmann, M.: Organisationsdiagnose, in: Organisationspsychologie – Gruppe und Organisation, Hrsg. H. Schuler, Göttingen/Bern u.a. 2004, 658-679
Knebel, H.: Das Vorstellungsgespräch, Köln 2000
Knebel, H., Westermann, F.: Das Vorstellungsgespräch, 18. Aufl., Hamburg 2011
Kolb, M.: Personalmanagement, Wiesbaden 2008
Kolodej, C.: Mobbing, 2. Aufl., Wien 2005
Kompa, A.: Assessment-Center, 7. Aufl., München 2004
König, C.J., Kleinmann, M.: Selbstmanagement, in: Lehrbuch der Personalpsychologie, Hrsg. H. Schuler, 2. Aufl., Göttingen/Bern u.a. 2006
Konrad, C.: Lebe Balance im Betrieb, in: Gesundheit, Freiheit und Ausgewogenheit, Hrsg. Sauerland, M, Braun, O.L., Raab, G., Hamburg 2017, S. 9-18
Koreimann, D.S.: Projektmanagement, Heidelberg 2002

Kosiol, E.: Organisation der Unternehmung, 2. Aufl., Wiesbaden 1976
Krech, D., Crutchfield, R.S., Ballachey, E.L.: Individual in society, Tokyo u.a. 1962
Krech, D., Crutchfield, R.S. u.a.: Grundlagen der Psychologie, Weinheim 1992
Krell, G.: Arbeitnehmer, weibliche, in: Handwörterbuch des Personalwesens, Hrsg. E. Gaugler, W.A. Oechsler, W. Weber, 3. Aufl., Stuttgart 2004, Sp. 112-120
Kretschmer,E.: Körperbau und Charakter, 26. Aufl., Berlin 1977
Kriz, J.: Systemtheorie für Psychotherapeuten, Psychologen und Mediziner, Stuttgart 1999
Kuhl, J.: Lehrbuch der Persönlichkeitspsychologie, Göttingen/Bern 2010
Kühlmann, T.M., Franke, J.: Organisationsdiagnose, in: Organisationspsychologie, Hrsg. E. Roth, Göttingen 1989, S. 673
Kühlmann, T.M., Stahl, G.K.: Problemfelder des internationalen Personaleinsatzes, in: Lehrbuch der Personalpsychologie, Hrsg. H. Schuler, 2. Aufl., Göttingen/Bern u.a. 2006, S. 674-698
Kunzmann, P., Burkard, F.P., Wiedmann, F.: dtv-Atlas Philosophie, 9. Aufl., München 2001
Lang, F.R., Martin, M., Pinquart, M.: Entwicklungspsychologie – Erwachsenenalter, Göttingen/Bern u.a. 2012
Laufer, H.: Grundlagen erfolgreicher Mitarbeiterführung, Offenbach 2010
Laux, L: Persönlichkeitspsychologie, 2. Aufl., Stuttgart 2008
Leavitt, H., Grundlagen der Führungspsychologie. Individuum, Gruppe, Organisation Zürich 1975
Lefrancois, G.: Psychologie des Lernens, 4. Aufl., Berlin 2006
Lehr, U.: Psychologie des Alterns, 7. Aufl., Heidelberg 1991
Lehr, U., Niederfranke, A.: Ältere Mitarbeiter, in: Handwörterbuch der Führung, Hrsg. A. Kieser, G. Reber, R. Wunderer, 2. Aufl., Stuttgrat 1995, Sp. 1-14
Lerner, A.: Kybernetik, 2. Aufl., Berlin 1971
Lersch, P.: Aufbau der Person, 11. Aufl., München 1970
Levine, R.: Die große Verführung: Psychologie der Manipulation, 5. Aufl., München 2005
Leymann, H.: Mobbing, Hamburg 1993
Liebel, H.: Führungspsychologie. Theoretische und empirische Befunde, Göttingen u.a. 1978
Lienert, G.A., Raatz, U.: Testaufbau und Testanalyse, 6. Aufl., Weinheim 1998
Lippmann, E.D.: Coaching, 2. Aufl., Heidelberg 2009
Lohaus, D.: Leistungsbeurteilung: Praxis der Personalpsychologie, Göttingen/Bern 2008
Lohaus, A., Vierhaus, M., Maas, A.: Entwicklungspsychologie des Kindes- und Jugendalters, Heidelberg 2010
Löhle, M.: Lernen lernen, Göttingen/Bern u.a. 2005
Löschau, M., Marschner, A.: Das neue Rehabilitations- und Schwerbehindertenrecht, Neuwied 2001
Lukascyk, K.: Zur Theorie der Führer-Rolle, in: Psychologische Rundschau, Bd. 11 (1960), S. 179-188

Lumma, K.: Die Teamfibel, Hamburg 2006
Linde, B.v., Heyde, v.d.: Psychologie für Führungskräfte, Freiburg 2002
Lück, H.E.: Geschichte der Psychologie, 4. Aufl., Stuttgart 2009
Lüdtke, O.: Persönliche Ziele junger Erwachsener, Münster 2006
Macharzina, K., Neuere Entwicklungen in der Führungsforschung, in: Zeitschrift für Organisation, 46. Jg. (1977), S. 13 ff.
Macharzina, K., Wolf, J.: Unternehmensführung, 7. Aufl., Wiesbaden 2010
Mall, G.: Alkoholprobleme im Betrieb sicher lösen, Renningen 1993
Marschner, G.: Menschenführung, in: Lexikon der Psychologie, Bd. 2, Hrsg. W. Arnold, H.J. Eysenck, R. Meili, 3. Aufl., Freiburg i.Br. 1987, Sp. 1359 f.
Martens, J.U., Kuhl, J.: Die Kunst der Selbstmotivierung, 3. Aufl., Stuttgart 2009
Mayer, A.: Die Betriebspsychologie in einer technisierten Welt, in: Handbuch der Psychologie, Bd. 9, Hrsg. A. Mayer, B. Herwig, 2. Aufl., Göttingen 1970
Mellerowicz, K.: Sozialorientierte Unternehmensführung, 2. Aufl., Freiburg 1976
Meier, H.: Selbstmanagement im Studium, Ludwigshafen/Rhein 1998
Michalak, J., Heidenreich, T., Mark, J., Williams, G.: Achtsamkeit, Göttingen/Bern u.a. 2012
Mietzel, G.: Wege in die Entwicklungspsychologie, Kindheit und Jugend, Weinheim 2002
Mietzel, G.: Entwicklung im Erwachsenenalter, Göttingen/Bern u.a. 2012
Migge, B.: Handbuch Coaching und Beratung, Weinheim 2005
Miller, W.R., Rollnick, S.: Motivierende Gesprächsführung, 3. Aufl., Freiburg i.Br. 2009
Moder, K., Zempel, J.: Personalmarketing, in: Lehrbuch der Personalpsychologie, Hrsg. H. Schuler, 2. Aufl., Göttingen/Bern u.a. 2006, S. 70-96
Moreno, J.L.: Die Grundlagen der Soziometrie, Köln u.a. 1954
Moser, K.: Wirtschaftspsychologie, Berlin 2007
Moser, K., Stehle, W., Schuler, H.: Personalmarketing, Göttingen/Bern u.a. 1993
Mülder, W.: Personalinformationssysteme, in: Handwörterbuch des Personalwesens, Hrsg. E. Gaugler, W.A. Oechsler, W. Weber, 3. Aufl., Stuttgart 2004, Sp. 1534-1546
Müller, G.F., Braun, W.: Selbstführung, Göttingen/Bern u.a. 2009
Müller, G.F., Sauerland, M., Raab, G.: Wir alle sind Unternehmer, Hamburg 2016
Naegele, G., Frerichs, F.: Arbeitnehmer, ältere, in: Handwörterbuch des Personalwesens, Hrsg. E. Gaugler, W.A. Oechsler, W. Weber, 3. Aufl., Stuttgart 2004, Sp. 85-93
Nagel, R., Oswald, M., Wimmer, R.: Das Mitarbeitergespräch als Führungsinstrument, Stuttgart 2008
Neisser, U.: Kognitive Psychologie, Stuttgart 1974
Nerdinger, F.W.: Motivation und Handeln in Organisationen, Stuttgart 1995
Nerdinger, F.W.: Motivation von Mitarbeitern, Göttingen/Bern u.a. 2003
Nerdinger, F.W.: Motivation, in: Handwörterbuch der Unternehmensführung und Organisation, Hrsg. G. Schreyögg, A.v.Werder, 4. Aufl., Stuttgart 2004, Sp. 905-914
Nerdinger, F.W.: Motivierung, in: Lehrbuch der Personalpsychologie, Hrsg. H. Schuler, 2. Aufl., Göttingen/Bern u.a.

Nerdinger, F.W., Blickle, G., Schaper, N.: Arbeits- und Organisationspsychologie, 2. Aufl., Heidelberg 2011
Neuberger, O.: Führungsverhalten und Führungserfolg, Berlin 1976
Neuberger, O.: Arbeit, Stuttgart 1985
Neuberger, O.: Mobbing, München 1994
Neuberger, O.: Mikropolitik, Stuttgart 1995
Neuberger, O.: Führen und führen lassen, 6. Aufl., Stuttgart 2002
Neuberger, O.: Mikropolitische Ansätze des Personalmanagements, in: Handwörterbuch des Personalwesens, Hrsg. E. Guagler, W.A. Oechsler, W. Weber, 3. Aufl.,. Stuttgart 2004, Sp. 1194-1203
Neuberger, O.: Das Mitarbeitergespräch, 6. Aufl., Leonberg 2008
Niedl. K.: Mobbbing/Bullying am Arbeitsplatz München 1995
Novak, A.: Neue Ideen mit System, 2. Aufl., Hamburg 2011
Obermann, C.: Assessment-Center, 4. Aufl., Wiesbaden 2009
Oechsler, W.A.: Konfliktmanagement, Wiesbaden 1995
Oechsler, W.A.: Personal als Managementfunktion, in: Handwörter buch Unternehmensführung und Organisation, Hrsg. G. Schreyögg, A.v. Werder, 4. Aufl., Stuttgart 2004, Sp. 1123-1133
Oechsler, W.A.: Personal und Arbeit, 9. Aufl., München 2011
Oerter, R., Montada, L. (Hrsg.): Entwicklungspsychologie, 6. Aufl., Weinheim 2008
Oetting, M.: Erfolgsfaktor Problemlösung, Hamburg 2016
Olfert, K.: Kompakt-Training Projektmanagement, 7. Aufl., Herne 2010
Olfert, K.: Lexikon Personalwirtschaft, 4. Aufl., Herne 2012
Olfert, K.: Kompakt-Training Personalwirtschaft, 9. Aufl., Herne 2014
Olfert, K.: Personalwirtschaft, 16. Aufl., Herne 2015
Olfert, K., Pischulti, H.: Kompakt-Training Unternehmensführung, 6. Aufl., Herne 2013
Olfert, L., Rahn, H.J.: Einführung in die Betriebswirtschaftslehre, 12. Aufl., Herne 2017
Olfert, K., Rahn H.J., Zschenderlein, O.: Lexikon der Betriebswirtschaftslehre, 8. Aufl., Herne 2013
Olfert, K., Rahn, H.J.: Kompakt-Training Organisation, 7. Aufl., Herne 2015
Opp, K.D.: Methodologie der Sozialwissenschaften, 5. Aufl., Wiesbaden 2002
Orlikowski, B.: Management virtueller Teams, Wiesbaden 2002
Paschen, M., Beenen, A., Turck, D., Stöwe, C.: Assessment Center professionell, 3. Aufl., Göttingen/Bern 2013
Pelz, W.: Kompetent führen, Wiesbaden 2004
Pelzmann, L.: Wirtschaftspsychologie, 4. Aufl., Wien u.a. 2006
Peters, T.J., Waterman, R.H.: Auf der Suche nach Spitzenleistungen, 9. Aufl., München 2003
Pfeiffer, J. (Hrsg.): Kant-Brevier, Hamburg o.J.
Pietruschka, S.: Führung selbstregulierter Arbeitsgruppen, München/Mering 2003
Pinquart, M., Schwarzer, G., Zimmermann, P.: Entwicklungspsychologie – Kindes- und Jugendalter, Göttingen/Bern u.a. 2011

Pohl, M., Witt, J.: Innovative Teamarbeit, 2. Aufl., Hamburg 2010
Pohl, M., Wunder, M.: Coaching und Führung, 2. Aufl., Frankfurt/Main 2005
Poppelreuter, S., Mierke, K.: Psychologische Belastungen am Arbeitsplatz, Berlin 2008
Popper, K.: Logik der Forschung, 10. Aufl., Tübingen 1994
Rahn, H.: Talente finden – Talente fördern, Göttingen 1985
Rahn, H.: Jugend forscht, Göttingen 1986
Rahn, H.J.: Formen der Aufbauorganisation des betrieblichen Bildungswesens in industriellen Großbetrieben, Berlin 1984
Rahn, H.J.: Zur Führung von Mitgliedern einer Gruppe, in: Briefe zur Führungspsychologie, Weinheim (1985), S. 1-4
Rahn, H.J.: Zur Führung von Schülern einer Klasse, in: Erziehungswissenschaft und Beruf, 35. Jg. (1987), S. 235-241
Rahn, H.J.: Führung von Gruppen im Betrieb, in: Das Personalbüro in Recht und Praxis, 19. Jg., H 9 (1987), S. 107-118
Rahn, H.J.: Gruppenführung entscheidet über den Erfolg, in: Personalwirtschaft, 19. J., H 7 (1992), S. 17-20
Rahn, H.J.: Betriebliche Führung, 3. Aufl., Ludwigshafen/Rhein 1996
Rahn, H.J.: Führung von Gruppen, in: Personal, 52. Jg. (2000), S. 332
Rahn, H.J.: Gestaltung personalwirtschaftlicher Prozesse, Frankfurt/Main 2005
Rahn, H.J.: Führung von Gruppen, 5. Aufl., Frankfurt/Main 2006
Rahn, H.J.: Zur erfolgreichen Führung von Schulklassen durch ihren Lehrer, in: Erziehungswissenschaft und Beruf, 54. Jg. 2006, S. 203-218
Rahn, H.J.: Zur personalen Führung von Projektgruppen im Unternehmen, in: Der Betriebswirt, 47. Jg., H 1 (2006), S. 29-32
Rahn, H.J.: Zur erfolgreichen Führung von Schulklassen durch ihren Lehrer, in: Erziehungswissenschaft und Beruf, 54. Jg. (2006), S. 203-218.
Rahn, H.J.: Ein Plädoyer für mehr effiziente Führung in unseren Schulen, in: Erziehungswissenschaft und Beruf, 54. Jg. (2006), S. 496 f.
Rahn, H.J.: Zur Bedeutung der Führungspsychologie, in: Erziehungswissenschaft und Beruf, 55. Jg. (2007), S. 515-520
Rahn, H.J.: Führung – wohin führt sie?, in: Der Betriebswirt, 48. J., H 3 (2007), S. 14-21
Rahn, H.J.: Personalführung kompakt. Ein systemorientierter Ansatz, München 2008
Rahn, H.J.: Zur Typologie von Lehrerinnen und Lehrern an Bildungsinstitutionen, in: Erziehungswissenschaft und Beruf, 56. Jg., H 2 (2008), S. 205-208
Rahn, H.J.: Der Prozess der Lebensbewältigung – dargestellt am Beispiel der Studienzeit, in: Erziehungswissenschaft und Beruf, 57. Jg. (2009), S. 329-338
Rahn, H.J.: Rhetorik und Präsentation, 2. Aufl., Hamburg 2010
Rahn, H.J.: Erfolgreiche Teamführung, 6. Aufl., Hamburg 2010
Rahn, H.J.: Zur Psychologie der Persönlichkeit, in: Erziehungswissenschaft und Beruf, 58. Jg. (2010), S. 176 f.
Rahn, H.J.: Techniken geistiger Arbeit, Hamburg 2011

Rahn, H.J.: Prozessorientiertes Personalwesen, Hamburg 2012
Rahn, H.J.: Zum Sinn des Lebens. Erinnerungen und Postulate zur Lebensbewältigung, Hamburg 2012
Rahn, H.J.: Kleines Wörterbuch zur Erziehung, Norderstedt 2014
Rahn, H.J.: Unternehmensführung, 9. Aufl., Herne 2015
Rahn, H.J.: Die betriebliche Führungsorganiation, Leipzig 2017
Rahn, H.J.: Betriebliche Pesonalorganisation, Leipzig 2018
Rammsayer, T., Weber, H.: Differentielle Psychologie – Persönlichkeitstheorien, Göttingen/Bern u.a. 2010
Rattner, J.: Gruppenpsychologie und Großgruppentherapie, Krummwisch 2001
Rauen, C.: Coaching, 2. Aufl., Göttingen/Bern u.a. 2008
Reber, G.: Führungsforschung, Inhalte und Methoden, in. Handwörterbuch der Führung, Hrsg. A. Kieser, G. Reber, R. Wunderer, 2. Aufl., Stuttgart 1995, Sp. 652-666
Reber, G.: Motivation als Führungsaufgabe, in: Handwörterbuch der Führung, Hrsg. A. Kieser, G. Reber, R. Wunderer, 2. Aufl., Stuttgart 1995, Sp. 1590-1608
Reddin, W.J.: Das 3-D-Modell zur Leistungssteigerung des Managements, München 1977
Regnet, E.: Konflikte in Organisationen, 2. Aufl., Göttingen/Bern u.a. 2001
Reinermann, R.: Führung und Gesundheit, in: Gesundheit, Freiheit und Ausgewogenheit, Hamburg 2017, S. 45-52
Reuter, E.: Manager, in: Handwörterbuch der Betriebswirtschaft, Hrsg. W. Wittmann, W. Kern, R. Köhler, H.U. Küpper, K.v. Wysocki, 5. Aufl., Stuttgart 1993, Sp. 2674
Revers, A.: Wie Menschen ticken: Psychologie für Manager, Hamburg 2012
Revers, A., Sreit, P.: Positiv Führen mit Neuer Autorität, Hamburg 2018
Rheinberg, F.: Motivation, 5. Aufl., Stuttgart 2004
Rheinberg, F.: Motivationsdiagnose, Göttingen/Bern u.a. 2004
Ripke, G.: Kreativität und Diagnostik, Münster 2005
Rischar, K.: Erfolgreiche Mitarbeiterführung, 3. Aufl., Hamburg 1990
Rischar, K.: Schwierige Mitarbeitergespräche, 6. Aufl., Hamburg 2011
Rogers, C.R.: Entwicklung der Persönlichkeit, 17. Aufl., Stuttgart 2009
Rohde, S.: Psychische Belastungen am Arbeitsplatz, Kissing 2009
Rosenstiel, L.v. (Hrsg.): Führung im Systemwandel, Stuttgart 1994
Rosenstiel, L.V.: Führung bei Leistungszurückhaltung, in: Handwörterbuch der Führung, Hrsg. A. Kieser, G. Reber, R. Wunderer, 2. Aufl., Stuttgart 1995, Sp. 1431-1442
Rosenstiel, L.v.: Mitarbeiterführung in Wirtschaft und Verwaltung, 3. Aufl., München 2002
Rosenstiel, L.v.: Motivation managen, Weinheim 2003
Rosenstiel, L.v.: Kommunikation in Arbeitsgruppen, in: Lehrbuch Organisationspsychologie, Hrsg. H. Schuler, 3. Aufl., Göttingen/Bern u.a. 2004, S. 402 ff.
Rosenstiel, L.v.: Führung, in: Lehrbuch der Personalpsychologie, Hrsg. H. Schuler, 2. Aufl. Göttingen/Bern u.a. 2006

Rosenstiel, L.v.: Die Bedeutung der Arbeit, in: Lehrbuch der Personalpsychologie, Hrsg. H. Schuler, 2. Aufl., Göttingen/Bern u.a. 2006, S. 16 ff.
Rosenstiel, L.v.: Motivation im Betrieb, 11. Aufl., Leonberg 2010
Rosenstiel, L.v., Nerdinger, F.W.: Grundlagen der Organisationspsychologie, 7. Aufl., Stuttgart 2011
Rosenstiel, L.v., Wegge, J.: Führung, in: Organisationspsychologie – Gruppe und Organisation, Göttingen/Bern u.a. 2004, S. 494-558
Rosenzweig, P.: Der Halo-Effekt, Offenbach 2008
Rosner, L.: Moderne Führungspsychologie, 2. Aufl., München 1971
Rossmann, P.: Einführung in die Entwicklungspsychologie des Kindes- und Jugendalters, 2. Aufl., Göttingen/Bern u.a. 2012
Rothacker, E.: Die Schichten der Persönlichkeit, 4. Aufl., Bern 1948
Rudolph, U.: Motivationspsychologie, Weinheim 2003
Rühli, E.: Führungsmodelle, in: Handwörterbuch der Führung, Hrsg. A. Kieser, G. Reber, R. Wunderer, 2. Aufl., Stuttgart 1995, Sp. 760
Rummel, M., Rainer, L., Fuchs, R.: Alkohol im Unternehmen, Göttingen/Bern 2004
Rump, J.: Mitarbeiterinformationen, in: Handwörterbuch des Personalwesens, Hrsg. E. Gaugler, W.A. Oechsler, W. Weber, 3. Aufl., Stuttgart 2004, Sp. 1232
Runde, P.: Behinderte Mitarbeiter, in: Handwörterbuch des Personalwesens, Hrsg. E. Gaugler, W. Weber, 2. Aufl., Stuttgart, Sp. 545-554
Rüttinger, R.: Transaktions-Analyse, 10. Aufl., Hamburg 2010
Rüttinger, R.: Global im Kopf, Hamburg 2013
Rüttinger, R., Kruppa, R.. Übungen zur Transaktionsanalyse, 4. Aufl., Hamburg 2006
Sader, M.: Psychologie der Gruppe, 9. Aufl., Weinheim/München 2008
Sandig, K.: Die Führung des Betriebes, Stuttgart 1953
Sandig, K.: Betriebswirtschaftspolitik, 2. Aufl., Stuttgart 1966
Sauerland, M., Müller, G.F.: Selbstmotivierung und kompetente Mitarbeiterführung, Hamburg 2012
Sauerland, M./Braun, O.L.(Hrsg.): Aktuelle Trends in der Personal- und Organisationsentwicklung, Hamburg 2014
Sauerland, M./Braun, O.L./Raab, G. (Hrsg.): Gesundheit, Freiheit und Ausgewogenheit, Hamburg 2017
Sbandi, P.: Gruppenpsychologie, 2. Aufl., München 1982
Schäffner, L., Bahrenburg, I.: Kompetenzorientierte Teamentwicklung, Münster 2010
Schanz, G.: Wissenschaftsprogramme in der Betriebswirtschaftslehre, in: Allgemeine Betriebswirtschaftslehre, Hrsg. F.X. Bea, E. Dichtl, M. Schweitzer, Bd. 1, 6. Aufl., Stuttgart/Jena 1992, S. 57-139
Schanz, G.: Wissenschaftstheoretische Grundfragen der Führungsforschung, in: Handwörterbuch der Führung, Hrsg. A. Kieser, G. Reber, R. Wunderer, 2. Aufl., Stuttgart 1995, Sp. 2195
Schanz, G.: Personalwirtschaftslehre, 3. Aufl., München 2000
Schaufler, B.: Frauen in Führung!, Göttingen/Bern 2000

Scheffer, D., Kuhl, J.: Erfolgreich motivieren, Göttingen/Bern u.a. 2006
Schelenz, B.: Personalkommunikation: Recruiting!, Erlangen2007
Schettgen, P.: Führungspsychologie im Wandel, Wiesbaden 1991
Schiemenz, B.: Systemtheorie, betriebswirtschaftliche, in. Handwörterbuch der Betriebswirtschaft, Hrsg. W. Wittmann, W. Kern, R. Köhler, H.U. Küpper, K.v. Wysocki, Bd. 3, 5. Aufl., Stuttgart 1993, Sp. 4127-4140
Schindel, V., Wenger, E.: Führungsmodelle, in: Betriebswirtschaftliche Führungslehre, Hrsg. E. Heinen, Wiesbaden 1978, S. 93-187
Schirmer, F.: Organisation und Träger der Personalarbeit, in: Handwörterbuch des Personalwesens, Hrsg. E. Gaugler, W.A. Oechsler, W. Weber, 3. Aufl., Stuttgart 2004, Sp. 1271
Schmidt, U.: Digitale Film- und Videotechnik, 2. Aufl., München 2008
Schmidt, U.: Professionelle Videotechnik, Berlin 2009
Schmidt, W.: Akzeptiertes Führungsverhalten, Heidelberg 1996
Schmidt, W.: Praktische Personalführung und Führungstechnik, Heidelberg 1999
Schmidt, W.: Entwicklung zur Führungspersönlichkeit, 2. Aufl., Heidelberg 2002
Schmidt, W.: Führen mit Autorität – aber nicht autoritär, 2. Aufl., Hamburg 2011
Schneewind, K.A., Böhmert, B.: Jugendliche kompetent erziehen, Göttingen/Bern u.a 2011 (1. Nachdruck)
Scholz, Ch.: Personalmangement, 2. Aufl., München 2000
Scholz, Ch.: Grundzüge des Personalmanagements, München 2011
Schräder-Naef, R.: Rationeller lernen lernen, 21. Aufl., Weinheim 2003
Schreiber, M.T.: Kongress- und Tagungsmanagement, 2. Aufl., München 2002
Seidel, E., Redel, W.: Führungsorganisation, 2. Aufl., München/Wien 1997
Stein, H.: Die Rolle von Führungsgrundsätzen in der Führungspsychologie, Hamburg 2001
Schmidbauer, W.: Persönlichkeit und Menschenführung, München 2004
Schuler, H.: Psychologische Personalauswahl, 3. Aufl., Göttingen/Bern u.a. 2000
Schuler, H.: Beurteilung und Förderung beruflicher Leistung, 2. Aufl., Göttingen/Bern u.a. 2004
Schuler, H.: Einleitung, in: Lehrbuch Organisationspsychologie, Hrsg. H. Schuler, 3. Aufl., Göttingen/Bewrn u.a. 2004, S. 9
Schuler, H.: Personalauswahl, in: Handwörterbuch des Personalwesens, Hrsg. E. Gaugler, W.A. Oechsler, W. Weber, 3. Aufl.. Stuttgart 2004, Sp. 1366-1379
Schuler, H. (Hrsg.): Lehrbuch der Personalpsychologie, 2. Aufl., Göttingen/Bern u.a. 2006
Schuler, H.: Gegenstandsbereich und Aufgaben der Personalpsychologie, in: Lehrbuch der Personalpsychologie, 2. Aufl., Göttingen/Bern u.a. 2006, S. 4-13
Schuler, H., Görlich, Y.: Kreativität, Göttingen/Bern u.a. 2007
Schuler, H., Höft, S.: Konstruktionsorientierte Verfahren der Personalauswahl, in: Lehrbuch der Personalpsychologie, Hrsg. H. Schuler, 2. Aufl., Göttingen/Bern u.a. 2006, S. 104 ff.

Schuler, H., Marcus, B.: Biographieorientierte Verfahren der Personalauswahl, in: Lehrbuch der Personalpsychologie, Hrsg. H. Schuler, 2. Aufl., Göttingen/Bern u.a. 2006, S. 198-209
Schulz, O.: Erfolg, in: Lexikon der Psychologie, Bd. 1, Heidelberg/Berlin 2000
Schuster, M.: Für Prüfungen lernen, Göttingen/Bern u.a. 2001
Schreyögg, G.: Führungstheorien – Situationstheorie, in: Handwörterbuch der Führung, Hrsg. A. Kieser, G. Reber, R. Wunderer, Stuttgart 1987, Sp. 881-892
Seel, N.M.: Psychologie des Lernens, 2. Aufl., München 2003
Seifert, H.H.: Der Einfluss der Privatsphäre auf das Arbeitsverhalten und die Arbeitsproduktivität im Betrieb, in: Personalführung, Bd. III, Hrsg. A. Marx, Wiesbaden 1971, S. 35-51
Seifert, J.W.: Visualisieren, Präsentieren, Moderieren, 26. Aufl., Offenbach 2009
Seiwert, L.J.: Mehr Zeit für das Wesentliche, 14. Aufl., Landsberg/Lech 1992
Seiwert, L.J.: Selbstmanagement, Landsberg/Lech 1996
Seiwert, L.J.: Das 1 x 1 des Zeitmanagement, 20. Aufl., Lansberg/Lech 2001
Seligman, M.E.P.: Der Glücks-Faktor. Warum Optimisten länger leben, 4. Aufl., Bergisch-Gladbach 2008
Senner, N.K., Udris, I.: Bedeutung und Wirkung von Arbeit, in: Lehrbuch Organisationspsychologie, Hrsg. H. Schuler, 3. Aufl., Bern 2004, S. 160 ff.
Seyd, C.: Mobbing im Spannungsverhältnis sozialer Normen, Linz 2007
Silbereisen, R.K., Hasselhorn, M. (Hrsg.): Entwicklungspsychologie des Jugendalters, Göttingen/Bern u.a. 2008
Sonntag, Kh.: Personalentwicklung in Organisationen, Göttingen/Bern u.a. 2006
Sonntag, Kh., Frieling, E., Stegmaier, R.: Lehrbuch Arbeitspsychologie, 3. Aufl., Göttingen/Bern u.a. 2012
Sonntag, Kh., Schaper, N.: Wissensorientierte Verfahren der Personalentwicklung, in: Lehrbuch der Personalpsychologie, Hrsg. H. Schuler, 2. Aufl., Göttingen/Bern u.a. 2006, S. 257 ff.
Sonntag, Kh., Stegmaier, R.: Verhaltensorientierte Verfahren der Personalentwicklung, in: Lehrbuch der Personalpsychologie, Hrsg. H. Schuler, 2. Aufl., Göttingen/Bern u.a. 2006, S. 283 ff.
Sprenger, R.K.: Mythos Motivation. Wege aus einer Sackgasse, Frankfurt/Main 2002
Staehle, W.H.: Management, 8. Aufl., München 1999
Steiner, G. Lernen und Wissenserwerb, in: Pädagogische Psychologie, Hrsg. A. Krapp, B. Weidenmann, 5. Aufl., Basel 2006, S. 163
Steiner, G.: Lernen. 20 Szenarien aus dem Alltag, 2. Nahcdruck, Göttingen/Bern u.a. 2011
Steinle, C.: Führungsdefinitionen, in: Handwörterbuch der Führung, Hrsg. A. Kieser, G. Reber, R. Wunderer, 2. Aufl. Stuttgart 1995, Sp. 525-533
Steinmann, H., Schreyögg, G.: Management, 6. Aufl., Wiesbaden 2005
Stiksrut, A.: Jugend im Generationen-Kontext, Opladen 1994
Stiksrud, A.: Jugendpsychologie, in: Lexikon der Psychologie, Bd. 2, Red. G. Wenninger, Heidelberg 2001, S. 311

Stiksrut, A.: Generationenkonflikte, in: Lexikon der Psychologie, Bd. 2, Red. G. Wenninger, Heidelberg 2001
Storch, M.: Das Geheimnis kluger Entscheidungen, München 2011
Stumpf, S., Thomas, A. (Hrsg.): Teamarbeit und Teamentwicklung, Göttingen/Bern u.a. 2003
Schwaab, M.O.: Führen mit Zielen, 2. Aufl., Wiesbaden 2002
Spranger, E.: Lebensformen, 9. Aufl., Tübingen 1966
Steiger, Th., Lippmann, E.: Handbuch angewandte Psychologie für Führungskräfte, 2. Aufl., Berlin 2002
Steinle, C.: Führungsdefinitionen, in: Handwörterbuch der Führung, Hrsg. A. Kieser, G. Reber, R. Wunderer, 2. Aufl., Stuttgart 1995, Sp. 525-533
Stroebe, A.: Führen in Projekten, Frankfurt/Main 2007
Stroebe, R.W.: Gezielte Verhaltensänderung, 4. Aufl., Heidelberg 2000
Stroebe, R.W.: Kommunikation I, 6. Aufl., Heidelberg 2001
Stroebe, R.W.: Führungsstile – Management by objectives, 8. Aufl., Frankfurt/Main 2007
Stroebe, R.W.: Grundlagen der Führung. Mit Führungsmodellen, 13. Aufl., Hamburg 2010
Stroebe, R.W.: Arbeitsmethodik, 9. Aufl., Hamburg 2010
Stroebe, R.W.: Besprechungen zielorientiert führen, 9. Aufl., Hamburg 2011
Stroebe, R.W.: Motivation und Management des Wandels, 10. Aufl., Hamburg 2012
Stroebe, W., Jonas, K., Hewstone, M.: Sozialpsychologie, Heidelberg 2003
Stroebe, A.I., Stroebe, R.W.: Motivation durch Zielvereinbarungen, 3. Aufl., Hamburg 2010
Strutz, H.: Personalmarketing, in: Handwörterbuch des Personalwesens, Hrsg. E. Gaugler, W.A. Oechsler, W. Weber, 3. Aufl., Stuttgart 2004, Sp. 1593
Tausch, R., Tausch, A.M.: Erziehungspsychologie, 11. Aufl., Göttingen/Bern u.a. 1998
Tausch, R., Tausch, A.M.: Gesprächspsychotherapie, 9. Aufl., Göttingen 1990
Teuschel, P.: Mobbing, Stuttgart 2010
Tisdale, T.: Führungstheorien, in: Handwörterbuch des Personalwesens, Hrsg. Gaugler, E., Oechsler, W.A., Weber, W., 3. Aufl., Stuttgart 2004, Sp. 828
Titscher, S.: Kommunikation als Führungsinstrument, in: Handwörterbuch der Führung, Hrsg. A. Kieser, G. Reber, R. Wunderer, 2. Aufl., Stuttgart 1995, Sp. 1309-1318
Töpfer, A.: Betriebswirtschaftslehre. Anwendungs- und prozessorientierte Grundlagen, 2. Aufl., Berlin/ Heidelberg 2007
Torralba, F.: Die Kunst des Zuhörens, München 2007
Ulrich, E.: Arbeitspsychologie, 6. Aufl., Stuttgart 2005
Ulrich, H.: Die Unternehmung als produktives soziales System, 2. Aufl., Bern/Stuttgart 1970
Ulrich, H.: Management, Bern u.a. 1984
Ulrich, H.: Systemorientiertes Management, Bern, Stuttgart 2001
Vahs, D.: Organisation, 4. Aufl., Stuttgart 2003

Vollmer, G.R.: Ursachen von Erfolg und Misserfolg im Betrieb, Heidelberg 1991
Vollmer, G.R.: Mit Leid und Seele bei der Arbeit, Hamburg 2015
Volpert, W.: Handlungsstrukturanalyse als Beitrag zur Qualifikationsforschung, Köln 1974
Waadt, M., Acker, J.: Burnout, Göttingen/Bern u.a. 2013
Wagner, H.: Persönliche Arbeitstechniken, 4. Aufl., Speyer 1992
Walgenbach, P.: Organisationstheorien, in: Organisationspsychologie – Gruppe und Organisation, Hrsg. H. Schuler, 3. Aufl., Göttingen/Bern 2004, S. 605-652
Weber, I.: Arbeitnehmer, ausländische, in: Handwörterbuch des Personalwesens, Hrsg. E. Gaugler, W-A. Oechsler, W. Weber, 3. Aufl., Stuttgart 2004, Sp. 93-103
Weber, W.: Personalforschung, in: Handwörterbuch des Personalwesens, Hrsg. E. Gaugler, W. Weber, 2. Aufl. Stuttgart 1992, Sp. 1690-1700
Weber, W.: Ausländische Mitarbeiter, Führung von, in: Handwörterbuch der Führung, Hrsg. A. Kieser, G. Reber, R. Wunderer, 2. Aufl., Stuttgart 1995, Sp. 107
Weber, W.: Personalwirtschaft, in: Handwörterbuch der Produktionswirtschaft, Hrsg. W. Kern, H.J. Schröder, J. Weber, 2. Aufl., Stuttgart 1996, Sp. 1381-1391
Wegge, J.: Führung von Arbeitsgruppen, Göttingen/Bern u.a. 2004
Wegge, J.: Gruppenarbeit, in: Lehrbuch der Personalpsychologie, Hrsg. H. Schuler, 2. Aufl., Göttingen/Bern u.a. 2006, S. 583
Wegge, J., Rosenstiel, L.v.: Führung, in: Lehrbuch Organisationspsychologie, Hrsg. H. Schuler, 3. Aufl., Bern/Göttingen u.a. 2004, S. 475-512
Weibler, J.: Personalführung, 2. Aufl., München 2012
Weibler, J.: Führungsmodelle, in: Handwörterbuch des Personalwesens, Hrsg. E. Gaugler, W.A. Oechsler, W. Weber, 3. Aufl., Stuttgart 2004, Sp. 801 ff.
Weibler, J.: Führung und Führungstheorien, in: Handwörterbuch Unternehmensführung und Organisation, Hrsg. G. Schreyögg, A.v. Werder, 4. Aufl., Stuttgart 2004, Sp. 294-308
Weinert, A.B.: Organisations- und Personalpsychologie, 5. Aufl., Weinheim 2004
Weizsäcker, V.v.: Menschenführung, 7.Aufl., Göttingen 1955
Werder, A.v.: Führungsorganisation, 2. Aufl., Wiesbaden 2008
Werner, E.: Schlüsselqualifikationen, Heidelberg 2003
Werpers, K.: Konflikte in Organisationen, Münster 1999
Wickel-Kirsch, S., Janusch, M., Knorr, E.: Personalwirtschaft, Wiesbaden 2008
Wiedemann, H.: Mitarbeiter richtig führen, Ludwigshafen/Rhein 1996
Wiendieck, G.: Teamarbeit, in: Handwörterbuch der Organisation, Hrsg. E. Frese, 3. Aufl., Stuttgart 1992, Sp. 2378
Wiener, N.: Kybernetik, 2. Aufl., Düsseldorf/Wien 1968
Wikipedia Enzyklopädie: Persönliches Ziel, in: http://de.wikipedia.org/wiki/Persönliches_Ziel v. 25.10.08
Wikikpedia Enzyklopädie: Erfolg, in: http://de.wikipedia.org/wiki/Erfolg v. 27.10.08
Wikipedia Enzyklopädie: Lebensführung, in: http://de.wikipedia.org/wiki/Lebensführung v. 20.04.2009

Wild, J.: Betriebswirtschaftliche Führungslehre und Führungsmodelle, in: Unternehmensführung, Hrsg. J. Wild, Festschrift für Erich Kosiol, Berlin 1974
Wissemann, M.: Wirksames Coaching, Göttingen/Bern u.a. 2006
Wiswede, G.: Einführung in die Wirtschaftspsychologie, 4. Aufl., Stuttgart 2007
Witgt, J.: Interaktive Führung, Heidelberg 1999
Witt, J., Ulbrich, M.: Das Konzept „Mitarbeiter im Dialog“ (MID), Heidelberg 2003
Witt, J., Witt, T.: Der Kontinuierliche Verbesserungsprozess, 4. Aufl., Hamburg 2010
Witt, J.: Kreativität und Innovation, Hamburg 2010
Witt, J.: Chancenorientiertes Management mit System, 2. Aufl., Hamburg 2011
Witt, J.: Führen im Dialog: Offen, kritisch, kreativ, Hamburg 2015
Witte, E.: Effizienz der Führung, in: Handwörterbuch der Führung, Hrsg. A. Kieser, G. Reber, R. Wunderer, 2. Aufl., Stuttgart 1995, Sp. 263-276
Witte, E.H.: Gruppen aufgabenzentriert moderieren, Göttingen/Bern u.a. 2012
Wuchterl, K.: Lehrbuch der Philosophie, 2. Aufl., München 1986
Wunderer, R.: Führungstheorien, in: Handwörterbuch der Betriebswirtschaft, Bd. 1, Hrsg. W. Wittmann, W. Kern, R. Köhler, H.U. Küpper, K.v. Wysocki, 5. Aufl., Stuttgart 1993, Sp. 1325
Wunderer, R.: Führungsforschung und Betriebswirtschaftslehre, in: Handwörterbuch der Führung, Hrsg. A. Kieser, G. Reber, R. Wunderer, 2. Aufl. Stuttgart 1995, Sp. 666-679
Wunderer, R.: Führung und Zusammenarbeit, 9. Aufl., Stuttgart 2011
Wunderer, R., v. Arx, S.: Personalmanagement als Wertschöpfungs-Center, 3. Aufl., Wiesbaden 2002
Zielke, W.: Handbuch der Lern-, Denk- und Arbeitstechniken, Bindlach 1991
Zimbardo, P.G., Gerrig, R.J.: Psychologie, 18. Aufl., München u.a. 2008
Zuschlag, B.: Mobbing – Schikane am Arbeitsplatz, 3. Aufl., Göttingen/Bern u.a. 2001

Abbildungsverzeichnis

Über den Autor

Horst-Joachim Rahn

Horst-J. Rahn (geb. 20.02.1944) studierte Betriebswirtschaftslehre, Pädagogik und Psychologie an der Universität Mannheim (1968-1972). In 1964 absolvierte er eine Ausbildung zum Industriekaufmann bei der Firma Grünzweig & Hartmann AG in Ludwigshafen/Rhein. Danach erwarb er dort als Ausbildungsleiter seine Führungserfahrungen und Praxis im Personal- und Ausbildungswesen. Seit 1975 hielt er an der Fachhochschule Ludwigshafen 30 Jahre lang Vorlesungen u.a. über Personalwesen, Führungspsychologie und Unternehmensführung. Außerdem nahm er Lehrtätigkeiten an der FH Heidelberg, BA Mannheim und an der IHK Ludwigshafen wahr. Für seine bleibenden Verdienste an der FH Ludwigshafen wurde er in 2005 mit der Hochschulmedaille ausgezeichnet.

E-Mail: Horst.Rahn@t-online.de